河南省"十四五"普通高等教育规划教材

高等数学（下册）

（修订版）

主　编　杨国增　张小慧
副主编　赵　明　黄　坤　李红武
参　编　陈文波　张香伟　张瑞霞　朱作权
　　　　杨倾泉　王海霞　程　鹏　郭　城
　　　　王亚辉
主　审　孟红玲

河南大学出版社
HENAN UNIVERSITY PRESS
·郑州·

图书在版编目(CIP)数据

高等数学.下册/杨国增,张小慧主编.——修订版.
——郑州:河南大学出版社,2023.11(2025.2重印)
ISBN 978-7-5649-5711-7

Ⅰ.①高⋯ Ⅱ.①杨⋯ ②张⋯ Ⅲ.①高等数学-高等职业教育-教材 Ⅳ.①O13

中国国家版本馆 CIP 数据核字(2023)第 242803 号

策划编辑　阮林要
责任编辑　阮林要
责任校对　张雪彩
装帧设计　翟淼淼

出版发行　河南大学出版社
　　　　　地址:郑州市郑东新区商务外环中华大厦 2401 号　　邮编:450046
　　　　　电话:0371-86059701(营销部)　　网址:hupress.henu.edu.cn
排　　版　河南金河印务有限公司
印　　刷　郑州尚品数码快印有限公司
版　　次　2023 年 11 月第 1 版
印　　次　2025 年 2 月第 2 次印刷
开　　本　787 mm×1092 mm　1/16
印　　张　18.5
字　　数　439 千字
定　　价　55.00 元

(本书如有印装质量问题,请与河南大学出版社营销部联系调换.)

修 订 前 言

扫码查看
☑衔接拓展 ☑学习秘诀
☑干货精讲 ☑精品课程

　　为适应习近平新时代中国特色社会主义思想对理工类专业大学数学基础课程的教学需求,推进课程思政、信息技术、智能技术与课程教材深度融合,实现立德树人的育人目标,河南省教育厅发起组织"十四五"规划教材的建设工作,这是本书重新修订的动力.在"十四五"规划"新工科"建设的大背景下,本次修订遵循教师的教学习惯和学生的认知心理,在保持传统高等数学教材主体下,从数学思想、历史文化、逻辑演绎及数学建模的渗透等方面着力,注重培养学生的数学素养和应用能力,旨在为培养创新型人才打好坚实的数学基础.

　　本书包括纸质材料、数字资源和辅助产品.纸质教材着重讲授高等数学的基本思想、基本概念、基本理论和典型例题;数字资源目标是拓展纸质教材内容,拓宽学生视野,激发学习兴趣,培养科学精神;辅助产品主要是教学课件、课程群等,支持教师更好地开展教学活动,帮助学生更好地理解巩固所学知识.

　　本次修订紧扣"新时代""新工科""新要求",着力在思想性、系统性、应用性、创新性上下功夫,主要有以下特点:

　　(1)重视知识衔接,低起点、高观点、明确中心,居高临下一以贯之.依据每章节具体内容精心设计知识链接为新学内容做自然铺垫与过渡;从简单引例剖析入手,发掘认知规律推陈出新,提出"新"定义、"新"概念,建立"新"方法、"新"体系,发掘"新"问题、"新"技巧,寻求"新"思路、"新"途径;构建符合教育规律易于接受的逻辑体系和结构简约容易传承知识体系,培养创新能力.

　　(2)融合思政元素,体现立德树人的中国特色.运用科学的世界观和科学的方法论为指导展开问题探讨,注重高等数学所蕴含的动与静、局部与整体、具体与一般、直与曲、线性与非线性、近似与精确、常量与变量等之间的对立统一.引入数学家故事、数学史、数学名言与诗歌等数学文化形式,以"文"化"人".

　　亲爱的读者,江湖传言"高等数学有用,高等数学难学".事实上,只要您善于思考,掌握科学的学习方法,就会觉得数学好玩!高等数学是以函数为研究对象,极限为理论基础,导数、级数为研究工具,微积分为核心内容,实际应用为终极目标的变量数学.从数学模型的角度看,连续、导数、微分、积分都可以用极限刻画,它的作用类似于"货币"将表面上错综复杂的生产活动带来秩序一样,极限将整个高等数学中形式上互不相干的概念、公式统一起来.事实上,整个高等数学就是一个极限学,这一思想一以贯之于高等数学教材上下册的始终!高等数学的思想精华在于变量代换、化曲为直、化曲为平、化多元为一元、化复杂为简单、化未知为已知.我们希望读者通过前言领会高等数学的真实思想、主要内容和方法,再读全书时便能居高临下,一目了然,不至于迷失在符号、定理、公式、推理的云雾之中.

本书可作为理、工、生、化、地等本科专业的高等数学教材,也可作为硕士研究生入学考试高等数学第一阶段系统复习用书,亦可供科技人员参考,对广大高校的青年教师也有一定的参考价值.同时,本书是河南省"十四五"普通高等教育规划教材建设的成果,我们也希望借助这套书与兄弟院校的同行做广泛的教学交流.

本书的修订编写工作得到河南省教育厅、郑州师范学院、华北水利水电大学、河南警察学院、南阳师范学院等院校各级领导的大力支持!在修订编写过程中,很多同事、朋友对如何编好这套书提出了很多宝贵的建议.我的好友河南大学出版社的阮林要先生对这套书的修订编辑倾注了大量的心血.本书的编者之一华北水利水电大学的黄坤先生做了大量繁杂的工作.在修订编写本书的时候,笔者参考了国内外与高等数学相关的许多优秀著作,深受这些专家、院士的启发,对以上诸位在此一并致以诚挚的谢意.由于编者水平所限,书中不当之处在所难免,敬请广大读者朋友、同行、专家学者批评指正.希望通过编者与读者、同行的共同努力,经日后修订,本书渐趋成熟.

全书由主编杨国增、张小慧通稿,陈文波、程鹏、赵明审稿,孟红玲教授担任主审.具体修订编写情况如下:郭城修订编写第8章,李红武修订编写第9章的9.1—9.7,王亚辉修订编写第10章,杨国增、黄坤修订编写第11章和第13章,张小慧修订编写第9章的9.8和第12章,杨倾泉修订视频资源并校稿,王海霞撰写课程思政并校稿,朱作权、张瑞霞、张香伟等其他参编人员参与了文字校订及课程建设等工作.

编 者

2023年11月于郑州

前　言

伽利略说过:"大自然这本书是用数学语言写成的.除非你首先学懂了它的语言,否则这本书是无法读懂的."而高等数学则是数学中最为精彩的一部分,它是以函数为研究对象,极限为理论基础,导数、级数为研究工具,微积分为核心内容的变量数学.它与最早的初等数学即常量数学有着根本的区别.高等数学是高等院校中的一门重要基础课.理、工、经、管、农、林、医等专业甚至部分文科专业的学生都要学习高等数学.高等数学也是众多专业研究生入学考试的必考科目.

高等数学课程如此重要,各高校都对高等数学的教学改革投入了大量的人力物力.高等数学课程的教材也根据教学改革的需要,因人、因时、因势而变.本书也反映了我校各位同人在高等数学教学改革方面的一些理解和感悟.

本书依据教育部数学基础课程教学指导委员会关于"工科类本科数学基础课程教学基本要求",适当考虑了硕士研究生入学考试的大纲,分上、下两册,共十三章,其主要特点包括:

(1)内容全面、结构严谨、推理严密、详略得当.

(2)本书对所涉及的重要问题都有一个全面的阐述.

(3)在一些知识板块的后面,通过思考题等形式的提示帮助读者对核心问题进行深入思考.

(4)每一章节后附有一定量的习题,题型更接近于各类选拔题,其中不少就是近几年来的考研题或专升本真题供读者练习和提高,也方便教师教学使用.

(5)本书涉及的数学家都做了简要介绍,在加深对教材内容理解的同时,帮助读者对数学学科的发展有时空上的直观认识.

本书有部分章节和习题加了"＊"号,供选学.

本书可作为工科类本科专业的高等数学教材,也可作为硕士研究生入学考试高等数学第一阶段的复习用书,亦可供科技人员参考.

同时,本书是我校数学与统计学院高等数学精品课程建设的成果,我们也希望借助这套书与兄弟院校的同行做广泛的教学交流.

本书的编写工作得到院、系、教务处各级领导的大力支持.在编写过程中,很多同事、朋友对如何编好这套书提出了很多宝贵的建议.在编写本书的时候,编者参考了国内外与高等数学相关的许多优秀著作,深受这些专家、院士的启发.我们对以上诸位在此一并致以诚挚的谢意.由于编者水平所限,书中不当之处在所难免,敬请广大读者朋友、同行、专家学者批评指正.希望通过编者与读者、同行的共同努力,经日后修订,本书渐趋成熟.

全书由杨国增、李青阳和孟红玲通稿.具体编写情况如下:王建锋编写第 8 章、第 12 章 12.6 节及第 13 章;陈丽编写第 9 章、第 11 章;黄坤编写第 10 章;杨国增编写第 12 章;李青阳编写数学家简介、习题和附录.陈文波和荆自体教授审阅了本书的内容并提供了很多建议和帮助.

编 者

2016 年 7 月

目　录

第8章　向量代数与空间解析几何 ·· (1)

　8.1　向量及其线性运算 ··· (1)

　　8.1.1　空间直角坐标系 ·· (1)

　　8.1.2　向量的基本概念 ·· (3)

　　8.1.3　向量的线性运算 ·· (4)

　　8.1.4　向量的位置关系 ·· (5)

　　8.1.5　向量的坐标表示 ·· (6)

　　8.1.6　方向角与方向余弦 ··· (7)

　8.2　数量积与向量积　混合积 ·· (9)

　　8.2.1　数量积 ·· (9)

　　8.2.2　两向量数量积的直角坐标运算 ·· (10)

　　8.2.3　向量在轴上的投影 ·· (11)

　　8.2.4　向量积 ··· (12)

　　8.2.5　向量积的直角坐标运算 ·· (13)

　　8.2.6*　向量的混合积 ··· (14)

　8.3　平面及其方程 ··· (17)

　　8.3.1　平面的点法式方程 ·· (17)

　　8.3.2*　平面的三点式方程 ··· (18)

　　8.3.3　平面的一般式方程 ·· (18)

　　8.3.4　平面的截距式方程 ·· (19)

　　8.3.5　两平面的关系 ··· (20)

　　8.3.6　点到平面的距离 ··· (21)

　8.4　空间直线的方程 ··· (23)

　　8.4.1　直线的一般式方程 ·· (23)

　　8.4.2　直线的点向式方程 ·· (24)

　　8.4.3　两直线间的位置关系 ·· (25)

8.4.4　直线与平面的位置关系 …………………………………………………… (26)
　　8.4.5　平面束方程 …………………………………………………………………… (27)
　　8.4.6　空间点、直线与平面的距离公式 ……………………………………………… (28)
8.5　曲面的方程 …………………………………………………………………………… (30)
　　8.5.1　曲面方程 ……………………………………………………………………… (31)
　　8.5.2　柱面 …………………………………………………………………………… (31)
　　8.5.3　旋转曲面 ……………………………………………………………………… (32)
　　8.5.4　常见的二次曲面 ……………………………………………………………… (33)
8.6　空间曲线及其方程 …………………………………………………………………… (38)
　　8.6.1　空间曲线的一般方程 ………………………………………………………… (38)
　　8.6.2　空间曲线的参数方程 ………………………………………………………… (39)
　　8.6.3　空间曲线在坐标面上的投影 ………………………………………………… (40)

第9章　多元函数微分学 …………………………………………………………………… (46)

9.1　多元函数的基本概念 ………………………………………………………………… (46)
　　9.1.1　区域 …………………………………………………………………………… (46)
　　9.1.2　n 维空间 ……………………………………………………………………… (47)
　　9.1.3　多元函数概念 ………………………………………………………………… (48)
　　9.1.4　多元函数的极限 ……………………………………………………………… (49)
　　9.1.5　多元函数的连续性 …………………………………………………………… (51)
9.2　偏导数 ………………………………………………………………………………… (54)
　　9.2.1　偏导数的定义 ………………………………………………………………… (54)
　　9.2.2　偏导数的计算 ………………………………………………………………… (55)
　　9.2.3　高阶偏导数 …………………………………………………………………… (56)
9.3　全微分 ………………………………………………………………………………… (60)
　　9.3.1　全微分的定义 ………………………………………………………………… (61)
　　9.3.2　全微分与偏导数的关系 ……………………………………………………… (62)
　　9.3.3　全微分的应用 ………………………………………………………………… (63)
9.4　多元复合函数的求导法则 …………………………………………………………… (66)
　　9.4.1　中间变量均为一元函数的情形 ……………………………………………… (66)
　　9.4.2　中间变量均为多元函数的情形 ……………………………………………… (67)
　　9.4.3　中间变量既有一元函数，又有多元函数的情形 …………………………… (68)
　　9.4.4　全微分形式不变性 …………………………………………………………… (70)
9.5　隐函数的求导法则 …………………………………………………………………… (73)

- 9.5.1 由方程确定的一元隐函数情形 …… (73)
- 9.5.2 由方程确定的二元隐函数情形 …… (74)
- 9.5.3 由方程组确定的两个隐函数情形 …… (74)
- 9.6 多元函数微分学的几何应用 …… (78)
  - 9.6.1 空间曲线的切线与法平面 …… (78)
  - 9.6.2 空间曲面的切平面与法线 …… (81)
- 9.7 方向导数与梯度 …… (86)
  - 9.7.1 方向导数 …… (86)
  - 9.7.2 梯度 …… (88)
  - 9.7.3 方向导数与梯度的关系 …… (89)
- 9.8 多元函数的极值与最值 …… (93)
  - 9.8.1 多元函数的极值 …… (93)
  - 9.8.2 多元函数的最值 …… (95)
  - 9.8.3 条件极值拉格朗日乘数法 …… (97)

第10章 重积分 …… (104)

- 10.1 二重积分的概念与性质 …… (104)
  - 10.1.1 引例 …… (104)
  - 10.1.2 二重积分的定义 …… (105)
  - 10.1.3 二重积分的性质 …… (106)
- 10.2 二重积分的计算 …… (112)
  - 10.2.1 直角坐标系下二重积分的计算方法 …… (112)
  - 10.2.2 二重积分的换元公式与极坐标下二重积分的计算方法 …… (119)
- 10.3 三重积分 …… (127)
  - 10.3.1 三重积分的概念与性质 …… (127)
  - 10.3.2 三重积分的对称性 …… (128)
  - 10.3.3 直角坐标下三重积分的计算 …… (128)
  - 10.3.4 柱面坐标下三重积分的计算 …… (132)
  - 10.3.5 球面坐标下三重积分的计算 …… (133)
- 10.4 重积分的应用 …… (138)
  - 10.4.1 体积 …… (138)
  - 10.4.2 曲面的面积 …… (140)
  - 10.4.3 质心 …… (142)
  - 10.4.4 转动惯量 …… (143)

10.4.5* 引力 …………………………………………………………… (144)

第11章　曲线积分与曲面积分 …………………………………………… (149)
11.1　第一型曲线积分 …………………………………………………… (149)
11.1.1　物质曲线的质量 ………………………………………………… (149)
11.1.2　第一型曲线积分的定义 …………………………………………… (150)
11.1.3　第一型曲线积分的性质 …………………………………………… (151)
11.1.4　第一型曲线积分的计算 …………………………………………… (152)
11.2　第二型曲线积分 …………………………………………………… (156)
11.2.1　变力沿曲线所做的功 ……………………………………………… (156)
11.2.2　第二型曲线积分的定义 …………………………………………… (157)
11.2.3　第二型曲线积分的性质 …………………………………………… (158)
11.2.4　第二型曲线积分的对称性 ………………………………………… (159)
11.2.5　第二型曲线积分的计算 …………………………………………… (159)
11.2.6　两类曲线积分的关系 ……………………………………………… (162)
11.3　格林公式　曲线积分与路径的关系 ……………………………… (165)
11.3.1　格林公式 …………………………………………………………… (166)
11.3.2　曲线积分与路径无关的条件 ……………………………………… (170)
11.4　第一型曲面积分 …………………………………………………… (178)
11.4.1　物质曲面的质量 …………………………………………………… (178)
11.4.2　第一型曲面积分的定义 …………………………………………… (178)
11.4.3　第一型曲面积分的性质 …………………………………………… (179)
11.4.4*　第一型曲面积分的对称性 ……………………………………… (179)
11.4.5　第一型曲面积分的计算 …………………………………………… (180)
11.5　第二型曲面积分 …………………………………………………… (183)
11.5.1　曲面的侧 …………………………………………………………… (183)
11.5.2　流向曲面一侧的流量 ……………………………………………… (184)
11.5.3　第二型曲面积分的定义 …………………………………………… (185)
11.5.4　第二型曲面积分的性质 …………………………………………… (186)
11.5.5　第二型曲面积分的计算 …………………………………………… (187)
11.5.6　两类曲面积分之间的联系 ………………………………………… (190)
11.6　高斯公式与斯托克斯公式 ………………………………………… (193)
11.6.1　高斯公式 …………………………………………………………… (193)
11.6.2　斯托克斯公式 ……………………………………………………… (197)

第12章　无穷级数 (206)

12.1　数项级数的概念与性质 (206)
- 12.1.1　数项级数的概念 (206)
- 12.1.2　数项级数的基本性质 (209)

12.2　数项级数的审敛法 (213)
- 12.2.1　正项级数及其审敛法 (213)
- 12.2.2　交错级数及其审敛法 (221)
- 12.2.3　绝对收敛与条件收敛 (221)
- 12.2.4*　绝对收敛级数的性质 (224)
- 12.2.5*　柯西收敛准则 (225)

12.3　幂级数 (228)
- 12.3.1　函数项级数的概念 (228)
- 12.3.2　幂级数及其收敛域 (229)
- 12.3.3　幂级数的四则运算性质 (233)
- 12.3.4　幂级数和函数的分析性质 (235)

12.4　函数的幂级数展开式 (239)
- 12.4.1　泰勒公式 (239)
- 12.4.2　函数展开成幂级数的方法 (243)
- 12.4.3　泰勒公式及幂级数展开式的简单应用 (247)

12.5　傅里叶级数 (252)
- 12.5.1　三角函数系 (252)
- 12.5.2　以 2π 为周期的函数展开成傅里叶级数 (254)
- 12.5.3　正弦级数和余弦级数 (257)
- 12.5.4　以 $2l$ 为周期的周期函数的傅里叶展开式 (259)

第13章　场论与向量函数初步 (267)

13.1　场论初步 (267)
- 13.1.1　场的概念 (267)
- 13.1.2　梯度场 (268)
- 13.1.3　散度场 (269)
- 13.1.4　旋度场 (272)
- 13.1.5　几种特殊的向量场 (273)

13.2　向量函数初步 (275)
- 13.2.1　一元向量函数的微分 (275)
- 13.2.2　一元向量函数的积分 (278)

参考文献 (282)

第8章 向量代数与空间解析几何

扫码查看
☑衔接拓展 ☑学习秘诀
☑干货精讲 ☑精品课程

空间解析几何是用代数方法去研究几何图形性质的一门数学分支,也是多元函数微积分的基础.为了将代数运算引进到几何中来,首先需要建立空间直角坐标系把向量和点及坐标对应起来,一方面通过数量关系来研究空间几何图形,另一方面借助于几何直观研究代数方程的性质.因此,坐标法是解析几何中最基本的方法,而利用向量的运算来研究图形性质的方法称为向量法,它本身在自然科学及工程技术中就有着广泛的应用.本章先介绍向量代数的基本概念及其运算,并利用向量去研究常见直线、平面、曲线、曲面的方程及其图形的性质.

8.1 向量及其线性运算

知识衔接

在平面解析几何中,既有大小又有方向的量,称为_____.

若向量 $a = (x_1, y_1)$,$b = (x_2, y_2)$,则 $a + 2b =$ _____.

已知平面两点 $A = (x_1, y_1)$,$B = (x_2, y_2)$,则向量 $\overrightarrow{AB} =$ _____.

8.1.1 空间直角坐标系

过空间一点 O,作三条两两互相垂直的数轴 Ox,Oy,Oz,这样就构成了**空间直角坐标系**,记作 $Oxyz$. 点 O 称为**坐标原点**;三条数轴 Ox,Oy,Oz 统称为**坐标轴**,分别简称为**横轴**、**纵轴**和**竖轴**,或 x 轴、y 轴和 z 轴;每两个坐标轴所决定的平面称为**坐标平面**,我们分别把它们叫作 xOy 平面、yOz 平面和 zOx 平面.在空间直角坐标系中,轴 Ox,Oy,Oz 的方向一般采用右手系,即以右手四指握拳方向沿 x 轴正向到 y 轴正向握住 z 轴,拇指伸开的方向为 z 轴的正向,如图 8-1 所示.

三个坐标面把空间分成八个部分,每一部分叫作**卦限**,含有三个正半轴的卦限叫作第一卦限,它位于 xOy 面的上方.在 xOy 面的上方,按逆时针方向排列着第二卦限、第三卦限和第四卦限. 在 xOy 面的下方,与第一卦限对应的是第五卦限,按逆时针方向还排列着第六卦限、第七卦限和第八卦限. 八个卦限分别用字母 Ⅰ、Ⅱ、Ⅲ、Ⅳ、Ⅴ、Ⅵ、Ⅶ、Ⅷ表示,如图 8-2 所示.

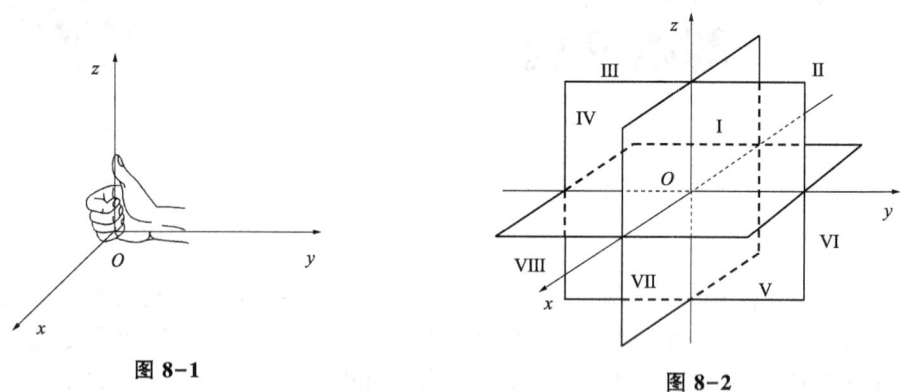

图 8-1 图 8-2

设 M 为空间中的任一点,过点 M 分别作垂直于三个坐标轴的三个平面,与 x 轴、y 轴和 z 轴依次交于 A,B,C 三点,若这三点在 x 轴、y 轴、z 轴上的坐标分别为 x,y,z,点 M 就唯一确定了一个有序数组 (x,y,z),则称该数组 (x,y,z) 为点 M 在空间直角坐标系 $Oxyz$ 中的坐标,如图 8-3 所示. x,y,z 分别称为点 M 的横坐标、纵坐标和竖坐标.

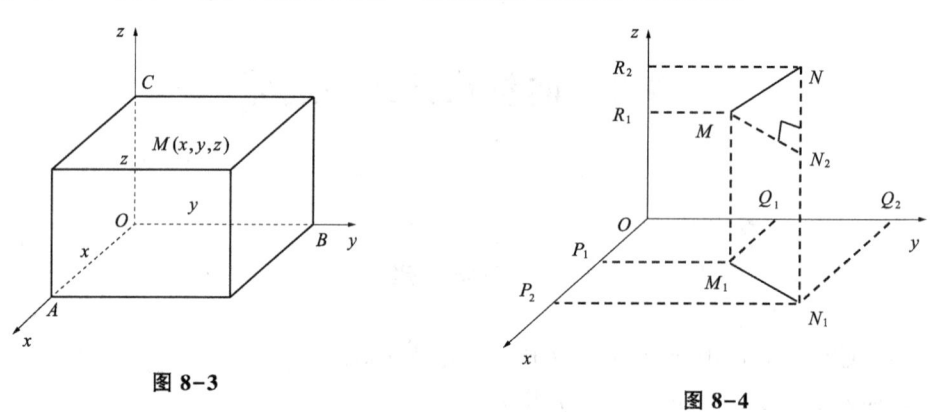

图 8-3 图 8-4

反之,若任意给定一个有序数组 (x,y,z),在 x 轴、y 轴、z 轴上分别取坐标为 x,y,z 的三个点 A,B,C,过这三个点分别作垂直于三个坐标轴的平面,这三个平面只有一个交点 M,该点就是以有序数组 (x,y,z) 为坐标的点,因此在空间直角坐标系中点 M 就与有序数组 (x,y,z) 建立了一一对应的关系,即
$$M \leftrightarrow (x,y,z).$$

设 $M(x_1,y_1,z_1), N(x_2,y_2,z_2)$ 为空间两点,过点 M 和 N 作垂直于 xOy 平面的直线,分别交 xOy 平面于点 M_1 和 N_1,则 $MM_1 // NN_1$,显然,点 M_1 的坐标为 $(x_1,y_1,0)$,点 N_1 的坐标为 $(x_2,y_2,0)$,如图 8-4 所示.

由平面解析几何中两点间距离公式知,M_1 和 N_1 的距离为
$$|M_1 N_1| = \sqrt{(x_2-x_1)^2+(y_2-y_1)^2}.$$

过点 M 作平行于 xOy 平面的平面，交直线 NN_1 于 N_2，则 $M_1N_1 /\!/ MN_2$，因此 N_2 的坐标为 (x_2,y_2,z_1)，且
$$|MN_2| = |M_1N_1| = \sqrt{(x_2-x_1)^2+(y_2-y_1)^2},$$
在直角三角形 MN_2N 中，
$$|N_2N| = |z_2-z_1|,$$
所以空间两点 $M(x_1,y_1,z_1)$ 和 $N(x_2,y_2,z_2)$ 间的距离公式为
$$d = \sqrt{|MN_2|^2+|N_2N|^2} = \sqrt{(x_2-x_1)^2+(y_2-y_1)^2+(z_2-z_1)^2}.$$

例 8.1 求与点 $A(-4,1,3)$ 和点 $B(3,5,-2)$ 等距离的点集.

解 设所求的点为 $C(x,y,z)$，依题意有 $|AC|=|BC|$，即
$$|AC| = \sqrt{(x+4)^2+(y-1)^2+(z-3)^2},$$
$$|BC| = \sqrt{(x-3)^2+(y-5)^2+(z+2)^2},$$
$$\sqrt{(x+4)^2+(y-1)^2+(z-3)^2} = \sqrt{(x-3)^2+(y-5)^2+(z+2)^2},$$
整理得
$$7x+4y-5z = 6.$$

注：例 8.1 中所求点集事实上是空间中的一张平面，将在 8.3 中详细谈到.

8.1.2 向量的基本概念

在日常生活中，我们经常会遇到一些量，如质量、时间、面积、温度等，它们在取定一个度量单位后，就可以用一个实数来表示. 这种只有大小没有方向的量，叫作**数量**（或**标量**）. 但有一些量，如力、位移、速度、电场强度等，仅仅用一个实数是无法将它们确切表示出来的，因为它们不仅有大小，而且还有方向，这种既有大小又有方向的量，叫作**向量**（或**矢量**）.

通常我们用黑体小写字母 $\boldsymbol{a},\boldsymbol{b},\boldsymbol{c},\cdots$ 来表示向量，手写时写成 $\vec{a},\vec{b},\vec{c},\cdots$；或用一个带箭头的线段（有向线段）$\overrightarrow{AB}$ 来表示向量，A 称为向量的起点，B 称为向量的终点，有向线段的长度就表示向量的大小，有向线段的方向就表示向量的方向. 向量的大小称为向量的模，记作 $|\boldsymbol{a}|$，$|\overrightarrow{AB}|$，模为 1 的向量叫作**单位向量**，模为 0 的向量叫作**零向量**，记作 **0**，零向量的方向不确定，可以是任意方向.

本书研究的向量是自由向量，即只考虑向量的大小和方向，而不考虑向量的起点，因此，我们把大小相等、方向相同的向量叫作**相等的向量**，记作 $\boldsymbol{a}=\boldsymbol{b}$，即向量在空间中平行移动后仍为相同的向量.

与向量 $\boldsymbol{a}$ 大小相等、方向相反的向量叫作 $\boldsymbol{a}$ 的**负向量**（或**反向量**），记作 $-\boldsymbol{a}$.

两个非零向量如果它们的方向相同或相反，就称这两个向量**平行**. 向量 $\boldsymbol{a}$ 与 $\boldsymbol{b}$ 平行，记作 $\boldsymbol{a}/\!/\boldsymbol{b}$. 零向量认为是与任何向量都平行的向量.

当两个平行向量的起点放在同一点时，它们的终点和公共的起点在一条直线上. 因此，两向量平行又称两向量**共线**. 类似地，若有 $k(k \geq 3)$ 个向量，当把它们的起点放在同一点时，它们的终点和公共的起点在一个平面上，就称这 k 个向量**共面**.

8.1.3 向量的线性运算

1. 向量的加法

在物理学中,求两个力的合力用的是平行四边形法则,我们可类似地定义两个向量的加法.

定义 8.1 设有两个向量 $a=\overrightarrow{AB}$ 与 $b=\overrightarrow{BC}$,则称向量 $c=\overrightarrow{AC}$ 为向量 a 与 b 的和,记为
$$c=a+b \text{ 或 } \overrightarrow{AC}=\overrightarrow{AB}+\overrightarrow{BC}.$$

上述作出两向量之和的方法叫作向量加法的**三角形法则**,如图 8-5 所示.

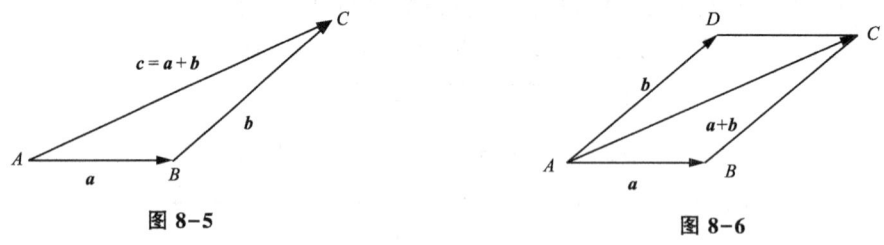

图 8-5   图 8-6

当向量 a 与 b 不平行时,平移向量使 a 与 b 的起点重合,以 a,b 为邻边作一平行四边形,如图 8-6 所示,向量 $\overrightarrow{AC}$ 等于向量 a 与 b 的和 $a+b$. 这种作出向量之和的方法叫作向量加法的**平行四边形法则**.

多个向量 a,b,c,d 首尾相接,则从第一个向量的起点到最后一个向量的终点的向量就是它们的和 $a+b+c+d$,如图 8-7 所示.

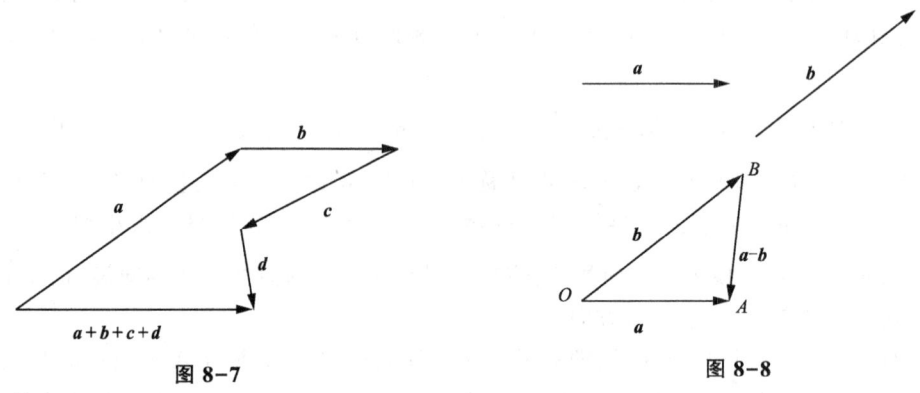

图 8-7   图 8-8

对于任意向量 a,b,c,有以下运算法则:
(1) 交换律: $a+b=b+a$;
(2) 结合律: $(a+b)+c=a+(b+c)$;
(3) $a+0=a$;
(4) $a+(-a)=0$.

2. 向量的减法

定义 8.2 向量 a 与向量 b 的负向量 $-b$ 的和,称为向量 a 与 b 的差,即
$$a-b=a+(-b).$$

由向量减法的定义,我们从同一起点 O 作有向线段 $\overrightarrow{OA},\overrightarrow{OB}$ 分别表示 a,b,则
$$a-b=\overrightarrow{OA}-\overrightarrow{OB}=\overrightarrow{OA}+(-\overrightarrow{OB})=\overrightarrow{OA}+\overrightarrow{BO}=\overrightarrow{BO}+\overrightarrow{OA}=\overrightarrow{BA}.$$
也就是说,若向量 a 与 b 的起点放在一起,则 a 与 b 的差就是从 b 的终点指向 a 的终点的向量,如图 8-8 所示.

依据向量的三角形法则,即三角形两边之和大于第三边及两边之差小于第三边的原理可得如下**三角不等式**:
$$||a|-|b||\leqslant|a+b|\leqslant|a|+|b|,$$
其中左边等号在 a,b 反向时成立,右边等号在 a,b 同向时成立.

3. 数乘向量

定义 8.3 实数 λ 与向量 a 的乘积是一个向量,记作 λa,λa 的模是 a 的模的 $|\lambda|$ 倍,即
$$|\lambda a|=|\lambda||a|,$$
且当 $\lambda>0$ 时,λa 与 a 同向;当 $\lambda<0$ 时,λa 与 a 反向;当 $\lambda=0$ 时,$\lambda a=\mathbf{0}$. 我们把这种运算叫作数量与向量的**乘法**,简称**数乘向量**.

对于任意向量 a,b,以及任意实数 λ,μ,有以下运算法则:
(1) 结合律:$(\lambda\mu)a=\lambda(\mu a)$;
(2) 第一分配律:$(\lambda+\mu)a=\lambda a+\mu a$;
(3) 第二分配律:$\lambda(a+b)=\lambda a+\lambda b$.

设 $a\neq\mathbf{0}$,则向量 $\dfrac{a}{|a|}$ 是与 a 同方向的**单位向量**,记为 e_a. 所以,$a=|a|e_a$.

例 8.2 设 $\triangle ABC$ 的三边 $\overrightarrow{BC}=a,\overrightarrow{CA}=b,\overrightarrow{AB}=c$,三边中点依次为 D,E,F,试用向量 a, b, c 表示 $\overrightarrow{AD},\overrightarrow{BE},\overrightarrow{CF}$,并证明 $\overrightarrow{AD}+\overrightarrow{BE}+\overrightarrow{CF}=\mathbf{0}$.

解 如图 8-9 所示,易知
$$\overrightarrow{AD}=\overrightarrow{AB}+\overrightarrow{BD}=c+\frac{1}{2}a,$$
$$\overrightarrow{BE}=\overrightarrow{BC}+\overrightarrow{CE}=a+\frac{1}{2}b,$$
$$\overrightarrow{CF}=\overrightarrow{CA}+\overrightarrow{AF}=b+\frac{1}{2}c,$$

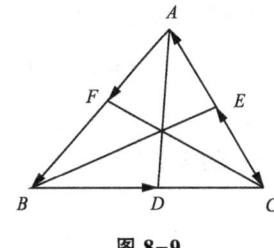

图 8-9

故
$$\overrightarrow{AD}+\overrightarrow{BE}+\overrightarrow{CF}=\frac{3}{2}(a+b+c)=\mathbf{0}.$$

8.1.4 向量的位置关系

向量的加法及数量与向量的乘法称为向量的**线性运算**. 设 $a_1,a_2,\cdots,a_n$ 是一组向量, $k_1,k_2,\cdots,k_n$ 是一组实数,则经过线性运算后得到的向量
$$a=k_1a_1+k_2a_2+\cdots+k_na_n$$
叫作向量组 $a_1,a_2,\cdots,a_n$ 的一个**线性组合**,或称向量 a 可由向量组 $a_1,a_1,\cdots,a_n$ **线性**

表示.

定理 8.1 设向量 $a \neq 0$,那么,向量 a 与 b 共线(或平行)的充分必要条件是存在唯一的实数 λ,使 $b = \lambda a$.

证 充分性. 向量 $b = \lambda a$,则向量 a 与 b 方向相同或相反,所以 a 与 b 共线(或平行).

必要性. 设 $b // a$. 取 $|\lambda| = \dfrac{|b|}{|a|}$,当 b 与 a 同向时 λ 取正值,当 b 与 a 反向时 λ 取负值,即 $b = \lambda a$. 这是因为此时 b 与 λa 同向,且

$$|\lambda a| = |\lambda| \, |a| = \dfrac{|b|}{|a|} |a| = |b|.$$

唯一性. 设 $b = \lambda a$,又设 $b = \mu a$,两式相减,便得

$$(\lambda - \mu) a = 0,$$

即

$$|\lambda - \mu| \, |a| = 0.$$

因 $|a| \neq 0$,故 $|\lambda - \mu| = 0$,即 $\lambda = \mu$.

定理 8.2 设向量 a 与 b 不共线,那么向量 c 与 a,b 共面的充分必要条件是存在唯一的一对实数 λ, μ,使得

$$c = \lambda a + \mu b.$$

定理 8.2 证明略.

8.1.5 向量的坐标表示

取空间直角坐标系 $Oxyz$,在 x 轴、y 轴、z 轴上各取一个与坐标轴同向的单位向量,依次记为 i, j, k,它们称为**坐标向量**,即 $i = (1,0,0), j = (0,1,0), k = (0,0,1)$,则空间中任一向量 r 都可以唯一地表示为 i, j, k 的数乘之和.

事实上,设 $r = \overrightarrow{OM}$,过 M 向坐标面 xOy 作投影,交点为 N,如图 8-10 所示,则

$$r = \overrightarrow{OM} = \overrightarrow{ON} + \overrightarrow{NM} = \overrightarrow{OA} + \overrightarrow{OB} + \overrightarrow{NM}.$$

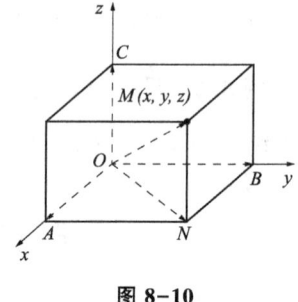

图 8-10

由于 $\overrightarrow{OA}$ 与 i 平行,$\overrightarrow{OB}$ 与 j 平行,$\overrightarrow{NM}$ 与 k 平行,因此,存在唯一的实数 x, y, z,使得

$$\overrightarrow{OA} = x i, \overrightarrow{OB} = y j, \overrightarrow{NM} = z k,$$

即

$$r = x i + y j + z k. \tag{8.1}$$

我们把式(8.1)中 i, j, k 的系数组成的有序数组 (x, y, z) 叫作向量 r 的直角坐标,记为 $r = (x, y, z)$,向量的坐标确定了,向量也就确定了.

由勾股定理可得向量 r 的模

$$|r| = |OM| = \sqrt{|OA|^2 + |OB|^2 + |NM|^2} = \sqrt{x^2 + y^2 + z^2}.$$

引入向量的坐标以后,就可将向量的运算转化为代数运算,计算起来比较方便.

设在平面直角坐标系 $Oxyz$ 中,向量 $a = (x_1, y_1, z_1), b = (x_2, y_2, z_2)$,则由向量坐标定

义有
$$a = x_1 i + y_1 j + z_1 k,$$
$$b = x_2 i + y_2 j + z_2 k,$$
因此
$$a \pm b = (x_1 i + y_1 j + z_1 k) \pm (x_2 i + y_2 j + z_2 k) = (x_1 \pm x_2) i + (y_1 \pm y_2) j + (z_1 \pm z_2) k,$$
$$\lambda a = \lambda(x_1 i + y_1 j + z_1 k) = (\lambda x_1) i + (\lambda y_1) j + (\lambda z_1) k,$$
所以 $a \pm b$ 与 λa 的坐标分别为
$$(x_1 \pm x_2, y_1 \pm y_2, z_1 \pm z_2) \text{ 与 } (\lambda x_1, \lambda y_1, \lambda z_1).$$

容易证明：向量 $a = (x_1, y_1, z_1)$ 与 $b = (x_2, y_2, z_2)$ 平行的充要条件是其对应坐标成比例，即
$$\frac{x_1}{x_2} = \frac{y_1}{y_2} = \frac{z_1}{z_2}.$$

注：这里的等式中若分母为 0，则此时分子也为 0.

例 8.3 已知 $A(1, -1, 3)$，$B(5, 2, 3)$，$C(0, 4, -2)$ 三点，求向量 $2\overrightarrow{AB} - 3\overrightarrow{BC}$.

解 由于 $\overrightarrow{AB} = \overrightarrow{OB} - \overrightarrow{OA} = (4, 3, 0)$，$\overrightarrow{BC} = \overrightarrow{OC} - \overrightarrow{OB} = (-5, 2, -5)$，故
$$2\overrightarrow{AB} - 3\overrightarrow{BC} = 2(4, 3, 0) - 3(-5, 2, -5) = (23, 0, 15).$$

例 8.4 已知两点 $A(x_1, y_1, z_1)$ 和 $B(x_2, y_2, z_2)$，以及实数 $\lambda \neq -1$，在直线 AB 上求一点 M，使 $\overrightarrow{AM} = \lambda \overrightarrow{MB}$.

解 设所求点为 $M(x, y, z)$，则
$$\overrightarrow{AM} = (x - x_1, y - y_1, z - z_1), \overrightarrow{MB} = (x_2 - x, y_2 - y, z_2 - z).$$
依题意有 $\overrightarrow{AM} = \lambda \overrightarrow{MB}$，即
$$(x - x_1, y - y_1, z - z_1) = \lambda(x_2 - x, y_2 - y, z_2 - z),$$
解得
$$x = \frac{x_1 + \lambda x_2}{1 + \lambda}, y = \frac{y_1 + \lambda y_2}{1 + \lambda}, z = \frac{z_1 + \lambda z_2}{1 + \lambda}.$$

注：例 8.4 中点 M 叫作有向线段 $\overrightarrow{AB}$ 的**定比分点**. 当 $\lambda = 1$，点 M 为有向线段 $\overrightarrow{AB}$ 的中点，其坐标为
$$x = \frac{x_1 + x_2}{2}, y = \frac{y_1 + y_2}{2}, z = \frac{z_1 + z_2}{2}.$$

8.1.6 方向角与方向余弦

当把两个非零向量 a 与 b 的起点放到同一点时，两个向量之间的不超过 π 的夹角称为向量 a 与 b 的夹角，记作 $(\widehat{a, b})$ 或 $(\widehat{b, a})$. 如果向量 a 与 b 中有一个是零向量，规定它们的夹角可以在 0 与 π 之间任意取值.

类似地，可以规定向量与一轴的夹角或空间两轴的夹角. 非零向量 r 与三条坐标轴正方向的夹角 α, β, γ 称为向量 r 的方向角.

设 $r=(x,y,z)$，则 $x=|r|\cos\alpha, y=|r|\cos\beta, z=|r|\cos\gamma$，所以

$$\cos\alpha=\frac{x}{|r|},\cos\beta=\frac{y}{|r|},\cos\gamma=\frac{z}{|r|}.$$

称为向量 r 的方向余弦. 因为 $\cos^2\alpha+\cos^2\beta+\cos^2\gamma=1$，从而 $(\cos\alpha,\cos\beta,\cos\gamma)=\frac{1}{|r|}r=e_r$，以向量 r 的方向余弦为坐标的向量就是与 r 同方向的单位向量 e_r.

例 8.5 已知两点 $A(3,0,2)$ 和 $B(4,\sqrt{2},1)$，计算向量 $\overrightarrow{AB}$ 的模、方向余弦和方向角.

解 由 $\overrightarrow{AB}=(4-3,\sqrt{2}-0,1-2)=(1,\sqrt{2},-1)$，$|\overrightarrow{AB}|=\sqrt{1^2+(\sqrt{2})^2+(-1)^2}=2$ 易知

$$\cos\alpha=\frac{1}{2},\cos\beta=\frac{\sqrt{2}}{2},\cos\gamma=-\frac{1}{2},$$

所以

$$\alpha=\frac{\pi}{3},\beta=\frac{\pi}{4},\gamma=\frac{2\pi}{3}.$$

习题 8.1(A)

(1) 点 $A(2,-3,-1)$ 关于点 $M(3,1,-2)$ 的对称点是_____.

(2) 设平行四边形 $ABCD$ 的三个顶点为 $A(2,-3,1), B(-2,4,3), C(3,-1,-3)$，则 D 点为_____.

(3) 设在空间直角坐标系中点 A, M 的坐标依次为 $(x_0,y_0,z_0), (x,y,z)$，则 $\overrightarrow{OA}$ 的坐标为_____，向量 $\overrightarrow{AM}$ 的坐标为_____.

(4) 设数 $\lambda_1, \lambda_2, \lambda_3$ 不全为 0，使 $\lambda_1 a+\lambda_2 b+\lambda_3 c=0$，则 a, b, c 三个向量是_____的.

习题 8.1(B)

1. 设在空间直角坐标系中有三点 $A(2,1,-1), B(4,-2,-3), C(0,0,2)$，求向量 $\overrightarrow{AB}, \overrightarrow{BC}, \overrightarrow{CA}$.

2. 求下列各对点间的距离.
   (1) $A(0,-1,3)$ 与 $B(2,1,4)$；　　　　(2) $C(-1,4,2)$ 与 $D(2,7,3)$.

3. 在坐标平面 yOz 上求与三点 $A(3,1,2), B(4,-2,-2)$ 和 $C(0,5,1)$ 等距离的点.

4. 设向量 $a=(-1,2,1), b=(-3,-2,0)$，求 $a+b, b-a, 2a+\frac{1}{3}b$.

5. 已知向量 $a = 5i+\lambda j-k$ 与 $b = -i+2j+\mu k$ 平行,求 λ 与 μ 的值.

6. 求平行于向量 $a=(1,-3,2)$ 的单位向量.

7. 证明:以 $M_1(4,3,1), M_2(7,1,2)$ 和 $M_3(5,2,3)$ 三点为顶点的三角形是一个等腰三角形.

8. 设向量 $a=(4,5,-3), b=(2,3,6)$,求与 a 同向的单位向量 e_a 及 b 的方向余弦.

9. 设 A,B 两点的坐标分别为 $(-2,5,p),(q,-3,1)$,线段 AB 与 y 轴相交且被 y 轴平分,求 p,q 的值及交点坐标.

10. 设 A,B 两点的坐标分别为 $(0,2,-1),(1,0,1)$,求:(1)向量 $\overrightarrow{AB}$ 的模;(2)向量 $\overrightarrow{AB}$ 的方向余弦;(3)使 $\overrightarrow{AC}=2\overrightarrow{AB}$ 的点 C 坐标.

11. 已知两点 $M_1(4,\sqrt{2},1), M_2(3,0,2)$,计算向量 $\overrightarrow{M_1M_2}$ 的模、方向余弦和方向角.

8.2 数量积与向量积 混合积

扫码查看
☑衔接拓展 ☑学习秘诀
☑干货精讲 ☑精品课程

知识衔接

形如 $\begin{vmatrix} x_1 & y_1 \\ x_2 & y_2 \end{vmatrix}$ 的式子称为**二阶行列式**,其中每个数称为行列式的元素,且 $\begin{vmatrix} x_1 & y_1 \\ x_2 & y_2 \end{vmatrix} = \underline{\qquad}$.

形如 $\begin{vmatrix} x_1 & y_1 & z_1 \\ x_2 & y_2 & z_2 \\ x_3 & y_3 & z_3 \end{vmatrix}$ 的式子称为**三阶行列式**,且规定 $\begin{vmatrix} x_1 & y_1 & z_1 \\ x_2 & y_2 & z_2 \\ x_3 & y_3 & z_3 \end{vmatrix} = \underline{\qquad}$.

向量的线性运算包括 _____、_____、_____.

8.2.1 数量积

在物理中我们知道,一质点在恒力 F 的作用下,由点 A 沿直线移到点 B,若力 F 与位移向量 $\overrightarrow{AB}$ 的夹角为 θ,则力 F 所做的功为

$$W = |\boldsymbol{F}| \cdot |\overrightarrow{AB}| \cdot \cos\theta.$$

在实际生活中,我们会经常遇到由两个向量所决定的像这样的数量乘积,如图 8-11 所示. 由此,我们引入两向量的数量积概念.

定义 8.4 设 $\boldsymbol{a},\boldsymbol{b}$ 为空间中的两个向量,则数

$$|\boldsymbol{a}||\boldsymbol{b}|\cos(\widehat{\boldsymbol{a},\boldsymbol{b}})$$

叫作向量 $\boldsymbol{a}$ 与 $\boldsymbol{b}$ 的**数量积**(或**点积**),记作 $\boldsymbol{a}\cdot\boldsymbol{b}$,其中 $(\widehat{\boldsymbol{a},\boldsymbol{b}})$ 表示向量 $\boldsymbol{a}$ 与 $\boldsymbol{b}$ 的夹角,并且规定 $0 \leqslant (\widehat{\boldsymbol{a},\boldsymbol{b}}) \leqslant \pi$.

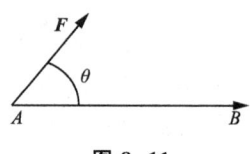

图 8-11

于是,上述恒力 $\boldsymbol{F}$ 所做的功是力 $\boldsymbol{F}$ 与位移 $\boldsymbol{s}$ 的数量积,即

$$W = \boldsymbol{F} \cdot \boldsymbol{s}.$$

由向量的数量积定义易知:

(1) $\boldsymbol{a}\cdot\boldsymbol{a} = |\boldsymbol{a}|^2$,因此

$$|\boldsymbol{a}| = \sqrt{\boldsymbol{a}\cdot\boldsymbol{a}};$$

(2) 对于两个非零向量 $\boldsymbol{a},\boldsymbol{b}$,有

$$\cos(\widehat{\boldsymbol{a},\boldsymbol{b}}) = \frac{\boldsymbol{a}\cdot\boldsymbol{b}}{|\boldsymbol{a}||\boldsymbol{b}|};$$

(3) 对于两个非零向量 $\boldsymbol{a},\boldsymbol{b}$, $\boldsymbol{a}$ 与 $\boldsymbol{b}$ 垂直的充要条件是它们的数量积为零,即

$$\boldsymbol{a} \perp \boldsymbol{b} \Leftrightarrow \boldsymbol{a}\cdot\boldsymbol{b} = 0.$$

对于任意向量 $\boldsymbol{a},\boldsymbol{b}$ 及任意实数 λ,数量积的运算满足如下运算规律:

(1) 交换律: $\boldsymbol{a}\cdot\boldsymbol{b} = \boldsymbol{b}\cdot\boldsymbol{a}$;

(2) 结合律: $(\lambda\boldsymbol{a})\cdot\boldsymbol{b} = \lambda(\boldsymbol{a}\cdot\boldsymbol{b}) = \boldsymbol{a}\cdot(\lambda\boldsymbol{b})$;

(3) 分配律: $\boldsymbol{a}\cdot(\boldsymbol{b}+\boldsymbol{c}) = \boldsymbol{a}\cdot\boldsymbol{b} + \boldsymbol{a}\cdot\boldsymbol{c}$;

(4) $\boldsymbol{a}\cdot\boldsymbol{a} \geqslant 0$ 当且仅当 $\boldsymbol{a}=\boldsymbol{0}$ 时,等号成立.

例 8.6 已知 $|\boldsymbol{a}|=2, |\boldsymbol{b}|=3, (\widehat{\boldsymbol{a},\boldsymbol{b}})=\dfrac{2}{3}\pi$,求 $\boldsymbol{a}\cdot\boldsymbol{b}, |\boldsymbol{a}+\boldsymbol{b}|$.

解 由两向量的数量积定义有

$$\boldsymbol{a}\cdot\boldsymbol{b} = |\boldsymbol{a}||\boldsymbol{b}|\cos(\widehat{\boldsymbol{a},\boldsymbol{b}}) = 2\times 3\times\cos\frac{2}{3}\pi = 2\times 3\times\left(-\frac{1}{2}\right) = -3,$$

$$|\boldsymbol{a}+\boldsymbol{b}|^2 = (\boldsymbol{a}+\boldsymbol{b})\cdot(\boldsymbol{a}+\boldsymbol{b}) = \boldsymbol{a}\cdot\boldsymbol{a} + \boldsymbol{a}\cdot\boldsymbol{b} + \boldsymbol{b}\cdot\boldsymbol{a} + \boldsymbol{b}\cdot\boldsymbol{b}$$

$$= |\boldsymbol{a}|^2 + 2\boldsymbol{a}\cdot\boldsymbol{b} + |\boldsymbol{b}|^2 = 2^2 + 2\times(-3) + 3^2 = 7,$$

因此

$$|\boldsymbol{a}+\boldsymbol{b}| = \sqrt{7}.$$

8.2.2 两向量数量积的直角坐标运算

在空间直角坐标系下,设向量 $\boldsymbol{a}=(x_1,y_1,z_1)$,向量 $\boldsymbol{b}=(x_2,y_2,z_2)$,即

$$\boldsymbol{a} = x_1\boldsymbol{i} + y_1\boldsymbol{j} + z_1\boldsymbol{k}, \boldsymbol{b} = x_2\boldsymbol{i} + y_2\boldsymbol{j} + z_2\boldsymbol{k},$$

则

$$\boldsymbol{a}\cdot\boldsymbol{b} = (x_1\boldsymbol{i} + y_1\boldsymbol{j} + z_1\boldsymbol{k})\cdot(x_2\boldsymbol{i} + y_2\boldsymbol{j} + z_2\boldsymbol{k})$$

$$= x_1 x_2(\boldsymbol{i}\cdot\boldsymbol{i}) + x_1 y_2(\boldsymbol{i}\cdot\boldsymbol{j}) + x_1 z_2(\boldsymbol{i}\cdot\boldsymbol{k})$$

$$+y_1x_2(\boldsymbol{j}\cdot\boldsymbol{i})+y_1y_2(\boldsymbol{j}\cdot\boldsymbol{j})+y_1z_2(\boldsymbol{j}\cdot\boldsymbol{k})$$
$$+z_1x_2(\boldsymbol{k}\cdot\boldsymbol{i})+z_1y_2(\boldsymbol{k}\cdot\boldsymbol{j})+z_1z_2(\boldsymbol{k}\cdot\boldsymbol{k}),$$

因为
$$\boldsymbol{i}\cdot\boldsymbol{i}=\boldsymbol{j}\cdot\boldsymbol{j}=\boldsymbol{k}\cdot\boldsymbol{k}=1,\boldsymbol{i}\cdot\boldsymbol{j}=\boldsymbol{j}\cdot\boldsymbol{k}=\boldsymbol{k}\cdot\boldsymbol{i}=0,$$
所以
$$\boldsymbol{a}\cdot\boldsymbol{b}=x_1x_2+y_1y_2+z_1z_2.$$

也就是说,在直角坐标系下,两向量的数量积等于它们对应坐标分量的乘积之和. 由此可得计算两向量的夹角公式

$$\cos(\widehat{\boldsymbol{a},\boldsymbol{b}})=\frac{\boldsymbol{a}\cdot\boldsymbol{b}}{|\boldsymbol{a}||\boldsymbol{b}|}=\frac{x_1x_2+y_1y_2+z_1z_2}{\sqrt{x_1^2+y_1^2+z_1^2}\cdot\sqrt{x_2^2+y_2^2+z_2^2}}.$$

特别地,
$$\boldsymbol{a}\perp\boldsymbol{b}\Leftrightarrow x_1x_2+y_1y_2+z_1z_2=0.$$

例 8.7 已知向量 $\boldsymbol{a}=(2,2,0)$ 与 $\boldsymbol{b}=(0,2,-2)$,求 $\boldsymbol{a}\cdot\boldsymbol{b}$ 及两向量夹角 $(\widehat{\boldsymbol{a},\boldsymbol{b}})$.

解 由于
$$\boldsymbol{a}\cdot\boldsymbol{b}=2\times0+2\times2+0\times(-2)=4,$$
$$|\boldsymbol{a}|=\sqrt{2^2+2^2+0^2}=\sqrt{8}=2\sqrt{2},$$
$$|\boldsymbol{b}|=\sqrt{0^2+2^2+(-2)^2}=\sqrt{8}=2\sqrt{2},$$
$$\cos(\widehat{\boldsymbol{a},\boldsymbol{b}})=\frac{\boldsymbol{a}\cdot\boldsymbol{b}}{|\boldsymbol{a}||\boldsymbol{b}|}=\frac{4}{2\sqrt{2}\times2\sqrt{2}}=\frac{1}{2},$$
因此
$$(\widehat{\boldsymbol{a},\boldsymbol{b}})=\frac{\pi}{3}.$$

例 8.8 在空间直角坐标系中,设三点 $A(5,-4,1),B(3,2,1),C(2,-5,0)$,证明 $\triangle ABC$ 是直角三角形.

证 由题意可知
$$\overrightarrow{AB}=(-2,6,0),\overrightarrow{AC}=(-3,-1,-1),$$
则
$$\overrightarrow{AB}\cdot\overrightarrow{AC}=(-2)\times(-3)+6\times(-1)+0\times(-1)=0,$$
所以
$$\overrightarrow{AB}\perp\overrightarrow{AC},$$
即 $\triangle ABC$ 是直角三角形.

8.2.3 向量在轴上的投影

设向量 $\overrightarrow{OA}=\boldsymbol{a},\overrightarrow{OB}=\boldsymbol{b},(\widehat{\boldsymbol{a},\boldsymbol{b}})=\theta$,点 C 是点 A 在直线 OB 上的投影,如图 8-12 所示,那么,$\overrightarrow{OC}$ 就称为向量 $\boldsymbol{a}$ 在向量 $\boldsymbol{b}$ 上的投影向量;数值 $|\boldsymbol{a}|\cos\theta$ 称为向量 $\boldsymbol{a}$ 在向量 $\boldsymbol{b}$ 上的投影,记作 $\text{Prj}_{\boldsymbol{b}}\boldsymbol{a}$.

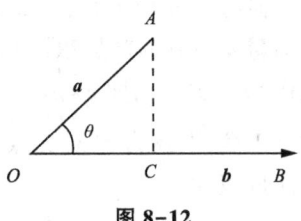

图 8-12

按此定义,向量 a 在直角坐标系 $Oxyz$ 中的坐标 a_x, a_y, a_z 就是 a 在三条坐标轴上的投影,即

$$a_x = \text{Prj}_x a, a_y = \text{Prj}_y a, a_z = \text{Prj}_z a.$$

若 $a = (a_x, a_y, a_z), b = (b_x, b_y, b_z)$,向量 a 在 b 上的投影为

$$\text{Prj}_b a = |a|\cos\theta = |a| \cdot \frac{a \cdot b}{|a||b|} = \frac{a \cdot b}{|b|} = \frac{a_x b_x + a_y b_y + a_z b_z}{\sqrt{b_x^2 + b_y^2 + b_z^2}},$$

其中 θ 为向量 a 与 b 的夹角.

投影有如下性质:

性质 8.1 $\text{Prj}_u(a+b) = \text{Prj}_u a + \text{Prj}_u b$;

性质 8.2 $\text{Prj}_u(\lambda a) = \lambda \text{Prj}_u a$.

这里不再详细证明.

例 8.9 已知向量 $a = (2, -2, 1)$,且 $(\widehat{a, b}) = \frac{2\pi}{3}$,求向量 a 在三个坐标轴及向量 b 上的投影.

解 向量 a 在三个坐标轴的投影为 $2, -2, 1$. 因为

$$|a| = \sqrt{2^2 + (-2)^2 + 1^2} = 3,$$

所以

$$\text{Prj}_b a = |a|\cos(\widehat{a, b}) = 3 \times \left(-\frac{1}{2}\right) = -\frac{3}{2}.$$

8.2.4 向量积

在物理学中,我们常用力矩来研究一外力对物体的转动所产生的影响. 设一杠杆的支点为 O,力 F 作用于杠杆上的点 A 处,F 与 $\overrightarrow{OA}$ 的夹角为 θ,则杠杆在 F 的作用下绕点 O 转动,这时,可用力矩 M 来描述. 力 F 对支点 O 的力矩 M 是个向量,M 的模为

$$|M| = |\overrightarrow{OA}||F|\sin(\widehat{\overrightarrow{OA}, F}).$$

M 的方向与 $\overrightarrow{OA}$ 及 F 都垂直,且 $\overrightarrow{OA}, F, M$ 成右手系,如图 8-13 所示.

在实际生活中,我们会经常遇到像这样由两个向量所决定的另一个向量,下面引入两向量的向量积概念.

定义 8.5 设 a, b 为空间中的两个向量,若由 a, b 所决定的向量 c,其模为

$$|c| = |a||b|\sin(\widehat{a, b}).$$

其方向与 a, b 均垂直,且 a, b, c 成右手系,则向量 c 叫作**向量 a 与 b 的向量积**(也称外积或叉积),记作 $a \times b$,读作"a 叉乘 b",即 $c = a \times b$.

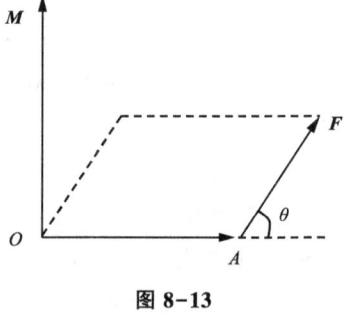

图 8-13

于是,上述力 F 对支点 O 的力矩 M 等于 $\overrightarrow{OA}$ 与 F 的向量积,即

$$M = \overrightarrow{OA} \times F.$$

注:1)两向量 a 与 b 的向量积 $a \times b$ 是一个向量,其模 $|a \times b|$ 的几何意义是:以 a,b 为邻边的平行四边形的面积.

2)两个非零向量 a 与 b 平行的充要条件是它们的向量积为零向量,即
$$a // b \Leftrightarrow a \times b = 0.$$

对任意向量 a,b 及任意实数 λ,向量积的运算满足如下运算规律:

(1)反交换律:$a \times b = -b \times a$;

(2)分配律:$a \times (b+c) = a \times b + a \times c$,
$(a+b) \times c = a \times c + b \times c$;

(3)与数乘的结合律:$(\lambda a) \times b = \lambda(a \times b) = a \times (\lambda b)$.

8.2.5 向量积的直角坐标运算

在空间直角坐标系下,设向量 $a = (x_1, y_1, z_1)$,$b = (x_2, y_2, z_2)$,即
$$a = x_1 i + y_1 j + z_1 k, b = x_2 i + y_2 j + z_2 k,$$

因为
$$i \times i = j \times j = k \times k = 0,$$
$$i \times j = k, j \times k = i, k \times i = j,$$
$$j \times i = -k, k \times j = -i, i \times k = -j,$$

则
$$\begin{aligned}
a \times b &= (x_1 i + y_1 j + z_1 k) \times (x_2 i + y_2 j + z_2 k) \\
&= x_1 x_2 (i \times i) + x_1 y_2 (i \times j) + x_1 z_2 (i \times k) \\
&\quad + y_1 x_2 (j \times i) + y_1 y_2 (j \times j) + y_1 z_2 (j \times k) \\
&\quad + z_1 x_2 (k \times i) + z_1 y_2 (k \times j) + z_1 z_2 (k \times k) \\
&= (x_1 y_2 - y_1 x_2)(i \times j) + (y_1 z_2 - z_1 y_2)(j \times k) - (x_1 z_2 - z_1 x_2)(k \times i) \\
&= (y_1 z_2 - z_1 y_2) i - (x_1 z_2 - z_1 x_2) j + (x_1 y_2 - y_1 x_2) k.
\end{aligned}$$

为了便于记忆,利用二阶行列式及三阶行列式可记为
$$a \times b = \begin{vmatrix} i & j & k \\ x_1 & y_1 & z_1 \\ x_2 & y_2 & z_2 \end{vmatrix} = \begin{vmatrix} y_1 & z_1 \\ y_2 & z_2 \end{vmatrix} i - \begin{vmatrix} x_1 & z_1 \\ x_2 & z_2 \end{vmatrix} j + \begin{vmatrix} x_1 & y_1 \\ x_2 & y_2 \end{vmatrix} k.$$

注:设两个非零向量 $a = (x_1, y_1, z_1)$,$b = (x_2, y_2, z_2)$,则
$$a // b \Leftrightarrow a \times b = 0 \Leftrightarrow y_1 z_2 - z_1 y_2 = 0, x_1 z_2 - z_1 x_2 = 0, x_1 y_2 - y_1 x_2 = 0,$$

或
$$\frac{x_1}{x_2} = \frac{y_1}{y_2} = \frac{z_1}{z_2}.$$

例 8.10 设向量 $a = (1, -2, -1)$,$b = (2, 0, 1)$,求 $a \times b$.

解 $a \times b = \begin{vmatrix} i & j & k \\ 1 & -2 & -1 \\ 2 & 0 & 1 \end{vmatrix} = \begin{vmatrix} -2 & -1 \\ 0 & 1 \end{vmatrix} i - \begin{vmatrix} 1 & -1 \\ 2 & 1 \end{vmatrix} j + \begin{vmatrix} 1 & -2 \\ 2 & 0 \end{vmatrix} k$

$= -2i - 3j + 4k.$

例 8.11 在空间直角坐标系中,设向量 $a = (3, 0, 2)$,$b = (-1, 1, -1)$,求同时垂直于

向量 a 与 b 的单位向量.

解 设向量 $c = a \times b$,则 c 同时与 a, b 垂直. 而

$$c = a \times b = \begin{vmatrix} i & j & k \\ 3 & 0 & 2 \\ -1 & 1 & -1 \end{vmatrix} = \begin{vmatrix} 0 & 2 \\ 1 & -1 \end{vmatrix} i - \begin{vmatrix} 3 & 2 \\ -1 & -1 \end{vmatrix} j + \begin{vmatrix} 3 & 0 \\ -1 & 1 \end{vmatrix} k$$

$$= -2i + j + 3k,$$

再将 c 单位化,得

$$e_c = \frac{1}{\sqrt{(-2)^2 + 1^2 + 3^2}}(-2, 1, 3) = \left(-\frac{2}{\sqrt{14}}, \frac{1}{\sqrt{14}}, \frac{3}{\sqrt{14}}\right),$$

即 $\pm \frac{1}{\sqrt{14}}(-2, 1, 3)$ 为所求的向量.

例 8.12 在空间直角坐标系中,设点 $A(4, -1, 2), B(1, 2, -2), C(2, 0, 1)$,求 $\triangle ABC$ 的面积.

解 由向量积的模的几何意义知,以 $\overrightarrow{AB}, \overrightarrow{AC}$ 为邻边的平行四边形的面积为

$$|\overrightarrow{AB} \times \overrightarrow{AC}|,$$

因为

$$\overrightarrow{AB} = (-3, 3, -4), \overrightarrow{AC} = (-2, 1, -1),$$

所以

$$\overrightarrow{AB} \times \overrightarrow{AC} = \begin{vmatrix} i & j & k \\ -3 & 3 & -4 \\ -2 & 1 & -1 \end{vmatrix} = i + 5j + 3k,$$

因此

$$|\overrightarrow{AB} \times \overrightarrow{AC}| = \sqrt{1^2 + 5^2 + 3^2} = \sqrt{35},$$

故 $\triangle ABC$ 的面积为

$$S_{\triangle ABC} = \frac{\sqrt{35}}{2}.$$

8.2.6* 向量的混合积

定义 8.6 设 a, b, c 为空间中的三个向量,向量运算 $(a \times b) \cdot c$ 称为三向量的混合积.

在空间直角坐标系中,设向量 $a = (x_1, y_1, z_1), b = (x_2, y_2, z_2), c = (x_3, y_3, z_3)$,则

$$(a \times b) \cdot c = \left(\begin{vmatrix} y_1 & z_1 \\ y_2 & z_2 \end{vmatrix}, -\begin{vmatrix} x_1 & z_1 \\ x_2 & z_2 \end{vmatrix}, \begin{vmatrix} x_1 & y_1 \\ x_2 & y_2 \end{vmatrix}\right) \cdot (x_3, y_3, z_3)$$

$$= x_3 \begin{vmatrix} y_1 & z_1 \\ y_2 & z_2 \end{vmatrix} - y_3 \begin{vmatrix} x_1 & z_1 \\ x_2 & z_2 \end{vmatrix} + z_3 \begin{vmatrix} x_1 & y_1 \\ x_2 & y_2 \end{vmatrix}$$

$$= \begin{vmatrix} x_1 & y_1 & z_1 \\ x_2 & y_2 & z_2 \\ x_3 & y_3 & z_3 \end{vmatrix}.$$

混合积的几何意义:混合积的绝对值表示以 a,b,c 为棱的平行六面体的体积,如图 8-14 所示.

若 $(a\times b)\cdot c\neq 0$,则 a,b,c 能构成平行六面体,从而三向量不共面;反之,若 $(a\times b)\cdot c=0$,则 a,b,c 不能构成平行六面体,从而三向量共面. 于是有如下结论:

(1) 三非零向量共面的充分必要条件为三向量的混合积为零;

(2) 空间四点 $M_i=(x_i,y_i,z_i)(i=1,2,3,4)$ 共面的充分必要条件为 $(\overrightarrow{M_1M_2}\times\overrightarrow{M_1M_3})\cdot\overrightarrow{M_1M_4}=0$.

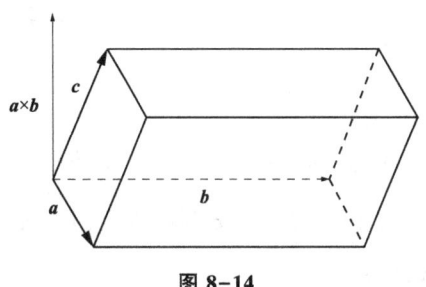

图 8-14

例 8.13 已知四面体的四个顶点 $A(1,2,3),B(2,2,1),C(1,4,2),D(-1,3,0)$,求四面体 $ABCD$ 的体积.

解 由立体几何知,四面体 $ABCD$ 的体积为以 $\overrightarrow{AB},\overrightarrow{AC},\overrightarrow{AD}$ 为棱的平行六面体的体积的 $\dfrac{1}{6}$,因为

$$\overrightarrow{AB}=(1,0,-2),\overrightarrow{AC}=(0,2,-1),\overrightarrow{AD}=(-2,1,-3),$$

所以

$$(\overrightarrow{AB}\times\overrightarrow{AC})\cdot\overrightarrow{AD}=\begin{vmatrix}1 & 0 & -2\\ 0 & 2 & -1\\ -2 & 1 & -3\end{vmatrix}=-13,$$

故四面体 $ABCD$ 的体积为 $\dfrac{13}{6}$.

习题 8.2(A)

1. 已知 $a=(4,-5,3),b=(1,-4,z)$,且 $|a+b|=|a-b|$,则 $z=$ _____.

2. 设 $|a|=3,|b|=4,|c|=5$,且满足 $a+b+c=0$,则 $|a\times b+b\times c+c\times a|=$ _____.

3. 设 $|a|=2,|b|=2\sqrt{3},|a+b|=2$,则 $(\widehat{a,b})=$ _____.

4. 设向量 a 与 b 不平行,$c=a+b$,则 $(\widehat{a,c})=(\widehat{b,c})$ 的充分必要条件为 _____.

5. 已知 $\overrightarrow{OA}=i+3k,\overrightarrow{OB}=j+3k$,则 $\triangle OAB$ 的面积为 _____.

习题 8.2(B)

1. 设 $|a|=2, |b|=4, (a,b)=\dfrac{\pi}{3}$,求 $a \cdot b, (2a-b) \cdot b, |a-b|$.

2. 设向量 a,b,c 两两垂直,且 $|a|=1, |b|=2, |c|=3$,求向量 $d=a+b+c$ 的模及 $(\widehat{d,a})$.

3. 已知向量 $a=(-1,2,3), b=(2,-2,1)$,求:
   (1) $a \cdot b$; (2) $2a \cdot 5b$; (3) $|a|$; (4) $\cos(\widehat{a,b})$.

4. 已知三角形的三个顶点为 $A(1,1,1), B(2,2,1), C(2,1,2)$,求 $\angle BAC$.

5. 已知三点 $A(1,1,1), B(2,1,2), C(3,0,-1)$,求 $\overrightarrow{AB} \cdot \overrightarrow{AC}$ 和 $\overrightarrow{AB} \times \overrightarrow{AC}$.

6. 已知三角形的三个顶点 $A(4,-1,2), B(3,0,-1), C(5,1,2)$,求 $\triangle ABC$ 的面积.

7. 已知力 $F=(-2,3,1)$ 作用于杠杆上的点 $A(4,-1,0)$ 处,求此力 F 关于杠杆上另一点 $B(3,2,-1)$ 的力矩.

8. 已知非零向量 a,b,且 $(a+3b) \perp (7a-5b), (a-4b) \perp (7a-2b)$,求 a 与 b 的夹角.

9. 已知 $a+b+c=0$,证明:$a \times b = b \times c = c \times a$.

10. 设 $|a|=2, |b|=3, a$ 与 b 的夹角等于 $\dfrac{2\pi}{3}$,求:
    (1) $a \cdot b$; (2) $(3a-2b) \cdot (a+2b)$; (3) $(a)_b$; (4) $|3a-2b|$.

11. 设 $a=3i-j-2k, b=i+2j-k$,求:
    (1) $a \cdot b$ 及 $a \times b$; (2) $-2a \cdot 3b$ 及 $a \times 2b$; (3) a,b 的夹角的余弦.

12. 设 a,b,c 为单位向量,且满足 $a+b+c=0$,求 $a \cdot b+b \cdot c+c \cdot a$.

13. 已知 $M_1(1,-1,2), M_2(3,3,1), M_3(3,1,3)$,求与 $\overrightarrow{M_1M_2}, \overrightarrow{M_2M_3}$ 同时垂直的单位向量.

14. 已知向量 $a=i-j+2k, b=j-k$ 和 $c=2i+3j-k$,求 $(a \times b) \cdot c$.

8.3 平面及其方程

知识衔接

已知非零向量 a, b,两向量的夹角余弦 $\cos(\widehat{a,b}) = $ _____.

非零向量 a, b 垂直的充分必要条件为 _____.

非零向量 a, b 平行的充分必要条件为 _____.

本节将利用向量的知识,在空间直角坐标系中建立平面的方程.下面我们将推导几种由不同条件所确定的平面的方程.

8.3.1 平面的点法式方程

若一个非零向量 n 垂直于一平面,则称向量 n 为该平面的一个**法向量**.显然,若 n 是一平面的一个法向量,则 λn(λ 为任意非零实数)都是该平面的法向量.

由立体几何知识知道,过一个定点 $M_0(x_0, y_0, z_0)$ 且垂直于一个非零向量 $n = (A, B, C)$ 有且只有一个平面.下面建立平面的方程.

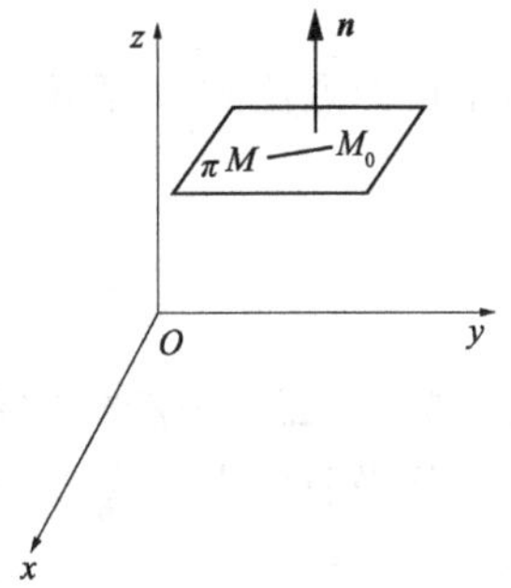

如图 8-15 所示,设 $M(x, y, z)$ 为平面 π 上的任一点,由于 $n \perp \pi$,因此 $n \perp \overrightarrow{M_0 M}$.由两向量垂直的充要条件得

$$n \cdot \overrightarrow{M_0 M} = 0.$$

而

图 8-15

$$\overrightarrow{M_0 M} = (x - x_0, y - y_0, z - z_0), n = (A, B, C),$$

所以

$$A(x - x_0) + B(y - y_0) + C(z - z_0) = 0. \tag{8.2}$$

由于平面上任意一点 $M(x, y, z)$ 都满足方程(8.2),而不在平面上的点都不满足方程(8.2),因此方程(8.2)就是平面 π 的方程.

由于方程(8.2)是由给定点 $M_0(x_0, y_0, z_0)$ 和法向量 $n = (A, B, C)$ 所确定的,因而称式(8.2)为**平面的点法式方程**.

例 8.14 求通过点 $M_0(1, -2, 4)$ 且垂直于向量 $n = (3, -2, 1)$ 的平面方程.

解 由于 $n = (3, -2, 1)$ 为所求平面的一个法向量,平面又过点 $M_0(1, -2, 4)$,因此,由平面的点法式方程(8.2)得所求平面的方程为

$$3(x - 1) - 2(y + 2) + 1(z - 4) = 0,$$

整理得

$$3x-2y+z-11=0.$$

8.3.2* 平面的三点式方程

由几何知识知,不共线的三点 $A(x_1,y_1,z_1),B(x_2,y_2,z_2),C(x_3,y_3,z_3)$ 确定一张平面,则对该平面上任一点 $D(x,y,z)$,

$$\vec{AB}=(x_2-x_1,y_2-y_1,z_2-z_1),\vec{AC}=(x_3-x_1,y_3-y_1,z_3-z_1),\vec{AD}=(x-x_1,y-y_1,z-z_1),$$

因为 $\vec{AB},\vec{AC}$ 和 $\vec{AD}$ 共面,所以 $(\vec{AB}\times\vec{AC})\cdot\vec{AD}=0$,即

$$\begin{vmatrix} x-x_1 & y-y_1 & z-z_1 \\ x_2-x_1 & y_2-y_1 & z_2-z_1 \\ x_3-x_1 & y_3-y_1 & z_3-z_1 \end{vmatrix}=0.$$

例 8.15 求过点 $A(1,1,-1),B(-2,-2,2),C(1,-1,2)$ 三点的平面方程.

解 设所求平面的法向量为 $\boldsymbol{n}$,由于向量 $\boldsymbol{n}$ 与平面内的向量 $\vec{AB}=(-3,-3,3),\vec{AC}=(0,-2,3)$ 都垂直,则可取法向量 $\boldsymbol{n}$ 为

$$\boldsymbol{n}=\vec{AB}\times\vec{AC}=\begin{vmatrix} \boldsymbol{i} & \boldsymbol{j} & \boldsymbol{k} \\ -3 & -3 & 3 \\ 0 & -2 & 3 \end{vmatrix}=-3\boldsymbol{i}+9\boldsymbol{j}+6\boldsymbol{k},$$

由平面的点法式方程得

$$-3(x-1)+9(y-1)+6(z+1)=0,$$

即

$$x-3y-2z=0.$$

8.3.3 平面的一般式方程

将平面的点法式方程

$$A(x-x_0)+B(y-y_0)+C(z-z_0)=0$$

整理可得

$$Ax+By+Cz-(Ax_0+By_0+Cz_0)=0,$$

记 $D=-(Ax_0+By_0+Cz_0)$,则点法式方程变形为

$$Ax+By+Cz+D=0, \tag{8.3}$$

称式(8.3)为平面的**一般式方程**.

当系数 A,B,C,D 取不同值时,方程(8.3)表示不同的平面,下面来看看几类特殊位置的平面方程:

当 $D=0$ 时,方程(8.3)为 $Ax+By+Cz=0$,表示过原点的平面.

当 $A=0$ 时,方程(8.3)为 $By+Cz+D=0$,表示平行于 x 轴的平面;同理,平行于 y 轴的平面为 $Ax+Cz+D=0$,平行于 z 轴的平面为 $Ax+By+D=0$.

当 $A=D=0$ 时,方程(8.3)为 $By+Cz=0$,表示平面过 x 轴,或称 x 轴在平面上;同理,过 y 轴的平面方程为 $Ax+Cz=0$,过 z 轴的平面方程为 $Ax+By=0$.

当 $A=B=0$ 时,方程(8.3)为 $Cz+D=0$ 或 $z=-\dfrac{D}{C}$,表示平行于 xOy 坐标面的平面;同理,平行于 xOz 面的平面方程为 $By+D=0$,平行于 yOz 面的平面方程为 $Ax+D=0$.

例 8.16 设平面经过两点 $(1,2,3)$ 和 $(3,2,1)$，并且与平面 $4x-y+2z-7=0$ 垂直，求此平面的方程.

解 设平面的一般式方程为
$$Ax+By+Cz+D=0,$$
因为平面经过该两点，则
$$A+2B+3C+D=0,$$
$$3A+2B+C+D=0.$$
又因为所求平面与已知平面垂直，所以两平面的法向量 $(A,B,C)\cdot(4,-1,2)=0$，即
$$4A-B+2C=0,$$
解得
$$A=C=-\frac{D}{16}, B=-\frac{3D}{8},$$
代入一般式方程可得
$$x+6y+z-16=0.$$

例 8.17 求通过 x 轴和点 $(2,-3,-1)$ 的平面方程.

解 所求平面过 x 轴，设平面方程为
$$By+Cz=0,$$
因为平面过点 $(2,-3,-1)$，所以
$$-3B-C=0 \text{ 或 } C=-3B,$$
代入方程 $By+Cz=0$ 得
$$y-3z=0.$$

8.3.4 平面的截距式方程

例 8.18 求过三点 $A(a,0,0), B(0,b,0), C(0,0,c)(abc\neq 0)$ 的平面 π 的方程.

解 所求平面 π 的法向量必定同时垂直于 $\overrightarrow{AB}$ 与 $\overrightarrow{AC}$，因此可取 $\overrightarrow{AB}$ 与 $\overrightarrow{AC}$ 的向量积 $\overrightarrow{AB}\times\overrightarrow{AC}$ 为该平面的一个法向量 $\mathbf{n}$，即
$$\mathbf{n}=\overrightarrow{AB}\times\overrightarrow{AC}.$$
因为
$$\overrightarrow{AB}=(-a,b,0), \overrightarrow{AC}=(-a,0,c),$$
所以
$$\mathbf{n}=\overrightarrow{AB}\times\overrightarrow{AC}=\begin{vmatrix} \mathbf{i} & \mathbf{j} & \mathbf{k} \\ -a & b & 0 \\ -a & 0 & c \end{vmatrix}$$
$$=bc\mathbf{i}+ac\mathbf{j}+ab\mathbf{k},$$
即
$$\mathbf{n}=(bc,ac,ab),$$
因此所求平面 π 的方程为
$$bc(x-a)+ac(y-0)+ab(z-0)=0,$$

化简得
$$bcx+acy+abz=abc,$$
由于 $abc \neq 0$,将两边同除以 abc 得该平面的方程为
$$\frac{x}{a}+\frac{y}{b}+\frac{z}{c}=1. \tag{8.4}$$

此例中的 A,B,C 三点为平面与三个坐标轴的交点,我们把这三个点中的坐标分量 a, b,c 分别叫作该平面在 x 轴、y 轴和 z 轴上的**截距**,方程(8.4)称为平面 π 的**截距式方程**.

注:利用截距式方程,为画不过原点的平面图像提供了极为便利的方法:只需找出平面与各坐标轴的交点,连接这三个点即为该平面,如图 8-16 所示.

8.3.5 两平面的关系

两个平面之间的位置关系有三种:平行、重合和相交,我们通常通过两平面的夹角来判定其位置关系.

当两平面相交时,把它们的夹角 θ 定义为其法向量所成的角 $(\widehat{\boldsymbol{n}_1,\boldsymbol{n}_2})$,且规定 $0 \leq \theta \leq \frac{\pi}{2}$,如图 8-17 所示.

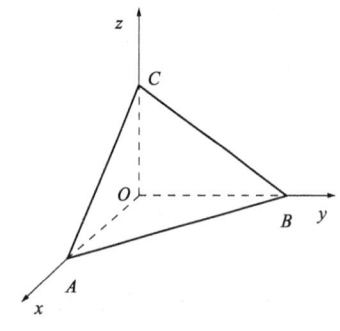

图 8-16

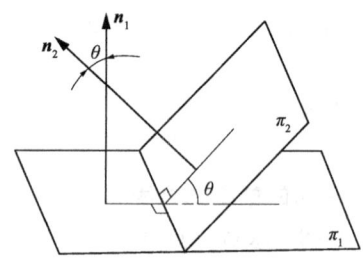

图 8-17

设有两平面的方程分别为 $A_1x+B_1y+C_1z+D_1=0$ 和 $A_2x+B_2y+C_2z+D_2=0$,它们对应的法向量分别为 $\boldsymbol{n}_1=(A_1,B_1,C_1)$ 和 $\boldsymbol{n}_2=(A_2,B_2,C_2)$,则两平面的夹角余弦为

$$\cos\theta=|\cos(\widehat{\boldsymbol{n}_1,\boldsymbol{n}_2})|=\frac{|\boldsymbol{n}_1 \cdot \boldsymbol{n}_2|}{|\boldsymbol{n}_1||\boldsymbol{n}_2|}=\frac{|A_1A_2+B_1B_2+C_1C_2|}{\sqrt{A_1^2+B_1^2+C_1^2} \cdot \sqrt{A_2^2+B_2^2+C_2^2}}. \tag{8.5}$$

特别地,

(1) 两平面平行 $\Leftrightarrow \boldsymbol{n}_1 /\!/ \boldsymbol{n}_2 \Leftrightarrow \frac{A_1}{A_2}=\frac{B_1}{B_2}=\frac{C_1}{C_2} \neq \frac{D_1}{D_2}$;

(2) 两平面重合 $\Leftrightarrow \frac{A_1}{A_2}=\frac{B_1}{B_2}=\frac{C_1}{C_2}=\frac{D_1}{D_2}$;

(3) 两平面垂直 $\Leftrightarrow \boldsymbol{n}_1 \perp \boldsymbol{n}_2 \Leftrightarrow A_1A_2+B_1B_2+C_1C_2=0$.

例 8.19 求两平面 $2x+y+z+5=0$ 和 $x+2y-z-3=0$ 的夹角.

解 两平面的法向量分别为 $\boldsymbol{n}_1=(2,1,1),\boldsymbol{n}_2=(1,2,-1)$,由公式(8.5)得

$$\cos\theta = \frac{|\boldsymbol{n}_1 \cdot \boldsymbol{n}_2|}{|\boldsymbol{n}_1||\boldsymbol{n}_2|} = \frac{|2\times1+1\times2+1\times(-1)|}{\sqrt{2^2+1^2+1^2}\cdot\sqrt{1^2+2^2+(-1)^2}} = \frac{1}{2},$$

因此,该两平面夹角为 $\frac{\pi}{3}$.

8.3.6 点到平面的距离

例 8.20 设平面的方程为 $Ax+By+Cz+D=0$, $P_0(x_0,y_0,z_0)$ 是平面外的一点,求 P_0 到平面的距离.

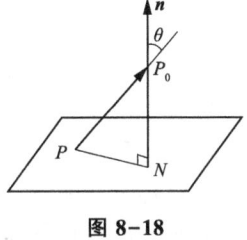

图 8-18

解 设 $P(x_1,y_1,z_1)$ 是平面上的任意一点,N 为 P_0 在平面上的投影,如图 8-18 所示,则 P_0 到平面的距离

$$d = |\overrightarrow{NP_0}| = |\mathrm{Prj}_n \overrightarrow{PP_0}|.$$

根据 $\mathrm{Prj}_a \boldsymbol{b} = \frac{\boldsymbol{a}\cdot\boldsymbol{b}}{|\boldsymbol{a}|}$, 有

$$d = |\mathrm{Prj}_n \overrightarrow{PP_0}| = \frac{|\boldsymbol{n}\cdot\overrightarrow{PP_0}|}{|\boldsymbol{n}|},$$

因为 $\boldsymbol{n}=(A,B,C)$, $\overrightarrow{PP_0}=(x_0-x_1,y_0-y_1,z_0-z_1)$, 则

$$d = \frac{|\boldsymbol{n}\cdot\overrightarrow{PP_0}|}{|\boldsymbol{n}|} = \frac{|A(x_0-x_1)+B(y_0-y_1)+C(z_0-z_1)|}{\sqrt{A^2+B^2+C^2}};$$

又因为 $P(x_1,y_1,z_1)$ 是平面上的点,故 $Ax_1+By_1+Cz_1+D=0$ 代入上式得

$$d = \frac{|Ax_0+By_0+Cz_0+D|}{\sqrt{A^2+B^2+C^2}}.$$

例 8.21 求两个平行平面 $x-y+3z+1=0$ 与 $x-y+3z-5=0$ 间的距离.

解 在一个平面 $x-y+3z+1=0$ 上任取一点 $P(-1,0,0)$,则点 P 到另一平面的距离即为两平行平面间的距离,所以

$$d = \frac{|-1\times1-5|}{\sqrt{1^2+(-1)^2+3^2}} = \frac{6}{\sqrt{11}} = \frac{6}{11}\sqrt{11}.$$

例 8.22 求过点 $P_1(2,4,0)$ 和 $P_2(0,1,4)$,且与点 $M(1,2,1)$ 的距离为 1 的平面方程.

解 设平面的一般式方程为 $Ax+By+Cz+D=0$,平面过点 $P_1(2,4,0)$ 和 $P_2(0,1,4)$,则
$$2A+4B+D=0,$$
$$B+4C+D=0,$$
由平面与点 $M(1,2,1)$ 的距离为 1 得

$$\frac{|A+2B+C+D|}{\sqrt{A^2+B^2+C^2}} = 1,$$

联合以上各式解得

$$A=0, C=\frac{3}{4}B, D=-4B \text{ 或 } B=2A, C=2A, D=-10A,$$

因此,所求平面方程为

$$4y+3z-16=0 \text{ 或 } x+2y+2z-10=0.$$

习题 8.3(A)

1. 平行于 x 轴,且过点 $P(3,-1,2)$ 与 $Q(0,1,0)$ 的平面方程是 _____.
2. 与 xOy 坐标平面垂直的平面的一般方程为 _____.
3. 过点 $P(1,2,1)$,且与向量 $\boldsymbol{a}=\boldsymbol{i}-2\boldsymbol{j}-3\boldsymbol{k}, \boldsymbol{b}=-\boldsymbol{j}-\boldsymbol{k}$ 平行的平面方程为 _____.
4. 点 $M(6,2,-1)$ 到平面 $x-2y+2z+6=0$ 的距离 $d=$ _____.
5. 平面 $x-2y-1=0$ 与平面 $2x+y+z=5$ 的位置关系为 _____.

习题 8.3(B)

1. 讨论一般方程 $Ax+By+Cz+D=0$ 中系数 A,B,C,D 中有一个或数个等于零的特殊情况,与图像的特征的对应关系.

系数情况	图像特征
$C=0, ABD \neq 0$	
$A=D=0, BC \neq 0$	
	平面 π 过 z 轴
	平面 π 垂直于 y 轴

2. 在下列各题中,求满足给定条件的平面方程.
(1) 过点 $P(-1,3,-2)$ 和 $Q(0,2,-1)$,且平行于向量 $\boldsymbol{a}=(2,-1,-1)$;
(2) 过 z 轴,且垂直于平面 $3x-2y-z+7=0$;
(3) 垂直于 yOz 坐标面,且过点 $P(4,0,-2)$ 和 $Q(15,1,7)$;
(4) 平行于 zOx 坐标面,且经过点 $(2,-5,3)$;
(5) 通过 z 轴和点 $(-3,1,-2)$;
(6) 平行于 x 轴,且经过两点 $(4,0,-2)$ 和 $(5,1,7)$.
3. 求经过点 $(1,-1,1),(2,-2,-2)$ 和 $(1,0,2)$ 的平面方程.
4. 一平面经过点 $(1,0,-1)$,且平行于向量 $\boldsymbol{a}=(2,1,1)$ 和 $\boldsymbol{b}=(1,-1,0)$,试求这个平面的方程.
5. 求通过 y 轴,且垂直于平面 $2x+y-z+5=0$ 的平面方程.
6. 求过点 $(1,1,1)$,且在三个坐标轴的正方向上截得到原点长度相等的平面方程.
7. 指出下列平面对坐标轴位置的特点.

(1) $2x+3y-z=0$；　　　　　(2) $6y-z+1=0$；
(3) $2x+y=0$；　　　　　　(4) $y-5=0$.

8. 设平面 $Ax-2y-z+1=0$ 与平面 $3x+By+2z-9=0$ 平行，试求 A 和 B 的值.

9. 设一平面经过原点和 $(6,-3,2)$，且与平面 $4x-y+2z=8$ 垂直，求此平面的方程.

10. 判断下列各组平面相对位置.
(1) $\pi_1: x-y+2z-1=0, \pi_2: 2x-2y+4z-3=0$；
(2) $\pi_1: 2x-2y-z-1=0, \pi_2: x+2y-2z=0$；
(3) $\pi_1: 2x+3y-z+1=0, \pi_2: -2x+y-3z=0$.

11. 计算距离：
(1) 点 $(2,1,0)$ 到平面 $3x+4y+5z=0$ 的距离；
(2) 原点到平面 $15x-10y+6z-190=0$ 的距离；
(3) 平行平面 $11x+2y-10z+25=0$ 与 $11x+2y-10z-20=0$ 的距离.

8.4　空间直线的方程

知识衔接

平面解析几何中，直线的点斜式方程为_____，截距式方程为_____，一般式方程为_____.

若两直线 $l_1: y=k_1x+b_1$ 与 $l_2: y=k_2x+b_2$ 平行，则_____；若该两直线垂直，则_____.

点 $P_0(x_0,y_0)$ 到直线 $l: Ax+By+C=0$ 的距离为_____.

8.4.1　直线的一般式方程

空间任一条直线都可看成是通过该直线的两个平面的交线，同时空间两个相交平面确定一条直线，所以将两个平面方程联立起来就代表空间直线的方程.

设两个平面的方程为
$$\pi_1: A_1x+B_1y+C_1z+D_1=0,$$
$$\pi_2: A_2x+B_2y+C_2z+D_2=0,$$

则方程组
$$\begin{cases} A_1x+B_1y+C_1z+D_1=0, \\ A_2x+B_2y+C_2z+D_2=0 \end{cases}$$

表示一条直线，称之为直线的**一般式方程**，其中 A_1, B_1, C_1 与 A_2, B_2, C_2 不成比例.

8.4.2 直线的点向式方程

我们知道,一个点和一个方向可以确定一条直线,而方向可以用一个非零向量来表示. 因此,一个点和一个非零向量确定一条直线.

定义 8.7 若一个非零向量 s 与直线 l 平行,则称向量 s 是直线 l 的一个**方向向量**.

显然,若 s 是直线 l 的一个方向向量,则 λs(λ 为任意非零实数)都是 l 的方向向量.

在空间直角坐标系中,若 $M_0(x_0, y_0, z_0)$ 是直线 l 上的一个点,$s=(m,n,p)$ 为 l 的一个方向向量,下面求直线 l 的方程.

设 $M(x,y,z)$ 为直线 l 上的任意一点,如图 8-19 所示,则 $\overrightarrow{M_0M}//s$,所以,存在一个实数 λ,使得 $\overrightarrow{M_0M}=\lambda s$. 而 $\overrightarrow{M_0M}$ 的坐标为 $(x-x_0, y-y_0, z-z_0)$,因此有

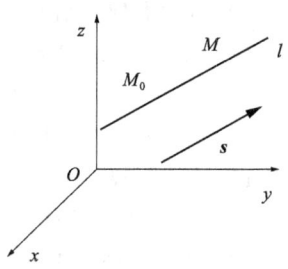

图 8-19

$$\begin{cases} x-x_0 = \lambda m, \\ y-y_0 = \lambda n, \\ z-z_0 = \lambda p. \end{cases}$$

此式子称为直线的**参数式方程**,消去 λ 得

$$\frac{x-x_0}{m} = \frac{y-y_0}{n} = \frac{z-z_0}{p}, \tag{8.6}$$

称之为直线 l 的**点向式方程**.

注:因为直线 l 的方向向量 $s \neq \mathbf{0}$,所以 m,n,p 不全为零,但当有一个为零时,如 $m=0$ 时,式(8.6)应理解为

$$\begin{cases} x-x_0 = 0, \\ \dfrac{y-y_0}{n} = \dfrac{z-z_0}{p}. \end{cases}$$

该直线与 yOz 平面平行.

当有两个为零时,如 $m=n=0$ 时,式(8.6)应理解为

$$\begin{cases} x-x_0 = 0, \\ y-y_0 = 0. \end{cases}$$

该直线与 z 轴平行.

例 8.23 设直线 l 过两点 $A(-1,2,3)$ 和 $B(2,0,-1)$,求直线 l 的方程.

解 直线 l 的一个方向向量为 $\overrightarrow{AB}$,则

$$\overrightarrow{AB} = (3,-2,-4),$$

由直线的点向式方程可得直线 l 的方程为

$$\frac{x+1}{3} = \frac{y-2}{-2} = \frac{z-3}{-4}.$$

例 8.24 求过点 $M(1,0,-2)$,且与两平面 $x+z=5$ 和 $2x-3y+z=18$ 都平行的直线方程.

解 所求的直线与两平面都平行，即与两平面的法向量 $n_1=(1,0,1)$, $n_2=(2,-3,1)$ 都垂直，则可用 $n_1\times n_2$ 作为直线的一个方向向量 s，即

$$s=n_1\times n_2=\begin{vmatrix} i & j & k \\ 1 & 0 & 1 \\ 2 & -3 & 1 \end{vmatrix}=3i+j-3k,$$

于是所求直线的方程为

$$\frac{x-1}{3}=\frac{y-0}{1}=\frac{z+2}{-3},$$

即

$$\frac{x-1}{3}=y=\frac{z+2}{-3}.$$

例 8.25 将直线的一般式方程

$$\begin{cases} 2x-y+3z-1=0, \\ 3x+2y-z-12=0 \end{cases}$$

化为点向式方程.

解 先求直线上一点 M_0，不妨设 $z=0$，代入方程中得

$$\begin{cases} 2x-y-1=0, \\ 3x+2y-12=0, \end{cases}$$

解之得

$$x=2, y=3,$$

所以 $M_0(2,3,0)$ 为直线上的一点.

由于直线与两个平面的法向量 n_1, n_2 都垂直，其中 $n_1=(2,-1,3)$, $n_2=(3,2,-1)$，因此可用 $n_1\times n_2$ 作为直线的一个方向向量 s，即

$$s=n_1\times n_2=\begin{vmatrix} i & j & k \\ 2 & -1 & 3 \\ 3 & 2 & -1 \end{vmatrix}=-5i+11j+7k,$$

于是该直线的点向式方程为

$$\frac{x-2}{-5}=\frac{y-3}{11}=\frac{z}{7}.$$

8.4.3 两直线间的位置关系

两条直线之间的位置关系有三种：相交、平行和异面. 空间中两条直线的位置关系可以用两条直线的夹角来确定.

定义 8.8 两相交直线 l_1 与 l_2 所形成的两对对顶角中，把不大于 $\frac{\pi}{2}$ 的那对对顶角 θ 叫作这两条直线的**夹角**.

设两条直线 l_1 与 l_2 的方程分别为 $\frac{x-x_1}{m_1}=\frac{y-y_1}{n_1}=\frac{z-z_1}{p_1}$ 和 $\frac{x-x_2}{m_2}=\frac{y-y_2}{n_2}=\frac{z-z_2}{p_2}$，两直线对应的方向向量分别为 $s_1=(m_1,n_1,p_1)$ 和 $s_2=(m_2,n_2,p_2)$，则两直线 l_1 与 l_2 的夹角公式为

$$\cos\theta = |\cos(\widehat{s_1, s_2})| = \frac{|s_1 \cdot s_2|}{|s_1||s_2|} = \frac{|m_1 m_2 + n_1 n_2 + p_1 p_2|}{\sqrt{m_1^2 + n_1^2 + p_1^2} \cdot \sqrt{m_2^2 + n_2^2 + p_2^2}}.$$

特别地,

(1) 两直线平行 $\Leftrightarrow s_1 /\!/ s_2 \Leftrightarrow \dfrac{m_1}{m_2} = \dfrac{n_1}{n_2} = \dfrac{p_1}{p_2}$;

(2) 两直线垂直 $\Leftrightarrow s_1 \cdot s_2 = 0 \Leftrightarrow m_1 m_2 + n_1 n_2 + p_1 p_2 = 0$.

注*:当直线 l_1 与 l_2 为异面直线时,两条直线不共面,所以只需判断两直线是否共面即可判断直线是否异面,有如下结论:

直线 l_1 与 l_2 共面的充分必要条件为 $s_1, s_2, \overrightarrow{P_1 P_2}$ 的混合积 $(s_1 \times s_2) \cdot \overrightarrow{P_1 P_2} = 0$,其中点 $P_1(x_1, y_1, z_1), P_2(x_2, y_2, z_2)$ 分别为直线 l_1 与 l_2 上的点.

例 8.26 求直线 $l_1: \dfrac{x-2}{5} = \dfrac{y+1}{1} = \dfrac{z-1}{-3}$ 与 $l_2: \begin{cases} x=2 \\ y=1 \end{cases}$ 的夹角,并判断两直线的位置关系.

解 直线 l_1 的方向向量为 $s_1 = (5, 1, -3)$,l_2 的方向向量为 $s_2 = (0, 0, 1)$,则

$$\cos\theta = |\cos(\widehat{s_1, s_2})| = \frac{|s_1 \cdot s_2|}{|s_1||s_2|} = \frac{|-3|}{\sqrt{5^2+1^2+(-3)^2} \cdot \sqrt{0^2+0^2+1^2}} = \frac{3}{\sqrt{35}},$$

两直线的夹角为 $\arccos \dfrac{3}{\sqrt{35}}$.

另一方面,取直线 l_1 上的点 $P_1(2, -1, 1)$,直线 l_2 上的点 $P_2(2, 1, 0)$,则

$$(s_1 \times s_2) \cdot \overrightarrow{P_1 P_2} = \begin{vmatrix} 5 & 1 & -3 \\ 0 & 0 & 1 \\ 0 & 2 & -1 \end{vmatrix} = -10 \neq 0,$$

因此 l_1 与 l_2 为异面直线.

8.4.4 直线与平面的位置关系

在空间中,直线与平面的位置关系有三种:直线在平面内、直线与平面平行和直线与平面相交,它们的位置关系可以通过直线与平面的夹角来判定.

定义 8.9 直线与它在平面上的投影之间的夹角 $\theta\left(0 \leqslant \theta \leqslant \dfrac{\pi}{2}\right)$,称之为直线与平面的**夹角**.

设直线 l 的方程为 $\dfrac{x-x_0}{m} = \dfrac{y-y_0}{n} = \dfrac{z-z_0}{p}$,平面 π 的方程为 $Ax+By+Cz+D=0$,则直线 l 的方向向量为 $s=(m, n, p)$,平面 π 的法向量为 $n=(A, B, C)$.

设直线 l 与平面 π 的法线之间的夹角为 φ,则 $\theta = \dfrac{\pi}{2} - \varphi$,如图 8-20 所示,所以

$$\sin\theta = \cos\varphi = \frac{|s \cdot n|}{|s| \cdot |n|} = \frac{|Am+Bn+Cp|}{\sqrt{m^2+n^2+p^2} \cdot \sqrt{A^2+B^2+C^2}}.$$

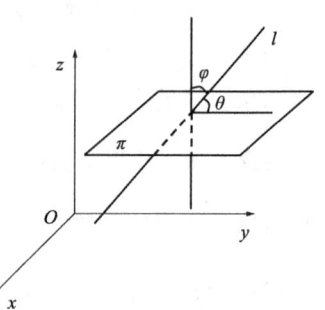

图 8-20

特别地，

(1) 直线 l 与平面 π 平行 $\Leftrightarrow s \cdot n = 0$，即 $mA + nB + pC = 0$；

(2) 直线 l 与平面 π 垂直 $\Leftrightarrow s \times n = \boldsymbol{0}$，即 $\dfrac{m}{A} = \dfrac{n}{B} = \dfrac{p}{C}$.

例 8.27 判断下列直线 l 与平面 π 的位置关系.

(1) $\pi : 2x + y - z = 0, l : \dfrac{x-1}{1} = \dfrac{y+1}{1} = \dfrac{z}{3}$；

(2) $\pi : 3x - y - 2z + 5 = 0, l : \begin{cases} x + y + z = 1, \\ 2x + 3z = 1. \end{cases}$

解 (1) 平面 π 的法向量为 $\boldsymbol{n} = (2, 1, -1)$，直线 l 的方向向量为 $\boldsymbol{s} = (1, 1, 3)$，则
$$\boldsymbol{s} \cdot \boldsymbol{n} = 2 \times 1 + 1 \times 1 + (-1) \times 3 = 0,$$
因此直线 l 平行于平面 π.

(2) 平面 π 的法向量为 $\boldsymbol{n} = (3, -1, -2)$，直线 l 的方向向量为 $\boldsymbol{s}$，则
$$\boldsymbol{s} = \boldsymbol{n}_1 \times \boldsymbol{n}_2 = \begin{vmatrix} \boldsymbol{i} & \boldsymbol{j} & \boldsymbol{k} \\ 1 & 1 & 1 \\ 2 & 0 & 3 \end{vmatrix} = 3\boldsymbol{i} - \boldsymbol{j} - 2\boldsymbol{k},$$
向量 $\boldsymbol{s} /\!/ \boldsymbol{n}$，所以直线 l 垂直于平面 π.

8.4.5 平面束方程

定义 8.10 通过空间直线 l 可以作无穷多个平面，所有这些平面的集合称为过直线 l 的**平面束**.

设平面 π_1 和 π_2 的交线为直线 l，其方程为
$$\begin{cases} A_1 x + B_1 y + C_1 z + D_1 = 0, \\ A_2 x + B_2 y + C_2 z + D_2 = 0, \end{cases} \tag{8.7}$$

构造平面束方程
$$A_1 x + B_1 y + C_1 z + D_1 + \lambda (A_2 x + B_2 y + C_2 z + D_2) = 0,$$

或写成
$$(A_1 + \lambda A_2) x + (B_1 + \lambda B_2) y + (C_1 + \lambda C_2) z + D_1 + \lambda D_2 = 0, \tag{8.8}$$

其中 λ 为任意实数.

容易看出，凡满足式 (8.7) 的点的坐标一定满足式 (8.8)，这说明式 (8.8) 是过直线 l 的平面方程；当 λ 取不同实数时，式 (8.8) 即为不同的平面方程.

在求解平面方程时，有时利用平面束方程会为我们求解问题带来方便.

例 8.28 求直线 $l : \begin{cases} x + y - z = 1, \\ x - y + z = -1 \end{cases}$ 在平面 $\pi : x + y + z = 0$ 上的投影直线方程.

解 过 l 的平面束为
$$x + y - z - 1 + \lambda (x - y + z + 1) = 0,$$
即
$$(1 + \lambda) x + (1 - \lambda) y + (\lambda - 1) z + \lambda - 1 = 0.$$

在这个平面束中，要找一个与 π 垂直的平面，而平面 π 的法向量为 $\boldsymbol{n} = (1, 1, 1)$，所以

$$(1+\lambda)\cdot 1+(1-\lambda)\cdot 1+(\lambda-1)\cdot 1=0,$$

解得 $\lambda=-1$, 代入平面束方程得

$$y-z-1=0,$$

所以投影直线方程为

$$\begin{cases} y-z-1=0, \\ x+y+z=0. \end{cases}$$

8.4.6 空间点、直线与平面的距离公式

1. 两点间的距离公式

点 $P_1(x_1,y_1,z_1)$ 和 $P_2(x_2,y_2,z_2)$ 间的距离公式

$$d=|\overrightarrow{P_1P_2}|=\sqrt{(x_1-x_2)^2+(y_1-y_2)^2+(z_1-z_2)^2}.$$

2. 点到平面的距离

点 $P(x_0,y_0,z_0)$ 到平面 $Ax+By+Cz+D=0$ 的距离

$$d=\frac{|Ax_0+By_0+Cz_0+D|}{\sqrt{A^2+B^2+C^2}}.$$

3. 点到直线的最短距离

点 $P(x_0,y_0,z_0)$ 到直线 $l:\dfrac{x-x_1}{m}=\dfrac{y-y_1}{n}=\dfrac{z-z_1}{p}$ 的距离

$$d=\frac{|\mathbf{s}\times\overrightarrow{P_0P_1}|}{\sqrt{m^2+n^2+p^2}},$$

其中点 $P_1(x_1,y_1,z_1)$, $\mathbf{s}=(m,n,p)$.

4. 两平面间的距离

设两平面 $\pi_1:A_1x+B_1y+C_1z+D_1=0$, $\pi_2:A_2x+B_2y+C_2z+D_2=0$, 点 $P(x_1,y_1,z_1)$ 在平面 π_1 上, 则两平面的距离

$$d=\frac{|A_2x_1+B_2y_1+C_2z_1+D_2|}{\sqrt{A_2^2+B_2^2+C_2^2}}.$$

5.* 两异面直线的距离

两异面直线 $l_1:\dfrac{x-x_1}{m_1}=\dfrac{y-y_1}{n_1}=\dfrac{z-z_1}{p_1}$ 和 $l_2:\dfrac{x-x_2}{m_2}=\dfrac{y-y_2}{n_2}=\dfrac{z-z_2}{p_2}$ 间的距离

$$d=\frac{|\overrightarrow{AB}\cdot(\mathbf{s}_1\times\mathbf{s}_2)|}{|\mathbf{s}_1\times\mathbf{s}_2|},$$

其中两直线的方向向量分别为 $\mathbf{s}_1=(m_1,n_1,p_1)$ 和 $\mathbf{s}_2=(m_2,n_2,p_2)$, 而 $\overrightarrow{AB}=(x_2-x_1,y_2-y_1,z_2-z_1)$.

例 8.29 已知两直线 $l_1:\dfrac{x+2}{1}=\dfrac{y-3}{-1}=\dfrac{z+1}{1}$, $l_2:\dfrac{x+4}{2}=\dfrac{y}{1}=\dfrac{z-4}{3}$, 试求两直线间的距离.

解 两直线的方向向量分别为 $\mathbf{s}_1=(1,-1,1)$, $\mathbf{s}_2=(2,1,3)$, 点 $A(-2,3,-1)$ 和 $B(-4,0,4)$ 分别为两直线上的点, 且 $\overrightarrow{AB}=(-2,-3,5)$, 则

$$s_1 \times s_2 = \begin{vmatrix} i & j & k \\ 1 & -1 & 1 \\ 2 & 1 & 3 \end{vmatrix} = -4i - j + 3k,$$

所以两直线间的距离

$$d = \frac{|\overrightarrow{AB} \cdot (s_1 \times s_2)|}{|s_1 \times s_2|} = \frac{|-2 \times (-4) + (-3) \times (-1) + 5 \times 3|}{\sqrt{26}} = \frac{26}{\sqrt{26}} = \sqrt{26}.$$

习题 8.4(A)

1. 过点 $A(3,-2,1)$ 和 $B(-1,0,2)$ 的直线方程为 _____.

2. 直线 $\begin{cases} x-2y+z-3=0, \\ 2x+y-2z+6=0 \end{cases}$ 的点向式方程为 _____.

3. 通过点 $A(1,2,-3)$，且垂直于平面 $3x-y=10$ 的直线方程为 _____.

4. 直线 $x+a = \dfrac{y-1}{2} = \dfrac{z}{k}$ 在平面 $x+y-z=3$ 上，则 $a=$ _____，$k=$ _____.

5. 直线 $l: \dfrac{x-13}{8} = \dfrac{y-1}{2} = \dfrac{z-4}{3}$ 与平面 $\pi: x+2y-4z+1=0$ 的位置关系为 _____.

习题 8.4(B)

1. 求过点 $(-3,2,5)$，且与直线 $\begin{cases} x-4z-3=0, \\ 2x-y-5z-1=0 \end{cases}$ 平行的直线方程.

2. 用点向式方程和参数方程表示直线 $\begin{cases} x-y+z=1, \\ 2x+y+z=4. \end{cases}$

3. 将直线的一般式方程 $\begin{cases} 2x-3y-3z-9=0, \\ x-2y+z+3=0 \end{cases}$ 化为点向式方程.

4. 将直线的点向式方程 $\dfrac{x-2}{0} = \dfrac{y+1}{2} = \dfrac{z+3}{-1}$ 化为一般式方程.

5. 求与两平面 $x-4z=3$ 和 $2x-y-5z=1$ 的交线平行，且过点 $(-3,2,5)$ 的直线方程.

6. 求过点 $(2,1,3)$，且与直线 $\dfrac{x+1}{3} = \dfrac{y-1}{2} = \dfrac{z}{-1}$ 垂直相交的直线方程.

7. 求经过点 $A(-3,0,2)$，且与两个平面 $x+z=1$ 与 $x+y+z=1$ 同时平行的直线方程.

8. 求经过点 $A(2,-1,0)$，且与两条直线 $x=y=z$ 及 $\dfrac{x+1}{0} = \dfrac{y-2}{1} = \dfrac{z}{-1}$ 同时垂直的直线

方程.

9. 求直线 $\begin{cases} x+y+3z=0, \\ x-y-z=0 \end{cases}$ 与平面 $x-y-z+1=0$ 的夹角.

10. 求点 $(-1,2,0)$ 在平面 $x+2y-z+1=0$ 上的投影.

11. 求直线 $x=y=z$ 在平面 $x+5y-3z=1$ 上的投影直线方程.

12. 求过点 $(2,-3,5)$，且与直线 $\dfrac{x-1}{-4}=\dfrac{y+2}{3}=\dfrac{z-3}{1}$ 平行的直线方程.

13. 求通过直线 $l_1: \begin{cases} x-2z-4=0, \\ 3y-z+8=0, \end{cases}$ 且与直线 $l_2: \begin{cases} x-y-4=0, \\ y-z+6=0 \end{cases}$ 平行的平面方程.

14. 试求 k 值，使两条直线 $l_1: \dfrac{x-1}{k}=\dfrac{y+4}{5}=\dfrac{z-3}{-3}$，$l_2: \dfrac{x+3}{3}=\dfrac{y-9}{-4}=\dfrac{z+14}{7}$ 相交.

15. 求直线 $l_1: x-1=\dfrac{y-2}{-1}=\dfrac{z+1}{0}$ 与 $l_2: \dfrac{x}{-1}=\dfrac{y+1}{0}=\dfrac{z-3}{2}$ 之间的夹角.

16. 判断下列直线与平面或直线与直线的位置关系.

(1) $l: \dfrac{x-1}{2}=\dfrac{y+3}{-1}=\dfrac{z+2}{5}$ 和 $\pi: 4x+3y-z+3=0$；

(2) $l: \dfrac{x+1}{2}=\dfrac{y-3}{4}=\dfrac{z}{3}$ 和 $\pi: 3x-3y+2z-5=0$；

(3) $l: \dfrac{x-7}{5}=\dfrac{y-4}{1}=\dfrac{z-5}{4}$ 和 $\pi: 3x-y+2z-5=0$；

(4) $l_1: \begin{cases} x=1+3t, \\ y=-1-2t, \\ z=-2+3t \end{cases}$ 和 $l_2: \begin{cases} x=-t, \\ y=1+2t, \\ z=2t; \end{cases}$

(5) $l_1: \dfrac{x-2}{3}=\dfrac{y-3}{-2}=\dfrac{z+2}{1}$ 和 $l_2: \dfrac{x-0}{6}=\dfrac{y+1}{-4}=\dfrac{z-5}{2}$；

(6) $l: \dfrac{x-2}{4}=\dfrac{y-9}{3}=\dfrac{z-1}{1}$ 和 $\pi: 3x+5y-z=2$.

8.5　曲面的方程

知识衔接

圆的方程为 _____；椭圆的方程为 _____.
双曲线的方程为 _____；抛物线的方程为 _____.

在日常生活和科学技术中,经常会遇到各种类型的曲面,如飞机的内侧面与外侧面、弯曲物体的表面等. 任何曲面都可以视为点的几何轨迹,也就是可以用代数方程表示出来. 本节介绍常见的二次曲面及其方程,包括旋转曲面、柱面、常见的二次曲面等.

8.5.1 曲面方程

定义 8.11 如果曲面 Σ 与方程
$$F(x,y,z) = 0$$
满足:

(1) 曲面 Σ 上每一点的坐标都满足方程 $F(x,y,z) = 0$;

(2) 以方程 $F(x,y,z) = 0$ 的解为坐标的点都在曲面 Σ 上,

则称方程 $F(x,y,z) = 0$ 为**曲面 Σ 的方程**,而称曲面 Σ 为此**方程的图形**.

空间中的曲线可以看作是两个曲面的交线,这时曲线上的点同时在两个曲面上,即曲线上的点的坐标同时满足两个曲面的方程,反之亦然.

定义 8.12 设曲面 Σ_1 的方程为 $F_1(x,y,z) = 0$,Σ_2 的方程为 $F_2(x,y,z) = 0$,则满足方程组
$$\begin{cases} F_1(x,y,z) = 0, \\ F_2(x,y,z) = 0 \end{cases}$$
的点的轨迹叫作**曲线**,该方程称为**曲线的方程**.

例如,直线就是两个平面的交线,它的方程就是联立两个平面方程的方程组.

8.5.2 柱面

用直线 L 沿空间一条曲线 Γ 平行移动所形成的曲面称为**柱面**. 动直线 L 称为柱面的**母线**,定曲线 Γ 称为柱面的**准线**.

常见的柱面有:

曲面名称	曲面方程	图形
柱面	母线平行于 x 轴 $F(y,z) = 0$ 母线平行于 y 轴 $F(x,z) = 0$ 母线平行于 z 轴 $F(x,y) = 0$	母线 L，准线 Γ
圆柱面	母线平行于 x 轴 $y^2 + z^2 = R^2$ 母线平行于 y 轴 $x^2 + z^2 = R^2$ 母线平行于 z 轴 $x^2 + y^2 = R^2$	

曲面名称	曲面方程	图形
椭圆柱面	母线平行于 x 轴 $$\frac{y^2}{a^2}+\frac{z^2}{b^2}=1$$ 母线平行于 y 轴 $$\frac{x^2}{a^2}+\frac{z^2}{b^2}=1$$ 母线平行于 z 轴 $$\frac{x^2}{a^2}+\frac{y^2}{b^2}=1$$	
双曲柱面	母线平行于 x 轴 $$\frac{y^2}{b^2}-\frac{z^2}{a^2}=1$$ 母线平行于 y 轴 $$\frac{z^2}{b^2}-\frac{x^2}{a^2}=1$$ 母线平行于 z 轴 $$\frac{y^2}{b^2}-\frac{x^2}{a^2}=1$$	
抛物柱面	母线平行于 x 轴 $$y^2=2pz$$ 母线平行于 y 轴 $$z^2=2px$$ 母线平行于 z 轴 $$x^2=2py$$	

注:若曲面方程为 $F(x,y)=0$,则它一定是母线平行于 z 轴、准线为 xOy 平面上的一条曲线 Γ(Γ 在平面直角坐标系中的方程为 $F(x,y)=0$)的柱面.

例如,圆柱面:$x^2+y^2=R^2$,它就是以 xOy 平面上的圆作为准线,以平行于 z 轴的直线作为母线形成的柱面.

8.5.3 旋转曲面

一条平面曲线 Γ 绕同一平面内的一条定直线 L 旋转所形成的曲面称为**旋转曲面**. 曲线 Γ 称为旋转曲面的**母线**,定直线 L 称为旋转曲面的**旋转轴**,简称**轴**.

定理 8.3 设曲线 Γ 在 yOz 平面上,它的平面直角坐标方程为
$$F(y,z)=0,$$
则 Γ 绕 z 轴旋转所成的旋转曲面 Σ 的方程为
$$F(\pm\sqrt{x^2+y^2},z)=0.$$

证 设 $M(x,y,z)$ 为旋转曲面上的任一点,并假定点 M 是由曲线 Γ 上的点 $M_0(0,y_0,z_0)$

绕 z 轴旋转到一定角度而得到的点（图 8-21），因而 $z=z_0$，且点 M 到 z 轴的距离与 M_0 到 z 轴的距离相等. 而 M 到 z 轴的距离为 $\sqrt{x^2+y^2}$，M_0 到 z 轴的距离为 $\sqrt{y_0^2}=|y_0|$，则

$$y_0 = \pm\sqrt{x^2+y^2}.$$

又因为 M_0 在 Γ 上，因而 $F(y_0,z_0)=0$，将 $y_0=\pm\sqrt{x^2+y^2}$，$z=z_0$ 代入此式得

$$F(\pm\sqrt{x^2+y^2},z)=0,$$

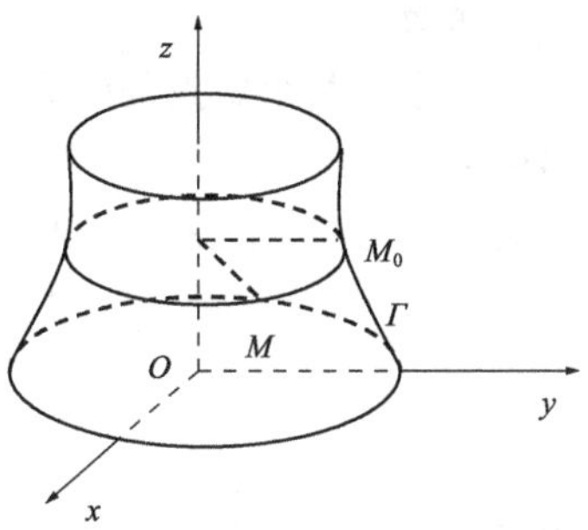

图 8-21

即旋转曲面上任一点 $M(x,y,z)$ 的坐标满足方程 $F(\pm\sqrt{x^2+y^2},z)=0$.

其次，若点 $M(x,y,z)$ 的坐标满足方程 $F(\pm\sqrt{x^2+y^2},z)=0$，则不难证明 $M\in\Sigma$. 于是，该旋转曲面的方程为 $F(\pm\sqrt{x^2+y^2},z)=0$.

注：由上面证明可知，要写出曲线 Γ 绕 z 轴旋转所成的旋转曲面的方程，只需将方程 $F(y,z)=0$ 中的 y 换成 $\pm\sqrt{x^2+y^2}$ 即可.

同理，曲线 Γ 绕 y 轴旋转所成的旋转曲面的方程为 $F(y,\pm\sqrt{x^2+z^2})=0$，即将 $F(y,z)=0$ 中的 z 换成 $\pm\sqrt{x^2+z^2}$.

例 8.30 求 xOy 平面上的双曲线 $\dfrac{x^2}{9}-\dfrac{y^2}{4}=1$ 绕 x 轴旋转形成的旋转曲面的方程.

解 由于绕 x 轴旋转，只需将方程 $\dfrac{x^2}{9}-\dfrac{y^2}{4}=1$ 中的 y 换成 $\pm\sqrt{y^2+z^2}$ 即可，所求旋转曲面的方程为

$$\frac{x^2}{9}-\frac{y^2+z^2}{4}=1.$$

例 8.31 直线 L 绕另一条与 L 相交的直线旋转一周，所得旋转曲面叫作圆锥面，两直线的交点叫作圆锥面的顶点，两直线的夹角 $\alpha\left(0<\alpha<\dfrac{\pi}{2}\right)$ 叫作圆锥面的半顶角. 试建立顶点在坐标原点 O、旋转轴为 z 轴、半顶角为 α 的圆锥面的方程，如图 8-22 所示.

解 在 yOz 坐标面内，直线 L 的方程为 $z=y\cot\alpha$，将方程 $z=y\cot\alpha$ 中的 y 改成 $\pm\sqrt{x^2+y^2}$，就得到所要求的圆锥面的方程 $z=\pm\sqrt{x^2+y^2}\cot\alpha$ 或 $z^2=a^2(x^2+y^2)$，其中 $a=\cot\alpha$.

8.5.4 常见的二次曲面

由三元二次方程 $F(x,y,z)=0$ 所表示的曲面称为二次曲面. 在研究二次曲面几何形状时，常用平行于坐标的平面去截曲面，考察其交线（即截痕）的形状，从而了解曲面形状，这种方法称为**截痕法**.

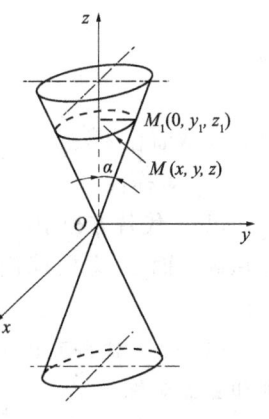

图 8-22

1. 球面

空间中与某个定点的距离等于定长的点的轨迹为一个**球面**,定点称为**球心**,定长称为**球面的半径**.

设定点 $C(x_0, y_0, z_0)$,定长为 R, $M(x,y,z)$ 是球面上任一点,则
$$|MC| = R,$$
即
$$\sqrt{(x-x_0)^2 + (y-y_0)^2 + (z-z_0)^2} = R,$$
两边平方得
$$(x-x_0)^2 + (y-y_0)^2 + (z-z_0)^2 = R^2. \tag{8.9}$$

反之,若 $M(x,y,z)$ 的坐标满足方程(8.9),则总有 $|MC| = R$,所以方程(8.9)是以 $C(x_0, y_0, z_0)$ 为球心,以 R 半径的球面方程.

特别地,以坐标原点为球心、R 半径的球面方程为
$$x^2 + y^2 + z^2 = R^2.$$

用平行于坐标平面的平面去截球面,交线均为圆.

2. 椭球面

由方程
$$\frac{x^2}{a^2} + \frac{y^2}{b^2} + \frac{z^2}{c^2} = 1 \ (a>0, b>0, c>0) \tag{8.10}$$

所确定的曲面称为**椭球面**,a,b,c 称为椭球面的**半轴**,方程(8.10)称为椭球面的**标准方程**.

下面讨论椭球面的性质及图像.

(1) 图形的范围.

由方程(8.10)知
$$\frac{x^2}{a^2} \leq 1, \frac{y^2}{b^2} \leq 1, \frac{z^2}{c^2} \leq 1,$$
即
$$-a \leq x \leq a, -b \leq y \leq b, -c \leq z \leq c,$$
因此椭球面在 $x = \pm a, y = \pm b, z = \pm c$ 这六个平面所围成的长方体内.

(2) 对称性.

以 $-x$ 代替方程中的 x,方程不变,说明点 (x,y,z) 和关于 yOz 平面对称的点 $(-x,y,z)$ 都在椭球面上,即椭球面关于 yOz 平面对称;同理,椭球面也关于 zOx 平面和 xOy 平面对称.

以 $-x, -y$ 代替方程中 x, y,方程不变,说明椭球面关于 z 轴对称;同理,椭球面也关于 y 轴和 x 轴对称.

以 $-x, -y, -z$ 代替方程中的 x, y, z,方程不变,因此椭球面关于原点对称.

椭球面与三个坐标轴的六个交点 $(\pm a, 0, 0), (0, \pm b, 0), (0, 0, \pm c)$ 称为椭球面的顶点.

(3) 椭球面的截痕.

用一组平行于 xOy 平面的平面 $z=h(|h|\leq c)$ 去截椭球面,截痕方程为

$$\begin{cases}\dfrac{x^2}{a^2}+\dfrac{y^2}{b^2}+\dfrac{z^2}{c^2}=1,\\ z=h.\end{cases}$$

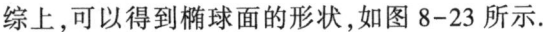

这组截痕为椭圆,并且 $|h|$ 越大,椭圆越小,当 $|h|=c$ 时,截痕缩成两点 $(0,0,c)$ 和 $(0,0,-c)$;当 $h=0$ 时,即用 xOy 平面去截椭球面,得到的截痕最大.

同样,用平行于 yOz 平面和 zOx 平面的平面去截椭球面能得到类似的结果.

综上,可以得到椭球面的形状,如图 8-23 所示.

3. 双曲面

依图形的特点,可将双曲面分为单叶双曲面和双叶双曲面.

由方程

$$\frac{x^2}{a^2}+\frac{y^2}{b^2}-\frac{z^2}{c^2}=1 \tag{8.11}$$

所确定的曲面称为**单叶双曲面**.

由方程

$$\frac{x^2}{a^2}+\frac{y^2}{b^2}-\frac{z^2}{c^2}=-1 \tag{8.12}$$

所确定的曲面称为**双叶双曲面**.

下面讨论单叶双曲面的图形.

显然,单叶双曲面关于各坐标轴、坐标平面及原点对称.

用一组平行于 xOy 平面的平面 $z=h$ 去截它,截痕为椭圆,其方程为

$$\begin{cases}\dfrac{x^2}{a^2}+\dfrac{y^2}{b^2}=1+\dfrac{h^2}{c^2},\\ z=h,\end{cases}$$

并且 $|h|$ 越大,椭圆越大.

用 yOz 平面截曲面,得到一条实轴为 y 轴的双曲线.
用 zOx 平面截曲面,得到一条实轴为 x 轴的双曲线.
因此,单叶双曲面的图形,如图 8-24 所示.

注:方程

$$\frac{x^2}{a^2}-\frac{y^2}{b^2}+\frac{z^2}{c^2}=1 \text{ 和 } -\frac{x^2}{a^2}+\frac{y^2}{b^2}+\frac{z^2}{c^2}=1$$

也都是单叶双曲面.

用同样的方法也可以得到双叶双曲面的图形.

用 $z=h$ 去截双叶双曲面 $\dfrac{x^2}{a^2}+\dfrac{y^2}{b^2}-\dfrac{z^2}{c^2}=-1$,截痕方程为

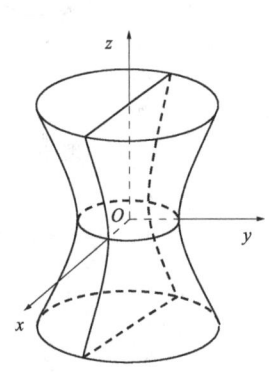

图 8-24

$$\begin{cases} \dfrac{x^2}{a^2}+\dfrac{y^2}{b^2}=\dfrac{h^2}{c^2}-1, \\ z=h. \end{cases}$$

当$|h|<c$时,无截痕;当$|h|=c$时,截痕为两点$(0,0,\pm c)$;当$|h|>c$时,截痕为椭圆,且$|h|$越大,椭圆越大.

用yOz平面去截它,截痕是一条实轴为z轴的双曲线.

用zOx平面去截它,截痕是一条实轴为z轴的双曲线.

因此,双叶双曲面的图形,如图 8-25 所示.

注:方程

$$\dfrac{x^2}{a^2}-\dfrac{y^2}{b^2}+\dfrac{z^2}{c^2}=-1 \text{ 和} -\dfrac{x^2}{a^2}+\dfrac{y^2}{b^2}+\dfrac{z^2}{c^2}=-1$$

也是双叶双曲面.

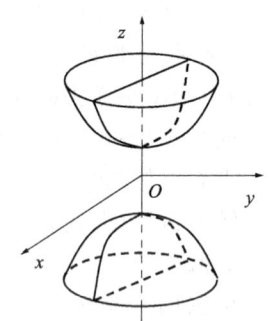

图 8-25

4. 抛物面

常见的抛物面有椭圆抛物面和双曲抛物面.

由方程

$$z=\dfrac{x^2}{a^2}+\dfrac{y^2}{b^2} \tag{8.13}$$

所确定的曲面称为**椭圆抛物面**(图 8-26).

由方程

$$z=\dfrac{x^2}{a^2}-\dfrac{y^2}{b^2} \text{ 或} -z=\dfrac{x^2}{a^2}-\dfrac{y^2}{b^2} \text{（图 8-27）} \tag{8.14}$$

所确定的曲面称为**双曲抛物面**.

注:双曲抛物面的图形形状很像马鞍,因此也称**马鞍面**.

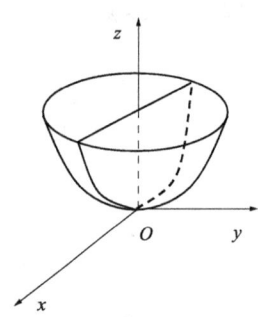

图 8-26

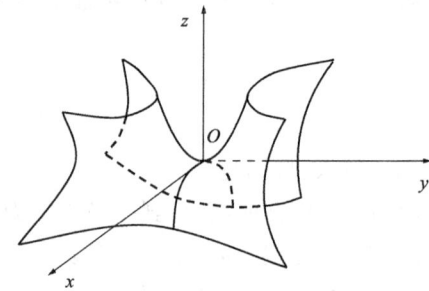

图 8-27

习题 8.5(A)

1. 曲面 $z=\sqrt{x^2+y^2}$ 是 ( )
(A) zOx 平面上线 $z=x$ 绕 z 轴旋转而成的旋转曲面
(B) zOy 平面上线 $z=|y|$ 绕 z 轴旋转而成的旋转曲面
(C) zOx 平面上线 $z=x$ 绕 x 轴旋转而成的旋转曲面
(D) zOy 平面上线 $z=|y|$ 绕 y 轴旋转而成的旋转曲面

2. 方程 $x^2+z^2=1$ 在空间表示 ( )
(A) z 轴　　(B) 球面　　(C) 母线平行 y 轴的柱面　　(D) 锥面

3. 方程 $x^2+\dfrac{y^2}{9}-\dfrac{z^2}{25}=-1$ 是 ( )
(A) 单叶双曲面　　(B) 双叶双曲面　　(C) 椭球面　　(D) 双曲抛物面

4. 方程 $y^2-z^2=1$ 在平面解析几何和空间解析几何中分别代表的图形为 ( )
(A) 抛物线和抛物柱面　　　　(B) 双曲线和双曲面
(C) 双曲线和双曲柱面　　　　(D) 双曲线和双曲抛物面

5. 下列结论中错误的是 ( )
(A) $x^2+2y^2+3z^2=1$ 表示椭球面　　(B) $x^2+2y^2=1+3z^2$ 表示双叶双曲面
(C) $y^2=5x$ 表示抛物柱面　　(D) $x^2+y^2-(z-1)^2=0$ 表示圆锥面

习题 8.5(B)

1. 方程 $x^2+y^2+z^2-4x+2y-2z=0$ 表示什么曲面?

2. 求以 $M_1=(1,4,5)$,$M_2=(1,1,1)$ 为直径的两个端点的球面方程.

3. 动点 $M(x,y,z)$ 到点 $A(0,0,2)$ 的距离和它到 xOy 平面的距离相等,求动点 M 的轨迹方程.

4. 求下列旋转曲面的方程.
(1) 将 xOz 坐标面上的抛物线 $z^2=4x$ 绕 x 轴旋转一周;
(2) 将 yOz 坐标面上的椭圆 $\dfrac{y^2}{4}+\dfrac{z^2}{9}=1$ 分别绕 y 轴、z 轴旋转一周;
(3) 将 zOx 平面上的抛物线 $z^2=3x$ 绕 x 轴旋转;
(4) 将 xOy 坐标面上的双曲线 $4x^2-9y^2=36$ 分别绕 x 旋转一周.

5. 说明下列旋转曲面是怎样形成的,并说出曲面具体表示什么图形.

(1) $\dfrac{x^2}{4}+\dfrac{y^2}{9}+\dfrac{z^2}{9}=1$；　　　　(2) $x^2-\dfrac{y^2}{4}+z^2=1$；

(3) $x^2-y^2-z^2=1$；　　　　(4) $(z-a)^2=x^2+y^2$；

(5) $z=\sqrt{x^2+y^2}$；　　　　(6) $z=2-x^2-y^2$．

6. 指出下列方程在空间直角坐标系中所表示的图形，并指明哪些是旋转曲面．

(1) $x^2+y^2+z^2=9$；　　　　(2) $\dfrac{x^2}{16}+\dfrac{y^2}{9}+\dfrac{z^2}{4}=1$；

(3) $\dfrac{x^2}{4}+\dfrac{y^2}{4}-\dfrac{z^2}{9}=1$；　　　　(4) $\dfrac{x^2}{4}+\dfrac{y^2}{16}-\dfrac{z^2}{9}=-1$；

(5) $x^2=2y$；　　　　(6) $4z=x^2+y^2$．

7. 把下列方程化为标准形式，指出方程所表示曲面的名称，并画出相应图形．

(1) $x^2+2y^2-z^2+2x+4y-1=0$；

(2) $x^2-4y^2-z^2+8y-2z-9=0$．

8. 下列方程在平面解析几何和空间解析几何中分别表示什么图形？

(1) $z=1$；　　　　(2) $y=x$；

(3) $x^2+y^2=1$；　　　　(4) $x^2-y^2=1$；

(5) $\begin{cases}2x+y-1=0,\\ 3x-y-2=0;\end{cases}$　　　　(6) $\begin{cases}\dfrac{x^2}{4}+\dfrac{y^2}{9}=1,\\ y=2.\end{cases}$

8.6 空间曲线及其方程

知识衔接

平面解析几何中，曲线的一般方程为_____，参数方程为_____．
极坐标方程为_____．
圆的参数方程为_____；椭圆的参数方程为_____．
双曲线的参数方程为_____；抛物线的参数方程为_____．

8.6.1 空间曲线的一般方程

空间曲线 C 可以看作两个曲面的交线，联立两曲面方程，即

$$\begin{cases}F(x,y,z)=0,\\ G(x,y,z)=0,\end{cases}$$

称之为**空间曲线的一般方程**，如图 8-28 所示．

曲线上的点都满足方程,满足方程的点都在曲线上,不在曲线上的点不能同时满足两个方程.

例 8.32 方程组 $\begin{cases} x^2+y^2=1, \\ z=2 \end{cases}$ 表示怎样的曲线?

解 $x^2+y^2=1$ 表示母线平行于 z 轴的圆柱面,其准线是 xOy 面上的圆,圆心在原点 O,半径为 1;$z=2$ 表示一张平行于 xOy 面的平面,因此方程组就表示上述平面与圆柱面的交线,即一条圆周线,如图 8-29 所示.

思考:方程组 $\begin{cases} x^2+y^2=1, \\ 2x+3y+3z=6 \end{cases}$ 表示怎样的曲线?

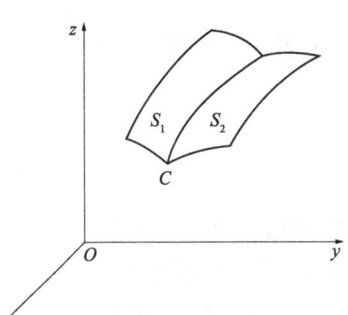

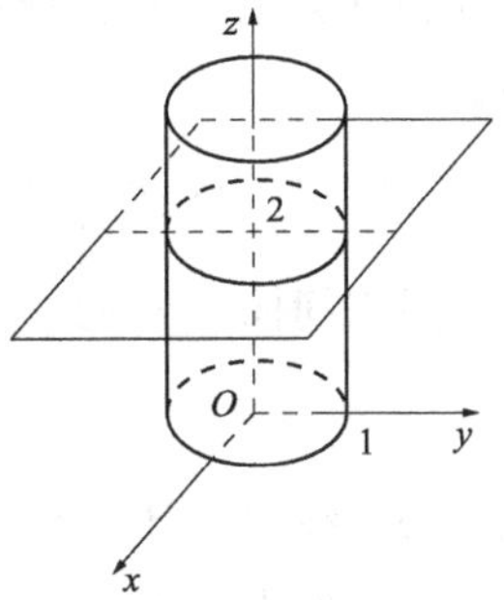

图 8-28

例 8.33 方程组 $\begin{cases} z=\sqrt{R^2-x^2-y^2}, \\ \left(x-\dfrac{R}{2}\right)^2+y^2=\left(\dfrac{R}{2}\right)^2 \end{cases}$ 表示怎样的曲线?

解 方程组中第一个方程表示球心在坐标原点 O,半径为 R 的上半球面;第二个方程表示母线平行于 z 轴的圆柱面,它的准线是 xOy 面上的圆,该圆的圆心在点 $\left(\dfrac{R}{2}, 0\right)$,半径为 $\dfrac{R}{2}$,因此方程组就表示上述半球面与圆柱面的交线,如图 8-30 所示.

8.6.2 空间曲线的参数方程

若空间曲线 C 上的点坐标 x, y, z 表示为一个参数的函数,如

$$C: \begin{cases} x=x(t), \\ y=y(t), t \in [a, b], \\ z=z(t), \end{cases}$$

称之为曲线 C 的**参数方程**.

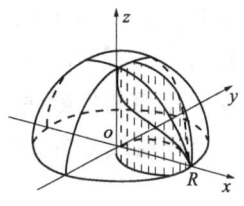

图 8-29

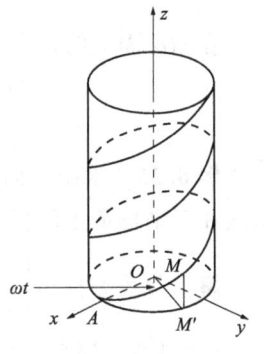

图 8-30

参数 t 在它的变化范围内每取一个值,就对应到曲线上一个点,如给定 $t=t_1$ 时,就得到 C 上的一个点 $(x(t_1), y(t_1), z(t_1))$;随着 t 的变动便得曲线 C 上的全部点.反过来,曲线上任一点均由参数的一个值对应,消去 t 就得到曲线的一般方程.

例 8.34 若空间一动点 M 在圆柱面 $x^2+y^2=a^2$ 上以角速度 ω 绕 z 轴旋转,同时又以线速度 v 沿平行于 z 轴的正向上升(其中 ω, v 都是常数),求动点的轨迹方程,如图 8-31 所示.

解 取时间 t 为参数,设当 $t=0$ 时,动点位于 x 轴上的一点 $A(a, 0, 0)$.经过时间 t,动点由 A 运动到 $M(x, y, z)$.记 M 在 xOy 面上的投影为 M',M' 的坐标为 $(x, y, 0)$.因为动点在圆柱面上以角速度 ω 绕 z 轴旋转,所以经过时间 t,$\angle AOM'=\omega t$,从而

$$\begin{cases} x=|OM'| \cdot \cos \angle AOM' = a\cos \omega t, \\ y=|OM'| \cdot \sin \angle AOM' = a\sin \omega t, \\ z=|MM'|=vt. \end{cases}$$

图 8-31

令 $\omega t = \theta, b = \dfrac{v}{\omega}$，即

$$\begin{cases} x = a\cos\theta, \\ y = a\sin\theta, \\ z = b\theta, \end{cases}$$

此曲线称为等距螺旋线.

8.6.3 空间曲线在坐标面上的投影

定义 8.13 以曲线 C 为准线、母线平行于 z 轴的柱面叫作曲线 C 关于 xOy 面的**投影柱面**.

定义 8.14 投影柱面与 xOy 面的交线叫作空间曲线 C 在 xOy 面上的**投影曲线**，简称**投影**.

类似地，可以定义曲线 C 在其他坐标面上的投影.

设空间曲线 C 的一般方程为 $\begin{cases} F(x,y,z)=0, \\ G(x,y,z)=0, \end{cases}$ 消去变量 z 后得方程

$$H(x,y) = 0,$$

此即为曲线 C 关于 xOy 面的投影柱面方程.

一方面方程 $H(x,y)=0$ 表示一个母线平行于 z 轴的柱面，另一方面方程 $H(x,y)=0$ 是由方程组消去变量 z 后所得的方程，因此当 x,y,z 满足方程组时，前两个数 x,y 必定满足方程 $H(x,y)=0$，这就说明曲线 C 上的所有点都在方程 $H(x,y)=0$ 所表示的曲面上，即曲线 C 在方程 $H(x,y)=0$ 表示的柱面上. 所以，方程 $H(x,y)=0$ 表示的柱面就是曲线 C 关于 xOy 面的投影柱面.

空间曲线 C 在 xOy 面上的投影曲线为

$$\begin{cases} H(x,y)=0, \\ z=0. \end{cases}$$

类似地，可求得空间曲线在其他坐标面上的投影.

在 yOz 面上的投影曲线：

$$\begin{cases} R(y,z)=0, \\ x=0; \end{cases}$$

在 xOz 面上的投影曲线：

$$\begin{cases} T(x,z)=0, \\ y=0. \end{cases}$$

例 8.35 求抛物面 $y^2+z^2=x$ 与平面 $x+2y-z=0$ 的截线在三坐标面上的投影曲线方程.

解 截线方程为 $\begin{cases} y^2+z^2=x, \\ x+2y-z=0, \end{cases}$ 如图 8-32 所示.

(1) 消去 z 得在 xOy 面上的投影：

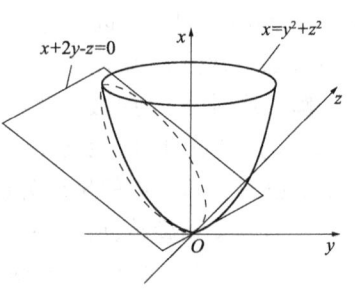

图 8-32

$$\begin{cases} x^2+5y^2+4xy-x=0, \\ z=0; \end{cases}$$

(2) 消去 y 得在 xOz 面上的投影：

$$\begin{cases} x^2+5z^2-2xz-4x=0, \\ y=0; \end{cases}$$

(3) 消去 x 得在 yOz 面上的投影：

$$\begin{cases} y^2+z^2+2y-z=0, \\ x=0. \end{cases}$$

例 8.36 已知两球面的方程分别为 $x^2+y^2+z^2=1$ 和 $x^2+(y-1)^2+(z-1)^2=1$，求它们的交线 C 在 xOy 面上的投影方程.

解 先将方程 $x^2+(y-1)^2+(z-1)^2=1$ 化为

$$x^2+y^2+z^2-2y-2z=-1,$$

然后与方程 $x^2+y^2+z^2=1$ 相减得

$$y+z=1,$$

将 $z=1-y$ 代入 $x^2+y^2+z^2=1$ 得

$$x^2+2y^2-2y=0,$$

这就是交线 C 在 xOy 面上的投影柱面方程，故两球面的交线 C 在 xOy 面上的投影方程为

$$\begin{cases} x^2+2y^2-2y=0, \\ z=0. \end{cases}$$

类似于空间曲线在坐标面上的投影求解，也可求出空间立体或曲面在坐标面上的投影，只需将空间立体或曲面在坐标面上的投影看成空间曲线在坐标面上的投影所围成的区域即可.

例 8.37 求由上半球面 $z=\sqrt{4-x^2-y^2}$ 和锥面 $z=\sqrt{3(x^2+y^2)}$ 所围成立体在 xOy 面上的投影.

解 由方程 $z=\sqrt{4-x^2-y^2}$ 和 $z=\sqrt{3(x^2+y^2)}$ 消去 z 得到 $x^2+y^2=1$，这是一个母线平行于 z 轴的圆柱面. 容易看出，这恰好是半球面与锥面的交线 C 关于 xOy 面的投影柱面，因此交线 C 在 xOy 面上的投影曲线为 $\begin{cases} x^2+y^2=1, \\ z=0, \end{cases}$ 是 xOy 面上的一个圆. 于是，所求立体在 xOy 面上的投影就是该圆在 xOy 面上所围的部分：$x^2+y^2 \le 1$，如图 8-33 所示.

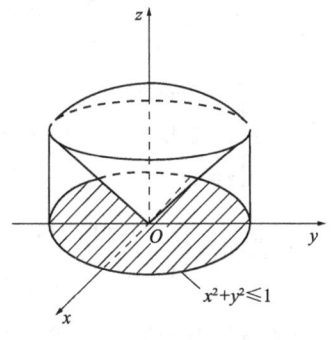

图 8-33

类似方法，可以求出所围成立体在 xOz 面上的投影.

例 8.38 求单叶双曲面 $\dfrac{x^2}{4}+\dfrac{y^2}{4}-\dfrac{z^2}{9}=1$ 在 $z=0$ 与 $z=3$ 间的部分（图 8-34）在坐标面 xOy 上的投影.

解 平面 $z=3$ 与曲面的交线为 $x^2+y^2=8$，是半径为 $2\sqrt{2}$ 的圆；平面 $z=0$ 与曲面的交线

为 $x^2+y^2=4$,是半径为 2 的圆,所以曲面在 xOy 面上的投影为圆环 $4 \leqslant x^2+y^2 \leqslant 8$,如图 8-35 所示.

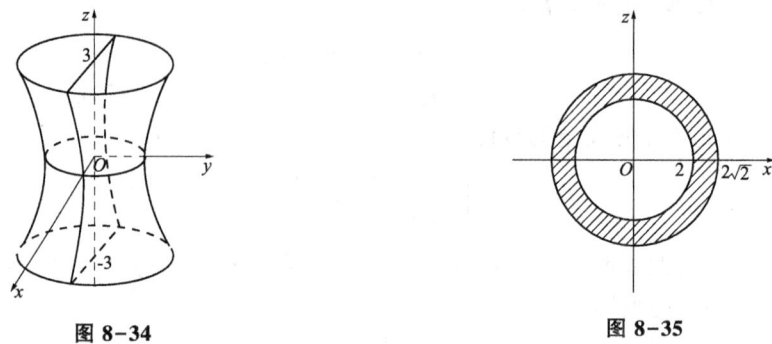

图 8-34　　　　　　　　　　　图 8-35

习题 8.6(A)

1. 曲面 $x^2+y^2+z^2=a^2$ 与 $x^2+y^2=2az(a>0)$ 的交线是　　　　　　　　　　　　(　　)
(A)抛物线　　　(B)双曲线　　　(C)圆周　　　(D)椭圆

2. 设直线 l 的方程为 $\begin{cases} x-y+z=1, \\ 2x+y+z=4, \end{cases}$ 则 l 的参数方程为　　　　　　　　　　(　　)

(A) $\begin{cases} x=1-2t, \\ y=1+t, \\ z=1+3t \end{cases}$ (B) $\begin{cases} x=1-2t, \\ y=-1+t, \\ z=1+3t \end{cases}$ (C) $\begin{cases} x=1-2t, \\ y=1-t, \\ z=1+3t \end{cases}$ (D) $\begin{cases} x=1-2t, \\ y=-1-t, \\ z=1+3t \end{cases}$

3. 空间曲线 $\begin{cases} z=x^2+y^2, \\ z=4 \end{cases}$ 化为参数式方程为　　　　　　　　　　　　　　(　　)

(A) $\begin{cases} x=2\cos t, \\ y=2\sin t, \\ z=4 \end{cases}$ (B) $\begin{cases} x=\sin t, \\ y=\cos t, \\ z=4 \end{cases}$ (C) $\begin{cases} x=\cos t, \\ y=\sin t, \\ z=4 \end{cases}$ (D) $\begin{cases} x=\sqrt{2}\cos t, \\ y=\sqrt{2}\sin t, \\ z=4 \end{cases}$

4. 求曲线 $\begin{cases} x^2+y^2+z^2=4, \\ y=z \end{cases}$ 在 xOz 平面上的投影曲线为　　　　　　　　(　　)

(A) $x^2+2z^2=4$ 　　　　　　(B) $\begin{cases} x^2+2z^2=4, \\ y=0 \end{cases}$

(C) $x^2+2y^2=4$ 　　　　　　(D) $\begin{cases} x^2+2y^2=4, \\ z=0 \end{cases}$

5. 求曲线 $\begin{cases} x^2+y^2+z^2=16, \\ x=z \end{cases}$ 在 xOy 平面上的投影曲线为　　　　　　　　(　　)

(A) $\begin{cases} x=y, \\ z=0 \end{cases}$　　　　　　(B) $\begin{cases} x=y, \\ z=0 \end{cases} (-2\sqrt{2} \leq x \leq 2\sqrt{2})$

(C) $\begin{cases} 2x^2+y^2=16, \\ z=0 \end{cases}$　　　(D) $\begin{cases} y^2+2z^2=16, \\ z=0 \end{cases}$

习题 8.6(B)

1. 说明下列方程在空间中所表示的图形.

(1) $\begin{cases} (x-2)^2+(y+1)^2+z^2=1, \\ x+2y+z=0; \end{cases}$　(2) $\begin{cases} z^2=x^2+3y^2, \\ z=1. \end{cases}$

2. 将下列曲线的一般方程化为参数方程.

(1) $\begin{cases} x^2+y^2+z^2=1, \\ x=z; \end{cases}$　(2) $\begin{cases} (x-1)^2+y^2+(z+1)^2=4, \\ z=0; \end{cases}$

(3) $\begin{cases} z=x^2+y^2, \\ z=4; \end{cases}$　(4) $\begin{cases} x^2+y^2+z^2=2, \\ z=\sqrt{x^2+y^2}. \end{cases}$

3. 求以曲线 $\begin{cases} x^2+y^2+2z^2=1, \\ x^2-y^2+z^2=1 \end{cases}$ 为准线、母线平行于 z 轴的柱面方程.

4. 分别求母线平行于 x,y 轴,且通过曲线 $\begin{cases} 2x^2+y^2+z^2=16, \\ x^2+z^2-y^2=0 \end{cases}$ 的柱面方程.

5. 求以下曲线在三个坐标面上的投影.

(1) $\begin{cases} x^2+y^2+z^2=4, \\ x+y=0; \end{cases}$　(2) $\begin{cases} x^2+z^2=4ax, \\ y^2=ax; \end{cases}$　(3) $\begin{cases} z=x^2+y^2, \\ x+y+z=1. \end{cases}$

6. 求曲线 $\begin{cases} \dfrac{x^2}{16}+\dfrac{y^2}{4}-\dfrac{z^2}{5}=1, \\ x-2z+3=0 \end{cases}$ 在 xOy 平面上的投影柱面方程.

7. 求两球面 $x^2+y^2+z^2=1$ 与 $x^2+(y-1)^2+(z-1)^2=1$ 的交线在各坐标面上的投影曲线.

8. 把曲面 $x^2+y^2+z^2=1$ 和 $x+y=1$ 的交线改写为母线分别平行于 x 轴与 y 轴的两个柱面的交线.

9. 求由曲面 $3x^2+y^2=z$ 和 $z=1-y^2$ 所围成的立体在 xOy 平面上的投影.

自测题(八)

一、选择题.

1. 下列命题正确的是 ( )
   (A) 任何零向量都有确定的方向
   (B) 与直线共线的单位向量唯一
   (C) $a \times b = a \times c \Rightarrow b = c$
   (D) a, b 为非零向量,$|a-b|=|a+b| \Leftrightarrow a \perp b$

2. 方程 $x^2 + \dfrac{y^2}{9} - \dfrac{z^2}{16} = -1$ 表示的曲面是 ( )
   (A) 单叶双曲面
   (B) 双叶双曲面
   (C) 椭球面
   (D) 双曲抛物面

3. 平面 $Ax + By + Cz + D = 0$ 过 z 轴,则 ( )
   (A) $C = D = 0$
   (B) $B = 0, C \neq 0$
   (C) $B \neq 0, C = 0$
   (D) $A = D = 0$

4. 坐标面 xOy 上的双曲线 $4x^2 - 9z^2 = 1$ 绕 z 轴旋转而成的曲面方程是 ( )
   (A) $4x^2 - 9(y^2 + z^2) = 1$
   (B) $4(x^2 + z^2) - 9(y^2 + z^2) = 1$
   (C) $4(x^2 + y^2) - 9z^2 = 1$
   (D) $4x^2 - 9z^2 = 1$

5. 直线 $l_1 : x - 1 = y = -(z+1)$ 与 $l_2 : x = -(y-1) = \dfrac{z+1}{0}$ 的位置关系是 ( )
   (A) 平行
   (B) 重合
   (C) 垂直
   (D) 异面

6. 直线 $\begin{cases} x - 3z = 0, \\ 2y - 1 = 0 \end{cases}$ ( )
   (A) 平行于 y 轴
   (B) 垂直于 y 轴
   (C) 平行于 x 轴
   (D) 平行于 xOy 平面

二、填空题.

7. 向量 a, b 满足 $|a| = 2, |b| = 1$,则 $|a \times b|^2 + (a \cdot b)^2 = $ _____.

8. 单位向量 a, b, c 满足 $a + b + c = 0$,则 $a \cdot b + b \cdot c + c \cdot a = $ _____.

9. 设 $a = \{1, -1, 2\}, b = \{2, -1, 3\}$,则 $|a \times (a + 2b)| = $ _____.

10. 与两直线 $\begin{cases} x = 1, \\ y = -1 + t, \\ z = 2 + t \end{cases}$ 及 $\dfrac{x+1}{1} = \dfrac{y+2}{2} = \dfrac{z+1}{1}$ 都平行,且过原点的平面方程为 _____.

11. 设有直线 $l_1 : \dfrac{x-1}{1} = \dfrac{y-5}{-2} = \dfrac{z+8}{1}$ 与 $l_2 : \begin{cases} x - y = 6, \\ 2y + z = 3, \end{cases}$ 则 l_1 与 l_2 的夹角为 _____.

三、解答题.

12. 已知 $|a| = 4, |b| = 3, \theta = (\widehat{a, b}) = \dfrac{\pi}{6}$,求以 $a + 2b$ 和 $a - 3b$ 为边的平行四边形的面积.

13. 求过直线 $l:\begin{cases}3x+2y-z-1=0,\\2x-3y+2z+2=0,\end{cases}$ 且垂直于平面 $\pi:x+2y+3z-5=0$ 的平面方程.

14. 设平面经过原点及点 $(6,-3,2)$，且与平面 $4x-y+2z=8$ 垂直，求此平面方程.

15. 求经过点 $A(3,2,1)$ 和 $B(-1,2,-3)$，且与坐标平面 xOz 垂直的平面方程.

16. 若点 $A(2,0,-1)$ 在平面 π 上的投影为 $B(-2,5,1)$，求平面 π 的方程.

17. 求经过点 $P(1,-2,0)$，且与直线 $\dfrac{x-1}{1}=\dfrac{y-1}{1}=\dfrac{z-1}{0}$ 和 $\dfrac{x}{1}=\dfrac{y}{-1}=\dfrac{z+1}{0}$ 都平行的平面方程.

18. 求通过点 $P(1,0,-2)$，而与平面 $3x-y+2z-1=0$ 平行且与直线 $\dfrac{x-1}{4}=\dfrac{y-3}{-2}=\dfrac{z}{1}$ 相交的直线方程.

19. 求通过点 $A(0,0,0)$ 与直线 $\dfrac{x-3}{2}=\dfrac{y+4}{1}=\dfrac{z-4}{1}$ 的平面方程.

20. 求过点 $(-3,2,5)$，且与两平面 $x-4z=3$ 和 $3x-y+z=1$ 都平行的直线方程.

21. 求直线 $l:\dfrac{x-1}{1}=\dfrac{y}{1}=\dfrac{z-1}{-1}$ 在平面 $\pi:x-y+2z-1=0$ 上的投影直线 l_0 的方程.

第 9 章　多元函数微分学

☐ 衔接拓展　☐ 学习秘诀
☐ 干货精讲　☐ 精品课程

　　实际生活中,许多问题都会受到多个因素的制约和影响,反映到数学上就是一个变量依赖于多个变量的多元函数问题. 在微积分学中,多元微积分是涉及多元函数的微积分学的统称. 多元函数微分学的概念和方法是一元函数微分学的有关概念和方法的推广和发展,它保留了一元函数的许多性质. 故而在研究多元函数微分学问题时,常常把问题转化为一元函数的问题,利用一元函数微分学的概念和方法加以解决. 从一元函数到多元函数,由于变量个数的增加,在概念和方法上也会出现新的问题,有些甚至发生根本性的变化. 本章将在一元函数微分学的基础上研究多元函数微分学,重点讨论二元函数、三元函数的极限、连续性、偏导数、全微分及其应用问题.

9.1　多元函数的基本概念

知识衔接

　　设 A 和 B 是两个非空数集,如果对于每个数 $x \in A$,按照一定法则 f,集合 B 中总有＿＿＿＿,就称 y 是 x 的函数,记为 $y=f(x)$.

　　写出极限 $\lim\limits_{x \to x_0} f(x) = A$ 的 $\varepsilon\text{-}\delta$ 定义 ＿＿＿＿＿＿＿＿＿＿＿＿＿＿.

　　若函数 $y=f(x)$ 在点 x_0 连续,则有 ＿＿＿＿＿＿＿＿＿＿＿＿＿＿.

9.1.1　区域

　　平面上具有某种性质 P 的点的集合,称为**平面点集**,记作
$$E = \{(x,y) \mid (x,y) \text{ 具有性质 } P\}.$$

　　设 $P_0(x_0, y_0)$ 是 xOy 平面上的一个点,δ 是某一正数,与点 $P_0(x_0, y_0)$ 距离小于 δ 的点 $P(x,y)$ 的全体,称为点 P_0 的 **δ 邻域**,记为 $U(P_0, \delta)$,即
$$U(P_0, \delta) = \{P \mid |PP_0| < \delta\},$$

也就是

$$U(P_0,\delta)=\{(x,y)\mid\sqrt{(x-x_0)^2+(y-y_0)^2}<\delta\}.$$

点 P_0 的去心 δ 邻域,记为 $\mathring{U}(P_0,\delta)$,即

$$\mathring{U}(P_0,\delta)=\{(x,y)\mid 0<\sqrt{(x-x_0)^2+(y-y_0)^2}<\delta\}.$$

在几何上,$U(P_0,\delta)$ 就是 xOy 平面上以点 $P_0(x_0,y_0)$ 为中心、δ 为半径的圆的内部的点 $P(x,y)$ 的平面点集.

根据任意点 $P\in \mathbf{R}^2$ 与任意点集 $E\subset \mathbf{R}^2$ 之间的关系,我们来定义平面上一些重要的点.

(1) **内点**:若存在点 P 的某一邻域 $U(P)$,使得 $U(P)\subset E$,则称点 P 为 E 的**内点**.

(2) **外点**:若存在点 P 的某一邻域 $U(P)$,使得 $U(P)\cap E=\varnothing$,则称点 P 为 E 的**外点**.

(3) **边界点**:若点 P 的任一邻域内既有属于 E 的点,也有不属于 E 的点,则称点 P 为 E 的**边界点**. E 的边界点的全体,称为 E 的**边界**,记作 ∂E.

(4) **聚点**:若对于任意给定的 $\delta>0$,点 P 的去心邻域 $\mathring{U}(P,\delta)$ 内总有 E 中的点,则称点 P 是 E 的**聚点**.

E 的内点必属于 E;E 的外点必定不属于 E;而 E 的边界点可能属于 E,也可能不属于 E.点集 E 的聚点 P 本身,可能属于 E,也可能不属于 E.

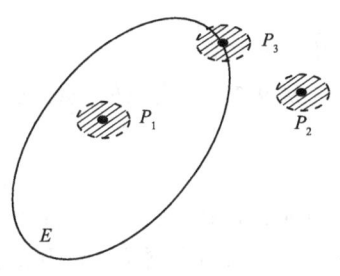

图 9-1

例如,设平面点集 $E=\{(x,y)\mid 1<x^2+y^2\leq 2\}$.满足 $1<x^2+y^2<2$ 的一切点 (x,y) 都是 E 的内点;满足 $x^2+y^2=1$ 的一切点 (x,y) 都是 E 的边界点,它们都不属于 E;满足 $x^2+y^2=2$ 的一切点 (x,y) 也是 E 的边界点,它们都属于 E;点集 E 及它的边界 ∂E 上的一切点都是 E 的聚点.

根据点集中所属点的特性,我们再来定义一些重要的平面点集.

(1) **开集**:若点集 E 的点都是内点,则称 E 为**开集**.例如,$E=\{(x,y)\mid 1<x^2+y^2<4\}$.

(2) **闭集**:若点集的余集 E^c 为开集,则称 E 为**闭集**.例如,$E=\{(x,y)\mid 1\leq x^2+y^2\leq 4\}$.集合 $E=\{(x,y)\mid 1\leq x^2+y^2<4\}$ 既非开集,也非闭集.

(3) **连通集**:若点集 E 内任何两点都可用折线连接起来,且该折线上的点都属于 E,则称 E 为**连通集**.

(4) **开区域**:连通的非空开集称为**开区域**.例如,$\{(x,y)\mid 1<x^2+y^2<4\}$.

(5) **闭区域**:开区域连同它的边界一起所构成的点集称为**闭区域**.例如,$E=\{(x,y)\mid 1\leq x^2+y^2\leq 4\}$.

(6) **区域**:开域、闭域或开域连同其部分边界统称为**区域**.

(7) **有界集**:对于平面点集 E,若存在某一正数 r,使得 $E\subset U(O,r)$,其中 O 是坐标原点,则称 E 为**有界集**.反之,一个集合如果不是有界集,就称该集合为**无界集**.

例如,集合 $\{(x,y)\mid 1\leq x^2+y^2\leq 4\}$ 是有界闭区域,集合 $\{(x,y)\mid x+y>0\}$ 是无界开区域,集合 $\{(x,y)\mid x+y\geq 1\}$ 是无界闭区域.

9.1.2 n 维空间

数轴上的点与实数有一一对应关系,从而实数全体表示数轴上一切点的集合,即直

线.在平面上引入直角坐标系后,平面上的点与二元数组(x,y)一一对应,从而二元数组(x,y)全体表示平面上一切点的集合,即平面.在空间引入直角坐标系后,空间的点与三元数组(x,y,z)一一对应,从而三元数组(x,y,z)全体表示空间一切点的集合,即空间.一般地,设n为取定的一个自然数,我们称n元数组$(x_1,x_2,\cdots,x_n)$的全体为n维空间,而每个n元数组$(x_1,x_2,\cdots,x_n)$称为n维空间中的一个点,数x_i称为该点的第i个坐标.n维空间记为$\mathbf{R}^n$.

关于平面点集的一系列概念,可推广到n维空间中去.例如,设$P_0 \in \mathbf{R}^n$,δ是某一正数,则n维空间内的点集

$$U(P_0,\delta) = \{P \mid |PP_0| < \delta, P \in \mathbf{R}^n\}$$

即定义为点P_0的δ邻域.以邻域概念为基础,可定义内点、边界点、区域、聚点等一系列概念.

9.1.3 多元函数概念

在很多自然现象以及实际问题中,经常遇到多个变量之间的依赖关系,举例如下.

例9.1 设长方体的长、宽、高分别为x,y,z,则长方体的体积为

$$V = xyz,$$

这里$x,y,z>0$.

例9.2 一定量的理想气体的压强p、体积V和绝对温度T之间具有关系

$$p = \frac{RT}{V},$$

其中R为常数.这里,当x,T在集合$\{(V,T) \mid V>0, T>0\}$时,p的对应值就随之确定.

由上面两个例子可以看出,一个变量依赖于多个变量的关系,下面给出二元函数的定义.

定义9.1 设D是平面上的一个点集,若对于每个点$P(x,y) \in D$,变量z按照一定法则总有唯一确定的值和它对应,则称z是变量x,y的**二元函数**(或点P的函数),记为

$$z = f(x,y) \ (或 \ z = f(P)).$$

点集D称为该函数的**定义域**,x,y称为**自变量**,z也称为**因变量**.数集

$$\{z \mid z = f(x,y), (x,y) \in D\}$$

称为该函数的**值域**.z是x,y的函数,也可记为$z = z(x,y)$,$z = \varphi(x,y)$,等等.

类似地,可以定义多元函数.

定义9.2 设D是n维空间内的一个点集,若对于每个点$P(x_1,x_2,\cdots,x_n) \in D$,变量$u$按照一定法则总有唯一确定的值和它对应,则称$u$是变量$x_1,x_2,\cdots,x_n$的$n$**元函数**(或点$P$的**函数**),记为

$$u = (x_1,x_2,\cdots,x_n) \ (或 \ z = f(P)).$$

点集D称为该函数的**定义域**,$x_1,x_2,\cdots,x_n$称为**自变量**,u也称为**因变量**.数集

$$\{u \mid u = f(x_1,x_2,\cdots,x_n), (x_1,x_2,\cdots,x_n) \in D\}$$

称为该函数的**值域**.

当$n=3$时,为三元函数,通常记为$u = f(x,y,z)$.

通常在函数的定义域D内研究函数的性质,定义域可以是开集,也可以是闭集.二元

函数的点 (x,y) 遍取定义域 D 上的一切点时,得到空间点集
$$\{(x,y,z) \mid z=f(x,y),(x,y) \in D\},$$
这个点集称为**二元函数** $z=f(x,y)$ 的**图像**.

例 9.3 求下列函数的定义域,并说出函数表示的图形.

(1) $z=\sqrt{4-x^2-y^2}$;　　　　　　(2) $z=\arcsin(x-y)$.

解 (1) 为使函数有意义,需 $4-x^2-y^2 \geq 0$,则函数的定义域为 $D=\{(x,y) \mid x^2+y^2 \leq 4\}$,这是平面上以原点为圆心、半径为 2 的圆所围成的平面区域. 而函数本身表示以原点为圆心、半径为 3 的上半球面.

(2) 为使函数有意义,需 $-1 \leq x-y \leq 1$,则函数的定义域为 $D=\{(x,y) \mid -1 \leq x-y \leq 1\}$,这是平面上两条平行直线所围成的平面区域. 而函数本身表示一空间曲面.

9.1.4　多元函数的极限

首先讨论二元函数 $z=f(x,y)$ 当 $x \to x_0, y \to y_0$,即 $P(x,y) \to P_0(x_0,y_0)$ 时的极限.

与一元函数的极限概念类似,如果在 $P(x,y) \to P_0(x_0,y_0)$ 的过程中,对应的函数值 $f(x,y)$ 无限接近一个确定的常数 A,就称 A 是函数 $f(x,y)$ 在 $x \to x_0, y \to y_0$ 时的极限. 下面给出二元函数极限的定义.

定义 9.3 设函数 $f(x,y)$ 在定义域 D 内有定义,$P_0(x_0,y_0)$ 是 D 的聚点. 若对于任意给定的正数 ε,总存在正数 δ,使得对于适合不等式 $0<|PP_0|=\sqrt{(x-x_0)^2+(y-y_0)^2}<\delta$ 的一切点 $P(x,y) \in D$,都有 $|f(x,y)-A|<\varepsilon$ 成立,则称常数 A 为函数 $f(x,y)$ 当 $x \to x_0, y \to y_0$ 时的**极限**,记作
$$\lim_{(x,y) \to (x_0,y_0)} f(x,y) = A \text{ 或 } \lim_{\substack{x \to x_0 \\ y \to y_0}} f(x,y) = A \text{ 或 } \lim_{P \to P_0} f(P) = A.$$

为了区别于一元函数的极限,我们把二元函数的极限叫作**二重极限**.

注: 这里 $P \to P_0$ 表示点 P 以任何方式趋近于点 P_0,也就是点 P 与点 P_0 间的距离趋近于零,即
$$|PP_0|=\sqrt{(x-x_0)^2+(y-y_0)^2} \to 0.$$

关于二元函数的极限概念,可推广到 n 元函数 $u=f(P)$ 即 $u=f(x_1,x_2,\cdots,x_n)$ 上去,这里就不再重复.

例 9.4 设 $f(x,y)=\dfrac{x^2 y}{x^2+y^2}, x^2+y^2 \neq 0$,求证 $\lim\limits_{(x,y) \to (0,0)} f(x,y)=0$.

证 对任给的 $\varepsilon>0$,取 $\delta=\varepsilon$,当 $0<\sqrt{(x-0)^2+(y-0)^2}<\delta$ 时,总有
$$\left|\frac{x^2 y}{x^2+y^2}-0\right| = \left|\frac{x^2 y}{x^2+y^2}-0\right| \leq |y| \leq \sqrt{x^2+y^2}<\varepsilon,$$
所以
$$\lim_{(x,y) \to (0,0)} f(x,y)=0.$$

例 9.5 设 $f(x,y)=x^2\sin\dfrac{1}{x}+y^2\cos\dfrac{1}{y}, x^2+y^2 \neq 0$,求证 $\lim\limits_{(x,y) \to (0,0)} f(x,y)=0$.

证 对任给的 $\varepsilon>0$,取 $\delta=\sqrt{\varepsilon}$,当 $0<\sqrt{(x-0)^2+(y-0)^2}<\delta$ 时,总有

$$\left| x^2 \sin \frac{1}{x} + y^2 \cos \frac{1}{y} - 0 \right| = \left| x^2 \sin \frac{1}{x} + y^2 \cos \frac{1}{y} \right| \leq x^2 + y^2 < \varepsilon,$$

所以

$$\lim_{(x,y)\to(0,0)} f(x,y) = 0.$$

这里特别指出,所谓二重极限存在,是指 $P(x,y)$ 以任何方式趋近于 $P_0(x_0,y_0)$ 时,函数都无限接近于 A。因此,如果 $P(x,y)$ 以某一种特殊方式,如沿着一条直线或定曲线趋近于 $P_0(x_0,y_0)$ 时,即使函数无限接近于某一确定值,也不能由此断定函数的极限存在;反之,如果当 $P(x,y)$ 以不同方式趋近于 $P_0(x_0,y_0)$ 时,函数趋于不同的值,那么就可以断定这函数的极限不存在. 举例说明如下.

例 9.6 设 $f(x,y) = \begin{cases} \dfrac{xy}{x^2+y^2}, & x^2+y^2 \neq 0, \\ 0, & x^2+y^2 = 0, \end{cases}$ 讨论 $f(x,y)$ 在点 $(0,0)$ 的极限是否存在?

解 当点 $P(x,y)$ 沿着直线 $y=kx$ 趋于点 $(0,0)$ 时,有

$$\lim_{\substack{(x,y)\to(0,0)\\y=kx}} \frac{xy}{x^2+y^2} = \lim_{x\to 0} \frac{kx^2}{x^2+k^2x^2} = \frac{k}{1+k^2}.$$

当 $k=0$ 时,说明当点 $P(x,y)$ 沿 x 轴趋近于点 $(0,0)$ 时,$\lim\limits_{(x,y)\to(0,0)} f(x,y) = 0$.

当 $k=1$ 时,说明当点 $P(x,y)$ 沿直线 $y=x$ 轴趋近于点 $(0,0)$ 时,$\lim\limits_{(x,y)\to(0,0)} f(x,y) = \dfrac{1}{2}$.

显然,点 $P(x,y)$ 以上述两种方式趋近于原点时,函数的极限随着 k 值的不同而改变,因此 $\lim\limits_{(x,y)\to(0,0)} f(x,y)$ 不存在.

在研究自变量 x,y 的变化时,有时还会遇见 x,y 依一定顺序趋近于 x_0 与 y_0 时的极限,这种极限称为**累次极限**(或**二次极限**),记为

$$\lim_{y\to y_0}\lim_{x\to x_0} f(x,y) = 0 \text{ 或 } \lim_{x\to x_0}\lim_{y\to y_0} f(x,y) = 0.$$

注:求累次极限过程中,不能随意改变求极限的顺序,也不能当作二重极限来求解.

例如,在例 9.6 中,累次极限 $\lim\limits_{y\to 0}\left[\lim\limits_{x\to 0} f(x,y)\right] = \lim\limits_{y\to 0} 0 = 0$,$\lim\limits_{x\to 0}\left[\lim\limits_{y\to 0} f(x,y)\right] = \lim\limits_{x\to 0} 0 = 0$,而二重极限 $\lim\limits_{(x,y)\to(0,0)} f(x,y)$ 不存在.

关于多元函数极限的求解,虽然比一元函数的极限求解更复杂,但也有与一元函数类似的运算法则,如极限的四则运算法则、夹逼准则等.

例 9.7 求 $\lim\limits_{(x,y)\to(0,2)} \dfrac{\tan(xy)}{x}$.

解 由极限的四则运算法则得

$$\lim_{(x,y)\to(0,2)} \frac{\tan(xy)}{x} = \lim_{(x,y)\to(0,2)} \frac{\tan(xy)}{xy} \cdot \lim_{y\to 2} y = 1 \cdot 2 = 2.$$

例 9.8 求 $\lim\limits_{(x,y)\to(0,0)} \dfrac{2-\sqrt{xy+4}}{xy}$.

解 $\lim\limits_{(x,y)\to(0,0)} \dfrac{2-\sqrt{xy+4}}{xy} = \lim\limits_{(x,y)\to(0,0)} \dfrac{-xy}{xy(\sqrt{xy+4}+2)} = \lim\limits_{(x,y)\to(0,0)} \dfrac{-1}{\sqrt{xy+4}+2} = -\dfrac{1}{4}.$

9.1.5 多元函数的连续性

定义 9.4 设函数 $f(x,y)$ 在定义域 D 内有定义,且 $P_0(x_0,y_0) \in D$,若

$$\lim_{(x,y) \to (x_0,y_0)} f(x,y) = f(x_0,y_0),$$

则称函数 $f(x,y)$ 在点 $P_0(x_0,y_0)$ **连续**.

如果函数 $f(x,y)$ 在开区域(或闭区域) D 内的每一点连续,那么就称函数 $f(x,y)$ 在 D 内**连续**,或者称 $f(x,y)$ 是 D 内的**连续函数**.

以上关于二元函数的连续性概念,可推广到 n 元函数 $f(P)$ 上去. 设函数 $f(P)$ 在定义域 D 内有定义,点 P_0 是 D 的聚点,且 $P_0 \in D$,若

$$\lim_{P \to P_0} f(P) = f(P_0),$$

则称函数 $f(P)$ 在点 P_0 **连续**.

若函数 $f(x,y)$ 在点 $P_0(x_0,y_0)$ 不连续,则称点 P_0 为函数 $f(x,y)$ 的**间断点**.

例如,前面已经讨论过的函数

$$f(x,y) = \begin{cases} \dfrac{xy}{x^2+y^2}, & x^2+y^2 \neq 0, \\ 0, & x^2+y^2 = 0. \end{cases}$$

当 $x \to x_0, y \to y_0$ 时的极限不存在,所以点 $(0,0)$ 是该函数的一个间断点. 二元函数的间断点可以形成一条曲线,如函数

$$z = \frac{1}{x^2+y^2-1}$$

在圆周 $x^2+y^2=1$ 上没有定义,所以该圆周上各点都是间断点.

与一元的初等函数类似,由常数及具有不同自变量的基本初等函数经过有限次的四则运算或复合运算所构成的可用一个式子表示的多元函数,称为**多元初等函数**. 例如,多元初等函数 $z = \sin(x+y)$ 由初等函数 $z = \sin u$ 和 $u = x+y$ 复合而成.

与一元的初等函数类似,多元连续函数的和、差、积均为连续函数;在分母不为零处,连续函数的商也是连续函数. 多元连续函数的复合函数也是连续函数. 由多元多项式及基本初等函数的连续性,进一步可以得出如下结论:

一切多元初等函数在其定义区域内是连续的. 所谓定义区域是指包含在定义域内的区域或闭区域.

例 9.9 讨论函数 $f(x,y) = \begin{cases} \dfrac{x^2+y^2}{|x|+|y|}, & x^2+y^2 \neq 0, \\ 0, & x^2+y^2 = 0 \end{cases}$ 在点 $(0,0)$ 的连续性.

解 由极限的夹逼准则得

$$0 \leq \frac{x^2+y^2}{|x|+|y|} = \frac{x^2}{|x|+|y|} + \frac{y^2}{|x|+|y|} \leq \frac{x^2}{|x|} + \frac{y^2}{|y|} = |x|+|y|,$$

因为

$$\lim_{(x,y) \to (0,0)} \left[|x|+|y| \right] = 0,$$

所以

$$\lim_{\substack{x\to 0\\y\to 0}}\frac{x^2+y^2}{|x|+|y|}=0=f(0,0),$$

故函数 $f(x,y)$ 在点 $(0,0)$ 连续.

与闭区域上一元连续函数的性质类似,在有界闭区域上多元连续函数也有如下性质.

性质 9.1(最大值和最小值定理) 在有界闭区域 D 上的多元连续函数,在 D 上一定有最大值和最小值. 这就是说,在 D 上至少有一点 P_1 及一点 P_2,使得 $f(P_1)$ 为最大值而 $f(P_2)$ 为最小值,即对于一切 $P \in D$,有

$$f(P_2) \leqslant f(P) \leqslant f(P_1).$$

性质 9.2(介值定理) 在有界闭区域 D 上的多元连续函数,若在 D 上取得两个不同的函数值,则它在 D 上取得介于这两个值之间的任何值至少一次. 特殊地,若 μ 是函数在 D 上的最小值 m 和最大值 M 之间的一个数,则在 D 上至少有一点 Q,使得 $f(Q)=\mu$.

习题 9.1(A)

1. 函数 $z=\dfrac{\sqrt{4x-y^2}}{\ln(1-x^2-y^2)}$ 的定义域为_____.

2. 函数 $f(x,y)=\ln(x^2+y^2-1)$ 的连续区域是_____.

3. 极限 $\lim\limits_{(x,y)\to(0,0)} x\sin\dfrac{1}{y}+y\sin\dfrac{1}{x}=$ _____.

4. 极限 $\lim\limits_{(x,y)\to(0,0)} \dfrac{1-\sqrt{1-xy}}{xy}=$ _____.

5. 二元函数 $f(x,y)$ 在点 (x_0,y_0) 处极限存在是 $f(x,y)$ 在该点处连续的_____条件.

习题 9.1(B)

1. 求下列二元函数的定义域.

(1) $u=\sqrt{x-\sqrt{y}}$;

(2) $z=\ln(1+xy)$;

(3) $z=\sqrt{\dfrac{x-y}{x+y}}$;

(4) $z=\ln(y-2x+1)$;

(5) $z=\dfrac{1}{\sqrt{x+y}}+\dfrac{1}{\sqrt{x-y}}$;

(6) $z=\ln(y-x)+\dfrac{\sqrt{x}}{\sqrt{1-x^2-y^2}}$;

(7) $u=\dfrac{1}{\sqrt{1-x^2-y^2-z^2}}$;

(8) $u=\arccos\dfrac{z}{\sqrt{x^2+y^2}}$;

(9) $z=\arcsin\dfrac{y}{x}$.

2. 求出满足 $f\left(x+y, \dfrac{y}{x}\right) = x^2 - y^2$ 的函数 $f(x,y)$.

3. 已知函数 $f(x,y) = x+y - xy\tan\dfrac{x}{y}$，试求 $f(tx, ty)$.

4. 试证函数 $F(x,y) = \ln x \cdot \ln y$ 满足关系式
$$F(xy, uv) = F(x,u) + F(x,v) + F(y,u) + F(y,v).$$

5. 求下列各极限.

(1) $\lim\limits_{(x,y)\to(0,1)} \dfrac{1-xy}{x^2+y^2}$；

(2) $\lim\limits_{(x,y)\to(1,0)} \dfrac{\ln(x+e^y)}{\sqrt{x^2+y^2}}$；

(3) $\lim\limits_{(x,y)\to(0,0)} \dfrac{xy}{\sqrt{xy+1}-1}$；

(4) $\lim\limits_{(x,y)\to(0,0)} \dfrac{1-\cos(x^2+y^2)}{\ln(1+x^2+y^2)}$；

(5) $\lim\limits_{(x,y)\to(0,0)} \dfrac{x^2 \sin y}{x^2+y^2}$；

(6) $\lim\limits_{(x,y)\to(\infty,2)} \left(1+\dfrac{y}{x}\right)^{3x}$；

(7) $\lim\limits_{(x,y)\to(2,0)} \dfrac{\tan xy}{y}$；

(8) $\lim\limits_{(x,y)\to(0,0)} (x^2+y^2)^{xy}$；

(9) $\lim\limits_{(x,y)\to(0,0)} \dfrac{xy^2}{x^2+y^4}$.

6. 证明下列极限不存在.

(1) $\lim\limits_{(x,y)\to(0,0)} \dfrac{x+y}{x-y}$；

(2) $\lim\limits_{(x,y)\to(0,0)} \dfrac{x^2 y^2}{x^2 y^2 + (x-y)^2}$；

(3) $\lim\limits_{(x,y)\to(0,0)} \dfrac{xy^2}{x^2+y^4}$；

(4) $\lim\limits_{(x,y)\to(0,0)} \dfrac{xy^3}{x^2+y^6}$；

(5) $\lim\limits_{(x,y)\to(0,0)} \dfrac{xy}{x^2+y^2}$；

(6) $\lim\limits_{(x,y)\to(0,0)} \dfrac{x^2-y^2}{x^2+y^2}$.

7. 判断下列函数在点 $(0,0)$ 处的连续性.

(1) $z = \begin{cases} \dfrac{\sin(x^3+y^3)}{x^2+y^2}, & x^2+y^2 \neq 0, \\ 0, & x^2+y^2 = 0; \end{cases}$

(2) $z = \begin{cases} \dfrac{xy}{\sqrt{x^2+y^2}}, & x^2+y^2 \neq 0, \\ 0, & x^2+y^2 = 0. \end{cases}$

8. 函数 $z = \dfrac{y^2+2x}{y^2-2x}$ 在何处是间断的?

9. 讨论函数 $f(x,y) = \begin{cases} \dfrac{x^2+xy}{x^2+y^2}, & x^2+y^2 \neq 0, \\ 0, & x^2+y^2 = 0 \end{cases}$ 的连续性.

9.2 偏导数

知识衔接

写出函数 $y=f(x)$ 在点 x_0 处可导的定义式_____.

函数 $y=f(x)$ 在点 x_0 处连续存在是 $y=f(x)$ 在点 x_0 处极限存在的_____条件.

函数 $y=f(x)$ 在点 x_0 处可导是 $y=f(x)$ 在点 x_0 处连续的_____条件.

9.2.1 偏导数的定义

在研究一元函数时,从研究函数的变化率引入了导数概念.对于多元函数同样需要讨论它的变化率,但多元函数的自变量不止一个,因变量与自变量的关系要比一元函数复杂得多.

以二元函数 $z=f(x,y)$ 为例,设函数 $z=f(x,y)$ 在点 (x_0,y_0) 的某一邻域内有定义,如果只有一个自变量变化,而另一个自变量不变,这时它在点 (x_0,y_0) 的增量

$$f(x_0+\Delta x,y_0)-f(x_0,y_0) \text{ 或 } f(x_0,y_0+\Delta y)-f(x_0,y_0)$$

称为函数 $z=f(x,y)$ 在点 (x_0,y_0) 的**偏增量**.

如果两个自变量 x,y 在点 (x_0,y_0) 同时变化,这时它在点 (x_0,y_0) 的增量

$$f(x_0+\Delta x,y_0+\Delta y)-f(x_0,y_0)$$

称为函数 $z=f(x,y)$ 在点 (x_0,y_0) 的**全增量**.

类似于一元函数导数的定义,我们可以用偏增量定义二元函数的偏导数.

定义 9.5 设函数 $z=f(x,y)$ 在点 (x_0,y_0) 的某一邻域内有定义,若

$$\lim_{\Delta x \to 0} \frac{f(x_0+\Delta x,y_0)-f(x_0,y_0)}{\Delta x}$$

存在,则称此极限为函数 $z=f(x,y)$ 在点 (x_0,y_0) 处对 x 的**偏导数**,记作

$$\frac{\partial z}{\partial x}\bigg|_{\substack{x=x_0\\y=y_0}}, \frac{\partial f}{\partial x}\bigg|_{\substack{x=x_0\\y=y_0}}, z_x\bigg|_{\substack{x=x_0\\y=y_0}} \text{ 或 } f_x(x_0,y_0),$$

即

$$f_x(x_0,y_0) = \lim_{\Delta x \to 0} \frac{f(x_0+\Delta x,y_0)-f(x_0,y_0)}{\Delta x}.$$

类似地,函数 $z=f(x,y)$ 在点 (x_0,y_0) 处对 y 的偏导数定义为

$$f_y(x_0,y_0) = \lim_{\Delta y \to 0} \frac{f(x_0,y_0+\Delta y)-f(x_0,y_0)}{\Delta y},$$

记作 $\dfrac{\partial z}{\partial y}\bigg|_{\substack{x=x_0\\y=y_0}}, \dfrac{\partial f}{\partial y}\bigg|_{\substack{x=x_0\\y=y_0}}, z_y\bigg|_{\substack{x=x_0\\y=y_0}}$ 或 $f_y(x_0,y_0).$

如果函数 $z=f(x,y)$ 在区域 D 内每一点 (x,y) 处对 x 的偏导数都存在,那么这个偏导数就是 x,y 的函数,它就称为函数 $z=f(x,y)$ 对自变量 x 的偏导数,记作

$$\frac{\partial z}{\partial x}, \frac{\partial f}{\partial x}, z_x \text{ 或 } f_x(x,y).$$

类似地,可以定义函数 $z=f(x,y)$ 对自变量 y 的偏导数,记作

$$\frac{\partial z}{\partial y}, \frac{\partial f}{\partial y}, z_y \text{ 或 } f_y(x,y).$$

函数 $z=f(x,y)$ 在点 (x,y) 处对 x 和 y 的偏导数,统称函数 $z=f(x,y)$ 在点 (x,y) 处的偏导数.

类似于二元偏导数的概念,三元函数 $u=f(x,y,z)$ 在点 (x,y,z) 处对 x 的偏导数定义为

$$f_x(x,y,z) = \lim_{\Delta x \to 0} \frac{f(x_0+\Delta x,y,z) - f(x,y,z)}{\Delta x},$$

其中 (x,y,z) 是函数 $u=f(x,y,z)$ 的定义域的内点. 同样可定义对 y 和 z 的偏导数,这里就不再累述.

9.2.2 偏导数的计算

在求解多元函数的偏导数时,因为只有一个自变量在变动,其余自变量是固定不变的,所以可以看作一元函数,利用一元函数的求导法则进行求解偏导数. 例如,求解二元函数 $z=f(x,y)$ 的偏导数,求 $\frac{\partial f}{\partial x}$ 时,只要把 y 看作常量而对 x 求导数;求 $\frac{\partial f}{\partial y}$ 时,则只要把 x 看作常量而对 y 求导数.

例 9.10 求 $z=x^3y-y^2\sin x+1$ 在点 $(\pi,1)$ 处的偏导数.

解 把 y 看作常量,对 x 求导得

$$\frac{\partial z}{\partial x} = 3x^2y - y^2\cos x;$$

把 x 看作常量,对 y 求导得

$$\frac{\partial z}{\partial y} = x^3 - 2y\sin x,$$

将 $(\pi,1)$ 代入上面的结果,就得

$$\left.\frac{\partial z}{\partial x}\right|_{\substack{x=\pi\\y=1}} = 3\pi^2+1, \quad \left.\frac{\partial z}{\partial y}\right|_{\substack{x=\pi\\y=1}} = \pi^3.$$

例 9.11 求 $z=e^{x-y}\sin xy$ 的偏导数.

解 $\frac{\partial z}{\partial x} = e^{x-y}\sin xy + ye^{x-y}\cos xy, \quad \frac{\partial z}{\partial y} = -e^{x-y}\sin xy + xe^{x-y}\cos xy.$

例 9.12 设 $z=x^y(x>0, x\neq 1)$,求证:$\frac{x}{y}\frac{\partial z}{\partial x} + \frac{1}{\ln x}\frac{\partial z}{\partial y} = 2z.$

证 因为

$$\frac{\partial z}{\partial x} = yx^{y-1}, \quad \frac{\partial z}{\partial y} = x^y\ln x,$$

所以
$$\frac{x}{y}\frac{\partial z}{\partial x}+\frac{1}{\ln x}\frac{\partial z}{\partial y}=\frac{x}{y}yx^{y-1}+\frac{1}{\ln x}x^y\ln x=x^y+x^y=2z.$$

例 9.13　求 $u=\ln\sqrt{x^2+y^2+z^2}$ 的偏导数.

解　$u=\dfrac{1}{2}\ln(x^2+y^2+z^2)$，把 y 和 z 都看作常量，对 x 求导得
$$\frac{\partial u}{\partial x}=\frac{x}{x^2+y^2+z^2}.$$

因为所给函数关于自变量的对称性，所以
$$\frac{\partial u}{\partial y}=\frac{y}{x^2+y^2+z^2},\quad \frac{\partial u}{\partial z}=\frac{z}{x^2+y^2+z^2}.$$

我们知道，对一元函数来说，$\dfrac{\mathrm{d}y}{\mathrm{d}x}$ 可看作函数的微分 $\mathrm{d}y$ 与自变量的微分 $\mathrm{d}x$ 之商. 而偏导数的记号是一个整体记号，不能看作分子与分母之商.

偏导数与导数的另一个重要区别是：若一元函数在某点具有导数，则它在该点必定连续. 但对于多元函数来说，即使各偏导数在某点都存在，也不能保证函数在该点连续. 例如，函数
$$f(x,y)=\begin{cases}\dfrac{xy}{x^2+y^2},&x^2+y^2\ne0,\\0,&x^2+y^2=0\end{cases}$$

在点 $(0,0)$ 对 x 的偏导数为
$$f_x(0,0)=\lim_{\Delta x\to0}\frac{f(0+\Delta x,0)-f(0,0)}{\Delta x}=\lim_{\Delta x\to0}\frac{0-0}{\Delta x}=0.$$

同样有
$$f_y(0,0)=\lim_{\Delta y\to0}\frac{f(0,0+\Delta y)-f(0,0)}{\Delta y}=\lim_{\Delta y\to0}\frac{0-0}{\Delta x}=0.$$

但是，我们在第一节中已经知道此函数在点 $(0,0)$ 并不连续.

下面给出二元函数 $z=f(x,y)$ 在点 (x_0,y_0) 偏导数的几何意义.

设 $M_0(x_0,y_0,f(x_0,y_0))$ 为曲面 $z=f(x,y)$ 上的一点，过 M_0 作平面 $y=y_0$，截此曲面得一曲线，此曲线在平面 $y=y_0$ 上的方程为 $z=f(x,y_0)$，则偏导数 $f_x(x_0,y_0)$ 就是该曲线在点 M_0 处的切线 M_0T_x 对 x 轴的斜率（图 9-2）. 同样，偏导数 $f_y(x_0,y_0)$ 的几何意义是曲面被平面 $x=x_0$ 所截得的曲线在点 M_0 处的切线 M_0T_y 对 y 轴的斜率.

9.2.3　高阶偏导数

设函数 $z=f(x,y)$ 在区域 D 内具有偏导数

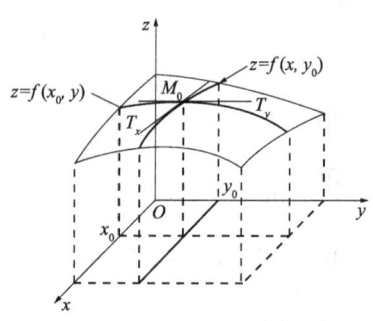

图 9-2

$$\frac{\partial z}{\partial x}=f_x(x,y), \quad \frac{\partial z}{\partial y}=f_y(x,y),$$

那么在 D 内 $f_x(x,y)$, $f_y(x,y)$ 都是 x,y 的函数. 若这两个函数的偏导数也存在,则称它们是函数 $z=f(x,y)$ 的**二阶偏导数**. 按照对变量求导次序的不同,有下列四个二阶偏导数:

$$\frac{\partial}{\partial x}\left(\frac{\partial z}{\partial x}\right)=\frac{\partial^2 z}{\partial x^2}=f_{xx}(x,y), \quad \frac{\partial}{\partial y}\left(\frac{\partial z}{\partial x}\right)=\frac{\partial^2 z}{\partial x\partial y}=f_{xy}(x,y),$$

$$\frac{\partial}{\partial x}\left(\frac{\partial z}{\partial y}\right)=\frac{\partial^2 z}{\partial y\partial x}=f_{yx}(x,y), \quad \frac{\partial}{\partial y}\left(\frac{\partial z}{\partial y}\right)=\frac{\partial^2 z}{\partial y^2}=f_{yy}(x,y),$$

其中第二、三个偏导数称为**混合偏导数**. 同样可得三阶、四阶,以及 n 阶偏导数. 二阶及二阶以上的偏导数统称为**高阶偏导数**.

例 9.14 设 $z=x^3y^2+2xy^3-xy+3$,求二阶偏导数 $\frac{\partial^2 z}{\partial x^2}$, $\frac{\partial^2 z}{\partial y\partial x}$, $\frac{\partial^2 z}{\partial x\partial y}$ 及 $\frac{\partial^2 z}{\partial y^2}$.

解 $\frac{\partial z}{\partial x}=3x^2y^2+2y^3-y, \quad \frac{\partial z}{\partial y}=2x^3y+6xy^2-x,$

$\frac{\partial^2 z}{\partial x^2}=6xy^2, \quad \frac{\partial^2 z}{\partial y\partial x}=6x^2y+6y^2-1,$

$\frac{\partial^2 z}{\partial x\partial y}=6x^2y+6y^2-1, \quad \frac{\partial^2 z}{\partial y^2}=2x^3+12xy.$

我们看到例 9.14 中两个二阶混合偏导数相等,即 $\frac{\partial^2 z}{\partial y\partial x}=\frac{\partial^2 z}{\partial x\partial y}$ 这不是偶然的. 事实上,我们有下述定理.

定理 9.1 如果函数 $z=f(x,y)$ 的两个二阶混合偏导数 $\frac{\partial^2 z}{\partial y\partial x}$ 及 $\frac{\partial^2 z}{\partial x\partial y}$ 在区域 D 内连续,那么在该区域内这两个二阶混合偏导数必相等.

定理说明:对于多元函数的高阶混合偏导数在偏导数连续的条件下,与求导的次序无关.

例 9.15 设函数 $f(u)$ 在 $(-\infty,+\infty)$ 内具有二阶导数,且 $z=f(\sqrt{x^2+y^2})$ 满足等式 $\frac{\partial^2 z}{\partial x^2}+\frac{\partial^2 z}{\partial y^2}=0$,验证 $f''(u)+\frac{f'(u)}{u}=0$.

解 记 $u=\sqrt{x^2+y^2}$,则

$$\frac{\partial z}{\partial x}=f'(u)\cdot\frac{x}{\sqrt{x^2+y^2}},$$

$$\frac{\partial^2 z}{\partial x^2}=f''(u)\cdot\frac{x^2}{x^2+y^2}+f'(u)\cdot\frac{y^2}{(x^2+y^2)^{\frac{3}{2}}};$$

同样计算可得

$$\frac{\partial z}{\partial y}=f'(u)\cdot\frac{y}{\sqrt{x^2+y^2}},$$

$$\frac{\partial^2 z}{\partial y^2} = f''(u) \cdot \frac{y^2}{x^2+y^2} + f'(u) \cdot \frac{x^2}{(x^2+y^2)^{\frac{3}{2}}},$$

代入等式 $\frac{\partial^2 z}{\partial x^2} + \frac{\partial^2 z}{\partial y^2} = 0$ 得

$$\frac{\partial^2 z}{\partial x^2} + \frac{\partial^2 z}{\partial y^2} = f''(u) + f'(u) \cdot \frac{1}{\sqrt{x^2+y^2}} = f''(u) + \frac{f'(u)}{u} = 0.$$

得证.

例 9.16 证明函数 $u = \frac{1}{r}$ 满足方程

$$\frac{\partial^2 u}{\partial x^2} + \frac{\partial^2 u}{\partial y^2} + \frac{\partial^2 u}{\partial z^2} = 0,$$

其中 $r = \sqrt{x^2+y^2+z^2}$.

证
$$\frac{\partial u}{\partial x} = -\frac{1}{r^2} \frac{\partial r}{\partial x} = -\frac{1}{r^2} \cdot \frac{x}{r} = -\frac{x}{r^3},$$

$$\frac{\partial^2 u}{\partial x^2} = -\frac{1}{r^3} + \frac{3x}{r^4} \cdot \frac{\partial r}{\partial x} = -\frac{1}{r^3} + \frac{3x^2}{r^5}.$$

由函数关于自变量的对称性,得

$$\frac{\partial^2 u}{\partial y^2} = -\frac{1}{r^3} + \frac{3y^2}{r^5},$$

$$\frac{\partial^2 u}{\partial z^2} = -\frac{1}{r^3} + \frac{3z^2}{r^5},$$

因此

$$\frac{\partial^2 u}{\partial x^2} + \frac{\partial^2 u}{\partial y^2} + \frac{\partial^2 u}{\partial z^2} = -\frac{3}{r^3} + \frac{3(x^2+y^2+z^2)}{r^5} = -\frac{3}{r^3} + \frac{3r^2}{r^5} = 0.$$

习题 9.2(A)

1. 函数 $f(x,y) = \sqrt{x^2 + |y|^3}$ 在点 $(0,0)$ 处   (   )
   (A) $f'_x(0,0)$ 和 $f'_y(0,0)$ 都存在   (B) $f'_x(0,0)$ 和 $f'_y(0,0)$ 都不存在
   (C) $f'_x(0,0)$ 存在,但 $f'_y(0,0)$ 不存在   (D) $f'_x(0,0)$ 不存在,但 $f'_y(0,0)$ 存在

2. 设 $z = x + (y-2)\arcsin\sqrt{\frac{x}{y}}$,那么 $\frac{\partial z}{\partial y}\Big|_{(1,2)} =$ (   )
   (A) 0   (B) 1   (C) $\frac{\pi}{2}$ (D) $\frac{\pi}{4}$

3. 若 $f(x,y)$ 在点 (x_0, y_0) 处的两个偏导数都存在,则   (   )

(A)$f(x,y)$在点(x_0,y_0)的某个邻域内有界

(B)$f(x,y)$在点(x_0,y_0)的某个邻域内连续

(C)$f(x,y_0)$在点x_0处连续,$f(x_0,y)$在点y_0处连续

(D)$f(x,y)$在点(x_0,y_0)处连续

4. 设$z=f(x,y)$,$\dfrac{\partial^2 z}{\partial y^2}=2$,且$f(x,0)=1$,$f_y(x,0)=x$,则$f(x,y)=$ ( )

(A)$1-xy+x^2$ (B)$1+xy+y^2$

(C)$1-x^2y+y^2$ (D)$1+x^2y+y^2$

5. 设$z=2x^2+3xy-y^2$,那么$\dfrac{\partial^2 z}{\partial x \partial y}=$ ( )

(A)6 (B)3 (C)-2 (D)2

习题 9.2(B)

1. 判断下列函数的偏导数是否存在,若存在,求出相应的偏导数.

(1)$z=\sqrt{x^2+y^4}$,讨论$f_x(0,0)$,$f_y(0,0)$;

(2)$f(x,y)=\sqrt{|xy|}$,讨论$f'_x(0,0)$,$f'_y(0,0)$.

2. 求下列函数的一阶偏导数.

(1)$z=x^2y-y^3x$; (2)$z=\dfrac{x^2+y^2}{xy}$; (3)$z=\sqrt{\ln xy}$;

(4)$z=\sin(xy)+\cos^2(xy)$; (5)$u=x^{\frac{y}{z}}$; (6)$z=(1+xy)^x$;

(7)$z=\int_x^y e^{t^2} dt$; (8)$z=\dfrac{x-y}{x+y}$; (9)$z=\sqrt{x^2+y^2}$;

(10)$u=\dfrac{(x+y)e^z}{x+y+z}$; (11)$z=\arctan\sqrt{xy}$; (12)$z=\ln\tan\dfrac{x}{y}$;

(13)$z=\arcsin\dfrac{y}{x}$; (14)$u=\arctan(x-y)^z$; (15)$z=(1-3x)^y$.

3. 求以下函数的所有二阶偏导数.

(1)$z=x^3+3x^2y+y^4+2$; (2)$z=y\ln(x+y)$;

(3)$z=x^4+y^4-4x^2y^2$; (4)$z=\arctan\dfrac{y}{x}$;

(5)$z=y^x$; (6)$z=\sin(x+y)+\cos(x-y)$;

(7)$z=x^{\ln(x+y)}$; (8)$z=e^x\sin(x+y)$.

4. 设$f(x,y)=\begin{cases} x^2\ln(x^2+y^2), & x^2+y^2\neq 0 \\ 0, & x^2+y^2=0 \end{cases}$,求$f_x(0,0)$,$f_y(0,0)$.

5. 求曲线 $\begin{cases} z = x^2 - xy + y^2 \\ x = 1 \end{cases}$，在点 $(1,1,1)$ 处切线与 y 轴的夹角.

6. 设 $f(x,y,z) = xy^2 + yz^2 + zx^2$，求 $f_{xx}(0,0,1), f_{xz}(1,0,2), f_{yz}(0,-1,0), f_{zx}(2,0,1)$.

7. 设 $z = x\ln(xy)$，求 $\dfrac{\partial^3 z}{\partial x^2 \partial y}$ 及 $\dfrac{\partial^3 z}{\partial x \partial y^2}$.

8. 设 $z = e^{-\left(\frac{1}{x} + \frac{1}{y}\right)}$，求证

$$x^2 \frac{\partial z}{\partial x} + y^2 \frac{\partial z}{\partial y} = 2z.$$

9. 设 $T = 2\pi \sqrt{\dfrac{l}{g}}$，求证

$$l \frac{\partial T}{\partial l} + g \frac{\partial T}{\partial g} = 0.$$

10. 验证：

(1) $u = e^{-a^2 k^2 t} \sin kx$ 满足热传导方程 $\dfrac{\partial u}{\partial t} = a^2 \dfrac{\partial^2 u}{\partial x^2}$；

(2) $r = \sqrt{x^2 + y^2 + z^2}$ 满足拉普拉斯方程 $\dfrac{\partial^2 r}{\partial x^2} + \dfrac{\partial^2 r}{\partial y^2} + \dfrac{\partial^2 r}{\partial z^2} = \dfrac{2}{r}$；

(3) $z = xy + xe^{\frac{y}{x}}$ 满足方程 $x\dfrac{\partial z}{\partial x} + y\dfrac{\partial z}{\partial x} = xy + z$.

9.3 全微分

知识衔接

设函数 $f(x)$ 在某区间内有定义，x_0 及 $x_0 + \Delta x$ 在该区间内，若增量 $\Delta y = f(x_0 + \Delta x) - f(x)$ 可表示为_____，则称函数 $f(x)$ 在点 x_0 处可微.

若函数 $y = f(x)$ 点 x 处可微分，则 $dy = $ ____.

函数 $y = f(x)$ 在点 x_0 处可导是 $y = f(x)$ 在点 x_0 处可微的_____条件.

9.3.1 全微分的定义

定义 9.6 若函数 $z=f(x,y)$ 在点 $P_0(x_0,y_0)$ 的某邻域 $U(P_0)$ 内有定义,函数在点 P_0 的全增量
$$\Delta z = f(x_0+\Delta x, y_0+\Delta y) - f(x_0, y_0)$$
可表示为
$$\Delta z = A\Delta x + B\Delta y + o(\rho),$$

扫码查看
☐ 衔接拓展 ☐ 学习秘诀
☐ 干货精讲 ☐ 精品课程

其中 A, B 不依赖于 Δx, Δy 而仅与 x, y 有关,$\rho = \sqrt{(\Delta x)^2+(\Delta y)^2}$,则称函数 f 在点 $P_0(x_0,y_0)$ **可微分**,而 $A\Delta x + B\Delta y$ 称为函数 f 在点 $P_0(x_0,y_0)$ 的**全微分**,记作 $\mathrm{d}z|_{P_0}$,即
$$\mathrm{d}z|_{P_0} = A\Delta x + B\Delta y.$$

如果函数在区域 D 内各点处都可微分,那么称此函数在 D 内可微分.

下面讨论函数 $z=f(x,y)$ 在点 $P(x,y)$ 可微分的条件.

定理 9.2(必要条件) 若函数 $z=f(x,y)$ 在点 $P(x,y)$ 可微分,则该函数在点 $P(x,y)$ 的偏导数 $\dfrac{\partial z}{\partial x}, \dfrac{\partial z}{\partial y}$ 必定存在,且函数 $z=f(x,y)$ 在点 $P(x,y)$ 的全微分为
$$\mathrm{d}z = \frac{\partial z}{\partial x}\Delta x + \frac{\partial z}{\partial y}\Delta y.$$

证 设函数 $z=f(x,y)$ 在点 $P(x,y)$ 可微分,则
$$\Delta z = f(x+\Delta x, y+\Delta y) = A\Delta x + B\Delta y + o(\rho), \tag{9.1}$$
其中 A, B 仅与 x, y 有关,$\rho = \sqrt{(\Delta x)^2 + (\Delta y)^2}$.

特别地,当 $\Delta y = 0$ 时,则 (9.1) 可写为
$$f(x+\Delta x, y) - f(x,y) = A\cdot\Delta x + o(|\Delta x|),$$
上式两边各除以 Δx,再令 $\Delta x \to 0$ 取极限,就得
$$\lim_{\Delta x\to 0}\frac{f(x+\Delta x, y)-f(x,y)}{\Delta x} = A,$$
从而偏导数 $\dfrac{\partial z}{\partial x}$ 存在,且等于 A. 同样可证 $\dfrac{\partial z}{\partial y} = B$. 证毕.

习惯上,我们将自变量的增量 Δx, Δy 分别记作 $\mathrm{d}x$, $\mathrm{d}y$,并分别称为自变量 x, y 的微分. 这样,函数 $z=f(x,y)$ 的全微分就可以写为
$$\mathrm{d}z = \frac{\partial z}{\partial x}\mathrm{d}x + \frac{\partial z}{\partial y}\mathrm{d}y.$$

以上关于二元函数全微分的定义可以完全类似地推广到三元及三元以上的多元函数.

三元函数 $u=f(x,y,z)$ 在点 $P(x,y,z)$ 的某邻域 $U(P)$ 内有定义,若函数在点 P 的全增量
$$\Delta u = f(x+\Delta x, y+\Delta y, z+\Delta z) - f(x,y,z)$$
可表示为
$$\Delta u = A\Delta x + B\Delta y + C\Delta z + o(\rho),$$

则称函数 $u=f(x,y,z)$ 在点 $P(x,y,z)$ 可微分. 这里 $\rho=\sqrt{(\Delta x)^2+(\Delta y)^2+(\Delta z)^2}$, $A=\dfrac{\partial u}{\partial x}$, $B=\dfrac{\partial u}{\partial y}$, $C=\dfrac{\partial u}{\partial z}$, 所以函数 $u=f(x,y,z)$ 在点 $P(x,y,z)$ 的全微分为

$$du=\frac{\partial u}{\partial x}dx+\frac{\partial u}{\partial y}dy+\frac{\partial u}{\partial z}dz.$$

例 9.17 计算函数 $z=x^2y+y^2$ 的全微分.

解 因为

$$\frac{\partial z}{\partial x}=2xy, \quad \frac{\partial z}{\partial y}=x^2+2y,$$

所以

$$dz=2xydx+(x^2+2y)dy.$$

例 9.18 计算函数 $z=\arctan xy$ 在点 $(2,1)$ 处的全微分.

解 因为

$$\frac{\partial z}{\partial x}=\frac{y}{1+(xy)^2}, \quad \frac{\partial z}{\partial y}=\frac{x}{1+(xy)^2},$$

$$\frac{\partial z}{\partial x}\bigg|=\frac{1}{5}, \quad \frac{\partial z}{\partial y}\bigg|=\frac{2}{5},$$

所以

$$dz\bigg|_{(2,1)}=\frac{1}{5}dx+\frac{2}{5}dy.$$

例 9.19 计算函数 $u=\ln(x^2-y)+e^{yz}$ 的全微分.

解 因为

$$\frac{\partial u}{\partial x}=\frac{2x}{x^2-y}, \quad \frac{\partial u}{\partial y}=\frac{-1}{x^2-y}+ze^{yz}, \quad \frac{\partial u}{\partial z}=ye^{yz},$$

所以

$$du=\frac{2x}{x^2-y}dx+\left(ze^{yz}-\frac{1}{x^2-y}\right)dy+ye^{yz}dz.$$

9.3.2 全微分与偏导数的关系

我们知道:即使多元函数在某点的各个偏导数都存在,也不能保证函数在该点连续. 但是,如果函数在某点可微分,那么函数在该点必定连续.事实上,若函数 $z=f(x,y)$ 在点 $P(x,y)$ 可微,则

$$\lim_{\rho\to 0}\Delta z=\lim_{\substack{\Delta x\to 0\\\Delta y\to 0}}[A\Delta x+B\Delta y+o(\rho)]=0,$$

从而

$$\lim_{\substack{\Delta x\to 0\\\Delta y\to 0}}f(x+\Delta x,y+\Delta y)=\lim_{\Delta\rho\to 0}[f(x,y)+\Delta z]=f(x,y),$$

因此函数 $z=f(x,y)$ 在点 $P(x,y)$ 处连续.

一元函数 $y=f(x)$ 在某点的导数存在的充分必要条件是函数在该点可微,对于二元函

数 $z=f(x,y)$,当函数的偏导数 $\dfrac{\partial z}{\partial x},\dfrac{\partial z}{\partial y}$ 存在,函数 $z=f(x,y)$ 在点 $P(x,y)$ 未必可微.虽然能形式地写出 $\dfrac{\partial z}{\partial x}\Delta x+\dfrac{\partial z}{\partial y}\Delta y$,但要证明在点 $P(x,y)$ 可微,仍需证明 $\dfrac{\partial z}{\partial x}\Delta x+\dfrac{\partial z}{\partial y}\Delta y$ 与 Δz 之差是 ρ 的高阶无穷小,即

$$\lim_{\substack{\Delta x\to 0\\ \Delta y\to 0}}\dfrac{\Delta z-\left(\dfrac{\partial z}{\partial x}\Delta x+\dfrac{\partial z}{\partial y}\Delta y\right)}{\rho}=\lim_{\substack{\Delta x\to 0\\ \Delta y\to 0}}\dfrac{f(x+\Delta x,y+\Delta y)-f(x,y)-\left(\dfrac{\partial z}{\partial x}\Delta x+\dfrac{\partial z}{\partial y}\Delta y\right)}{\rho}=0.$$

例 9.20 讨论函数 $f(x,y)=\begin{cases}\dfrac{xy}{\sqrt{x^2+y^2}}, & x^2+y^2\neq 0,\\ 0, & x^2+y^2=0\end{cases}$ 在点 $(0,0)$ 处是否可微.

解 在点 $(0,0)$ 处有 $f_x(0,0)=0$ 及 $f_y(0,0)=0$,由微分的定义可知

$$\Delta z-[f_x(0,0)\cdot\Delta x+f_y(0,0)\cdot\Delta y]=\dfrac{\Delta x\cdot\Delta y}{\sqrt{(\Delta x)^2+(\Delta y)^2}},$$

若考虑点 $P'(x+\Delta x,y+\Delta y)$ 沿着直线 $y=x$ 趋于 $P(0,0)$,则

$$\dfrac{\dfrac{\Delta x\cdot\Delta y}{\sqrt{(\Delta x)^2+(\Delta y)^2}}}{\rho}=\dfrac{\Delta x\cdot\Delta y}{(\Delta x)^2+(\Delta y)^2}=\dfrac{\Delta x\cdot\Delta x}{(\Delta x)^2+(\Delta x)^2}=\dfrac{1}{2}.$$

这表示 $\rho\to 0$ 时,

$$\Delta z-[f_x(0,0)\cdot\Delta x+f_y(0,0)\cdot\Delta y]$$

并不是 ρ 的高阶无穷小,因此函数在点 $P(0,0)$ 处的全微分并不存在,即函数在点 $P(0,0)$ 处是不可微分的.

由例 9.20 可知,偏导数存在是可微分的必要条件而不是充分条件.但是,若再假定函数的各个偏导数连续,则可以证明函数是可微分的,即有下面的定理.

定理 9.3(充分条件) 若函数 $z=f(x,y)$ 的偏导数 $\dfrac{\partial z}{\partial x},\dfrac{\partial z}{\partial y}$ 在点 $P(x,y)$ 连续,则函数在该点可微分.

9.3.3 全微分的应用

全微分通常可用来做近似计算.

设二元函数 $z=f(x,y)$ 在点 $P(x,y)$ 的两个偏导数 $f_x(x,y),f_y(x,y)$ 连续,且 $|\Delta x|$,$|\Delta y|$ 都较小时,则根据全微分定义,有

$$\Delta z\approx \mathrm{d}z,$$

即

$$f(x+\Delta x,y+\Delta y)-f(x,y)\approx f_x(x,y)\Delta x+f_y(x,y)\Delta y,$$

整理可得到二元函数的全微分近似计算公式

$$f(x+\Delta x,y+\Delta y)\approx f(x,y)+f_x(x,y)\Delta x+f_y(x,y)\Delta y.$$

例 9.21 计算 $(1.04)^{2.02}$ 的近似值.

解 设函数

$f(x,y) = x^y, x=1, y=2, \Delta x = 0.04, \Delta y = 0.02$,

容易计算

$f(1,2) = 1, f_x(x,y) = yx^{y-1}, f_y(x,y) = x^y \ln x, f_x(1,2) = 2, f_y(1,2) = 0$,

由二元函数全微分近似计算公式得

$$(1.04)^{2.02} \approx 1 + 2\times 0.04 + 0\times 0.02 = 1.08.$$

例 9.22 测得长方体盒子的边长为 75 cm、60 cm 及 40 cm,且可能的最大测量误差为 0.2 cm,试用全微分估计利用这些测量值计算盒子体积时可能带来的最大误差.

解 以 x,y,z 为边长的矩形盒的体积为 $V = xyz$,所以

$$dV = \frac{\partial V}{\partial x} dx + \frac{\partial V}{\partial y} dy + \frac{\partial V}{\partial z} dz = yz dx + xz dy + xy dz.$$

由于已知 $|\Delta x| \leq 0.2, |\Delta y| \leq 0.2, |\Delta z| \leq 0.2$,为了求体积的最大误差,取 $dx = dy = dz = 0.2$,得

$$\Delta V \approx dV = 60\times 40\times 0.2 + 75\times 40\times 0.2 + 75\times 60\times 0.2.$$

从上面的例子可以看到,对于一般的二元函数 $z = f(x,y)$,若自变量 x,y 的绝对误差分别为 δ_x, δ_y,即 $|\Delta x| \leq \delta_x, |\Delta y| \leq \delta_y$,则 z 的误差

$$|\Delta z| \approx |dz| = \left|\frac{\partial z}{\partial x}\Delta x + \frac{\partial z}{\partial y}\Delta y\right|$$

$$\leq \left|\frac{\partial z}{\partial x}\right| \cdot |\Delta x| + \left|\frac{\partial z}{\partial y}\right| \cdot |\Delta y|$$

$$\leq \left|\frac{\partial z}{\partial x}\right| \cdot \delta_x + \left|\frac{\partial z}{\partial y}\right| \cdot \delta_y,$$

从而得到 z 的绝对误差为

$$\delta_z = \left|\frac{\partial z}{\partial x}\right| \cdot \delta_x + \left|\frac{\partial z}{\partial y}\right| \cdot \delta_y,$$

z 的相对误差为

$$\frac{\delta_z}{|z|} = \frac{\left|\frac{\partial z}{\partial x}\right|}{|z|}\delta_x + \frac{\left|\frac{\partial z}{\partial y}\right|}{|z|}\delta_y.$$

习题 9.3(A)

1. 函数 $f(x,y)$ 在点 (x,y) 可微分是 $f(x,y)$ 在该点连续的_____条件.

2. 函数 $f(x,y)$ 在点 (x,y) 的偏导数 $\frac{\partial z}{\partial x}$ 及 $\frac{\partial z}{\partial y}$ 存在是 $f(x,y)$ 在该点可微的_____条件.

3. 函数 $z = f(x,y)$ 在点 (x,y) 连续是函数在该点的偏导数 $\frac{\partial z}{\partial x}$ 及 $\frac{\partial z}{\partial y}$ 存在的_____

条件.

4. 函数 $f(x,y)$ 的偏导数 $\dfrac{\partial z}{\partial x}$ 及 $\dfrac{\partial z}{\partial y}$ 在点 (x,y) 存在且连续是 $f(x,y)$ 在该点可微分的 _____ 条件.

5. 函数 $f(x,y)$ 的两个二阶混合偏导数 $\dfrac{\partial^2 z}{\partial x \partial y}$ 及 $\dfrac{\partial^2 z}{\partial y \partial x}$ 在区域 D 内连续是这两个二阶混合偏导数在 D 内相等的 _____ 条件.

习题 9.3(B)

1. 求函数 $z = \ln(1+x^2+y^2)$ 当 $x=1, y=2$ 时的全微分.

2. 求函数 $z = \dfrac{y}{x}$ 当 $x=2, y=1, \Delta x=0.1, \Delta y=-0.2$ 时的全增量和全微分.

3. 求函数 $z = e^{xy}$ 当 $x=1, y=1, \Delta x=0.15, \Delta y=0.1$ 时的全微分.

4. 求下列函数的全微分.

(1) $z = xy + \dfrac{x}{y}$; (2) $z = \dfrac{y}{\sqrt{x^2+y^2}}$; (3) $u = x^{yz}$;

(4) $z = x^4 + y^3 - 3x^2 y$; (5) $z = x + y - \sqrt{x^2+y^2}$; (6) $z = e^{\frac{y}{x}}$;

(7) $z = \arctan \dfrac{x+y}{1-xy}$; (8) $z = \arcsin \dfrac{x}{y}$; (9) $u = x^4 z + 2zy^3 - 3x$.

5. 讨论下列函数 $f(x,y)$ 在点 $(0,0)$ 处的连续性、可导性与可微性.

(1) $f(x,y) = \sqrt{|xy|}$;

(2) $f(x,y) = \begin{cases} xy \sin \dfrac{1}{x^2+y^2}, & x^2+y^2 \neq 0, \\ 0, & x^2+y^2 = 0; \end{cases}$

(3) $f(x,y) = \begin{cases} \dfrac{1-e^{x^2+y^2}}{x^2+y^2}, & x^2+y^2 \neq 0, \\ 0, & x^2+y^2 = 0. \end{cases}$

6. 计算 $\sqrt{(2.98)^2 + (4.03)^2}$ 的近似值.

7. 已知圆扇形的中心角为 $\alpha = 60°$,半径为 $r = 20 \text{ cm}$,如果 α 增加了 $1°$, r 减少了 1 cm,试用全微分计算面积改变量的近似值.

9.4 多元复合函数的求导法则

知识衔接

若函数 $y=u(x),y=v(x)$ 均可导,则 $[u(x)v(x)]'=$ _____.

若 $u=g(x)$ 在点 x 可导,而 $y=f(u)$ 在点 u 可导,则复合函数 $y=f[g(x)]$ 在点 x 可导,且其导数 $\dfrac{\mathrm{d}y}{\mathrm{d}x}=$ _____.

若函数 $z=f(x,y)$ 在点 (x,y) 可微分,则 $\mathrm{d}z=$ _____.

在求多元复合函数的导数或偏导数时,有时利用导数定义求解不仅复杂,甚至无法求出,这节课我们将学习多元复合函数的求导法则——链式法则.

9.4.1 中间变量均为一元函数的情形

定理 9.4 若函数 $u=\varphi(t)$ 及 $v=\psi(t)$ 都在点 t 可导,函数 $z=f(u,v)$ 在对应点 (u,v) 具有连续偏导数,则复合函数 $z=f[\varphi(t),\psi(t)]$ 在点 t 可导,且其导数为

$$\frac{\mathrm{d}z}{\mathrm{d}t}=\frac{\partial z}{\partial u}\cdot\frac{\mathrm{d}u}{\mathrm{d}t}+\frac{\partial z}{\partial v}\cdot\frac{\mathrm{d}v}{\mathrm{d}t},$$

这里 $z=f(\varphi(t),\psi(t))$ 实际上是 t 的一元函数,上式也称为全导数(图 9-3).

证 因为函数 $z=f(u,v)$ 在点 (u,v) 具有连续偏导数,即该函数可微分,则

$$\Delta z=\frac{\partial z}{\partial u}\Delta u+\frac{\partial z}{\partial v}\Delta v+o(\rho),$$

这里 $\Delta u,\Delta v$ 为 t 变化 Δt 时 $u=\varphi(t),v=\psi(t)$ 的对应增量,函数 $z=f(u,v)$ 对应地获得增量 Δz. 将上式两边各除以 Δt 得

$$\frac{\Delta z}{\Delta t}=\frac{\partial z}{\partial u}\cdot\frac{\Delta u}{\Delta t}+\frac{\partial z}{\partial v}\cdot\frac{\Delta v}{\Delta t}+\frac{o(\rho)}{\Delta t}.$$

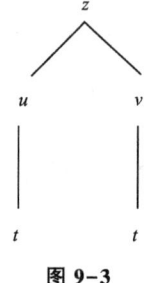

图 9-3

当 $\Delta t\to 0$ 时,由 $\Delta u\to 0,\Delta v\to 0$,有 $\rho=\sqrt{(\Delta u)^2+(\Delta v)^2}\to 0^+$. 当 $\Delta t\to 0$ 时,有

$$\frac{o(\rho)}{\Delta t}=\frac{o(\rho)}{\rho}\cdot\frac{\rho}{\Delta t}=\pm\frac{o(\rho)}{\rho}\sqrt{\left(\frac{\Delta u}{\Delta t}\right)^2+\left(\frac{\Delta v}{\Delta t}\right)^2}\to 0,$$

所以

$$\lim_{\Delta t\to 0}\frac{\Delta z}{\Delta t}=\frac{\mathrm{d}z}{\mathrm{d}t}=\frac{\partial z}{\partial u}\cdot\frac{\mathrm{d}u}{\mathrm{d}t}+\frac{\partial z}{\partial v}\cdot\frac{\mathrm{d}v}{\mathrm{d}t}.$$

证毕.

用同样的方法可把定理推广到复合函数的中间变量多于两个的情形. 例如, 设 $z=f(u,v,w), u=\varphi(t), v=\psi(t), w=\omega(t)$ 复合而得复合函数 $z=f[\varphi(t),\psi(t),\omega(t)]$, 则在与定理相类似的条件下, 该复合函数在点 t 可导, 且其全导数如下:

$$\frac{dz}{dt}=\frac{\partial z}{\partial u}\cdot\frac{du}{dt}+\frac{\partial z}{\partial v}\cdot\frac{dv}{dt}+\frac{\partial z}{\partial w}\cdot\frac{dw}{dt}.$$

上述求解多元复合函数的法则称为**链式法则**. 利用链式法则求偏导数时, 首先要理清楚变量之间的关系, 画出函数的关系图, 即链式图(图 9-4); 然后每条链从上到下依次求导, 将偏导数或导数相乘, 每条链之间是相加的关系.

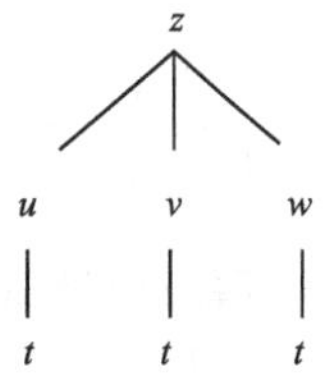

例 9.23 设函数 $z=u^2\ln v$, 而 $u=e^x, v=\sin x$, 求全导数 $\dfrac{dz}{dx}$.

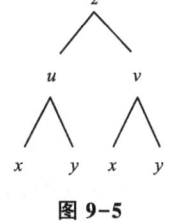

图 9-4

解 由链式法则得

$$\frac{dz}{dx}=\frac{\partial z}{\partial u}\cdot\frac{du}{dx}+\frac{\partial z}{\partial v}\cdot\frac{dv}{dx}$$

$$=2u\ln v\cdot e^x+\frac{u^2}{v}\cdot\cos x$$

$$=2e^{2x}\ln\sin x+e^{2x}\cdot\cot x.$$

9.4.2 中间变量均为多元函数的情形

定理 9.5 若 $u=\varphi(x,y)$ 及 $v=\psi(x,y)$ 都在点 (x,y) 具有对 x 及 y 的偏导数, 函数 $z=f(u,v)$ 在对应点 (u,v) 具有连续偏导数, 则复合函数 $z=f[\varphi(x,y),\psi(x,y)]$ 在点 (x,y) 的两个偏导数存在, 且有

$$\frac{\partial z}{\partial x}=\frac{\partial z}{\partial u}\cdot\frac{\partial u}{\partial x}+\frac{\partial z}{\partial v}\cdot\frac{\partial v}{\partial x}, \quad \frac{\partial z}{\partial y}=\frac{\partial z}{\partial u}\cdot\frac{\partial u}{\partial y}+\frac{\partial z}{\partial v}\cdot\frac{\partial v}{\partial y}.$$

当求 $\dfrac{\partial z}{\partial x}$ 时将 y 看作常量, 因此中间变量 u 及 v 仍可看作一元函数而应用上述定理画链式图(图 9-5). 求 $\dfrac{\partial z}{\partial y}$ 时将 x 看作常量, 即可证明.

图 9-5

类似地, 设 $u=\varphi(x,y), v=\psi(x,y)$ 及 $w=\omega(x,y)$ 都在点 (x,y) 具有对 x 及对 y 的偏导数, 函数 $z=f(u,v,w)$ 在对应点 (u,v,w) 具有连续偏导数, 则复合函数 $z=f[\varphi(x,y),\psi(x,y),\omega(x,y)]$ 在点 (x,y) 的两个偏导数都存在(图 9-6), 且可用下列公式计算:

$$\frac{\partial z}{\partial x}=\frac{\partial z}{\partial u}\cdot\frac{\partial u}{\partial x}+\frac{\partial z}{\partial v}\cdot\frac{\partial v}{\partial x}+\frac{\partial z}{\partial w}\cdot\frac{\partial w}{\partial x},$$

$$\frac{\partial z}{\partial y}=\frac{\partial z}{\partial u}\cdot\frac{\partial u}{\partial y}+\frac{\partial z}{\partial v}\cdot\frac{\partial v}{\partial y}+\frac{\partial z}{\partial w}\cdot\frac{\partial w}{\partial y}.$$

例 9.24 设函数 $z=e^{u-2v}$, 而 $u=x^2-y, v=xy$, 求 $\dfrac{\partial z}{\partial x}$ 和 $\dfrac{\partial z}{\partial y}$.

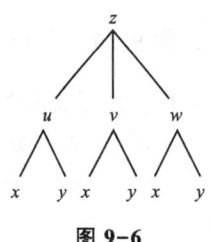

图 9-6

解 由链式法则得

$$\frac{\partial z}{\partial x} = \frac{\partial z}{\partial u} \cdot \frac{\partial u}{\partial x} + \frac{\partial z}{\partial v} \cdot \frac{\partial v}{\partial x}$$

$$= e^{u-2v} \cdot 2x - 2e^{u-2v} \cdot y = 2e^{x^2-y-2xy}(x-y),$$

$$\frac{\partial z}{\partial y} = \frac{\partial z}{\partial u} \cdot \frac{\partial u}{\partial y} + \frac{\partial z}{\partial v} \cdot \frac{\partial v}{\partial y}$$

$$= -e^{u-2v} - 2e^{u-2v} \cdot x = -e^{x^2-y-2xy}(1+2x).$$

例 9.25 设 $z = uv + \sin t$,而 $u = e^t, v = \cos t$,求全导数 $\dfrac{dz}{dt}$.

解 由链式法则得

$$\frac{dz}{dt} = \frac{\partial z}{\partial u} \cdot \frac{du}{dt} + \frac{\partial z}{\partial v} \cdot \frac{dv}{dt} + \frac{\partial z}{\partial t}$$

$$= v e^t - u\sin t + \cos t = e^t(\cos t - \sin t) + \cos t.$$

9.4.3 中间变量既有一元函数,又有多元函数的情形

定理 9.6 若函数 $u = u(x)$ 及 $v = v(y)$ 分别在点 x 和 y 可导,函数 $w = w(x,y)$ 在对应点 (x,y) 具有连续偏导数,f 可微,则复合函数 $z = f[u(x), v(y), w(x,y)]$ 在点 (x,y) 的两个偏导数存在,且有

$$\frac{\partial z}{\partial x} = \frac{\partial z}{\partial u} \cdot \frac{du}{dx} + \frac{\partial z}{\partial w} \cdot \frac{\partial w}{\partial x},$$

$$\frac{\partial z}{\partial y} = \frac{\partial z}{\partial v} \cdot \frac{dv}{dy} + \frac{\partial z}{\partial w} \cdot \frac{\partial w}{\partial y}.$$

当 $u = x, v = y$ 的特殊情形(图 9-7)有

$$\frac{\partial z}{\partial x} = \frac{\partial f}{\partial x} + \frac{\partial f}{\partial w} \cdot \frac{\partial w}{\partial x},$$

$$\frac{\partial z}{\partial y} = \frac{\partial f}{\partial y} + \frac{\partial f}{\partial w} \cdot \frac{\partial w}{\partial y}.$$

需要注意的是,这里 $\dfrac{\partial z}{\partial x}$ 与 $\dfrac{\partial f}{\partial x}$ 是不同的,$\dfrac{\partial z}{\partial x}$ 是把复合函数中的 y 看作不变,而对 x 的偏导数;$\dfrac{\partial f}{\partial x}$ 是把 $f(x,y,w)$ 中的 w 及 y 看作不变,而对 x 的偏导数. $\dfrac{\partial z}{\partial y}$ 与 $\dfrac{\partial f}{\partial y}$ 也有类似的区别.

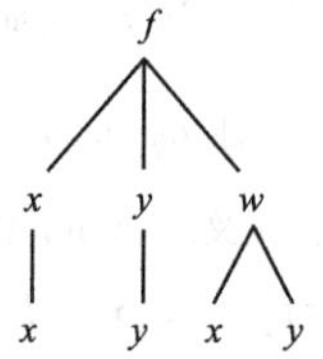

图 9-7

例 9.26 设 $z = \arctan uv$,而 $u = x^2, v = x^y$,求 $\dfrac{\partial z}{\partial x}$ 和 $\dfrac{\partial z}{\partial y}$.

解 由链式法则得

$$\frac{\partial z}{\partial x} = \frac{\partial z}{\partial u} \cdot \frac{\partial u}{\partial x} + \frac{\partial z}{\partial v} \cdot \frac{\partial v}{\partial x} = \frac{v}{1+(uv)^2} \cdot 2x + \frac{u}{1+(uv)^2} \cdot yx^{y-1} = \frac{(2+y)x^{1+y}}{1+x^{4+2y}}$$

及

$$\frac{\partial z}{\partial y}=\frac{\partial z}{\partial v}\cdot\frac{\partial v}{\partial y}=\frac{u}{1+(uv)^2}\cdot x^y\ln x=\frac{x^{2+y}\ln x}{1+x^{4+2y}}.$$

例 9.27 设 $u=f(x,y,z)=\mathrm{e}^{x^2+y^2+z^2}, z=\ln(xy)$，求 $\dfrac{\partial u}{\partial x}$ 和 $\dfrac{\partial u}{\partial y}$.

解 由链式法则得

$$\frac{\partial u}{\partial x}=\frac{\partial f}{\partial x}+\frac{\partial f}{\partial z}\cdot\frac{\partial z}{\partial x}$$

$$=2x\,\mathrm{e}^{x^2+y^2+z^2}+2z\,\mathrm{e}^{x^2+y^2+z^2}\cdot\frac{1}{x}=\left(2x+\frac{2z}{x}\right)\mathrm{e}^{x^2+y^2+z^2},$$

$$\frac{\partial u}{\partial y}=\frac{\partial f}{\partial y}+\frac{\partial f}{\partial z}\cdot\frac{\partial z}{\partial y}$$

$$=2y\,\mathrm{e}^{x^2+y^2+z^2}+2z\,\mathrm{e}^{x^2+y^2+z^2}\cdot\frac{1}{y}=\left(2y+\frac{2z}{y}\right)\mathrm{e}^{x^2+y^2+z^2}.$$

例 9.28 设 $w=f(x+y+z,xyz)$，f 具有二阶连续偏导数，求 $\dfrac{\partial w}{\partial x}$ 和 $\dfrac{\partial^2 w}{\partial x\partial z}$.

解 令 $u=x+y+z, v=xyz$，则 $w=f(u,v)$. 为表达简便起见引入以下记号：

$$f'_1=\frac{\partial f(u,v)}{\partial u}, f''_{12}=\frac{\partial^2 f(u,v)}{\partial u\partial v},$$

这里下标 1 表示对第一个变量 u 求偏导数，下标 2 表示对第二个变量 v 求偏导数（图 9-8）. 同理有 f'_2, f''_{11}, f''_{22}，等等.

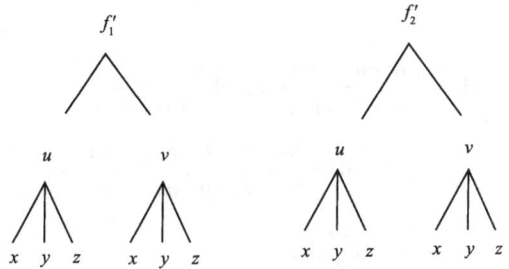

图 9-8

所给函数由 $w=f(u,v)$ 及 $u=x+y+z, v=xyz$ 复合而成，由链式法则得

$$\frac{\partial w}{\partial x}=\frac{\partial f}{\partial u}\frac{\partial u}{\partial x}+\frac{\partial f}{\partial v}\frac{\partial v}{\partial x}=f'_1+yzf'_2,$$

$$\frac{\partial^2 w}{\partial x\partial z}=\frac{\partial}{\partial z}(f'_1+yzf'_2)=\frac{\partial f'_1}{\partial z}+yf'_2+yz\,\frac{\partial f'_2}{\partial z}.$$

求 $\dfrac{\partial f'_1}{\partial z}$ 及 $\dfrac{\partial f'_2}{\partial z}$ 时，应注意 f'_1 及 f'_2 仍旧是复合函数，由链式法则得

$$\frac{\partial f'_1}{\partial z}=\frac{\partial f'_1}{\partial u}\frac{\partial u}{\partial z}+\frac{f'_1}{\partial v}\frac{\partial v}{\partial z}=f''_{11}+xyf''_{12},$$

$$\frac{\partial f_2'}{\partial z} = \frac{\partial f_2'}{\partial u}\frac{\partial u}{\partial z} + \frac{\partial f_2'}{\partial v}\frac{\partial v}{\partial z} = f_{11}'' + xyf_{22}'',$$

于是

$$\begin{aligned}\frac{\partial^2 w}{\partial x \partial z} &= f_{11}'' + xyf_{12}'' + yf_2' + yzf_{21}'' + xy^2 zf_{22}'' \\ &= f_{11}'' + y(x+z)f_{12}'' + xy^2 zf_{22}'' + yf_2'.\end{aligned}$$

9.4.4 全微分形式不变性

设函数 $z=f(u,v)$ 具有连续偏导数，则有全微分

$$dz = \frac{\partial z}{\partial u}du + \frac{\partial z}{\partial v}dv.$$

若函数 $u=\varphi(x,y), v=\psi(x,y)$ 也都具有连续偏导数，则复合函数

$$z = f[\varphi(x,y), \psi(x,y)]$$

的全微分为

$$dz = \frac{\partial z}{\partial x}dx + \frac{\partial z}{\partial y}dy, \tag{9.2}$$

其中

$$\frac{\partial z}{\partial x} = \frac{\partial z}{\partial u}\frac{\partial u}{\partial x} + \frac{\partial z}{\partial v}\frac{\partial v}{\partial x},$$

$$\frac{\partial z}{\partial y} = \frac{\partial z}{\partial u}\frac{\partial u}{\partial y} + \frac{\partial z}{\partial v}\frac{\partial v}{\partial y},$$

代入式(9.2)得

$$\begin{aligned}dz &= \left(\frac{\partial z}{\partial u}\frac{\partial u}{\partial x} + \frac{\partial z}{\partial v}\frac{\partial v}{\partial x}\right)dx + \left(\frac{\partial z}{\partial u}\frac{\partial u}{\partial y} + \frac{\partial z}{\partial v}\frac{\partial v}{\partial y}\right)dy \\ &= \frac{\partial z}{\partial u}\left(\frac{\partial u}{\partial x}dx + \frac{\partial u}{\partial y}dy\right) + \frac{\partial z}{\partial v}\left(\frac{\partial v}{\partial x}dx + \frac{\partial v}{\partial y}dy\right) \\ &= \frac{\partial z}{\partial u}du + \frac{\partial z}{\partial v}dv.\end{aligned}$$

由此可见，无论 z 是自变量 u,v 的函数或者中间变量 u,v 的函数，它的全微分形式是一样的. 这个性质叫作**全微分形式不变性**.

例 9.29 利用全微分形式不变性求 $z=e^{xy}\sin(x+y)$ 的全微分.

解 利用全微分形式不变性，得

$$\begin{aligned}dz &= e^{xy}d\sin(x+y) + \sin(x+y)d(e^{xy}) \\ &= e^{xy}\cos(x+y)d(x+y) + e^{xy}\sin(x+y)d(xy) \\ &= e^{xy}[\cos(x+y) + y\sin(x+y)]dx + e^{xy}[\cos(x+y) + x\sin(x+y)]dy.\end{aligned}$$

例 9.30 设 $z=f(x,u,v), u=\varphi(x), v=\psi(x,y)$ 的所有偏导数连续，求 z_x, z_y.

解 利用全微分形式不变性，得

$$\begin{aligned}dz &= f_x dx + f_u du + f_v dv \\ &= f_x dx + f_u \varphi'(x)dx + f_v(\psi_x dx + \psi_y dy)\end{aligned}$$

$$= (f_x + f_u \varphi(x) + f_v \psi_x) dx + f_v \psi_y dy,$$

所以
$$z_x = f_x + f_u \varphi'(x) + f_v \psi_x,$$
$$z_y = f_v \psi_y.$$

习题 9.4(A)

1. 设 $z = e^{xy}, x = t^2, y = t^3$,则 $\dfrac{dz}{dt} =$ ( )

(A) $t^4 e^{t^5}$ (B) $t^2 e^{t^5}$

(C) e^{t^5} (D) $5t^4 e^{t^5}$

2. 设 $z = u^2 + v^2, u = s+t, v = s-t$,则 $\dfrac{\partial z}{\partial s} =$ ( )

(A) $4s$ (B) $4t$

(C) s (D) t

3. 设 $u = x^2 + y^2 + z^2, x = st, y = s\cos t, z = s\sin t$,则 $\left.\dfrac{\partial u}{\partial s}\right|_{s=1, t=0} =$ ( )

(A) 2   (B) 0

(C) 1   (D) -1

4. 设 $z = \dfrac{y}{f(x^2 - y^2)}$,其中 $f(u)$ 为可导函数,则 $\dfrac{\partial z}{\partial x} =$ ( )

(A) $-\dfrac{2xy}{f^2(x^2-y^2)}$ (B) $-\dfrac{2xyf'(x^2-y^2)}{f^2(x^2-y^2)}$

(C) $-\dfrac{yf'(x^2-y^2)}{f^2(x^2-y^2)}$ (D) $-\dfrac{f(x^2-y^2) - yf'(x^2-y^2)}{f^2(x^2-y^2)}$

5. 若函数 $f(u,v)$ 可微,且 $f(x, x^2) = x^4 + 2x^3 + x$ 及 $f'_y(x, x^2) = 2x^2 - 2x + 1$,则 $f'_v(x, x^2) =$ ( )

(A) $2x^2 + 2x + 1$ (B) $2x^2 + 3x + \dfrac{1}{2x}$

(C) $2x^2 - 2x + 1$ (D) $2x^2 + 3x + 1$

习题 9.4(B)

1. 设 $z = \arctan(xy)$,而 $y = e^x$,求 $\dfrac{dz}{dx}$.

2. 设 $z=u^v, u=\sin t, v=e^t$，求 $\dfrac{dz}{dt}$.

3. 设 $z=e^x-\sqrt[3]{y}$，而 $x=\sin t, y=t^4$，求 $\dfrac{dz}{dt}$.

4. 设 $u=\dfrac{e^{ax}(y-z)}{a^2+1}$，而 $y=a\sin x, z=\cos x$，求 $\dfrac{du}{dx}$.

5. 设 $u=\sqrt{x^2+y^2+z^2}$，而 $x=s\sin t, y=te^s, z=s^2t$，求 $\dfrac{\partial u}{\partial s}, \dfrac{\partial u}{\partial t}$.

6. 设 $z=e^{u-2v}$，而 $u=\sin x, v=\ln(x+y)$，求 $\dfrac{\partial z}{\partial x}, \dfrac{\partial z}{\partial y}$.

7. 设 $z=u^2+v^2$，而 $u=x+y, v=x-y$，求 $\dfrac{\partial z}{\partial x}, \dfrac{\partial z}{\partial y}$.

8. 设 $z=u^2\ln v$，而 $u=\dfrac{x}{y}, v=3x-2y$，求 $\dfrac{\partial z}{\partial x}, \dfrac{\partial z}{\partial y}$.

9. 求下列函数的一阶偏导数（其中 f 具有一阶连续偏导数）.

(1) $u=f(x^2-y^2, e^{xy})$；　　　(2) $u=f\left(\dfrac{x}{y}, \dfrac{y}{z}\right)$；

(3) $u=f(x, xy, xyz)$；　　　(4) $u=f(x^2-y^2, e^{xy})$；

(5) $u=x^3 f\left(xy, \dfrac{y}{x}\right)$.　　　(6) $u=f(xe^y, ye^x, xy\cos^2 x)$.

10. 求下列函数的二阶偏导数（其中 f 具有二阶连续偏导数）.

(1) $z=f(x^2+y^2)$；　　　(2) $z=f(xy, y)$；

(3) $z=f\left(x, \dfrac{x}{y}\right)$；　　　(4) $z=f(xy^2, x^2 y)$；

(5) $z=f(\sin x, \cos y, e^{x+y})$；　　　(6) $z=f(e^{xy}, x^2-y^2)$.

11. 设 f 是函数，$z=yf\left(\dfrac{x}{y}\right)+x\varphi\left(\dfrac{y}{x}\right)$，证明：

(1) $x\dfrac{\partial^2 z}{\partial x^2}+y\dfrac{\partial^2 z}{\partial x\partial y}=0$；　　　(2) $x^2\dfrac{\partial^2 z}{\partial x^2}-y^2\dfrac{\partial^2 z}{\partial y^2}=0$.

12. 设 $z=\dfrac{y}{f(x^2-y^2)}$，其中 $f(u)$ 为可导函数，证明

$$\dfrac{1}{x}\dfrac{\partial z}{\partial x}+\dfrac{1}{y}\dfrac{\partial z}{\partial y}=\dfrac{z}{y^2}.$$

13. 一直圆锥的底半径以 3 cm/s 的速率增加，高 h 以 5 cm/s 的速率增加，试求 $r=15$ cm, $h=25$ cm 时其体积的增加速率.

9.5 隐函数的求导法则

知识衔接

上册中讲到隐函数的求导方法为_____.
空间曲面的一般式方程为_____.
空间曲线的参数方程为_____.

本节利用多元复合函数的求导法则来导出隐函数的导数公式.

9.5.1 由方程确定的一元隐函数情形

定理 9.7(隐函数存在定理 1) 若函数 $F(x,y)$ 满足以下三个条件:

(1) $F(x,y)$ 在点 $P(x_0, y_0)$ 的某一邻域内具有连续的偏导数;
(2) $F(x_0, y_0) = 0$;
(3) $F_y(x_0, y_0) \neq 0$,

则方程 $F(x,y) = 0$ 在点 (x_0, y_0) 的某一邻域内恒能唯一确定一个具有连续导数的函数 $y = f(x)$,它满足条件 $y_0 = f(x_0)$,并有

$$\frac{dy}{dx} = -\frac{F_x}{F_y}. \tag{9.3}$$

这里省略定理的证明,仅就公式(9.3)作如下推导:

将方程 $F(x,y) = 0$ 所确定的函数 $y = f(x)$ 代入,得恒等式

$$F(x, f(x)) \equiv 0,$$

其左端可以看作是 x 的一个复合函数,求这个函数的全导数,即得

$$\frac{\partial F}{\partial x} + \frac{\partial F}{\partial y}\frac{dy}{dx} = 0,$$

由于 F_y 连续,且 $F_y(x_0, y_0) \neq 0$,于是得

$$\frac{dy}{dx} = -\frac{F_x}{F_y}.$$

例 9.31 验证方程 $\sin y + e^x = xy^2$ 在点 $(0,0)$ 的某一邻域内能唯一确定有连续导数的隐函数 $y = f(x)$,并求 $\dfrac{dy}{dx}\bigg|_{x=0}$.

解 设 $F(x,y) = \sin y + e^x - xy^2$,则 $F_x = e^x - y^2$,$F_y = \cos y - 2xy$,$F_x(0,0) = 1$,$F_y(0,0) = 1 \neq 0$,因此方程 $\sin y + e^x = xy^2$ 在点 $(0,0)$ 的某邻域内能确定一个有连续导数的隐函数 $y = f(x)$,且

$$\frac{\mathrm{d}y}{\mathrm{d}x} = -\frac{F_x}{F_y} = -\frac{\mathrm{e}^x - y^2}{\cos y - 2xy}, \quad \left.\frac{\mathrm{d}y}{\mathrm{d}x}\right|_{x=0} = -1.$$

9.5.2 由方程确定的二元隐函数情形

隐函数存在定理 1 还可以推广到多元函数. 既然一个二元方程可以确定一个一元隐函数, 那么一个三元方程

$$F(x,y,z) = 0$$

就有可能确定一个二元隐函数. 这就是下面的定理.

定理 9.8(隐函数存在定理 2) 设函数 $F(x,y,z)$ 满足以下三个条件:

(1) $F(x,y,z)$ 在点 $P(x_0, y_0, z_0)$ 的某一邻域内具有连续的偏导数;

(2) $F(x_0, y_0, z_0) = 0$;

(3) $F_z(x_0, y_0, z_0) \neq 0$,

则方程 $F(x,y,z) = 0$ 在点 (x_0, y_0, z_0) 的某一邻域内恒能唯一确定一个单值连续且具有连续偏导数的函数 $z = f(x,y)$, 它满足条件 $z_0 = f(x_0, y_0)$, 并有

$$\frac{\partial z}{\partial x} = -\frac{F_x}{F_z}, \quad \frac{\partial z}{\partial y} = -\frac{F_y}{F_z}. \tag{9.4}$$

类似于定理 9.7, 仅就公式(9.4)作如下推导:

由于

$$F(x, y, f(x,y)) \equiv 0,$$

将上式两端分别对 x 和 y 求导, 应用复合函数求导法则得

$$F_x + F_z \frac{\partial z}{\partial x} = 0, \quad F_y + F_z \frac{\partial z}{\partial y} = 0.$$

因为 F_z 连续, 且 $F_z(x_0, y_0, z_0) \neq 0$, 所以存在点 (x_0, y_0, z_0) 的一个邻域, 在该邻域内 $F_z \neq 0$, 于是得

$$\frac{\partial z}{\partial x} = -\frac{F_x}{F_z}, \quad \frac{\partial z}{\partial y} = -\frac{F_y}{F_z}.$$

例 9.32 设 $x^3 + y^3 + z^3 + xyz = 6$, 求 $\left.\frac{\partial z}{\partial x}\right|_{(1,2,-1)}$ 及 $\left.\frac{\partial z}{\partial y}\right|_{(1,2,-1)}$.

解 设 $F(x,y,z) = x^3 + y^3 + z^3 + xyz - 6$, 则 $F_x = 3x^2 + yz, F_y = 3y^2 + xz, F_z = 3z^2 + xy$. 应用公式(9.4)得

$$\frac{\partial z}{\partial x} = -\frac{3x^2 + yz}{3z^2 + xy}, \quad \frac{\partial z}{\partial y} = -\frac{3y^2 + xz}{3z^2 + xy},$$

$$\left.\frac{\partial z}{\partial x}\right|_{(1,2,-1)} = -\frac{1}{5}, \quad \left.\frac{\partial z}{\partial y}\right|_{(1,2,-1)} = -\frac{11}{5}.$$

9.5.3 由方程组确定的两个隐函数情形

下面我们将隐函数存在定理作另一方面的推广. 例如, 考虑方程组

$$\begin{cases} F(x,y,u,v) = 0, \\ G(x,y,u,z) = 0, \end{cases} \tag{9.5}$$

在该方程组的四个变量中, 一般只能有两个变量独立变化, 因此方程组(9.5)就有可能确

定两个二元函数,满足一定条件时有下面的定理.

定理 9.9(隐函数存在定理 3) 设函数 $F(x,y,u,v), G(x,y,u,v)$ 满足如下三个条件:

(1) $F(x,y,u,v), G(x,y,u,v)$ 在点 $P_0(x_0,y_0,u_0,v_0)$ 的某一邻域内具有对各个变量的连续偏导数;

(2) $F(x_0,y_0,u_0,v_0)=0, G(x_0,y_0,u_0,v_0)=0$;

(3) 偏导数所组成的函数行列式(或称雅可比(Jacobi)式)

$$J=\frac{\partial(F,G)}{\partial(u,v)}=\begin{vmatrix}\frac{\partial F}{\partial u} & \frac{\partial F}{\partial v}\\ \frac{\partial G}{\partial u} & \frac{\partial G}{\partial v}\end{vmatrix}$$

在点 $P_0(x_0,y_0,u_0,v_0)$ 不等于零,则方程组 $F(x,y,u,v)=0, G(x,y,u,v)=0$ 在点 $P_0(x_0,y_0,u_0,v_0)$ 的某一邻域内恒能唯一确定一组单值连续且具有连续偏导数的函数 $u=u(x,y), v=v(x,y)$,它满足条件 $u_0=u(x_0,y_0), v_0=v(x_0,u_0)$,并有

$$\frac{\partial u}{\partial x}=-\frac{1}{J}\frac{\partial(F,G)}{\partial(x,v)}=-\frac{\begin{vmatrix}F_x & F_v\\ G_x & G_v\end{vmatrix}}{\begin{vmatrix}F_u & F_v\\ G_u & G_v\end{vmatrix}}, \quad \frac{\partial v}{\partial x}=-\frac{1}{J}\frac{\partial(F,G)}{\partial(u,x)}=-\frac{\begin{vmatrix}F_u & F_x\\ G_u & G_x\end{vmatrix}}{\begin{vmatrix}F_u & F_v\\ G_u & G_v\end{vmatrix}},$$

$$\frac{\partial u}{\partial y}=-\frac{1}{J}\frac{\partial(F,G)}{\partial(y,v)}=-\frac{\begin{vmatrix}F_y & F_v\\ G_y & G_v\end{vmatrix}}{\begin{vmatrix}F_u & F_v\\ G_u & G_v\end{vmatrix}}, \quad \frac{\partial v}{\partial y}=-\frac{1}{J}\frac{\partial(F,G)}{\partial(u,y)}=-\frac{\begin{vmatrix}F_u & F_y\\ G_u & G_y\end{vmatrix}}{\begin{vmatrix}F_u & F_v\\ G_u & G_v\end{vmatrix}}. \tag{9.6}$$

类似于定理 9.8,仅就公式(9.6)作如下推导:

由于

$$F[x,y,u(x,y),v(x,y)]\equiv 0,$$
$$G[x,y,u(x,y),v(x,y)]\equiv 0,$$

将恒等式两边分别对 x 求导,应用复合函数求导法则得

$$\begin{cases}F_x+F_u\dfrac{\partial u}{\partial x}+F_v\dfrac{\partial v}{\partial x}=0,\\ G_x+G_u\dfrac{\partial u}{\partial x}+G_v\dfrac{\partial v}{\partial x}=0.\end{cases}$$

这是关于 $\dfrac{\partial u}{\partial x},\dfrac{\partial v}{\partial x}$ 的线性方程组,若 $J\neq 0$ 可解得

$$\frac{\partial u}{\partial x}=-\frac{1}{J}\frac{\partial(F,G)}{\partial(x,v)}, \quad \frac{\partial v}{\partial x}=-\frac{1}{J}\frac{\partial(F,G)}{\partial(u,x)}.$$

同理,可得

$$\frac{\partial u}{\partial y}=-\frac{1}{J}\frac{\partial(F,G)}{\partial(y,v)}, \quad \frac{\partial v}{\partial y}=-\frac{1}{J}\frac{\partial(F,G)}{\partial(u,y)}.$$

例 9.33 设方程组 $\begin{cases} xu-yv=1, \\ yu+xv=0 \end{cases}$ 确定隐函数 $u=u(x,y), v=v(x,y)$,求 $\dfrac{\partial u}{\partial x}, \dfrac{\partial u}{\partial y}, \dfrac{\partial v}{\partial x}$ 和 $\dfrac{\partial v}{\partial y}$.

解 将所给方程组的两边对 x 求导并移项,得

$$\begin{cases} x\dfrac{\partial u}{\partial x}-y\dfrac{\partial v}{\partial x}=-u, \\ y\dfrac{\partial u}{\partial x}+x\dfrac{\partial v}{\partial x}=-v. \end{cases}$$

在 $J=\begin{vmatrix} x & -y \\ y & x \end{vmatrix}=x^2+y^2\neq 0$ 的条件下,有

$$\dfrac{\partial u}{\partial x}=\dfrac{\begin{vmatrix} -u & -y \\ -v & x \end{vmatrix}}{\begin{vmatrix} x & -y \\ y & x \end{vmatrix}}=-\dfrac{xu+yv}{x^2+y^2}, \quad \dfrac{\partial v}{\partial x}=\dfrac{\begin{vmatrix} x & -u \\ y & -v \end{vmatrix}}{\begin{vmatrix} x & -y \\ y & x \end{vmatrix}}=\dfrac{yu-xv}{x^2+y^2}.$$

将所给方程的两边对 y 求导,用同样方法在 $J=x^2+y^2\neq 0$ 的条件下可得

$$\dfrac{\partial u}{\partial y}=\dfrac{xv-yu}{x^2+y^2}, \quad \dfrac{\partial v}{\partial y}=-\dfrac{xu+yv}{x^2+y^2}.$$

习题 9.5(A)

1. 已知方程 $\sin y+e^x-xy-1=0$ 确定函数为 $y=y(x)$,则 $\dfrac{dy}{dx}\bigg|_{x=0}=$ ( )

(A) -2 (B) -1 (C) 0 (D) 1

2. 已知方程 $x^2+y^2+z^2-4z=0$ 确定函数为 $z=f(x,y)$,则 $\dfrac{\partial z}{\partial x}=$ ( )

(A) $\dfrac{y}{2-z}$ (B) $\dfrac{y}{z-2}$ (C) $\dfrac{x}{2-z}$ (D) $\dfrac{x}{z-2}$

3. 已知函数 $z=f(x,y)$ 由方程 $z^5-xz^4+yz^3=1$ 所确定,则 $\dfrac{\partial^2 z}{\partial x\partial y}\bigg|_{(0,0)}=$ ( )

(A) $\dfrac{2}{25}$ (B) $-\dfrac{2}{25}$ (C) $\dfrac{3}{25}$ (D) $-\dfrac{3}{25}$

4. 设方程 $F(x-y,y-z,z-x)=0$ 确定 z 是 x,y 的函数,F 是可微函数,则 $\dfrac{\partial z}{\partial x}=$ ( )

(A) $-\dfrac{f_1'}{f_3'}$ (B) $\dfrac{f_1'}{f_1'}$ (C) $\dfrac{F_x-F_z}{F_y-F_z}$ (D) $\dfrac{f_1'-f_3'}{f_2'-f_3'}$

5. 若隐函数 $x=x(y,z), y=y(z,x), z=z(x,y)$ 由方程 $F(x,y,z)=0$ 所确定,则下列等式不正确的是 ( )

(A) $\dfrac{\partial x}{\partial y} \cdot \dfrac{\partial y}{\partial x} = 1$ (B) $\dfrac{\partial x}{\partial z} \cdot \dfrac{\partial z}{\partial x} = 1$ (C) $\dfrac{\partial x}{\partial y} \cdot \dfrac{\partial y}{\partial z} \cdot \dfrac{\partial z}{\partial x} = 1$ (D) $\dfrac{\partial x}{\partial y} \cdot \dfrac{\partial y}{\partial z} \cdot \dfrac{\partial z}{\partial x} = -1$

习题 9.5(B)

1. 求由下列方程所确定函数指定的导数或偏导数.

(1) 设 $\sin y + e^x - xy^2 = 0$，求 $\dfrac{dy}{dx}$；

(2) 设 $\ln \sqrt{x^2+y^2} = \arctan \dfrac{y}{x}$，求 $\dfrac{dy}{dx}$；

(3) 设 $x+2y+z-2\sqrt{xyz}=0$，求 $\dfrac{\partial z}{\partial x}$ 及 $\dfrac{\partial z}{\partial y}$；

(4) 设 $\dfrac{x}{z} = \ln \dfrac{z}{y}$，求 $\dfrac{\partial z}{\partial x}$ 及 $\dfrac{\partial z}{\partial y}$；

(5) 设 $xe^y + ye^x - e^{xy} = 0$，求 $\dfrac{dy}{dx}$；

(6) 设 $e^{-xy} - 2z + e^z = 0$，求 $\dfrac{\partial z}{\partial x}, \dfrac{\partial z}{\partial y}, \dfrac{\partial^2 z}{\partial x \partial y}$.

2. 求由下列方程所确定函数指定的导数或偏导数.

(1) 设 $F(xz, yz) = 0$，求 $\dfrac{\partial z}{\partial x}, \dfrac{\partial z}{\partial y}$；

(2) 设 $F(x, x+y, x+y+z) = 0$，求 $\dfrac{\partial z}{\partial x}, \dfrac{\partial z}{\partial y}$；

(3) 设 $F(xy, y+z, xz) = 0$，求 $\dfrac{\partial z}{\partial x}, \dfrac{\partial z}{\partial y}, dz$.

3. 求由下列方程所确定函数的二阶导数或二阶偏导数.

(1) 设 $y \ln y = x + y$，求 $\dfrac{d^2 y}{dx^2}$；   (2) 设 $x^2 + 2xy - y^2 = 1$，求 $\dfrac{d^2 y}{dx^2}$；

(3) 设 $e^z - xyz = 0$，求 $\dfrac{\partial^2 z}{\partial x^2}$；   (4) 设 $z^3 - 3xyz = a^3$，求 $\dfrac{\partial^2 z}{\partial x \partial y}$；

(5) 设 $x + z = e^{y+z}$，求 $\dfrac{\partial^2 z}{\partial x^2}$；   (6) 设 $\dfrac{x}{z} = e^{y+z}$，求 $\dfrac{\partial^2 z}{\partial x \partial y}$.

4. 求由下列方程组所确定的函数的导数或偏导数.

(1) 设 $\begin{cases} z = x^2 + y^2, \\ x^2 + 2y^2 + 3z^2 = 20, \end{cases}$ 求 $\dfrac{dy}{dx}, \dfrac{dz}{dx}$；

(2) 设 $\begin{cases} x + y + z = 0, \\ x^2 + y^2 + z^2 = 1, \end{cases}$ 求 $\dfrac{dx}{dz}, \dfrac{dy}{dz}$；

(3) 设 $\begin{cases} x = e^u + u\sin v, \\ y = e^u - u\cos v, \end{cases}$ 求 $\dfrac{\partial u}{\partial x}, \dfrac{\partial u}{\partial y}, \dfrac{\partial v}{\partial x}, \dfrac{\partial v}{\partial y}$.

5. 设 $2\sin(x+y-3z) = x+2y-3z$,验证 $\dfrac{\partial z}{\partial x} + \dfrac{\partial z}{\partial y} = 1$.

6. 设 $\varphi(u,v)$ 具有连续偏导数,证明由方程 $\varphi(cx-az, cy-bz)=0$ 所确定的函数 $z=f(x,y)$ 满足 $a\dfrac{\partial z}{\partial x} + b\dfrac{\partial z}{\partial y} = c$.

7. 设 $z=z(x,y)$ 由方程 $x^2+y^2+z^2 = yf\left(\dfrac{z}{y}\right)$ 确定,其中 f 可微,证明

$$(x^2-y^2-z^2)\dfrac{\partial z}{\partial x} + 2xy\dfrac{\partial z}{\partial y} = 2xz.$$

8. 函数 $z=z(x,y)$ 由方程 $F(x, x+y+z, z+xy)=1$ 所确定,其中 F 具有连续一阶偏导数, $F_2+F_3 \neq 0$,求 $\dfrac{\partial z}{\partial x}$ 和 $\dfrac{\partial z}{\partial y}$.

9.6 多元函数微分学的几何应用

知识衔接

函数 $y=f(x)$ 在 x_0 处可导,则在点 $(x_0, f(x_0))$ 处的切线方程为_____.

函数 $y=f(x)$ 在 x_0 处可导且 $f'(x_0) \neq 0$,则在点 $(x_0, f(x_0))$ 处的法线方程为_____.

空间曲线的方程有_____.

作为多元函数微分法的几何应用,本节主要研究如何建立空间曲线的切线方程和法平面方程、曲面的切平面与法线方程.

9.6.1 空间曲线的切线与法平面

求解空间曲线的切线方程关键要求其方向向量,切线的方向向量称为切向量.根据曲线的方程不同,以下分两种情况来讨论.

情形 I 设空间曲线 Γ 的参数方程为
$$x=\varphi(t), y=\psi(t), z=\omega(t),$$
这里三个函数关于 t 都可导.

在曲线 Γ 上取对应于 $t=t_0$ 的一点 $M(x_0, y_0, z_0)$ 及对应于 $t=t_0+\Delta t$ 的邻近一点 $M'(x_0+\Delta x, y_0+\Delta y, z_0+\Delta z)$.根据解析几何,曲线的割线 MM'(图 9-9)的方程是

$$\frac{x-x_0}{\Delta x} = \frac{y-y_0}{\Delta y} = \frac{z-z_0}{\Delta z},$$

分母同时除以 Δt 得

$$\frac{x-x_0}{\dfrac{\Delta x}{\Delta t}} = \frac{y-y_0}{\dfrac{\Delta y}{\Delta t}} = \frac{z-z_0}{\dfrac{\Delta z}{\Delta t}},$$

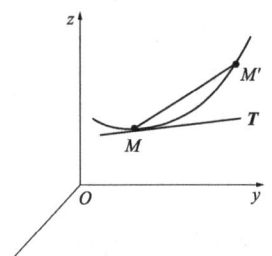

图 9-9

令 $M' \to M$,这时 $\Delta t \to 0$,通过对上式取极限,即得曲线 Γ 在 $M(x_0, y_0, z_0)$ 处的切线方程为

$$\frac{x-x_0}{\varphi'(t_0)} = \frac{y-y_0}{\psi'(t_0)} = \frac{z-z_0}{\omega'(t_0)}. \tag{9.7}$$

切线的方向向量称为曲线的切向量. 向量

$$\boldsymbol{T} = (\varphi'(t_0), \psi'(t_0), \omega'(t_0))$$

就是曲线 Γ 在点 M 处的一个切向量.

通过点 M 而与切线垂直的平面称为曲线在点 M 处的法平面,它是通过点 $M(x_0, y_0, z_0)$ 而以 $\boldsymbol{T}$ 为法向量的平面,因此该法平面的方程为

$$\varphi'(t_0)(x-x_0) + \psi'(t_0)(y-y_0) + \omega'(t_0)(z-z_0) = 0. \tag{9.8}$$

例 9.34 求曲线 $x=2t+1, y=t^2-1, z=t^3$ 在点 $(3,0,1)$ 处的切线及法平面方程.

解 因为 $x_t'=2, y_t'=2t, z_t'=3t^2$,而点 $(3,0,1)$ 所对应的参数 $t=1$,所以

$$\boldsymbol{T} = (2,2,3),$$

于是切线方程为

$$\frac{x-3}{2} = \frac{y}{2} = \frac{z-1}{3};$$

法平面方程为

$$2(x-3) + 2y + 3(z-1) = 0,$$

即

$$2x + 2y + 3z - 9 = 0.$$

例 9.35 求螺旋线 $x=a\cos\theta, y=a\sin\theta, z=b\theta$ 在点 $(a,0,0)$ 处的切线及法平面方程.

解 因为 $x_\theta' = -a\sin\theta, y_\theta' = a\cos\theta, z_\theta' = b$,而点 $(a,0,0)$ 对应的参数 $\theta=0$,所以

$$\boldsymbol{T} = (0, a, b),$$

于是切线方程为

$$\frac{x-a}{0} = \frac{y}{a} = \frac{z}{b};$$

法平面方程为

$$0 \cdot (x-a) + ay + bz = 0,$$

即

$$ay + bz = 0.$$

情形 Ⅱ 设空间曲线的一般式方程为

$$\begin{cases} F(x,y,z)=0, \\ G(x,y,z)=0, \end{cases} \tag{9.9}$$

若 F,G 具有对各个变量的连续的一阶偏导数,$M(x_0,y_0,z_0)$ 是曲线上的点,且

$$\left.\frac{\partial(F,G)}{\partial(y,z)}\right|_{(x_0,y_0,z_0)} \neq 0,$$

这时方程组在点 $M(x_0,y_0,z_0)$ 的某一邻域内确定了一组函数 $y=\varphi(x),z=\psi(x)$.

空间曲线的一般式方程可化参数式为

$$\begin{cases} x=x, \\ y=\varphi(x), \\ z=\psi(x), \end{cases}$$

这里 x 为参数.

由情形 I 可知,曲线在 $M(x_0,y_0,z_0)$ 的切向量为

$$\boldsymbol{T}=(1,\varphi'(x_0),\psi'(x_0)),$$

则曲线在点 $M(x_0,y_0,z_0)$ 处的切线方程为

$$\frac{x-x_0}{1}=\frac{y-y_0}{\varphi'(x_0)}=\frac{z-z_0}{\psi'(x_0)},$$

在点 $M(x_0,y_0,z_0)$ 处的法平面方程为

$$(x-x_0)+\varphi'(x_0)(y-y_0)+\psi'(x_0)(z-z_0)=0.$$

注:若对方程组(9.9)两边分别对 x 求全导数,得

$$\begin{cases} \dfrac{\partial F}{\partial x}+\dfrac{\partial F}{\partial y}\dfrac{\mathrm{d}y}{\mathrm{d}x}+\dfrac{\partial F}{\partial z}\dfrac{\mathrm{d}z}{\mathrm{d}x}=0, \\ \dfrac{\partial G}{\partial x}+\dfrac{\partial G}{\partial y}\dfrac{\mathrm{d}y}{\mathrm{d}x}+\dfrac{\partial G}{\partial z}\dfrac{\mathrm{d}z}{\mathrm{d}x}=0, \end{cases}$$

解得

$$\frac{\mathrm{d}y}{\mathrm{d}x}=\frac{\begin{vmatrix} F_z & F_x \\ G_z & G_x \end{vmatrix}}{\begin{vmatrix} F_y & F_z \\ G_y & G_z \end{vmatrix}}, \quad \frac{\mathrm{d}z}{\mathrm{d}x}=\frac{\begin{vmatrix} F_x & F_y \\ G_x & G_y \end{vmatrix}}{\begin{vmatrix} F_y & F_z \\ G_y & G_z \end{vmatrix}}.$$

于是情形 II 中空间曲线 Γ 在点 $M(x_0,y_0,z_0)$ 的法向量为

$$\boldsymbol{T}_M=\left(\left.\begin{vmatrix} F_y & F_z \\ G_y & G_z \end{vmatrix}\right|_M, \left.\begin{vmatrix} F_z & F_x \\ G_z & G_x \end{vmatrix}\right|_M, \left.\begin{vmatrix} F_x & F_y \\ G_x & G_y \end{vmatrix}\right|_M\right),$$

由此可写出曲线 Γ 在点 $M(x_0,y_0,z_0)$ 处的切线方程为

$$\frac{x-x_0}{\left.\begin{vmatrix} F_y & F_z \\ G_y & G_z \end{vmatrix}\right|_M}=\frac{y-y_0}{\left.\begin{vmatrix} F_z & F_x \\ G_z & G_x \end{vmatrix}\right|_M}=\frac{z-z_0}{\left.\begin{vmatrix} F_x & F_y \\ G_x & G_y \end{vmatrix}\right|_M}, \tag{9.10}$$

曲线 Γ 在点 $M(x_0,y_0,z_0)$ 处的法平面方程为

$$\left|\begin{matrix}F_y & F_z \\ G_y & G_z\end{matrix}\right|_M (x-x_0) + \left|\begin{matrix}F_z & F_x \\ G_z & G_x\end{matrix}\right|_M (y-y_0) + \left|\begin{matrix}F_x & F_y \\ G_x & G_y\end{matrix}\right|_M (z-z_0) = 0. \qquad (9.11)$$

如果 $\left.\dfrac{\partial(F,G)}{\partial(y,z)}\right|_M = 0$, 而 $\left.\dfrac{\partial(F,G)}{\partial(z,x)}\right|_M$, $\left.\dfrac{\partial(F,G)}{\partial(x,y)}\right|_M$ 中至少有一个不等于零, 我们可得同样的结果.

例 9.36 求曲线 $\begin{cases} x^2 + 2y^2 + z^2 = 7, \\ x + y - z = 2 \end{cases}$ 在点 $(2,1,1)$ 处的切线及法平面方程.

解 方程组两边对 x 求导并移项得
$$\begin{cases} 2y\dfrac{dy}{dx} + z\dfrac{dz}{dx} = -x, \\ \dfrac{dy}{dx} - \dfrac{dz}{dx} = -1, \end{cases}$$

由此得
$$\dfrac{dy}{dx} = \dfrac{\left|\begin{matrix}-x & z \\ -1 & -1\end{matrix}\right|}{\left|\begin{matrix}2y & z \\ 1 & -1\end{matrix}\right|} = -\dfrac{x+z}{2y+z}, \quad \dfrac{dz}{dx} = \dfrac{\left|\begin{matrix}2y & -x \\ 1 & -1\end{matrix}\right|}{\left|\begin{matrix}2y & z \\ 1 & -1\end{matrix}\right|} = \dfrac{2y-x}{2y+z}$$

及
$$\left.\dfrac{dy}{dx}\right|_{(2,1,1)} = -1, \quad \left.\dfrac{dz}{dx}\right|_{(2,1,1)} = 0,$$

从而
$$\boldsymbol{T} = (1, -1, 0),$$

故所求切线方程为
$$\dfrac{x-2}{1} = \dfrac{y-1}{-1} = \dfrac{z-1}{0};$$

法平面方程为
$$(x-2) - (y-1) + 0 \times (z-1) = 0,$$

即
$$x - y - 1 = 0.$$

注: 可用公式 (9.10) 及 (9.11) 直接计算该题.

9.6.2 空间曲面的切平面与法线

过曲面 Σ 上一点 $M(x_0, y_0, z_0)$ 与曲面相切的平面称为曲面 Σ 的切平面. 要想求此切平面方程关键是求切平面的法向量, 以下分两种情况来讨论.

情形 I 设曲面 Σ 的一般式方程为
$$F(x, y, z) = 0,$$
点 $M(x_0, y_0, z_0)$ 是曲面 Σ 上的一点, 并设函数 $F(x, y, z)$ 的偏导数在该点连续且不同时为零. 在曲面 Σ 上通过点 M 任意引一条曲线 Γ,

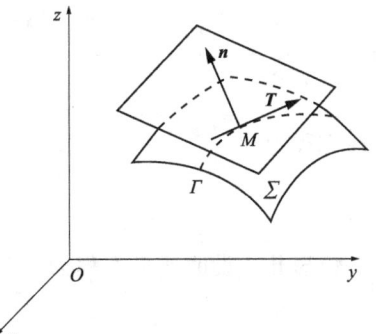

图 9-10

如图 9-10 所示. 假定曲线 Γ 的参数方程为
$$x=\varphi(t), y=\psi(t), z=\omega(t),$$
若 $t=t_0$ 对应于点 $M(x_0,y_0,z_0)$ 且 $\varphi'(t_0),\psi'(t_0),\omega'(t_0)$ 不全为零, 则曲线 Γ 的切向量为
$$\boldsymbol{T}=(\varphi'(t_0),\psi'(t_0),\omega'(t_0)).$$

现在要证明: 在曲面 Σ 上通过点 M 的任何曲线在点 M 处具有切线, 且它们在点 M 处的切线都在同一个平面上. 事实上, 因为曲线 Γ 在曲面 Σ 上, 所以有
$$F[\varphi(t),\psi(t),\omega(t)]\equiv 0.$$
又因 $F(x,y,z)$ 在点 (x_0,y_0,z_0) 处有连续偏导数, 且 $\varphi'(t_0),\psi'(t_0)$ 和 $\omega'(t_0)$ 存在, 所以上述恒等式左边的复合函数在 $t=t_0$ 时有全导数, 且
$$\frac{\mathrm{d}}{\mathrm{d}t}F[\varphi(t),\psi(t),\omega(t)]\bigg|_{t=t_0}=0.$$
由复合函数求导法则得
$$F_x(x_0,y_0,z_0)\varphi'(t_0)+F_y(x_0,y_0,z_0)\psi'(t_0)+F_z(x_0,y_0,z_0)\omega'(t_0)=0,$$
即
$$(F_x(x_0,y_0,z_0),F_y(x_0,y_0,z_0),F_z(x_0,y_0,z_0))\cdot(\varphi'(t_0),\psi'(t_0),\omega'(t_0))=0.$$
引入向量 $\boldsymbol{n}=(F_x(x_0,y_0,z_0),F_y(x_0,y_0,z_0),F_z(x_0,y_0,z_0))$, 上式表明: 向量 $\boldsymbol{n}$ 在点 M 处与曲线 Γ 在该点的切向量 $\boldsymbol{T}$ 垂直. 因此, 曲面 Σ 上过点 M 的一切光滑曲线在该点的切线都在同一个平面上, 我们称该平面为曲面 Σ 在点 M 处的**切平面**, 向量 $\boldsymbol{n}$ 称为该切平面的**法向量**, 切平面的方程为
$$F_x(x_0,y_0,z_0)(x-x_0)+F_y(x_0,y_0,z_0)(y-y_0)+F_z(x_0,y_0,z_0)(z-z_0).$$
通过点 $M(x_0,y_0,z_0)$ 且垂直于切平面的直线称为曲面在该点的**法线**, 法线方程为
$$\frac{x-x_0}{F_x(x_0,y_0,z_0)}=\frac{y-y_0}{F_y(x_0,y_0,z_0)}=\frac{z-z_0}{F_z(x_0,y_0,z_0)}.$$

例 9.37 求曲面 $e^z-z+xy=3$ 在点 $(2,1,0)$ 处的切平面及法线方程.

解 设 $F(x,y,z)=e^z-z+xy-3$, 则法向量为
$$\boldsymbol{n}=(F_x,F_y,F_z)=(y,x,e^z-1),\quad \boldsymbol{n}|_{(2,1,0)}=(1,2,0),$$
切平面方程为
$$(x-2)+2(y-1)+0(z-0)=0,$$
即
$$x+2y-4=0;$$
法线方程为
$$\frac{x-2}{1}=\frac{y-1}{2}=\frac{z}{0}.$$

情形 II 设曲面 Σ 方程为
$$z=f(x,y),$$
该方程可化为 $f(x,y)-z=0$, 由情形 I 可知, 当函数 $f(x,y)$ 的偏导数 $f_x(x,y),f_y(x,y)$ 在点 (x_0,y_0) 连续时, 曲面 $z=f(x,y)$ 在点 $M(x_0,y_0,z_0)$ 处的法向量为 $\boldsymbol{n}=(F_x(x_0,y_0),F_y(x_0,y_0),F_z(x_0,y_0))$, 其中 $F(x,y,z)=f(x,y)-z$, 则

$$F_x(x,y,z)=f_x(x,y), F_y(x,y,z)=f_y(x,y), F_z(x,y,z)=-1.$$

曲面 $z=f(x,y)$ 在点 $M(x_0,y_0,z_0)$ 处的法向量为

$$\boldsymbol{n}=(f(x_0,y_0),f(x_0,y_0),-1) \text{ 或 } \boldsymbol{n}=(-f(x_0,y_0),-f(x_0,y_0),1),$$

切平面方程为

$$f_x(x_0,y_0)(x-x_0)+f_y(x_0,y_0)(y-y_0)-(z-z_0)=0,$$

法线方程为

$$\frac{x-x_0}{f_x(x_0,y_0)}=\frac{y-y_0}{f_y(x_0,y_0)}=\frac{z-z_0}{-1}.$$

若用 α,β,γ 表示曲面的法向量的方向角,并假定法向量的方向是向上的,即它与 z 轴的正向所成的角 γ 是一锐角,则法向量的方向余弦为

$$\cos\alpha=\frac{-f_x}{\sqrt{1+f_x^2+f_y^2}}, \cos\beta=\frac{-f_y}{\sqrt{1+f_x^2+f_y^2}}, \cos\gamma=\frac{1}{\sqrt{1+f_x^2+f_y^2}},$$

这里把 $f_x(x_0,y_0),f_y(x_0,y_0)$ 分别简记为 f_x,f_y.

例 9.38 求旋转抛物面 $z=x^2+y^2-1$ 在点 $(2,1,4)$ 处的切平面及法线方程.

解 设 $F(x,y,z)=x^2+y^2-1-z$,则法向量为

$$\boldsymbol{n}=(f_x,f_y,-1)=(2x,2y,-1), \quad \boldsymbol{n}|_{(2,1,4)}=(4,2,-1),$$

所以在点 $(2,1,4)$ 处的切平面方程为

$$4(x-2)+2(y-1)-(z-4)=0,$$

即

$$4x+2y-z-6=0;$$

法线方程为

$$\frac{x-2}{4}=\frac{y-1}{2}=\frac{z-4}{-1}.$$

例 9.39 在曲面 $z=xy$ 上找一点,使曲面上该点的法线垂直于平面 $x+3y+z+9=0$,并写出曲面在该点处的切平面及法线方程.

解 设 $F(x,y,z)=xy-z$,切点为 (x_0,y_0,z_0),则

$$\boldsymbol{n}=(f_x,f_y,-1)=(y,x,-1), \quad \boldsymbol{n}|_{(x_0,y_0,z_0)}=(y_0,x_0,-1).$$

平面 $x+3y+z+9=0$ 的法向量 $\boldsymbol{n}_1=(1,3,1)$ 与 $\boldsymbol{n}$ 平行,则

$$\frac{y_0}{1}=\frac{x_0}{3}=\frac{-1}{1},$$

解得 $x_0=-3,y_0=-1,z_0=x_0y_0=3$,所求法向量

$$\boldsymbol{n}=(-1,-3,-1),$$

切平面方程为

$$(x+3)+3(y+1)+(z-3)=0,$$

即

$$x+3y+z+3=0;$$

法线方程为

$$\frac{x+3}{1} = \frac{y+1}{3} = \frac{z-3}{1}.$$

情形Ⅲ 若曲面 Σ 的方程为参数形式 $\begin{cases} x = x(u,v), \\ y = y(u,v), \\ z = z(u,v), \end{cases}$ 则可仿照以上研究方法,首先得到曲面 Σ 在点 $M(x_0, y_0, z_0)$ 处的法向量 $\boldsymbol{n} = \left(\left.\frac{\partial(y,z)}{\partial(u,v)}\right|_{(u_0,v_0)}, \left.\frac{\partial(z,x)}{\partial(u,v)}\right|_{(u_0,v_0)}, \left.\frac{\partial(x,y)}{\partial(u,v)}\right|_{(u_0,v_0)} \right)$, 进而给出其切平面方程与法线方程.

习题 9.6(A)

1. 在曲线 $x=t, y=-t^2, z=t^3$ 的所有切线中,与平面 $x+2y+z=4$ 平行的切线 ( )
   (A)只有一条 (B)只有两条 (C)至少有三条 (D)不存在

2. 曲面 $z=x+f(y-z)$ 的任一点处的切平面 ( )
   (A)垂直于一定直线 (B)平行于一定平面
   (C)与一定坐标面成定角 (D)平行于一定直线

3. 曲面 $x^2-2y^2+z^2-xyz-4x+2z=6$ 在点 $A(0,1,2)$ 处的切平面方程为 ( )
   (A) $3(x-1)+2(y-2)-3z+11=0$ (B) $3x+2y-3z=4$
   (C) $\frac{x}{3}+\frac{y-1}{2}+\frac{z-2}{-3}=0$ (D) $\frac{x}{3}=\frac{y-1}{2}=\frac{z-2}{-3}$

4. 设函数 $F(x,y,z)$ 可微, 曲面 $F(x,y,z)=0$ 过点 $M(2,-1,0)$, 且 $F_x(2,-1,0)=5$, $F_y(2,-1,0)=-\sqrt{2}, F_z(2,-1,0)=-3$. 过点 M 作曲面的一个法向量 $\boldsymbol{n}$ 与 x 轴正向的夹角为钝角,则 $\boldsymbol{n}$ 与 z 轴正向的夹角 $\gamma=$ ( )
   (A) $\frac{\pi}{6}$ (B) $\frac{\pi}{4}$ (C) $\frac{\pi}{3}$ (D) $\frac{\pi}{2}$

5. 设函数 $f(x,y)$ 在点 $(0,0)$ 附近有定义,且 $f_x(0,0)=3, f_y(0,0)=1$, 则 ( )
   (A) $\mathrm{d}z(0,0) = 3\mathrm{d}x+\mathrm{d}y$
   (B) 曲面 $z=f(x,y)$ 在点 $(0,0,f(0,0))$ 的法向量为 $(3,1,1)$
   (C) 曲线 $\begin{cases} z=f(x,y), \\ y=0 \end{cases}$ 在点 $(0,0,f(0,0))$ 的切向量为 $(1,0,3)$
   (D) 曲线 $\begin{cases} z=f(x,y), \\ y=0 \end{cases}$ 在点 $(0,0,f(0,0))$ 的切向量为 $(3,0,1)$

习题 9.6(B)

1. 设曲线 $x=2t+1, y=3t^2-1, z=t^3+2$ 在 $t=-1$ 对应点处的法平面为 S，求点 $P(-2,4,1)$ 到 S 的距离.

2. 求曲线 $x=t^3, y=2t^2, z=3t$ 上的点，使曲线在该点处的切线平行于平面 $x+2y-z=1$.

3. 求曲线 $y^2=2x, z^2=1-x$ 在点 (x_0, y_0, z_0) 处的切线和法平面方程.

4. 求曲线 $x=t-\sin t, y=1-\cos t, z=4\sin\dfrac{t}{2}$ 在与 $t_0=\dfrac{\pi}{2}$ 相应的点处的切线及法平面方程.

5. 求曲线 $C: xy+yz+zx=11, xyz=6$ 在点 $M_0=(1,2,3)$ 处的切线及法平面方程.

6. 求曲线 $\begin{cases} x^2+y^2+z^2-3x=0, \\ 2x-3y+5z-4=0 \end{cases}$ 在点 $(1,1,1)$ 处的切线及法平面方程.

7. 求曲线 $\begin{cases} x^2+y^2+z^2=6, \\ z=x^2+y^2 \end{cases}$ 在点 $(1,1,2)$ 处的切线方程.

8. 设 $f(y,z), g(z)$ 都是可微函数，求曲线 $\begin{cases} x=f(y,z), \\ y=g(z) \end{cases}$ 在对应于点 $z=z_0$ 处的切线及法平面方程.

9. 求曲面 $2x^2+3y^2+z^2=9$ 在 $(1,-1,2)$ 处的切平面及法线方程.

10. 求曲面 $4x^2+y^2+4z^2=16$ 在点 $P=(1, 2\sqrt{2}, -1)$ 处的法线在 yOz 平面上的投影方程.

11. 求曲面 $z=\dfrac{6}{xy}$ 上平行于平面 $6x-3y-2z+6=0$ 的切平面方程.

12. 过直线 $\begin{cases} 10x+2y-2z=27, \\ x+y-z=0 \end{cases}$ 作曲面 $3x^2+y^2-z^2=27$ 的切平面，求其方程.

13. 求旋转椭球面 $3x^2+y^2+z^2=16$ 上点 $(-1,-2,3)$ 处的切平面与 xOy 面的夹角的余弦.

14. 证明曲面 $F\left(\dfrac{x-a}{z-c}, \dfrac{y-b}{z-c}\right)=0$ 的所有切平面都通过一个定点，这里 $F(u,v)$ 具有一阶连续偏导数.

15. 证明曲面 $x^{\frac{2}{3}}+y^{\frac{2}{3}}+z^{\frac{2}{3}}=a^{\frac{2}{3}}$ $(a>0)$ 上任意一点处的切平面在三个坐标轴上的截距的平方和为 a^2.

16. 试证明曲面 $xyz=a^3$ 上任一点处的切平面在三个坐标轴上截距之积为定值.

9.7 方向导数与梯度

知识衔接

设函数 $z=f(x,y)$ 在点 (x_0,y_0) 处对 x 的偏导数存在,则 $\dfrac{\partial z}{\partial x}\bigg|_{(x_0,y_0)}=$ _____.

设函数 $z=f(x,y)$ 在点 (x_0,y_0) 处对 y 的偏导数存在,则 $\dfrac{\partial z}{\partial y}\bigg|_{(x_0,y_0)}=$ _____.

函数 $z=f(x,y)$ 在点 (x,y) 处偏导数存在是函数 $z=f(x,y)$ 在点 (x,y) 处可微分的 _____ 条件.

9.7.1 方向导数

在许多科学技术问题中,都需要研究函数的变化率问题. 偏导数反映函数沿着坐标轴方向的变化率,而有时还需要知道函数在某一定点处沿某一方向的变化率问题. 例如,在气象学中,为了预报在某地的风速和风向,就要研究气压在该地区沿不同方向升降的速度;在电学中,需要知道电场中某点的电位沿什么方向变化最快,以得到最大变化率. 学习、解决这些问题,就需要讨论多元函数的方向导数.

我们来讨论函数在一点 P 沿某一方向的变化率问题.

设 l 是 xOy 平面上以 $P_0(x_0,y_0)$ 为始点的一条射线, x 轴正向到方向 l 的转角为 α, $P(x_0+\Delta x, y_0+\Delta y)$ 为射线 l 上另一点,如图 9-11 所示.

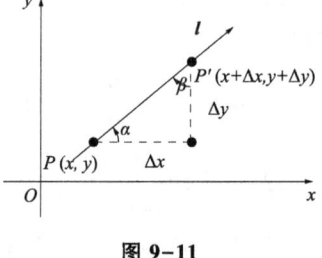

图 9-11

定义 9.7 设函数 $z=f(x,y)$ 在点 $P_0(x_0,y_0)$ 的某一邻域 $U(P_0)$ 内有定义,当邻域 $U(P_0)$ 内一点 P 沿着 l 趋于点 P_0 时,若函数值的增量 $f(x_0+\Delta x, y_0+\Delta y)-f(x_0,y_0)$ 与 P, P_0 两点间的距离 $|PP_0|=\sqrt{(\Delta x)^2+(\Delta y)^2}=\rho$ 之比的极限,即

$$\lim_{\rho\to 0^+}\frac{f(x_0+\Delta x, y_0+\Delta y)-f(x_0,y_0)}{\rho}$$

存在,则称此极限为函数 $z=f(x,y)$ 在点 $P_0(x_0,y_0)$ 沿方向 l 的**方向导数**,记作 $\dfrac{\partial f}{\partial l}\bigg|_{(x_0,y_0)}$.

从定义可知,当函数 $f(x,y)$ 在点 $P(x,y)$ 的偏导数 f_x, f_y 存在时,函数在点 P 沿着 x 轴正向 $\boldsymbol{e}_1=(1,0)$, y 轴正向 $\boldsymbol{e}_2=(0,1)$ 的方向导数存在,且其值依次为 f_x, f_y. 这是因为

$$\frac{\partial f}{\partial l}=\lim_{\Delta x\to 0^+}\frac{f(x+\Delta x, y)-f(x,y)}{\Delta x}=f_x(x,y),$$

$$\frac{\partial f}{\partial l} = \lim_{\Delta y \to 0^+} \frac{f(x, y+\Delta y) - f(x,y)}{\Delta y} = f_y(x,y).$$

同理,函数 $f(x,y)$ 在点 P 沿 x 轴负向 $e_3=(-1,0)$, y 轴负向 $e_4=(0,-1)$ 的方向导数也存在,且其值依次为 $-f_x$, $-f_y$.

这里要注意的是,方向导数是右极限,方向导数存在,并不能保证 $f(x,y)$ 在点 $P(x,y)$ 的偏导数 f_x, f_y 存在;反之,当函数 $f(x,y)$ 在点 $P(x,y)$ 的偏导数 f_x, f_y 存在时,只能说明函数在 x,y 轴方向的方向导数存在,至于其他方向的方向导数并不一定存在.

例如,函数 $z=\sqrt{x^2+y^2}$ 在点 $(0,0)$ 处沿 $e=(1,0)$ 方向的方向导数

$$\left.\frac{\partial z}{\partial l}\right|_{(0,0)} = \lim_{\Delta x \to 0^+} \frac{f(\Delta x,0)-f(0,0)}{\Delta x} = \lim_{\Delta x \to 0^+} \frac{|\Delta x|}{\Delta x} = 1,$$

而该点处

$$\left.\frac{\partial z}{\partial x}\right|_{(0,0)} = \lim_{\Delta x \to 0} \frac{f(\Delta x,0)-f(0,0)}{\Delta x} = \lim_{\Delta x \to 0} \frac{|\Delta x|}{\Delta x},$$

左、右极限不相等,从而偏导数 $\left.\dfrac{\partial z}{\partial x}\right|_{(0,0)}$ 不存在.

利用定义求解方向导数比较烦琐,关于方向导数的存在及计算,我们有以下定理.

定理 9.10 如果函数 $z=f(x,y)$ 在点 $P(x,y)$ 是可微分的,那么函数在该点沿任一方向 l 的方向导数都存在,其中 $\cos\alpha$, $\cos\beta$ 为方向 l 的方向余弦,且

$$\frac{\partial f}{\partial l} = \frac{\partial f}{\partial x}\cos\alpha + \frac{\partial f}{\partial y}\cos\beta.$$

证 函数 $z=f(x,y)$ 在点 $P(x,y)$ 可微分,则函数的增量 Δz 可以表达为

$$f(x+\Delta x, y+\Delta y) - f(x,y) = \frac{\partial f}{\partial x}\Delta x + \frac{\partial f}{\partial y}\Delta y + o(\rho),$$

两边各除以 ρ 得到

$$\frac{f(x+\Delta x, y+\Delta y) - f(x,y)}{\rho} = \frac{\partial f}{\partial x}\frac{\Delta x}{\rho} + \frac{\partial f}{\partial y}\frac{\Delta y}{\rho} + \frac{o(\rho)}{\rho} = \frac{\partial f}{\partial x}\cos\alpha + \frac{\partial f}{\partial y}\cos\beta + \frac{o(\rho)}{\rho},$$

两边取极限得

$$\frac{\partial f}{\partial l} = \lim_{\rho \to 0^+} \frac{f(x+\Delta x, y+\Delta y)-f(x,y)}{\rho} = \frac{\partial f}{\partial x}\cos\alpha + \frac{\partial f}{\partial y}\cos\beta.$$

得证.

例 9.40 求函数 $z=x^2 y$ 在点 $P(1,1)$ 处沿从点 $P(1,1)$ 到点 $Q(4,-3)$ 方向的方向导数.

解 这里方向 l 为向量 $\overrightarrow{PQ}=(3,-4)$ 的方向,因此方向余弦 $\cos\alpha=\dfrac{3}{5}$, $\cos\beta=-\dfrac{4}{5}$.

由于

$$\frac{\partial z}{\partial x} = 2xy, \frac{\partial z}{\partial y} = x^2, \left.\frac{\partial z}{\partial x}\right|_{(1,1)} = 2, \left.\frac{\partial z}{\partial y}\right|_{(1,1)} = 1,$$

故所求方向导数

$$\left.\frac{\partial z}{\partial l}\right|_{(1,1)} = \left.\frac{\partial f}{\partial x}\right|_{(1,1)}\cos\alpha + \left.\frac{\partial f}{\partial y}\right|_{(1,1)}\cos\beta = 2\cdot\frac{3}{5} + 1\cdot\left(-\frac{4}{5}\right) = \frac{2}{5}.$$

例 9.41 设由原点到点 (x,y) 的向径为 r,x 轴到 r 的转角为 $\theta,r=\sqrt{x^2+y^2}\ (r\neq 0),x$ 轴到射线 l 的转角为 φ,求 $\dfrac{\partial r}{\partial l}$(图 9-12).

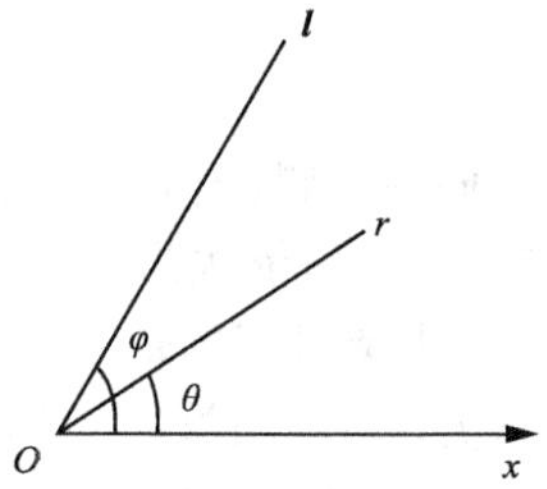

解 因为

$$\frac{\partial r}{\partial x}=\frac{x}{\sqrt{x^2+y^2}}=\frac{x}{r}=\cos\theta,\quad \frac{\partial r}{\partial y}=\frac{y}{\sqrt{x^2+y^2}}=\frac{y}{r}=\sin\theta,$$

射线 l 的方向余弦为

$$\cos\varphi,\cos\left(\frac{\pi}{2}-\varphi\right)=\sin\varphi,$$

所以方向导数

$$\frac{\partial r}{\partial l}=\cos\theta\cos\varphi+\sin\theta\sin\varphi=\cos(\theta-\varphi).$$

图 9-12

对于 n 元函数来说,同样可以定义它的方向导数. 下面给出三元函数方向导数的定义.

$$\frac{\partial f}{\partial l}=\lim_{\rho\to 0^+}\frac{f(x+\Delta x,y+\Delta y,z+\Delta z)-f(x,y,z)}{\rho},$$

其中 $\rho=\sqrt{(\Delta x)^2+(\Delta y)^2+(\Delta z)^2}$.

同样可以证明,如果函数在点 $P(x,y,z)$ 处可微分,那么函数在该点处沿着方向 l 的方向导数为 $\dfrac{\partial f}{\partial l}=\dfrac{\partial f}{\partial x}\cos\alpha+\dfrac{\partial f}{\partial y}\cos\beta+\dfrac{\partial f}{\partial z}\cos\gamma$,其中 $\cos\alpha,\cos\beta,\cos\gamma$ 为射线 l 的方向余弦.

类似地,方向导数的定义可以推广到 n 元函数.

例 9.42 求函数 $u=xy^2+z^3-xyz$ 在点 $P(1,1,2)$ 处沿方向角为 $\alpha=\dfrac{\pi}{3},\beta=\dfrac{\pi}{4},\gamma=\dfrac{\pi}{3}$ 的方向的方向导数.

解 方向余弦

$$\cos\alpha=\frac{1}{2},\cos\beta=\frac{\sqrt{2}}{2},\cos\gamma=\frac{1}{2}.$$

因为

$$\frac{\partial u}{\partial x}=y^2-yz,\frac{\partial u}{\partial y}=2xy-xz,\frac{\partial u}{\partial z}=3z^2-xy,$$

代入点 $(1,1,2)$ 得

$$\left.\frac{\partial u}{\partial x}\right|_{(1,1,2)}=-1,\left.\frac{\partial u}{\partial y}\right|_{(1,1,2)}=0,\left.\frac{\partial z}{\partial y}\right|_{(1,1,2)}=11,$$

故所求方向导数

$$\left.\frac{\partial u}{\partial l}\right|_{(1,1,2)}=\left.\frac{\partial u}{\partial x}\right|_{(1,1,2)}\cos\alpha+\left.\frac{\partial u}{\partial y}\right|_{(1,1,2)}\cos\beta+\left.\frac{\partial u}{\partial z}\right|_{(1,1,2)}\cos\beta=5.$$

9.7.2 梯度

与方向导数有关联的一个概念是函数的梯度.

定义 9.8 设函数 $z=f(x,y)$ 在平面区域 D 内具有一阶连续偏导数,则对于每一点

$(x,y) \in D$ 都可给出一个向量

$$\frac{\partial f}{\partial x}\boldsymbol{i} + \frac{\partial f}{\partial y}\boldsymbol{j},$$

该向量称为函数 $z=f(x,y)$ 在点 $P(x,y)$ 的**梯度**,记作 **grad**$f(x,y)$ 或 $\nabla f(x,y)$,即

$$\mathbf{grad}f(x,y) = \frac{\partial f}{\partial x}\boldsymbol{i} + \frac{\partial f}{\partial y}\boldsymbol{j} = \left(\frac{\partial f}{\partial x}, \frac{\partial f}{\partial y}\right).$$

例 9.43 求梯度 $\mathbf{grad}\dfrac{1}{x^2+y^2}$.

解 这里 $f(x,y) = \dfrac{1}{x^2+y^2}$. 因为

$$\frac{\partial f}{\partial x} = -\frac{2x}{(x^2+y^2)^2}, \frac{\partial f}{\partial y} = -\frac{2y}{(x^2+y^2)^2},$$

所以

$$\mathbf{grad}\frac{1}{x^2+y^2} = -\frac{2x}{(x^2+y^2)^2}\boldsymbol{i} - \frac{2y}{(x^2+y^2)^2}\boldsymbol{j}.$$

上面所说的梯度概念,可以类似地推广到三元以上函数的情形. 设函数 $u=f(x,y,z)$ 在空间区域 G 内具有一阶连续偏导数,则对于每一点 $P(x,y,z) \in G$ 都可给出一个向量

$$\frac{\partial f}{\partial x}\boldsymbol{i} + \frac{\partial f}{\partial y}\boldsymbol{j} + \frac{\partial f}{\partial z}\boldsymbol{k},$$

该向量称为函数 $u=f(x,y,z)$ 在点 $P(x,y,z)$ 的梯度,记作 **grad**$f(x,y,z)$ 或 $\nabla f(x,y,z)$,即

$$\mathbf{grad}f(x,y,z) = \frac{\partial f}{\partial x}\boldsymbol{i} + \frac{\partial f}{\partial y}\boldsymbol{j} + \frac{\partial f}{\partial z}\boldsymbol{k}.$$

例 9.44 设函数 $f(x,y,z) = x^2+y^2+z^2$,求 **grad**$f(1,-1,2)$.

解 因为

$$f_x(x,y,z) = 2x, f_y(x,y,z) = 2y, f_z(x,y,z) = 2z,$$

代入点 $(1,-1,2)$ 得

$$f_x(1,-1,2) = 2, f_y(1,-1,2) = -2, f_z(1,-1,2) = 4,$$

于是

$$\mathbf{grad}f(1,-1,2) = (2,-2,4).$$

9.7.3 方向导数与梯度的关系

设 $\boldsymbol{e} = (\cos\alpha, \cos\beta)$ 是与方向 $\boldsymbol{l}$ 同方向的单位向量,则由方向导数的计算公式可知

$$\frac{\partial f}{\partial \boldsymbol{l}} = \frac{\partial f}{\partial x}\cos\alpha + \frac{\partial f}{\partial y}\cos\beta = \left(\frac{\partial f}{\partial x}, \frac{\partial f}{\partial y}\right) \cdot (\cos\alpha, \cos\beta),$$

$$= \mathbf{grad}f(x,y) \cdot \boldsymbol{e} = |\mathbf{grad}f(x,y)| \cdot \cos\theta,$$

这里 θ 表示向量 **grad**$f(x,y)$ 与 $\boldsymbol{e}$ 的夹角.

由此可以看出,当方向 $\boldsymbol{l}$ 与 **grad**$f(x,y)$ 的方向一致时,$\cos\theta = 1$,方向导数达到最大值,即

$$\max\frac{\partial f}{\partial \boldsymbol{l}} = |\mathbf{grad}f(x,y)| = \sqrt{\left(\frac{\partial f}{\partial x}\right)^2 + \left(\frac{\partial f}{\partial y}\right)^2},$$

此时函数梯度的方向是函数在点 P 处方向导数取得最大值的方向.

当方向 l 与 $\mathbf{grad}f(x,y)$ 的方向相反时,$\cos\theta=-1$,方向导数达到最小值,即
$$\min\frac{\partial f}{\partial l}=-\mathbf{grad}f(x,y),$$
此时函数梯度的方向是函数在点 P 处方向导数取得最小值的方向.

当方向 l 与 $\mathbf{grad}f(x,y)$ 的方向垂直时,$\cos\theta=0$,方向导数为零,即
$$\min\frac{\partial f}{\partial l}=0,$$
此时函数梯度的方向是函数在点 P 处方向导数垂直的方向.

例 9.45 设在平面 xOy 上各点的温度 T 与点的位置关系为 $T=4x^2+y^2$,点 P_0 为 $(1,2)$,求:

(1) $\mathbf{grad}T|_{P_0}$;

(2) 在什么方向上点 P_0 处的温度变化率取得:1°最大值;2°最小值;3°零.

解 (1) 由梯度的定义可知
$$\mathbf{grad}T|_{P_0}=\left(\frac{\partial T}{\partial x},\frac{\partial T}{\partial y}\right)\bigg|_{P_0}=(8x,2y)|_{P_0}=(8,4).$$

(2) 温度在点 P_0 处的方向导数即为温度变化率. 当方向 l 与梯度的方向一致时,变化率取最大值,且最大值为 $\max\dfrac{\partial f}{\partial l}=\mathbf{grad}T|_{P_0}=4\sqrt{5}$.

当方向 l 与梯度的方向相反时,变化率取最小值,且最小值为 $\min\dfrac{\partial f}{\partial l}=-4\sqrt{5}$.

当方向 l 与梯度的方向垂直时,变化率取零,此时 l 的方向可取 $e=\pm\dfrac{1}{\sqrt{5}}(1,-2)$.

最后我们简单介绍二元函数梯度向量与等值线的关系.

设在平面 xOy 上有一条曲线 $f(x,y)=c$. 因为曲线上所有点处的函数值都是 c,所以称平面曲线 $f(x,y)=c$ 为函数 $z=f(x,y)$ 的等值线,如图 9-13 所示.

函数 $z=f(x,y)$ 的梯度向量是 $\dfrac{\partial f}{\partial x}\mathbf{i}+\dfrac{\partial f}{\partial y}\mathbf{j}$,其等值线为 $f(x,y)=c$,由隐函数求导法则知
$$f_x+f_y\frac{\mathrm{d}y}{\mathrm{d}x}=(f_x,f_y)\cdot\left(1,\frac{\mathrm{d}y}{\mathrm{d}x}\right)=0,$$
即等值线上任意一点 $P(x,y)$ 处切线的斜率 $\dfrac{\mathrm{d}y}{\mathrm{d}x}=-\dfrac{f_x}{f_y}$,切线刚好垂直于梯度向量.

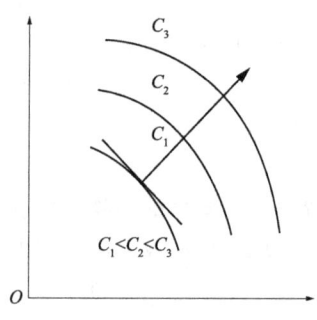

图 9-13

习题 9.7(A)

1. 函数 $f(x,y)=\sqrt{x^2+y^2}$ 在点 $(0,0)$ 处沿 x 轴正向的方向导数为 ( )
   (A) 0　　　　　(B) 1　　　　　(C) 2　　　　　(D) 4

2. 函数 $f(x,y)=x^2+y^2$ 在点 $(1,2)$ 处沿从点 $(1,2)$ 到点 $(2,2+\sqrt{3})$ 的方向的方向导数为 ( )
   (A) $1+2\sqrt{3}$　　(B) $1-2\sqrt{3}$　　(C) $1+\sqrt{3}$　　(D) $1-\sqrt{3}$

3. 函数 $u=x^2+y^2+z^2-xy+2yz$ 在点 $(-1,2,-3)$ 处的方向导数的最大值为 ( )
   (A) 0　　　　　(B) $\sqrt{17}$　　　(C) $\sqrt{21}$　　　(D) 13

4. 函数 $f(x,y)=\ln(xy)$ 在点 $(1,2)$ 处的梯度为 $\mathbf{grad}f(x,y)=$ ( )
   (A) $\boldsymbol{i}+2\boldsymbol{j}$　　(B) $\boldsymbol{i}+\frac{1}{2}\boldsymbol{j}$　　(C) $2\boldsymbol{i}+\boldsymbol{j}$　　(D) $2\boldsymbol{i}-\boldsymbol{j}$

5. 设 $u=u(x,y)$，$v=v(x,y)$ 都是可微函数，C 为常数，则在下列梯度运算式中，错误的是 ( )
   (A) $\nabla C=0$
   (B) $\nabla(Cu)=C\nabla u$
   (C) $\nabla(u+v)=\nabla u+\nabla v$
   (D) $\nabla(uv)=v\nabla u+u\nabla v$

习题 9.7(B)

1. 求函数 $z=\ln(x+y)$ 在抛物线 $y^2=4x$ 上点 $(1,2)$ 处，沿该抛物线在该点处指向 x 轴正向的切线方向的方向导数.

2. 求函数 $z=1-\left(\dfrac{x^2}{a^2}+\dfrac{y^2}{b^2}\right)$ 在点 $\left(\dfrac{a}{\sqrt{2}},\dfrac{b}{\sqrt{2}}\right)$ 处沿曲线 $\dfrac{x^2}{a^2}+\dfrac{y^2}{b^2}=1$ 在该点的内法线方向的方向导数.

3. 求函数 $u=xy+z-xyz$ 在点 $(1,1,2)$ 处沿方向角为 $\alpha=\dfrac{\pi}{3},\beta=\dfrac{\pi}{4},\gamma=\dfrac{\pi}{3}$ 的方向导数.

4. 求函数 $u=xyz$ 在点 $(5,1,2)$ 处从点 $(5,1,2)$ 到点 $(9,4,14)$ 的方向的方向导数.

5. 求函数 $u=x^2+y^2+z^2$ 在曲线 $x=t, y=t^2, z=t^3$ 上点 $(1,1,1)$ 处沿曲线在该点的切线正方向（对应于 t 增大的方向）的方向导数.

6. 求函数 $u=x+y+z$ 在球面 $x^2+y^2+z^2=1$ 上点 (x_0,y_0,z_0) 处沿球面在该点的外法线方向的方向导数.

7. 求函数 $u=xy^2z$ 在点 $P(1,-1,2)$ 处变化最快的方向，并求沿这个方向的方向导数.

8. 求由方程 $z^3-3xyz=a^3(a\neq 0)$ 所确定的隐函数 $z=z(x,y)$ 在坐标原点处沿由向量 $\boldsymbol{l}=(-1,-2)$ 所确定的方向的方向导数.

9. 计算函数 $f(x,y,z)=\ln(x+2y+3z)$ 在点 $P(1,2,0)$ 处沿给定方向 $\boldsymbol{l}=2\boldsymbol{i}+\boldsymbol{j}-\boldsymbol{k}$ 的方向导数 $\left.\dfrac{\partial f}{\partial \boldsymbol{l}}\right|_P$.

10. 函数 $z=\arctan\dfrac{1+x}{1+y}$ 在 $(0,0)$ 点处沿哪个方向的方向导数最大,并求此方向导数.

11. 问函数 $u=xy^2z$ 在点 $P(1-12)$ 处沿什么方向的方向导数最大,并求此方向导数的最大值.

12. 对函数 $f(x,y,z)=\mathrm{e}^{xyz}$,求出 $\nabla f(x,y,z)$ 及 $\nabla f(1,2,3)$.

13. 求函数 $f(x,y,z)=(x+y)^{\frac{1}{2}}$ 在点 $P\left(\dfrac{\mathrm{e}+1}{2},\dfrac{\mathrm{e}-1}{2},\dfrac{1}{2}\right)$ 处的梯度.

14. 设 $f(x,y,z)=x^2+2y^2+3z^2+xy+3x-2y-6z$,求 $\mathbf{grad}f(0,0,0)$ 及 $\mathbf{grad}f(1,1,1)$.

15. 求下列函数在给定点的最大变化率及其相应的方向.

(1) $f(x,y)=\ln(x^2+y^2)$,$(-1,2)$; (2) $f(x,y,z)=\dfrac{x}{y}+\dfrac{y}{z}$,$(4,2,1)$.

16. 求下列函数的梯度.

(1) $u=\sqrt{x^2+y^2}$; (2) $u=\dfrac{xyz}{x+y+z}$; (3) $u=\mathrm{e}^{x+y}\sin(xy)$.

17. 设 u,v 都是 x,y,z 的函数,u,v 的各偏导数都存在且连续,证明:

(1) $\mathbf{grad}(u+v)=\mathbf{grad}u+\mathbf{grad}v$;

(2) $\mathbf{grad}(uv)=v\mathbf{grad}u+u\mathbf{grad}v$;

(3) $\mathbf{grad}(u^2)=2u\mathbf{grad}u$.

18. 求函数 $z=\mathrm{e}^{x^2+y^2}$ 在点 $M_0(x_0,y_0)$ 沿过该点的等值线的外法线方向的方向导数.

19. 求函数 $z=\sqrt{y+\sin x}$ 在 $P\left(\dfrac{\pi}{2},1\right)$ 点沿 $\boldsymbol{a}$ 方向的方向导数,其中 $\boldsymbol{a}$ 为曲线 $x=2\sin t$,$y=\pi\cos 2t$ 在 $t=\dfrac{\pi}{6}$ 处的切向量(指向 t 增大的方向).

9.8 多元函数的极值与最值

知识衔接

设函数 $f(x)$ 在 x_0 处连续,且在 x_0 的某去心邻域 $\overset{\circ}{U}(x_0,\delta)$ 内可导.若 $x\in(x_0-\delta,x_0)$ 时,$f'(x)>0$,而 $x\in(x_0,x_0+\delta)$ 时,$f'(x)<0$,则 $f(x)$ 在 x_0 处取得_____;若 $x\in(x_0-\delta,x_0)$ 时,$f'(x)<0$,而 $x\in(x_0,x_0+\delta)$ 时,$f'(x)>0$,则 $f(x)$ 在 x_0 处取得_____.

设函数 $f(x)$ 在 x_0 处具有二阶导数,且 $f'(x_0)=0$,$f''(x_0)\neq 0$,则当 $f''(x_0)<0$ 时,函数 $f(x)$ 在 x_0 处取得_____;当 $f''(x_0)>0$ 时,函数 $f(x)$ 在 x_0 处取得_____.

闭区间 $[a,b]$ 上最值的来源有_____.

在实际问题中,往往会遇到多元函数的最大值、最小值问题,如体积最大、材料最省、距离最近与最远、最大利润等.与一元函数相类似,多元函数的最大值、最小值与极大值、极小值有密切联系.

9.8.1 多元函数的极值

以二元函数为例,先来讨论多元函数的极值问题.

定义 9.9 若函数 $z=f(x,y)$ 在点 (x_0,y_0) 的某个邻域内有定义,对于该邻域内异于 (x_0,y_0) 的点都满足不等式

$$f(x,y)<f(x_0,y_0)\,(f(x,y)>f(x_0,y_0))\,,$$

则称函数在点 (x_0,y_0) 有**极大值**(**极小值**)$f(x_0,y_0)$.极大值、极小值统称为**极值**,使函数取得极值的点称为**极值点**.

例 9.46 函数 $z=3x^2+4y^2$ 在点 $(0,0)$ 处有极小值,因为对于点 $(0,0)$ 的任一邻域内异于 $(0,0)$ 的点,函数值都为正,而在点 $(0,0)$ 处的函数值为零.从几何上看这是显然的,因为点 $(0,0)$ 是开口朝上的椭圆抛物面 $z=3x^2+4y^2$ 的顶.

例 9.47 函数 $z=-\sqrt{x^2+y^2}$ 在点 $(0,0)$ 处有极大值,因为在点 $(0,0)$ 处函数值为零,而对于点 $(0,0)$ 的任一邻域内异于 $(0,0)$ 的点函数值都为负.从几何上看这是显然的,因为点 $(0,0,)$ 是位于 xOy 平面下方的锥面 $z=-\sqrt{x^2+y^2}$ 的顶点.

例 9.48 函数 $z=xy$ 在点 $(0,0)$ 处既不取得极大值也不取得极小值,因为在点 $(0,0)$ 处的函数值为零,而在点 $(0,0)$ 的任一邻域内总有使函数值为正的点,也有使函数值为负的点.

以上关于二元函数的极值概念,可推广到 n 元函数.设 n 元函数 $u=f(P)$ 在点 P_0 的某一邻域内有定义,若对于该邻域内异于 P_0 的任何点,都满足不等式

$$f(P) < f(P_0) \ (f(P) > f(P_0)),$$
则称函数 $f(P)$ 在点 P_0 有极大值(极小值) $f(P_0)$.

二元函数的极值问题,一般可以利用偏导数来解决.

定理 9.11(必要条件) 设函数 $z = f(x,y)$ 在点 (x_0, y_0) 具有偏导数,且在点 (x_0, y_0) 处有极值,则它在该点的偏导数必然为零,即
$$f_x(x_0, y_0) = 0, f_y(x_0, y_0) = 0.$$

证 不妨设 $z = f(x,y)$ 在点 (x_0, y_0) 处有极大值.由极大值的定义可知,在点 (x_0, y_0) 的某邻域内异于 (x_0, y_0) 的点,都满足不等式
$$f(x,y) < f(x_0, y_0).$$
特殊地,在该邻域内取 $y = y_0$,而 $x \neq x_0$ 的点也应满足不等式
$$f(x, y_0) < f(x_0, y_0).$$
这表明一元函数 $f(x, y_0)$ 在 $x = x_0$ 处取得极大值,因此必有
$$f_x(x_0, y_0) = 0.$$
类似地,可证
$$f_y(x_0, y_0) = 0.$$

同理,若三元函数 $u = (x,y,z)$ 在点 (x_0, y_0, z_0) 具有偏导数,则它在点 (x_0, y_0, z_0) 处有极值的必要条件为
$$f_x(x_0, y_0, z_0) = 0, f_y(x_0, y_0, z_0) = 0, f_z(x_0, y_0, z_0) = 0.$$

类似于一元函数,使 $f_x(x,y) = 0, f_y(x,y) = 0$ 同时成立的点 (x_0, y_0) 称为函数 $z = f(x,y)$ 的**驻点**.怎样判定一个驻点是不是极值点呢?下面的定理回答了这个问题.

定理 9.12(充分条件) 设函数 $z = f(x,y)$ 在点 (x_0, y_0) 的某邻域内连续,且有一阶及二阶连续偏导数,又 $f_x(x_0, y_0) = 0, f_y(x_0, y_0) = 0$,令
$$f_{xx}(x_0, y_0) = A, f_{xy}(x_0, y_0) = B, f_{yy}(x_0, y_0) = C,$$
则 $f(x,y)$ 在 (x_0, y_0) 处是否取得极值的条件如下:

(1) $AC - B^2 > 0$ 时,具有极值,且当 $A < 0$ 时有极大值,当 $A > 0$ 时有极小值;

(2) $AC - B^2 < 0$ 时,没有极值;

(3) $AC - B^2 = 0$ 时,可能有极值,也可能没有极值,还需其他方法判定.

该定理不予证明.

求解二元函数的极值步骤如下:

(1) 解方程组
$$f_x(x,y) = 0, f_y(x,y) = 0,$$
得驻点 (x_0, y_0);

(2) 求二阶偏导数,得到每一个驻点 (x_0, y_0) 对应的二阶导数值 A, B 和 C;

(3) 定出 $AC - B^2$ 的符号,判定 (x_0, y_0) 是不是极值,是极大值还是极小值.

例 9.49 求函数 $f(x,y) = x^4 - 2x^2y + 2y^2 - 8y + 10$ 的极值.

解 求偏导数,解方程组
$$\begin{cases} f_x(x,y) = 4x^3 - 4xy = 0, \\ f_y(x,y) = -2x^2 + 4y - 8 = 0, \end{cases}$$

求得驻点为 $(2,4),(-2,4),(0,2)$. 再求出二阶偏导数
$$f_{xx}(x,y)=12x^2-4y, f_{xy}(x,y)=-4x, f_{yy}(x,y)=4.$$

在点 $(2,4)$ 处 $AC-B^2=64>0$, 又 $A=32>0$, 所以函数在点 $(2,4)$ 处有极小值.

在点 $(-2,4)$ 处 $AC-B^2=64>0$, 又 $A=32>0$, 所以函数在点 $(-2,4)$ 处有极小值.

在点 $(0,2)$ 处 $AC-B^2=-32<0$, 所以 $(0,2)$ 不是极值点. 所以, 函数在 $(\pm 2,4)$ 处有极小值 $f(\pm 2,4)=-6$.

讨论函数的极值问题时, 若函数在所讨论的区域内具有偏导数, 则由定理 9.12 可知, 极值只可能在驻点处取得. 然而, 如果函数在个别点处的偏导数不存在, 这些点当然不是驻点, 但也可能是极值点. 例如, 在例 9.47 中函数 $z=-\sqrt{x^2+y^2}$ 在点 $(0,0)$ 处的偏导数不存在, 但该函数在点 $(0,0)$ 处却具有极大值. 因此, 在考虑函数的极值问题时, 除了考虑函数的驻点外, 如果有偏导数不存在的点, 那么对这些点也应当考虑.

9.8.2 多元函数的最值

与一元函数相类似, 我们可以利用函数的极值来求函数的最大值和最小值. 我们此前已经知道, 若 $f(x,y)$ 在有界闭区域 D 上连续, 则 $f(x,y)$ 在 D 上必定能取得最大值和最小值. 这种使函数取得最大值或最小值的点既可能在 D 的内部, 也可能在 D 的边界上, 因此多元函数取到最值的点有三种可能情形: 边界上的点、驻点和一阶偏导数不存在的点.

情形 I 闭区域的最值.

求解闭区域二元函数的最值步骤如下:

(1) 求函数 $f(x,y)$ 在区域 D 内的全部驻点及一阶偏导数不存在的点;

(2) 求函数 $f(x,y)$ 在区域 D 边界上的最值点;

(3) 将上述各点的函数值求出后进行比较, 确定函数的最值.

例 9.50 求函数 $f(x,y)=x^2+y^2-2x-4y+5$ 在区域
$$D=\{(x,y) \mid 2y-6\leqslant x\leqslant 6-2y, 0\leqslant y\leqslant 3\}$$
上的最小值、最大值.

解 令
$$\frac{\partial f}{\partial x}=2x-2=0, \frac{\partial f}{\partial y}=2y-4=0,$$
解得驻点为 $(1,2)$, $f(1,2)=0$.

如图 9-14 所示, 求边界上的最值.

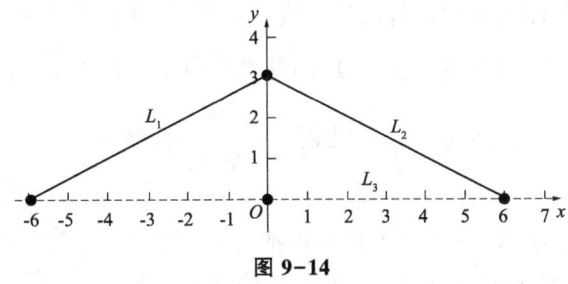

图 9-14

(1) 在 $L_1: x+6=2y, 0\leqslant y\leqslant 3$ 上,

$$f(x,y) = (2y-6)^2 + y^2 - 2(2y-6) - 4y + 5 = 5y^2 - 32y + 53,$$

由 $\dfrac{d}{dy}(5y^2 - 32y + 53) = 10y - 32 < 0$ 知，当 $y = 0$ 时，取最大值 $f(-6,0) = 53$；当 $y = 3$ 时，取最小值 $f(0,3) = 2$.

(2) 在 $L_2: x = 6 - 2y, 0 \leqslant y \leqslant 3$ 上，

$$f(x,y) = (-2y+6)^2 + y^2 - 2(-2y+6) - 4y + 5 = 5y^2 - 24y + 29,$$

易知当 $y = 0$ 时，取最大值 $f(6,0) = 29$；当 $y = \dfrac{12}{5}$ 时，取最小值 $f\left(\dfrac{6}{5}, \dfrac{12}{5}\right) = \dfrac{1}{5}$.

(3) 在 $L_3: y = 0, -6 \leqslant x \leqslant 6$ 上，

$$f(x,y) = x^2 - 2x + 5 = (x-1)^2 + 4,$$

易知当 $x = -6$ 时，取最大值 $f(-6,0) = 53$；当 $x = 1$ 时，取最小值 $f(1,0) = 4$.

综上所述，最小值 $f(1,2) = 0$，最大值 $f(-6,0) = 53$.

思考：若将 $f(x,y) = x^2 + y^2 - 2x - 4y + 5$ 写成 $f(x,y) = (x-1)^2 + (y-2)^2$ 可否简化计算？

情形 II 开区域的最值.

求解开区域 D 内二元函数的最值，只需求函数 $f(x,y)$ 在区域 D 内的全部驻点及一阶偏导数不存在的点，并将各点的函数值求出后进行比较，确定函数的最值. 在实际问题中，根据问题的具体特点，如果知道可微函数 $f(x,y)$ 的最值一定在区域 D 的内部得到，而函数 $f(x,y)$ 在区域 D 内只有一个极值点，那么可以肯定该极值点就是函数 $f(x,y)$ 在区域 D 上的最值点.

例 9.51 某地要建一个体积为 V_0 m^3 的长方体游泳池，问当长、宽、高各取怎样的尺寸时，才能使用料最省？

解 设游泳池的长为 x m，宽为 y m，则其高应为 $\dfrac{V_0}{xy}$ m，此游泳池的表面积为

$$A = xy + 2y \cdot \dfrac{V_0}{xy} + 2x \cdot \dfrac{V_0}{xy} = xy + \dfrac{2V_0}{x} + \dfrac{2V_0}{y} \quad (x>0, y>0),$$

令

$$A_x = y - \dfrac{2V_0}{x^2} = 0, \quad A_y = x - \dfrac{2V_0}{y^2} = 0,$$

解得 $x = \sqrt[3]{2V_0}, y = \sqrt[3]{2V_0}$.

根据题意可知，游泳池所用材料的最小值一定存在，并在开区域 D 内取得. 又函数在区域 D 内只有唯一的驻点 $(\sqrt[3]{2V_0}, \sqrt[3]{2V_0})$，因此可以断定：当 $x = \sqrt[3]{2V_0}, y = \sqrt[3]{2V_0}$ 时，A 取得最小值，即游泳池的长、宽、高为 $x = y = \sqrt[3]{2V_0}, z = \sqrt[3]{\dfrac{V_0}{4}}$ 时，游泳池所用的材料最省.

例 9.52 有一宽为 24 cm 的长方形铁板把它两边折起来做成一个断面为等腰梯形的水槽，问怎样折法才能使断面的面积最大？

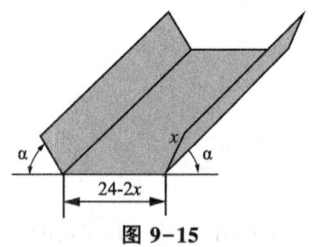

图 9-15

解 设折起来的边为 x cm,倾角为 α,如图 9-15 所示,则梯形断面的下底长为 $24-2x$ cm,上底长为 $24-2x+2x\cos\alpha$ cm,高为 $x\sin\alpha$ cm,断面面积为

$$A = \frac{1}{2}(24-2x+2x\cos\alpha+24-2x)\cdot x\sin\alpha,$$

即

$$A = 24x\sin\alpha - 2x^2\sin\alpha + x^2\sin\alpha\cos\alpha \left(0<x<12, 0<\alpha\leq\frac{\pi}{2}\right).$$

令

$$\begin{cases} A_x = 24\sin\alpha - 4x\sin\alpha + 2x\sin\alpha\cos\alpha = 0, \\ A_\alpha = 24x\cos\alpha - 2x^2\cos\alpha + x^2(\cos^2\alpha - \sin^2\alpha) = 0, \end{cases}$$

由于 $\sin\alpha\neq 0, x\neq 0$,上述方程组可化为

$$\begin{cases} 12 - 2x + x\cos\alpha = 0, \\ 24\cos\alpha - 2x\cos\alpha + x(\cos^2\alpha - \sin^2\alpha) = 0, \end{cases}$$

解这个方程组得 $\alpha = \frac{\pi}{3} = 60°, x = 8$ cm.

根据题意可知,断面面积的最大值一定存在,并且函数在区域 D 内只有一个驻点,因此可以断定:当 $x=8$ cm,$\alpha=60°$ 时,就能使断面的面积最大.

9.8.3 条件极值拉格朗日乘数法

之前讨论的函数极值问题对于函数的自变量除了限制在函数的定义域内以外,并无其他条件的约束,这种极值称为**无条件极值**(也称**无约束极值**).但在实际问题中,有时会遇到对函数的自变量还有附加条件的极值问题,这种极值称为**条件极值**(也称**约束极值**),附加的条件称为**约束条件**.对于有些实际问题,可以经过消元把条件极值化为无条件极值问题,然后利用之前求解极值的方法加以解决.但在很多情形下,利用消元法将条件极值化为无条件极值并不简单.我们另有一种直接寻求条件极值的方法,这就是下面要介绍的拉格朗日乘数法.

以下我们以二元函数为例,说明利用拉格朗日乘数法求解函数 $z=f(x,y)$ 在约束条件 $\varphi(x,y)=0$ 下的极值步骤.

(1) 构造拉格朗日函数

$$L(x,y,\lambda) = f(x,y) + \lambda\varphi(x,y),$$

其中函数 $z=f(x,y)$ 称为目标函数,参数 λ 为某一常数.

(2) 求函数 $L(x,y,\lambda)$ 对 x 与 y 的一阶偏导数,并使之为零,然后与约束条件联立:

$$\begin{cases} L_x = f_x(x,y) + \lambda\varphi_x(x,y) = 0, \\ L_y = f_y(x,y) + \lambda\varphi_y(x,y) = 0, \\ L_\lambda = \varphi(x,y) = 0, \end{cases}$$

解出 x,y 及 λ,则 (x,y) 就是函数 $f(x,y)$ 在约束条件下 $\varphi(x,y)=0$ 可能取极值的点.

(3) 判定驻点是否为极值. 由 ABC 判定定理来判定或根据实际问题性质来判定.

例 9.53 求函数 $z=xy$ 在条件 $x+y^2=1$ 下的极值.

解 构造拉格朗日函数
$$L(x,y,\lambda) = xy + \lambda(x+y^2-1),$$
求解方程组
$$\begin{cases} L_x = y + \lambda = 0, \\ L_y = x + 2y\lambda = 0, \\ x + y^2 - 1 = 0, \end{cases}$$
解得
$$x = \frac{2}{3}, y = \pm\frac{1}{\sqrt{3}}.$$

将 $x = 1-y^2$ 代入 $z = xy$ 得 $g(y) = y(1-y^2)$，易得
$$g''\left(\frac{1}{\sqrt{3}}\right) < 0, g''\left(-\frac{1}{\sqrt{3}}\right) > 0,$$

于是 $z\left(\dfrac{2}{3}, \dfrac{1}{\sqrt{3}}\right) = \dfrac{2\sqrt{3}}{9}$ 是极大值，$z\left(\dfrac{2}{3}, -\dfrac{1}{\sqrt{3}}\right) = -\dfrac{2\sqrt{3}}{9}$ 是极小值.

例 9.54 求内接于半径为 a 的球的长方体的最大体积.

解 设长方体的三个边长分别为 x,y,z，长方体的对角线等于球的直径，该问题就是在条件
$$x^2 + y^2 + z^2 = 4a^2$$
下，求函数 $V = xyz \, (x>0, y>0, z>0)$ 的最大值. 为此，构造拉格朗日函数
$$L(x,y,z,\lambda) = xyz + \lambda(x^2+y^2+z^2-4a^2),$$
求解方程组
$$\begin{cases} L_x = yz + 2\lambda x = 0, \\ L_y = zx + 2\lambda y = 0, \\ L_z = xy + 2\lambda z = 0, \\ L_\lambda = x^2 + y^2 + z^2 = 4a^2, \end{cases}$$
解得
$$x = y = z = \frac{2\sqrt{3}\,a}{3}.$$

这是唯一的驻点，且问题本身一定存在最大值，此唯一驻点即为最大值点. 所以，边长为 $\dfrac{2\sqrt{3}\,a}{3}$ 的正方体的体积最大，最大体积为 $\dfrac{8\sqrt{3}\,a^3}{9}$.

如果约束条件不止一个，拉格朗日乘数法还可以推广到自变量多于两个，而条件多于一个的情形. 例如，求函数
$$u = f(x,y,z)$$
在两个约束条件 $\varphi(x,y,z) = 0$ 及 $\psi(x,y,z) = 0$ 下的极值.

(1) 构造拉格朗日函数
$$L(x,y,z,\lambda,\mu) = f(x,y,z) + \lambda\varphi(x,y,z) + \mu\psi(x,y,z),$$

其中 λ,μ 均为常数.

(2) 求其一阶偏导数,并使之为零,然后与两个约束条件联立起来求解:

$$\begin{cases} L_x = f_x(x,y,z) + \lambda\varphi_x(x,y,z) + \mu\psi_x(x,y,z) = 0, \\ L_y = f_y(x,y,z) + \lambda\varphi_y(x,y,z) + \mu\psi_y(x,y,z) = 0, \\ L_z = f_z(x,y,z) + \lambda\varphi_z(x,y,z) + \mu\psi_z(x,y,z) = 0, \\ \varphi(x,y,z) = 0, \\ \psi(x,y,z) = 0, \end{cases}$$

这样得出的 (x,y,z) 就是函数 $f(x,y,z)$ 在约束条件下可能极值的点.

(3) 根据之前判断极值的方法判定.

例 9.55 在抛物面 $z = x^2 + y^2$ 与平面 $x+y+z=4$ 的交线上,求出到原点距离最大和最小的点.

解 设交线上的点为 (x,y,z),到原点的距离为 $d = \sqrt{x^2+y^2+z^2}$,构造拉格朗日函数

$$L(x,y,z,\lambda,\mu) = x^2+y^2+z^2 + \lambda(x^2+y^2-z) + \mu(x+y+z-4),$$

求偏导数得

$$\begin{cases} \dfrac{\partial L}{\partial x} = 2x+2x\lambda+\mu = 0, \\ \dfrac{\partial L}{\partial y} = 2y+2y\lambda+\mu = 0, \\ \dfrac{\partial L}{\partial z} = 2z-\lambda+\mu = 0, \\ \dfrac{\partial L}{\partial \lambda} = x^2+y^2-z = 0, \\ \dfrac{\partial L}{\partial \mu} = x+y+z-4 = 0, \end{cases}$$

解得 $(x,y,z) = (1,1,2)$ 或 $(-2,-2,8)$. 实际问题本身一定存在最大值与最小值,这两个驻点即为最值点. 距离最大的点为 $(-2,-2,8)$,此时距离为 $6\sqrt{2}$;距离最小的点为 $(1,1,2)$,此时距离为 $\sqrt{6}$.

习题 9.8(A)

1. 设函数 $f(x,y) = 1 - \sqrt{x^2+y^2}$,则点 $(0,0)$ 是函数 $f(x,y)$ 的 ( )
   (A) 极大值点但非最大值点 (B) 极大值点且是最大值点
   (C) 极小值点但非最小值点 (D) 极小值点且是最小值点

2. 设函数 $z = f(x,y)$ 具有二阶连续偏导数,在点 $P_0(x_0,y_0)$ 处,有 $f_x(P_0) = 0, f_y(P_0) = 0$, $f_{xx}(P_0) = f_{yy}(P_0) = 0, f_{xy}(P_0) = f_{yx}(P_0) = 2$,则 ( )

(A)点 P_0 是函数 z 的极大值点　　　　(B)点 P_0 是函数 z 的极小值点

(C)点 P_0 非函数 z 的极值点　　　　　(D)条件不够,无法判定

3. 已知函数 $f(x,y)$ 在点 $(0,0)$ 的某个邻域内连续,且 $\lim\limits_{(x,y)\to(0,0)}\dfrac{f(x,y)-xy}{(x^2+y^2)^2}=1$,则下列四个选项中正确的是　　　　　　　　　　　　　　　　　　　　　　　　　(　　)

(A)点 $(0,0)$ 不是 $f(x,y)$ 的极值点　　(B)点 $(0,0)$ 是 $f(x,y)$ 的极大值点

(C)点 $(0,0)$ 是 $f(x,y)$ 的极小值点　　(D)无法判断 $(0,0)$ 是否为 $f(x,y)$ 的极值点

4. 函数 $f(x,y)=x^3+y^3-3xy$ 的极值为　　　　　　　　　　　　　　　　　(　　)

(A)1　　　　(B)0　　　　(C)-1　　　　(D)-2

5. 函数 $f(x,y,z)=z-2$ 在 $4x^2+2y^2+z^2=1$ 条件下的极大值是　　　　　(　　)

(A)1　　　　(B)0　　　　(C)-1　　　　(D)-2

习题 9.8(B)

1. 求下列函数的驻点和极值.

(1) $f(x,y)=x^2+y^2+x^2y+4$;　　　　(2) $f(x,y)=3x^2y+y^3-3x^2-3y^2+2$;

(3) $f(x,y)=x^2+y^2+\dfrac{1}{x^2y^2}$;　　　　(4) $f(x,y)=\mathrm{e}^x\cos y$;

(5) $f(x,y)=4(x-y)-x^2-y^2$;　　　　(6) $f(x,y)=(6x-x^2)(4y-y^2)$;

(7) $f(x,y)=4xy-2x^2y+2xy^2-x^2y^2$;　　(8) $f(x,y)=\mathrm{e}^{2x}(x+y^2+2y)$;

(9) $f(x,y)=2x^2-3xy+2y^2+4x-3y+1$;　　(10) $f(x,y)=x^2(2+y^2)+y\ln y$.

2. 求方程 $x^2+y^2+z^2+2x-6z-6=0$ 所确定的函数 $z=f(x,y)$ 的极值.

3. 函数 $f(x,y)=2x^2+ax+xy^2+2y$ 在点 $(1,-1)$ 处取得极值,求常数 a.

4. 求下列函数在有界闭区域 D 上的最大值和最小值.

(1) $f(x,y)=x^2+y^2+x^2y$,$D=\{(x,y)\mid|x|\leqslant 1,|y|\leqslant 1\}$;

(2) $f(x,y)=1+xy-x-y$,D 由抛物线 $y=x^2$ 和直线 $y=4$ 所围成;

(3) $f(x,y)=2x^2+x+y^2-2$,$D=\{(x,y)\mid x^2+y^2\leqslant 4\}$;

(4) $f(x,y)=x^2+y^2-xy-x-y$,D 由 $x\geqslant 0,y\geqslant 0,x+y\leqslant 3$ 所围成;

(5) $f(x,y)=x^2-2y^2+2x+2$,D 由 $x^2+4y^2\leqslant 4$ 所围成;

(6) $f(x,y)=x^2+y^2-12x+16y$,$D=\{(x,y)\mid x^2+y^2\leqslant 25\}$.

5. 利用拉格朗日乘数法,求下列函数在附加条件下的最大值和最小值.

(1) $f(x,y,z)=xyz$,$x^2+2y^2+3z^2=6$;

(2) $f(x,y)=\mathrm{e}^{-xy}$,$x^2+4y^2\leqslant 1$;

(3) $f(x,y)=x+2y$,$x+y+z=1,y^2+z^2=4$;

(4) $z=xy$ 在适合附加条件 $x+y=1$ 下的极大值;

(5) $u = x - 2y + 2z$ 在指定约束条件 $x^2 + y^2 + z^2 = 9$ 下的极值.

6. 从斜边之长为 l 的一切直角三角形中,求有最大周长的直角三角形.

7. 在平面 xOy 上求一点,使它到 $x = 0, y = 0$ 及 $x + 2y - 16 = 0$ 三直线的距离平方之和为最小.

8. 将周长为 $2p$ 的矩形绕它的一边旋转而构成一个圆柱体,问矩形的边长各为多少时,才可使圆柱体的体积为最大?

9. 抛物面 $z = x^2 + y^2$ 被平面 $x + y + z = 1$ 截成一椭圆,求原点到该椭圆的最长与最短距离.

10. 求椭球面 $\dfrac{x^2}{3} + \dfrac{y^2}{2} + z^2 = 1$ 被平面 $x + y + z = 0$ 截成一椭圆,求原点到该椭圆的最长与最短距离.

11. 在椭球体 $\dfrac{x^2}{a^2} + \dfrac{y^2}{b^2} + \dfrac{z^2}{c^2} \leqslant 1$ 位于第一卦限的部分内作各侧面平行于坐标面的内接长方体,问长方体的尺寸如何,方能使其体积为最大?($a > 0, b > 0, c > 0$)

12. 求表面积为 S,而体积最大的圆柱体的体积.

13. 求曲面 $\sqrt{x} + \sqrt{y} + \sqrt{z} = 1$ 的一个切平面,使其在三个坐标轴上的截距之积为最大.

14. 设商品 A 的需求量为 x_1,价钱为 P_1,需求函数为 $x_1 = 20 - \dfrac{1}{5} P_1$;商品 B 的需求量为 x_2,价钱为 P_2,需求函数为 $x_2 = 20 - \dfrac{1}{3} P_2$,生产 A,B 两种商品的总本钱函数 $C = x_1^2 + 4x_1 x_2 + x_2^2$,问两种商品各生产多少时,才能取得最大利润,最大利润是多少?

15. 某公司可通过电台及报纸两种方式做销售某种商品的广告,依照统计资料,销售收入 R(万元)与电台广告费用 x_1(万元)及报纸广告费用 x_2(万元)之间的关系如下:
$$R = 15 + 14x_1 + 32x_2 - 8x_1 x_2 - 2x_1^2 - 10x_2^2.$$
(1) 在广告费用不限的情形下,求最优广告策略;
(2) 假设提供的广告费用为 1.5 万元,求相应的最优广告策略.

自测题(九)

一、选择题.

1. 考虑二元函数 $f(x, y)$ 的四条性质:
(1) $f(x, y)$ 在点 (x_0, y_0) 处连续;   (2) $f(x, y)$ 在点 (x_0, y_0) 处的一阶偏导数连续;
(3) $f(x, y)$ 在点 (x_0, y_0) 处可微;   (4) $f(x, y)$ 在点 (x_0, y_0) 处的一阶偏导数存在,
则有 ( )
(A) (2)⇒(3)⇒(1)   (B) (3)⇒(2)⇒(1)
(C) (3)⇒(4)⇒(1)   (D) (3)⇒(1)⇒(4)

2. 设 $f(x,y)=x^y e^x$，则 $f_x'(1,x)=$ （　　）

(A) 0　　　　(B) e　　　　(C) $e(x+1)$　　　　(D) $1+e^x$

3. 函数 $u=\ln(x^2+y^2+z^2)$ 在点 $M(1,2,-2)$ 处的梯度 $\mathbf{grad}\,u|_M=$ （　　）

(A) $\dfrac{1}{3}$　　(B) $\dfrac{2}{9}\{1,2,-2\}$　　(C) $\left\{\dfrac{1}{3},\dfrac{2}{3},-\dfrac{2}{3}\right\}$　　(D) 0

4. 设函数 $z=z(x,y)$ 由方程 $F\left(\dfrac{y}{x},\dfrac{z}{x}\right)=0$ 确定，其中 F 为可微函数，且 $F_2'\neq 0$，则 $x\dfrac{\partial z}{\partial x}+y\dfrac{\partial z}{\partial y}=$ （　　）

(A) x　　　　(B) z　　　　(C) $-x$　　　　(D) $-z$

5. 曲面 $e^z-z+xy=3$ 在点 $(2,1,0)$ 处的切平面为 （　　）

(A) $x-2y-4=0$　　　　(B) $x+2y+4=0$

(C) $2x+y-4=0$　　　　(D) $x+2y-4=0$

6. 设曲线 $\begin{cases}x-y-z=0,\\x^2-y^2-z^2=0\end{cases}$ 在点 $(1,1,0)$ 的法平面为 S，则点 $(0,-2,2)$ 到 S 的距离是 （　　）

(A) $\dfrac{\sqrt{2}}{4}$　　(B) $2\sqrt{2}$　　(C) 2　　(D) $\dfrac{2}{\sqrt{3}}$

二、填空题.

7. 设 $f(x,y)=x^2+(y^2-1)\sqrt{\dfrac{x}{y}}$，求 $f_x(x,1)=$ _____．

8. 函数 $u=xy^2+yz^3$ 在点 $(1,2,-1)$ 处方向导数最大值为 _____．

9. 设函数 $z=z(x,y)$ 由方程 $\sin x+2y=e^z$ 所确定，则 $\dfrac{\partial z}{\partial x}+\dfrac{\partial z}{\partial y}=$ _____．

10. 设函数 $z=e^{x+y}-xy$，则全微分 $\mathrm{d}z=$ _____．

11. 曲面 $z=2^x y^2$ 在点 $(1,1,2)$ 处与 z 轴夹角为锐角的法线向量为 _____．

12. 函数 $f(x,y)=2x^2+2y^2+3xy+ax+by+c$（$a,b,c$ 为常数）在点 $(-2,3)$ 处取得极小值 -3，则 a,b,c 之积 $abc=$ _____．

三、解答题.

13. 设 $z=e^x\sin y+e^{-x}\cos y$，求 $\dfrac{\partial^2 z}{\partial x^2}+\dfrac{\partial^2 z}{\partial y^2}$．

14. 已知函数 $z=\arctan(uv)$，$u=e^{x-y}$，$v=\ln(x^2+y^2)$，求偏导数 $\dfrac{\partial z}{\partial x},\dfrac{\partial z}{\partial y}$．

15. 设函数 $z=z(x,y)$ 由方程 $\sin x+2y-z=e^z$ 所确定，求 $\dfrac{\partial^2 z}{\partial y^2}$．

16. 设 $x^2+y^2+z^2-4z=0$，求 $\dfrac{\partial z}{\partial x},\dfrac{\partial^2 z}{\partial x^2}$．

17. 设 **n** 是曲面 $2x^2+3y^2+z^2=6$ 在点 $P(1,1,1)$ 处的指向外侧的法向量,求函数 $u=\dfrac{\sqrt{6x^2+8y^2}}{z}$ 在点 P 处沿方向 **n** 的方向导数.

18. 设直线 $L:\begin{cases} x+y+b=0, \\ x+ay-z-3=0 \end{cases}$ 在平面 π 上,而平面 π 与曲面 $z=x^2+y^2$ 相切于点 $(1,-2,5)$,求 a,b 的值.

19. 求表面积为 a^2($a>0$ 为常数),且体积为最大的长方体的体积.

20. 求平面 $\dfrac{x}{3}+\dfrac{y}{4}+\dfrac{z}{5}=1$ 和柱面 $x^2+y^2=1$ 的交线上与 xOy 平面距离最短的点.

四、证明题.

21. 设点 $M(a,b,c)$ 是曲面 $z=xf(u)\left(u=\dfrac{y}{x}\right)$ 上一点,f 可导,证明:

(1) 该点处曲面的法线垂直于向径 $\overrightarrow{OM}$;

(2) 所有与曲面 $z=xf\left(\dfrac{y}{x}\right)$ 相切的平面相交于一点.

第10章　重积分

定积分是积分学的经典部分,将定积分的积分区间分别推广到平面区域、三维空间区域、空间曲线、曲面上便可得到多元函数积分学的重积分(二重积分、三重积分等)、曲线积分和曲面积分.本章介绍重积分的概念、性质和计算方法.

10.1　二重积分的概念与性质

知识衔接

定积分的定义 $\int_a^b f(x)\,\mathrm{d}x =$ _____.

定积分的几何意义为 _____.

定积分的性质有 _____.

10.1.1　引例

所谓曲顶柱体通常是指以 xOy 面上的有界闭区域 D 为底,以 D 的边界曲线为准线,以母线平行于 z 轴的柱面为侧面,并以连续曲面 $z=f(x,y)$,$\forall(x,y)\in D$ 为顶的立体(图10-1),这里 $f(x,y)\geqslant 0$.

下面求曲顶柱体的体积.

分析: 已知平顶柱体体积=底面积×高,而现在的困难在于曲顶柱体的顶是曲面.事实上,曲顶与平顶也类似于曲线和直线的关系,二者密切相关.于是不难想到可用分割、近似求和、取极限的办法计算曲顶柱体体积,具体计算步骤如下:

第一步　分割 用任意曲线网 T 把闭区域 D 分割成 n

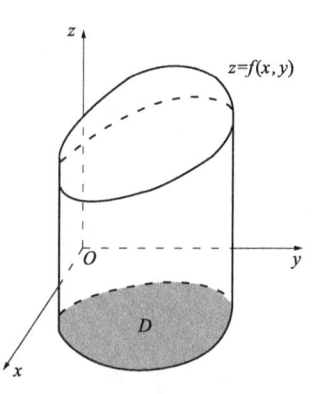

图 10-1

个小闭区域
$$\sigma_1, \sigma_2, \cdots, \sigma_n,$$
其面积分别为
$$\Delta\sigma_1, \Delta\sigma_2, \cdots, \Delta\sigma_n,$$
以这些小区域的边界曲线为准线,作母线平行于 z 轴的柱面,将原曲顶柱体分为 n 个小曲顶柱体.

第二步　近似求和　在小闭区域 σ_i 上任取一点 (ξ_i, η_i),则以小区域 σ_i 为底的小(连续)曲顶柱体体积 ΔV_i 约等于以 σ_i 为底、以 $f(\xi_i, \eta_i)$ 为高的平顶柱体体积(图 10-2),即
$$\Delta V_i \approx f(\xi_i, \eta_i)\Delta\sigma_i \ (i=1,2,\cdots,n).$$
所有小平顶柱体体积之和作为整个曲顶柱体体积的近似值,即
$$V = \sum_{i=1}^{n} \Delta V_i \approx \sum_{i=1}^{n} f(\xi_i, \eta_i)\Delta\sigma_i.$$

第三步　取极限　这是一个从量变到质变的过程,即通过使用极限这一数学工具求出曲顶柱体体积的精确值.

记 $\|T\| = \max\limits_{1 \leqslant i \leqslant n}\{d(\sigma_i) \mid d(\sigma_i)$ 为 σ_i 的直径,即区域 σ_i 中任意两点间距离的最大值$\}$,称为分割 T 的细度,则用小平顶柱体体积和作为曲顶柱体体积,所产生的误差将随着分割 T 的细度 $\|T\| \to 0$ 逐渐缩小直至消失.因此,曲顶柱体体积

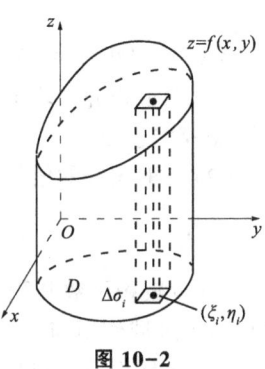

图 10-2

$$V = \lim_{\|T\| \to 0} \sum_{i=1}^{n} f(\xi_i, \eta_i)\Delta\sigma_i.$$

这种"特殊和式的极限"类似于定积分.事实上,只要计算分布在平面有界闭区域上某种不均匀量的总和或汇总问题都可以使用以上方法计算,例如,求非均匀平面薄板的质量、重心、转动惯量、曲面面积、通过闭合周界的流体流量等.因此,有必要撇开以上问题的几何、物理等外在个性,抽取本质,研究这种"特殊和式极限"的共性.

10.1.2　二重积分的定义

定义 10.1　设 D 是 xy 平面上可求面积的有界闭区域,$f(x,y)$ 为定义在 D 上的有界函数.用任意的分法 T 将 D 分成 n 个小闭区域
$$\sigma_1, \sigma_2, \cdots, \sigma_n,$$
其面积分别为
$$\Delta\sigma_1, \Delta\sigma_2, \cdots, \Delta\sigma_n.$$
在每个 σ_i 上任取一点 (ξ_i, η_i),作乘积 $f(\xi_i, \eta_i)\Delta\sigma_i \ (i=1,2,\cdots,n)$,并写出和式
$$\sum_{i=1}^{n} f(\xi_i, \eta_i)\Delta\sigma_i.$$
记 $\|T\| = \max\limits_{1 \leqslant i \leqslant n}\{d(\sigma_i) \mid d(\sigma_i)$ 为 σ_i 的直径$\}$,称为分割 T 的**细度**或**模**.若对任意的分法 T 及任意的点 $(\xi_i, \eta_i) \in \sigma_i$,只要当 $\|T\| \to 0$ 时,和式 $\sum\limits_{i=1}^{n} f(\xi_i, \eta_i)\Delta\sigma_i$ 总趋于一个确定的常数 I,则称 $f(x,y)$ 在 D 上**可积**,极限 I 为函数 $f(x,y)$ 在 D 上的**二重积分**,记作 $\iint\limits_{D} f(x,y)$

$d\sigma$,即

$$\iint\limits_{D} f(x,y) d\sigma = \lim_{\|T\| \to 0} \sum_{i=1}^{n} f(\xi_i, \eta_i) \Delta \sigma_i, \qquad (10.1)$$

其中称 $\iint\limits_{D}$ 为**二重积分符号**,D 为**积分区域**,$f(x,y)$ 为**被积函数**,$f(x,y)d\sigma$ 为**被积表达式**,$d\sigma$ 为**面积微元**,x 与 y 为**积分变量**,$\sum_{i=1}^{n} f(\xi_i, \eta_i) \Delta \sigma_i$ 为 $f(x,y)$ 在区域 D 上关于分法 T 的**积分和**或**黎曼和**.

根据二重积分的定义,曲顶柱体体积

$$V = \lim_{\|T\| \to 0} \sum_{i=1}^{n} f(\xi_i, \eta_i) \Delta \sigma_i = \iint\limits_{D} f(x,y) d\sigma.$$

类似于定积分,关于二重积分定义也作如下几点注释:

(1)二重积分的本质与定积分一样,仍是一个特殊和式的极限,并且二重积分也有相应的"ε-δ"定义式.

(2)二重积分的值仅与被积函数及积分区域有关,与积分变量的记法无关,即

$$\iint\limits_{D} f(x,y) d\sigma = \iint\limits_{D} f(u,v) d\sigma.$$

说明:被积函数和积分区域称为积分两要素,这类似于函数两要素、极限两要素等,其中有界闭区域作用与定积分的闭区间一致.

(3)二重积分值与积分区域 D 的划分及点 $(\xi_i, \eta_i) \in \sigma_i$ 的取法无关. 因此,在直角坐标系中可用平行于坐标轴的直线网划分 D. 此时,小区域 σ_i 的面积 $\Delta \sigma_i = \Delta x_j \cdot \Delta y_k$. 因此,二重积分也常记作

$$\iint\limits_{D} f(x,y) dxdy,$$

其中 $dxdy$ 称为**直角坐标系下的面积微元**.

(4)为了叙述与使用方便起见,在 xOy 坐标面上方的柱体体积赋以正号,在 xOy 坐标面下方的柱体体积赋以负号. 因此,二重积分 $\iint\limits_{D} f(x,y) dxdy$ 的几何意义为:以 $f(x,y)$ 为顶、以投影域 D 为底的曲顶柱体体积,其中 $f(x,y) dxdy$ 表示底面积为 $dxdy$、高为 $f(x,y)$ 的柱体体积微元.

二重积分的几何意义仅是为了理解、应用二重积分而引入的意义之一,当然二重积分还有物理意义等更广泛的意义.

(5)二重积分可积的必要条件仍是被积函数有界,被积函数连续仍是二重积分可积的一个充分条件. 当被积函数不连续时,只要间断点落在有限条光滑曲线上仍可积.

10.1.3 二重积分的性质

为了书写方便,若无特殊说明,本节剩余内容提到的函数均为可积函数.

基于二重积分与定积分本质上的一致性,二重积分有与定积分完全类似的如下性质.

性质 10.1 若在 D 上 $f(x,y) \equiv 1$,$\overline{D}$ 为积分区域 D 的面积,则

$$\iint\limits_{D} 1 \cdot d\sigma = \iint\limits_{D} d\sigma = \overline{D}.$$

类似地，$\iint\limits_{D} k\,\mathrm{d}\sigma = k\overline{D}$.

性质 10.1 的几何意义为：高为 1 的平顶柱体的体积等于该柱体的底面积.

思考：1) 性质 10.1 有何用途？

2) $\iint\limits_{D} 0\,\mathrm{d}\sigma =$ _____；

3) $\iint\limits_{\partial D} f(x,y)\,\mathrm{d}\sigma =$ _____，其中 ∂D 为 D 的边界，且光滑或逐段光滑.

性质 10.2 设 k 为常数，则

$$\iint\limits_{D} kf(x,y)\,\mathrm{d}\sigma = k\iint\limits_{D} f(x,y)\,\mathrm{d}\sigma.$$

性质 10.3 $\iint\limits_{D} [f(x,y)\pm g(x,y)]\,\mathrm{d}\sigma = \iint\limits_{D} f(x,y)\,\mathrm{d}\sigma \pm \iint\limits_{D} g(x,y)\,\mathrm{d}\sigma.$

注：性质 10.2、10.3 合称为线性性质，二者可综合写为

$$\iint\limits_{D} [kf(x,y)\pm lg(x,y)]\,\mathrm{d}\sigma = k\iint\limits_{D} f(x,y)\,\mathrm{d}\sigma \pm l\iint\limits_{D} g(x,y)\,\mathrm{d}\sigma.$$

其作用仍是裂项，化复杂为简单. 性质 10.4 的作用也是如此.

思考：等式 $\iint\limits_{D} f(x,y)\cdot g(x,y)\,\mathrm{d}\sigma = \iint\limits_{D} f(x,y)\,\mathrm{d}\sigma \cdot \iint\limits_{D} g(x,y)\,\mathrm{d}\sigma$ 恒成立吗？为什么？

性质 10.4（积分区域可加性） 若有界闭区域 D 被有限条光滑曲线分为 n 个部分闭区域 $D_i(i=1,2,\cdots,n)$，则 $f(x,y)$ 在 D 上的二重积分等于各部分区域上二重积分的和，即

$$\iint\limits_{D} f(x,y)\,\mathrm{d}\sigma = \iint\limits_{\bigcup\limits_{i=1}^{n} D_i} f(x,y)\,\mathrm{d}\sigma = \sum_{i=1}^{n} \iint\limits_{D_i} f(x,y)\,\mathrm{d}\sigma.$$

性质 10.5（保序性） 若在 D 上 $f(x,y)\leq g(x,y)$，则

$$\iint\limits_{D} f(x,y)\,\mathrm{d}\sigma \leq \iint\limits_{D} g(x,y)\,\mathrm{d}\sigma.$$

推论 10.1（保号性） 若在 D 上 $f(x,y)\geq 0(\leq 0)$，则

$$\iint\limits_{D} f(x,y)\,\mathrm{d}\sigma \geq 0(\leq 0).$$

推论 10.2（绝对值不等式） $\left|\iint\limits_{D} f(x,y)\,\mathrm{d}\sigma\right| \leq \iint\limits_{D} |f(x,y)|\,\mathrm{d}\sigma.$

思考：如何证明推论 10.2？

性质 10.6（估值定理） 若 M,m 分别是 $f(x,y)$ 在闭区域 D 上的最大值和最小值，$\overline{D}$ 是 D 的面积，则

$$m\overline{D} \leq \iint\limits_{D} f(x,y)\,\mathrm{d}\sigma \leq M\overline{D}.$$

思考：1) 若把性质 10.6 的条件改为 $f(x,y)$ 在闭区域 D 上连续，则性质 10.6 成立吗？
2) 性质 10.4、10.5、10.6 及其推论的几何意义是什么？

性质 10.7（积分中值定理） 若函数 $f(x,y)$ 在有界闭区域 D 上连续，$\overline{D}$ 为 D 的面积，

则在 D 上至少存在一点 (ξ,η)，使得

$$\iint\limits_D f(x,y)\,\mathrm{d}\sigma = f(\xi,\eta)\overline{D}.$$

证 根据有界闭区域上连续函数的最值性知，$f(x,y)$ 存在最小值 m 和最大值 M，使得
$$m \leqslant f(x,y) \leqslant M, \quad \forall\,(x,y) \in D.$$

对上式二重积分得

$$\iint\limits_D m\,\mathrm{d}\sigma \leqslant \iint\limits_D f(x,y)\,\mathrm{d}\sigma \leqslant \iint\limits_D M\,\mathrm{d}\sigma,$$

即

$$m\overline{D} \leqslant \iint\limits_D f(x,y)\,\mathrm{d}\sigma \leqslant M\overline{D},$$

整理得

$$m \leqslant \frac{1}{\overline{D}} \iint\limits_D f(x,y)\,\mathrm{d}\sigma \leqslant M.$$

由闭区域上连续函数的介值性知，在 D 上至少存在一点 (ξ,η)，使得

$$f(\xi,\eta) = \frac{1}{\overline{D}} \iint\limits_D f(x,y)\,\mathrm{d}\sigma,$$

即

$$\iint\limits_D f(x,y)\,\mathrm{d}\sigma = f(\xi,\eta)\overline{D}.$$

注：性质 10.7 也称为二重积分中值定理，其几何意义是：以 D 为底、以 $z=f(x,y)$ 为顶的曲顶柱体体积等于一个同底且高为 $f(\xi,\eta)$ 的平顶柱体体积. 这个高就是曲顶柱体平均的高. 因此，$f(\xi,\eta) = \dfrac{1}{\overline{D}}\iint\limits_D f(x,y)\,\mathrm{d}\sigma$ 就是连续函数 $f(x,y)$ 在区域 D 上的（连续型）平均值.

性质 10.8（对称性） （1）若二重积分 $\iint\limits_D f(x,y)\,\mathrm{d}\sigma$ 的积分区域 D 关于 x 轴对称，则

$$\iint\limits_D f(x,y)\,\mathrm{d}\sigma = \begin{cases} 0, & f\text{ 为关于 }y\text{ 的奇函数，即 }f(x,-y)=-f(x,y), \\ 2\iint\limits_{D_1} f(x,y)\,\mathrm{d}\sigma, & f\text{ 为关于 }y\text{ 的偶函数，即 }f(x,-y)=f(x,y), \end{cases}$$

其中 D_1 为区域 D 在 xOy 面上第一象限的部分. 上式的几何意义如图 10-3 所示，以下对称性的几何意义与此类似.

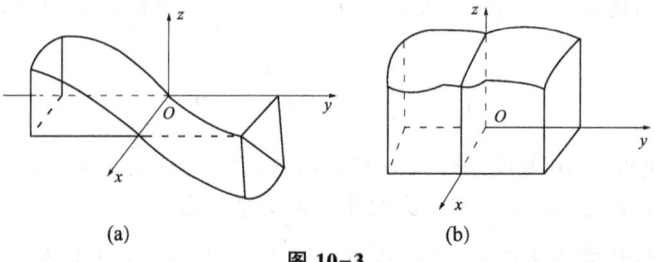

图 10-3

(2) 若二重积分 $\iint\limits_{D} f(x,y) \mathrm{d}\sigma$ 的积分区域 D 关于 y 轴对称，则

$$\iint\limits_{D} f(x,y) \mathrm{d}\sigma = \begin{cases} 0, & f \text{ 为关于 } x \text{ 的奇函数，即 } f(-x,y) = -f(x,y), \\ 2\iint\limits_{D_2} f(x,y) \mathrm{d}\sigma, & f \text{ 为关于 } x \text{ 的偶函数，即 } f(-x,y) = f(x,y), \end{cases}$$

其中 D_2 为区域 D 在 xOy 面上第一、四象限的部分.

(3) 若二重积分 $\iint\limits_{D} f(x,y) \mathrm{d}\sigma$ 的积分区域 D 关于原点 $(0,0)$ 对称，则

$$\iint\limits_{D} f(x,y) \mathrm{d}\sigma = \begin{cases} 0, & f \text{ 为关于 } x,y \text{ 的二元奇函数，即 } f(-x,-y) = -f(x,y), \\ 2\iint\limits_{D_1} f(x,y) \mathrm{d}\sigma, & f \text{ 为关于 } x,y \text{ 的二元偶函数，即 } f(-x,-y) = f(x,y), \end{cases}$$

其中 D_1 为区域 D 在 xOy 面上第一、二象限的部分.

(4) 若 $f(x,y)$ 在有界闭区域 D 上连续，且 D 关于 $y = x$ 对称，则

$$\iint\limits_{D} f(x,y) \mathrm{d}x\mathrm{d}y = \iint\limits_{D} f(y,x) \mathrm{d}x\mathrm{d}y,$$

且

$$\iint\limits_{D_1} f(x,y) \mathrm{d}x\mathrm{d}y = \iint\limits_{D_2} f(x,y) \mathrm{d}x\mathrm{d}y,$$

其中 D_1, D_2 分别为 D 在 $y = x$ 轴上、下方的半个区域.

(5)* 若函数 $f(x,y)$ 在有界闭区域 D 上连续，且积分区域具有轮换对称性，则

$$\iint\limits_{D} f(x,y) \mathrm{d}\sigma = \iint\limits_{D} f(y,x) \mathrm{d}\sigma.$$

注：若 $f(x,y)$ 是定义在平面区域 D 上的二元函数，并且对 $\forall (x,y) \in D$，满足 $f(x,y) = f(y,x)$，就称 $f(x,y)$ 为**轮换对称函数**.

例 10.1 比较 $\left| \iint\limits_{D} x\mathrm{e}^{x^2+y^2} \mathrm{d}\sigma \right|$ 与 $\left| \iint\limits_{D} \mathrm{e}^{x^2+y^2} \mathrm{d}\sigma \right|$ 的大小，其中 $D = \{(x,y) \mid x^2 + y^2 \leq 1\}$.

解 显然，在积分区域 D 上

$$\left| x\mathrm{e}^{x^2+y^2} \right| \leq \mathrm{e}^{x^2+y^2},$$

所以

$$\left| \iint\limits_{D} x\mathrm{e}^{x^2+y^2} \mathrm{d}\sigma \right| \leq \iint\limits_{D} \left| x\mathrm{e}^{x^2+y^2} \right| \mathrm{d}\sigma \leq \iint\limits_{D} \mathrm{e}^{x^2+y^2} \mathrm{d}\sigma \leq \left| \iint\limits_{D} \mathrm{e}^{x^2+y^2} \mathrm{d}\sigma \right|.$$

例 10.2 估计二重积分 $I = \iint\limits_{D} (x^2 + 4y^2 + 9) \mathrm{d}x\mathrm{d}y$ 的值，其中 $D = \{(x,y) \mid x^2 + y^2 \leq 4\}$.

解 函数 $f(x,y) = x^2 + 4y^2 + 9 = x^2 + y^2 + 3y^2 + 9$ 在 D 上的最大值和最小值分别为

$$M = f(0,2) = f(0,-2) = 25, \quad m = f(0,0) = 9,$$

而区域 D 的面积 $\overline{D} = 4\pi$. 于是，由积分估值性知

$$36\pi \leq \iint\limits_{D} (x^2 + 4y^2 + 9) \mathrm{d}x\mathrm{d}y \leq 100\pi.$$

例 10.3 求极限 $\lim\limits_{r\to 0}\dfrac{1}{2r^2}\iint\limits_{D}e^{x^2+y^2}\cos(xy)\mathrm{d}\sigma$,其中 $D=\{(x,y)\mid |x|+|y|\leqslant r\}$.

解 由二重积分中值定理知, $\exists(\xi,\eta)\in D$,使得

$$\lim_{r\to 0}\frac{1}{2r^2}\iint\limits_{D}e^{x^2+y^2}\cos(xy)\mathrm{d}\sigma=\lim_{r\to 0}e^{\xi^2+\eta^2}\cos(\xi\eta)$$
$$=\lim_{(\xi,\eta)\to 0}e^{\xi^2+\eta^2}\cos(\xi\eta)=1.$$

例 10.4 计算二重积分 $\iint\limits_{D}\left(2x^3+3\sin\dfrac{x}{y}+\sqrt{1-x^2-y^2}+7\right)\mathrm{d}\sigma$,其中 $D=\{(x,y)\mid x^2+y^2\leqslant 1\}$.

解 不难看出,积分区域 D 关于 y 轴对称,$2x^3+3\sin\dfrac{x}{y}$ 为关于 x 的奇函数,$z=\sqrt{1-x^2-y^2}$ 为上半球面. 于是,由线性性质、对称性和几何意义知

$$原式 = \iint\limits_{D}\left(2x^3+3\sin\frac{x}{y}\right)\mathrm{d}\sigma+\iint\limits_{D}\sqrt{1-x^2-y^2}\mathrm{d}\sigma+\iint\limits_{D}7\mathrm{d}\sigma$$
$$=0+\frac{1}{2}\cdot\frac{4}{3}\pi 1^3+7\pi 1^2$$
$$=\frac{23}{3}\pi.$$

思考:例 10.4 中计算二重积分使用了什么方法,这些方法的优缺点都有哪些?

例 10.5* 若 $f(x)$ 在 $[a,b]$ 上取正值且连续,则

$$\iint\limits_{D}\frac{f(x)}{f(y)}\mathrm{d}\sigma\geqslant(b-a)^2,$$

其中矩形域 $D=[a\leqslant x\leqslant b,a\leqslant y\leqslant b]$.

证 积分区域 $D=[a\leqslant x\leqslant b,a\leqslant y\leqslant b]$ 关于 $y=x$ 对称,且 $\dfrac{f(x)}{f(y)}$ 在区域 D 上连续可积. 于是,由对称性知(图 10-4)

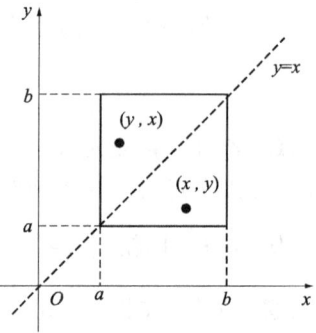

图 10-4

$$\iint\limits_{D}\frac{f(x)}{f(y)}\mathrm{d}\sigma=\frac{1}{2}\left[\iint\limits_{D}\frac{f(x)}{f(y)}\mathrm{d}\sigma+\iint\limits_{D}\frac{f(y)}{f(x)}\mathrm{d}\sigma\right]$$
$$=\frac{1}{2}\iint\limits_{D}\left[\frac{f(x)}{f(y)}+\frac{f(y)}{f(x)}\right]\mathrm{d}\sigma$$
$$\geqslant\frac{1}{2}\iint\limits_{D}2\sqrt{\frac{f(x)}{f(y)}\cdot\frac{f(y)}{f(x)}}\mathrm{d}\sigma$$
$$=\iint\limits_{D}\mathrm{d}\sigma=(b-a)^2.$$

习题 10.1(A)

1. 用直线 $x=\dfrac{i}{n}, y=\dfrac{j}{n}(i,j=0,1,\cdots,n)$ 把矩形 $D: 0\leqslant x\leqslant 1, 0\leqslant y\leqslant 1$ 分割成一系列小正方形,则二重积分 $\iint\limits_{D} xy\mathrm{d}x\mathrm{d}y=$ ( )

(A) $\lim\limits_{n\to\infty}\sum\limits_{i=1}^{n}\dfrac{i}{n}\cdot\dfrac{i}{n}\cdot\dfrac{1}{n^2}$　　　　(B) $\lim\limits_{n\to\infty}\sum\limits_{j=1}^{n}\sum\limits_{i=1}^{n}\dfrac{i}{n}\cdot\dfrac{j}{n}\cdot\dfrac{1}{n^2}$

(C) $\lim\limits_{n\to\infty}\sum\limits_{i=1}^{n}\dfrac{i-1}{n}\cdot\dfrac{i}{n}\cdot\dfrac{1}{n^2}$　　　(D) $\lim\limits_{n\to\infty}\sum\limits_{i=1}^{n}n\left(\dfrac{i}{n}\cdot\dfrac{i}{n}\right)\cdot\dfrac{1}{n}\cdot\dfrac{1}{n}$

2. 由二重积分定义知,$\lim\limits_{n\to\infty}\sum\limits_{i=1}^{n}\sum\limits_{j=1}^{n}\dfrac{n}{(n+i)(n^2+j^2)}=$ ( )

(A) $\int_{0}^{1}\mathrm{d}x\int_{0}^{x}\dfrac{1}{(1+x)(1+y^2)}\mathrm{d}y$　　　(B) $\int_{0}^{1}\mathrm{d}x\int_{0}^{x}\dfrac{1}{(1+x)(1+y)}\mathrm{d}y$

(C) $\int_{0}^{1}\mathrm{d}x\int_{0}^{1}\dfrac{1}{(1+x)(1+y)}\mathrm{d}y$　　　(D) $\int_{0}^{1}\mathrm{d}x\int_{0}^{1}\dfrac{1}{(1+x)(1+y^2)}\mathrm{d}y$

3. 设 $I_1=\iint\limits_{D}[\ln(x+y)]^7\mathrm{d}x\mathrm{d}y, I_2=\iint\limits_{D}(x+y)^7\mathrm{d}x\mathrm{d}y, I_3=\iint\limits_{D}\sin^7(x+y)\mathrm{d}x\mathrm{d}y$,其中 D 是由 $x=0, y=0, x+y=\dfrac{1}{2}, x+y=1$ 所围成的区域,则 I_1, I_2, I_3 的大小顺序是 ( )

(A) $I_1<I_2<I_3$　　(B) $I_3<I_2<I_1$　　(C) $I_1<I_3<I_2$　　(D) $I_3<I_1<I_2$

4. 若区域 D 为 $0\leqslant y\leqslant x^2, |x|\leqslant 2$,则 $\iint\limits_{D}xy^2\mathrm{d}x\mathrm{d}y=$ ( )

(A) 0　　(B) $\dfrac{32}{3}$　　(C) $\dfrac{64}{3}$　　(D) 256

习题 10.1(B)

1. 设一平面薄板占有 xOy 面上的闭区域 D,其上点 (x,y) 处的面密度为 $\mu=\mu(x,y)$,$\mu(x,y)$ 在 D 上连续,试用二重积分表示该薄板的质量 M.

2. 设 $f(t)$ 为连续函数,试用二重积分表示由平面 $z=0$、柱面 $x^2+y^2=1$ 和曲面 $z=[f(xy)]^2$ 所围立体的体积.

3. 用二重积分的几何意义求 $\iint\limits_{x^2+y^2\leqslant 1}(\sqrt{1-x^2-y^2}+1)\mathrm{d}x\mathrm{d}y$.

4. 根据二重积分的性质,比较下列积分的大小.

(1) $I_1 = \iint\limits_{D_1} d\sigma, I_2 = \iint\limits_{D_2} d\sigma$,其中 $D_1 = \{(x,y) \mid x^2 + y^2 \leq 1\}$,$D_2 = \{(x,y) \mid 0 \leq x \leq 1, 0 \leq y \leq 3\}$;

(2) $I_1 = \iint\limits_{D} (x+y)^2 d\sigma, I_2 = \iint\limits_{D} (x+y)^3 d\sigma$,其中 D 是顶点为 $(1,0),(0,1),(1,1)$ 的三角形闭区域;

(3) $I_1 = \iint\limits_{D} \ln(x^2+y^2) d\sigma, I_2 = \iint\limits_{D} [\ln(x^2+y^2)]^2 d\sigma$,其中 $D = \{(x,y) \mid e \leq x^2+y^2 \leq 2e\}$.

5. 利用二重积分的性质,估计下列积分的值.

(1) $I = \iint\limits_{D} \sqrt{4+xy}\, d\sigma$,其中 $D = \{(x,y) \mid 0 \leq x \leq 1, 0 \leq y \leq 1\}$;

(2) $I = \iint\limits_{D} (1-x) d\sigma$,其中 $D = \{(x,y) \mid x^2+y^2 \leq 4\}$;

(3) $I = \iint\limits_{D} (x^2+4y^2+9) d\sigma$,其中 $D: x^2+y^2 \leq 4$;

(4) $I = \iint\limits_{D} (x^2+y^2+1) d\sigma$,其中 D 是两坐标轴与直线 $2x+y=2$ 围成的闭区域.

10.2 二重积分的计算

扫码查看
☐ 衔接拓展 ☐ 学习秘诀
☐ 干货精讲 ☐ 精品课程

知识衔接

写出第一换元积分公式_____.
写出第二换元积分公式_____.
写出分部积分公式_____.

尽管利用二重积分的定义、几何意义可以计算一些特殊的二重积分,但对于一般二重积分的计算问题,这些方法就显得"力不从心"了. 因此,必须找到一种切实可行的计算方法. 本节介绍二重积分的计算方法,其基本思想是化二重积分为两次定积分(即累次积分).

10.2.1 直角坐标系下二重积分的计算方法

我们已经知道,二重积分值仅与被积函数和积分区域有关,而直角坐标系下平面区域只有两种基本类型,即

X-型区域:$D=\{(x,y)\mid a\leqslant x\leqslant b,\varphi_1(x)\leqslant y\leqslant\varphi_2(x)\}$(图 10-5(a)、图 10-5(b));
Y-型区域:$D=\{(x,y)\mid c\leqslant y\leqslant d,\psi_1(y)\leqslant x\leqslant\psi_2(y)\}$(图 10-5(c)、图 10-5(d)).

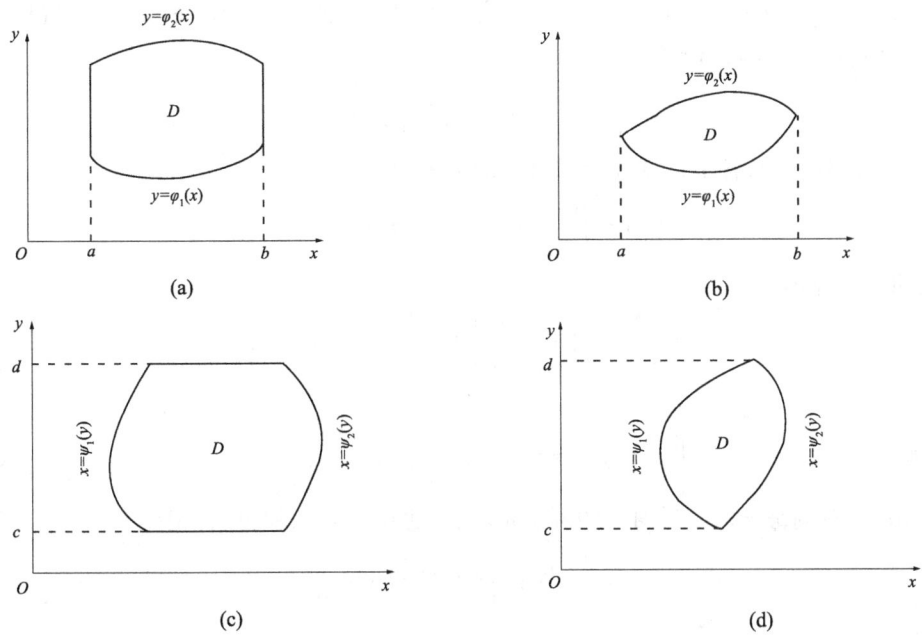

图 10-5

其他区域均可分割为以上两种类型,为了书写方便,X-型区域、Y-型区域也可写为 X 型区域、Y 型区域.

因此,在直角坐标系下计算二重积分只需探讨 X-型区域和 Y-型区域上的二重积分计算问题.

不妨设二重积分 $\iint\limits_D f(x,y)\mathrm{d}\sigma$ 的积分区域为 X-型区域:$D=\{(x,y)\mid a\leqslant x\leqslant b,\varphi_1(x)\leqslant y\leqslant\varphi_2(x)\}$,且 $f(x,y)\geqslant 0$,则由二重积分的几何意义知,在数值上二重积分 $\iint\limits_D f(x,y)\mathrm{d}\sigma$ 等于以 X-型区域 D 为底、以 $z=f(x,y)$ 为顶的曲顶柱体体积(图 10-6).

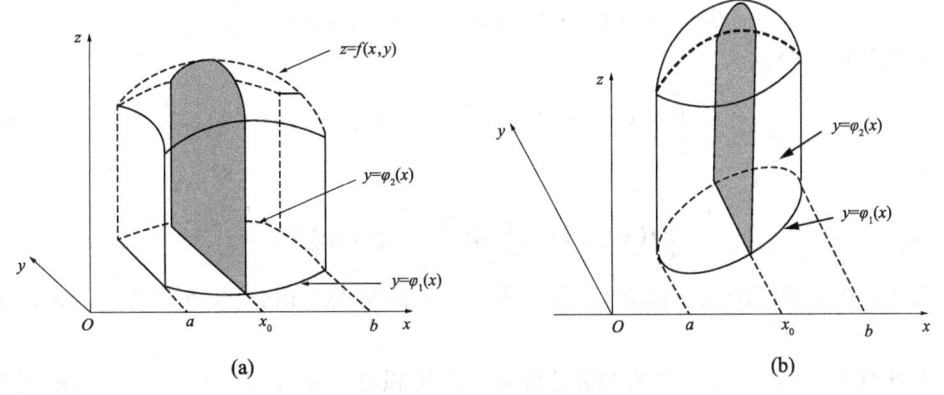

图 10-6

不难看出,该曲顶柱体为"平行截面面积已知的立体".在区间$[a,b]$上任意取定一点x_0,过该点作垂直于x轴的平面,则该平面截曲顶柱体所得的截面是一个以区间$[\varphi_1(x_0),\varphi_2(x_0)]$为底、以曲线$z=f(x_0,y)$为曲边的曲边梯形(图10-6(a)、10-6(b)中的阴影部分).因此,该截面面积

$$S(x_0) = \int_{\varphi_1(x_0)}^{\varphi_2(x_0)} f(x_0,y)\,dy.$$

由点x_0的任意性知,各平行截面面积可一般地表示为

$$S(x) = \int_{\varphi_1(x)}^{\varphi_2(x)} f(x,y)\,dy,\ \forall x \in [a,b].$$

于是,曲顶柱体体积

$$V = \int_a^b S(x)\,dx = \int_a^b \left[\int_{\varphi_1(x)}^{\varphi_2(x)} f(x,y)\,dy\right]dx,$$

所以

$$\iint_D f(x,y)\,d\sigma = \int_a^b \left[\int_{\varphi_1(x)}^{\varphi_2(x)} f(x,y)\,dy\right]dx. \tag{10.2}$$

公式(10.2)右端是先对y后对x的两次定积分,也叫作累次积分,常记作

$$\int_a^b dx \int_{\varphi_1(x)}^{\varphi_2(x)} f(x,y)\,dy,$$

即

$$\iint_D f(x,y)\,d\sigma = \int_a^b dx \int_{\varphi_1(x)}^{\varphi_2(x)} f(x,y)\,dy. \tag{10.3}$$

注:1)尽管推导式(10.2)和式(10.3)时假定了$f(x,y) \geq 0$,但实际上该公式对于任意连续函数$f(x,y)$都成立.

2)把x看作常数时,$f(x,y)$作为y的一元函数在区间$[\varphi_1(x),\varphi_2(x)]$上的定积分

$$\int_{\varphi_1(x)}^{\varphi_2(x)} f(x,y)\,dy \triangleq S(x)$$

是x的函数,该函数也称为含参变量积分.含参变量积分是非初等函数的一种重要构造形式.

类似地,若积分区域D为Y-型区域:

$$D = \{(x,y) \mid c \leq y \leq d, \psi_1(y) \leq x \leq \psi_2(y)\},$$

则二重积分计算公式为

$$\iint_D f(x,y)\,d\sigma = \int_c^d \left[\int_{\psi_1(y)}^{\psi_2(y)} f(x,y)\,dx\right]dy \tag{10.4}$$

或

$$\iint_D f(x,y)\,d\sigma = \int_c^d dy \int_{\psi_1(y)}^{\psi_2(y)} f(x,y)\,dx. \tag{10.5}$$

公式(10.4)和(10.5)右端的积分是先x后y的两次定积分,也叫作先x后y的累次积分.

不难看出,计算二重积分的关键是确定两次定积分的积分次序和积分上下限,而积分次序和积分上下限直接依赖于积分区域和被积函数这两个要素.

若积分区域为 X-型：
$$D = \{(x,y) \mid a \leqslant x \leqslant b, \varphi_1(x) \leqslant y \leqslant \varphi_2(x)\},$$
则二重积分化为先 y 后 x 的两次定积分，积分限从小到大由 X-型区域中的不等式确定.

若积分区域为 Y-型：
$$D = \{(x,y) \mid c \leqslant y \leqslant d, \psi_1(y) \leqslant x \leqslant \psi_2(y)\},$$
则二重积分化为先 x 后 y 的两次定积分，积分限从小到大由 Y-型区域中的不等式确定.

因此，可按以下步骤计算二重积分：

第一步 恰当判断积分区域的类型（X-型、Y-型），并将其用不等式表示出来.

第二步 依以上判断及被积函数的特点化二重积分为两次定积分（积分次序和上下限由积分区域 D 的表达式确定）.

注：1）若积分区域 D 既不是 X-型区域，也不是 Y-型区域，则可把 D 分割成若干个 X-型区域或 Y-型区域，然后分别计算再求和. 例如，在图 10-7 中，把 D 分成三部分，它们都是 X-型区域，从而

$$\iint_D f(x,y)\,d\sigma = \iint_{\bigcup_{i=1}^{3} D_i} f(x,y)\,d\sigma = \sum_{i=1}^{3} \iint_{D_i} f(x,y)\,d\sigma.$$

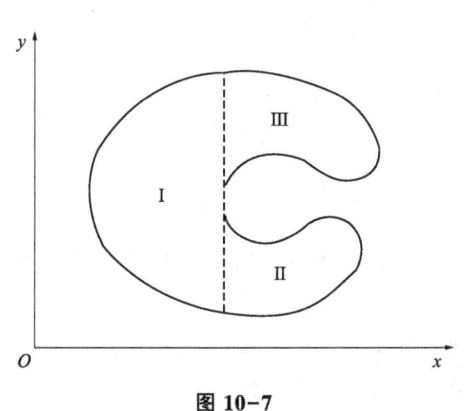
图 10-7

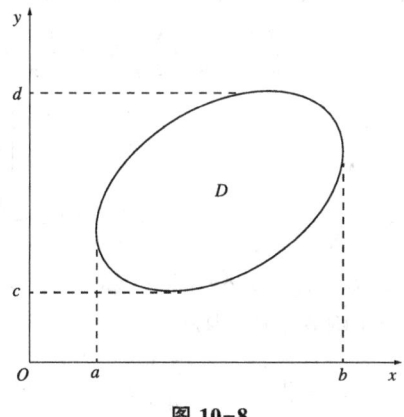
图 10-8

2）若积分区域 D 既是 X-型区域，又是 Y-型区域（图 10-8），则

$$\iint_D f(x,y)\,d\sigma = \int_a^b dx \int_{\varphi_1(x)}^{\varphi_2(x)} f(x,y)\,dy$$
$$= \int_c^d dy \int_{\psi_1(y)}^{\psi_2(y)} f(x,y)\,dx. \tag{10.6}$$

式（10.6）表明当积分区域 D 既是 X-型区域，又是 Y-型区域时，原则上将二重积分计算化为先 x 后 y 或先 y 后 x 的两次定积分均可，但具体计算需由被积函数的特点确定. 例如，当 $f(x,y) = e^{-x^2}$ 时，必须按先 y 后 x 的次序积分！

3）矩形域既是 X-型区域，也是 Y-型区域，矩形域上二重积分的计算方法类似于式（10.6）.

定理 10.1 若函数 $f(x)$ 在 $[a,b]$ 上连续，$\varphi(y)$ 在 $[c,d]$ 上连续，区域 $D = [a \leqslant x \leqslant b,$

$c \leq y \leq d$], 则

$$\iint_D f(x)\varphi(y)\,dx\,dy = \int_a^b f(x)\,dx \cdot \int_c^d \varphi(y)\,dy. \tag{10.7}$$

证 积分区域 D 既是矩形域,也是 X-型域,二元函数 $f(x)\varphi(y)$ 在区域 D 上连续可积,因此

$$\iint_D f(x)\varphi(y)\,dx\,dy = \int_a^b \left[\int_c^d f(x)\varphi(y)\,dy\right]dx = \int_a^b \left[f(x)\cdot \int_c^d \varphi(y)\,dy\right]dx$$

$$= \int_c^d \varphi(y)\,dy \cdot \int_a^b f(x)\,dx,$$

即

$$\iint_D f(x)\varphi(y)\,dx\,dy = \int_a^b f(x)\,dx \cdot \int_c^d \varphi(y)\,dy.$$

例 10.6 计算二重积分

$$\iint_D \left(1 - \frac{x}{3} - \frac{y}{4}\right)d\sigma,$$

其中 $D = \{(x,y) \mid -2 \leq x \leq 2, -1 \leq y \leq 1\}$.

解 方法一 积分区域 $D = \{(x,y) \mid -2 \leq x \leq 2, -1 \leq y \leq 1\}$ 为 X-型区域,故

$$\iint_D \left(1 - \frac{x}{3} - \frac{y}{4}\right)d\sigma = \int_{-2}^{2} dx \int_{-1}^{1} \left(1 - \frac{x}{3} - \frac{y}{4}\right)dy$$

$$= \int_{-2}^{2} \left[y - \frac{xy}{3} - \frac{y^2}{8}\right]_{-1}^{1} dx = \int_{-2}^{2} \left(2 - \frac{2x}{3}\right)dx$$

$$= \left[2x - \frac{x^2}{3}\right]_{-2}^{2} = 8.$$

方法二 积分区域 $D = \{(x,y) \mid -2 \leq x \leq 2, -1 \leq y \leq 1\}$ 为 X-型区域,且被积函数可分解为一元函数乘积,因此

$$\iint_D \left(1 - \frac{x}{3} - \frac{y}{4}\right)d\sigma = \iint_D 1\,d\sigma - \iint_D 1\cdot\frac{x}{3}\,d\sigma - \iint_D 1\cdot\frac{y}{4}\,d\sigma$$

$$= 4\times 2 - \int_{-2}^{2} \frac{x}{3}\,dx \cdot \int_{-1}^{1} 1\,dy - \int_{-2}^{2} 1\,dx \cdot \int_{-1}^{1} \frac{y}{4}\,dy$$

$$= 8 + 0 + 0 = 8.$$

思考: 1) 在方法一中可以使用 Y-型区域对应的二重积分计算公式吗?

2) 能否给出一个比方法二计算更快的方法?

例 10.7 计算 $I = \iint_D xy\,d\sigma$,其中 D 由曲线 $y = x^2$ 与 $y^2 = x$ 围成(图 10-9).

解 积分区域是 X-型区域,且可表示为 $D = \{(x,y) \mid 0 \leq x \leq 1, x^2 \leq y \leq \sqrt{x}\}$,因此

$$\iint_D xy\,d\sigma = \int_0^1 dx \int_{x^2}^{\sqrt{x}} xy\,dy$$

$$= \int_0^1 x\left[\frac{1}{2}y^2\right]_{x^2}^{\sqrt{x}} dx = \int_0^1 \frac{1}{2}x(x - x^4)\,dx$$

$$= \frac{1}{2}\left[\frac{1}{3}x^3 - \frac{1}{6}x^6\right]_0^1$$
$$= \frac{1}{12}.$$

思考：等式 $\iint\limits_D xy\,d\sigma = \int_0^1 x\,dx \int_{x^2}^{\sqrt{x}} y\,dy$ 与 $\iint\limits_D xy\,d\sigma = \int_0^1 x\,dx \cdot \int_{x^2}^{\sqrt{x}} y\,dy$ 是否成立？

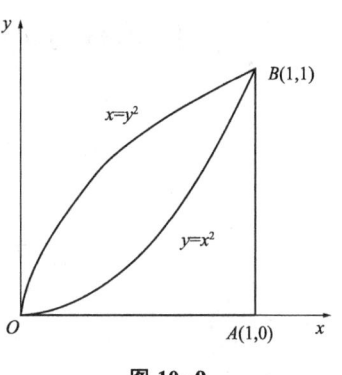

图 10-9

例 10.8 计算 $I = \iint\limits_D x^{-2} y\,d\sigma$，其中 D 由曲线 $xy=1$ 和直线 $y=x$ 与 $y=2$ 围成（图 10-10）．

解 如图 10-10 所示，积分区域是 Y-型区域，且可表示为
$$D = \left\{(x,y) \mid 1 \leqslant y \leqslant 2, \frac{1}{y} \leqslant x \leqslant y\right\},$$
因此
$$\iint\limits_D x^{-2} y\,d\sigma = \int_1^2 dy \int_{\frac{1}{y}}^y x^{-2} y\,dx = \int_1^2 y\left[-\frac{1}{x}\right]_{\frac{1}{y}}^y dy$$
$$= \int_1^2 (y^2 - 1)\,dy = \left[\frac{1}{3}y^3 - y\right]_1^2$$
$$= \frac{4}{3}.$$

思考：例 10.8 能否按照先 y 后 x 的积分次序计算？

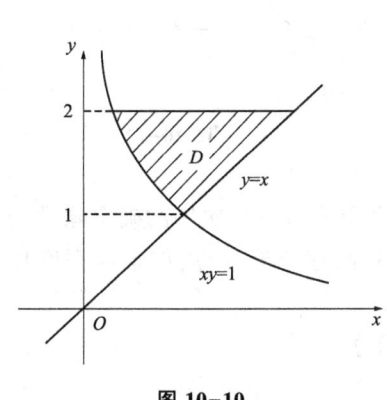

图 10-10

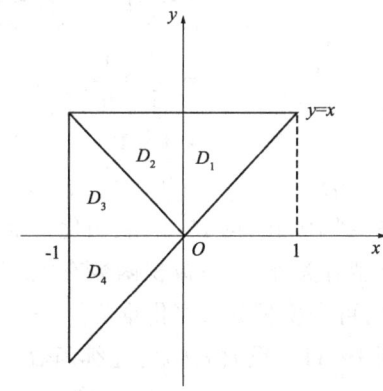

图 10-11

例 10.9 计算 $\iint\limits_D y\sqrt{1+x^2-y^2}\,d\sigma$，其中 D 由直线 $x=-1$，$y=1$ 及 $y=x$ 围成（图 10-11）．

解 积分区域 $D = D_1 \cup D_2 \cup D_3 \cup D_4$，且 D_1 与 D_2 关于 y 轴对称，D_3 与 D_4 关于 x 轴对称，其中 D_1 为 X-型区域，且可表示为 $D_1 = \{(x,y) \mid 0 \leqslant x \leqslant 1, x \leqslant y \leqslant 1\}$，而被积函数 $f(x,y) = y\sqrt{1+x^2-y^2}$ 是关于 y 的奇函数，关于 x 的偶函数，于是

$$\iint_D y\sqrt{1+x^2-y^2}\,d\sigma = \iint_{D_1\cup D_2} y\sqrt{1+x^2-y^2}\,d\sigma + \iint_{D_3\cup D_4} y\sqrt{1+x^2-y^2}\,d\sigma$$

$$= 2\iint_{D_1} y\sqrt{1+x^2-y^2}\,d\sigma = 2\int_0^1 dx \int_x^1 y\sqrt{1+x^2-y^2}\,dy$$

$$= -\frac{2}{3}\int_0^1 \left[(1+x^2-y^2)^{\frac{3}{2}}\right]_x^1 dx = -\frac{2}{3}\int_0^1 (x^3-1)\,dx$$

$$= -\frac{2}{3}\left[\frac{1}{4}x^4 - x\right]_0^1$$

$$= \frac{1}{2}.$$

注:例 10.9 中积分区域 D_1 也是 Y-型区域,按先 x 后 y 的累次积分次序计算也可以,只是计算量较大.

例 10.10 计算 $\iint_D x^2 e^{-y^2}\,d\sigma$,其中 D 由直线 $x=0, y=1$ 及 $y=x$ 围成(图 10-12).

解 积分区域是 Y-型区域,且可表示为
$$D = \{(x,y) \mid 0 \leqslant y \leqslant 1, 0 \leqslant x \leqslant y\},$$
因此

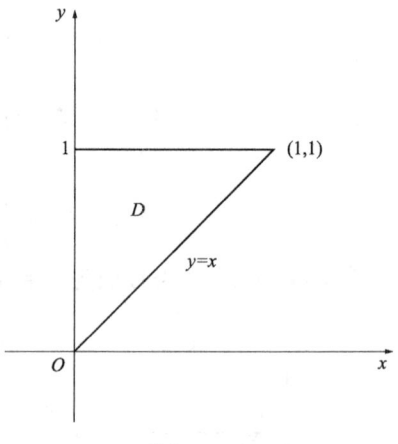

图 10-12

$$\iint_D x^2 e^{-y^2}\,d\sigma = \int_0^1 e^{-y^2}\,dy \int_0^y x^2\,dx$$

$$= \frac{1}{3}\int_0^1 y^3 e^{-y^2}\,dy = -\frac{1}{6}\int_0^1 y^2\,de^{-y^2}$$

$$= -\frac{1}{6}[y^2 e^{-y^2}]_0^1 + \frac{1}{6}\int_0^1 e^{-y^2}\,dy^2$$

$$= -\frac{1}{6e} - \frac{1}{6}[e^{-y^2}]_0^1$$

$$= \frac{1}{6} - \frac{1}{3e}.$$

注:例 10.10、例 10.11 表明化二重积分为两次定积分时积分次序的确定除了与积分区域类型有关外,还与被积函数有关. 有时,即使两种次序都能计算,但难易程度也有区别,此时可交换积分次序化难为简.

例 10.11 设 $f(x,y)$ 为连续函数,请交换累次积分
$$\int_0^1 dy \int_0^{2y} f(x,y)\,dx + \int_1^3 dy \int_0^{3-y} f(x,y)\,dx$$
的顺序.

解 累次积分 $\int_0^1 dy \int_0^{2y} f(x,y)\,dx$ 与 $\int_1^3 dy \int_0^{3-y} f(x,y)\,dx$ 对应的二重积分区域分别为 Y-型区域
$$D_1 = \{(x,y) \mid 0 \leqslant y \leqslant 1, 0 \leqslant x \leqslant 2y\}$$
与

记 $D = D_1 \cup D_2$(图 10-13),则 D 为 X-型区域,且可表示为

$$D_2 = \{(x,y) \mid 1 \leq y \leq 3, 0 \leq x \leq 3-y\},$$

$$D = \{(x,y) \mid 0 \leq x \leq 2, \frac{x}{2} \leq y \leq 3-x\},$$

因此

$$\int_0^1 dy \int_0^{2y} f(x,y) dx + \int_1^3 dy \int_0^{3-y} f(x,y) dx$$
$$= \iint_{D_1} f(x,y) d\sigma + \iint_{D_2} f(x,y) d\sigma = \iint_D f(x,y) d\sigma$$
$$= \int_0^2 dx \int_{\frac{x}{2}}^{3-x} f(x,y) dy.$$

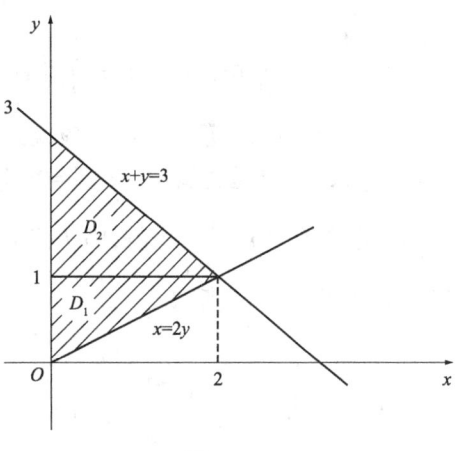

图 10-13

思考:如何化 $\int_0^2 dx \int_{\frac{x}{2}}^{3-x} f(x,y) dy$ 为先 x 后 y 的累次积分?比较不同次序积分的优缺点.

因为二重积分值不仅与积分区域有关,还与被积函数有关,所以以上二重积分的计算方法存在两点不足:

(1) 当积分区域为一般区域时,很难绘图,即使能够绘出,也需由区域可加性将其转化为若干个标准 X-型区域或 Y-型区域上的二重积分计算,在实际计算时往往非常困难!例如,计算圆环域 $a^2 \leq x^2 + y^2 \leq b^2$ 上的二重积分.

(2) 当被积函数的原函数(无论按何种次序)无法用初等函数表出时,即使积分区域为标准 X-型区域或 Y-型区域也无法计算.例如,$f(x,y) = e^{-(x^2+y^2)}$.

10.2.2 二重积分的换元公式与极坐标下二重积分的计算方法

在定积分的计算中,我们知道:

若 $f(x)$ 在区间 $[a,b]$ 上连续,$\varphi(t)$ 在区间 $[\alpha, \beta]$ 连续可导,且 $\varphi'(t) > 0$ 时,

$$\int_a^b f(x) dx = \int_\alpha^\beta f[\varphi(t)] \varphi'(t) dt. \tag{10.8}$$

若 $f(x)$ 在区间 $[a,b]$ 上连续,$\varphi(t)$ 在区间 $[\alpha, \beta]$ 连续可导,且 $\varphi'(t) < 0$ 时,

$$\int_a^b f(x) dx = \int_\beta^\alpha f[\varphi(t)] \varphi'(t) dt = -\int_\alpha^\beta f[\varphi(t)] \varphi'(t) dt. \tag{10.9}$$

记 $D = [a,b]$,$D' = [\alpha, \beta]$,则公式(10.8)和(10.9)可统一写成如下形式:

$$\int_D f(x) dx = \int_{D'} f[\varphi(t)] |\varphi'(t)| dt. \tag{10.10}$$

将上式推广到二维空间便有如下二重积分的换元积分法.

定理 10.2 设函数 $f(x,y)$ 在有界闭区域 D 上连续,变换 $T: x = x(u,v), y = y(u,v)$ 将 uv 平面上有界闭区域 D' 一对一地映成 xy 平面上的区域 D,函数 $x(u,v), y(u,v)$ 在 D' 内分别具有一阶连续偏导数,且函数行列式

$$J(u,v) = \frac{\partial(x,y)}{\partial(u,v)} \neq 0, \ (u,v) \in D',$$

则
$$\iint_D f(x,y)\,dxdy = \iint_{D'} f[x(u,v),y(u,v)]\,|J(u,v)|\,dudv. \tag{10.11}$$

公式(10.11)常称为二重积分的**一般换元公式**.

例 10.12* 求抛物线 $y^2=x, y^2=2x$ 和双曲线 $xy=2, xy=3$ 所围区域 D 的面积.

解 作变换 $T: u=\dfrac{y^2}{x}, v=xy$,则 T 将 uv 平面上有界闭区域 D' 一对一地映成 xy 平面上的区域 D,如图 10-14 所示.

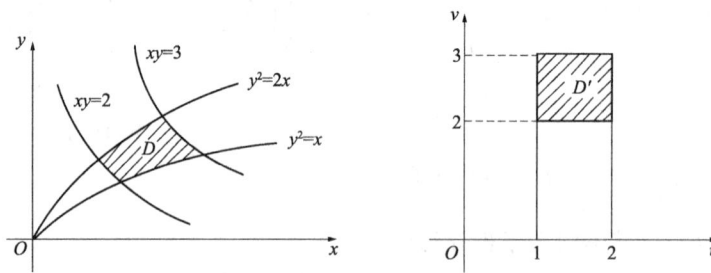

图 10-14

$$J = \frac{\partial(x,y)}{\partial(u,v)} = \frac{1}{\dfrac{\partial(u,v)}{\partial(x,y)}} = \frac{1}{-\dfrac{3y^2}{x}} = \frac{1}{-3u} \ne 0,$$

于是,所求区域 D 的面积

$$\begin{aligned}\overline{D} &= \iint_D dxdy = \iint_{D'} |J|\,dudv = \frac{1}{3}\int_2^3 dv \int_1^2 \frac{1}{u}\,du \\ &= \frac{1}{3}\ln 2.\end{aligned}$$

若积分区域 D 的边界曲线用极坐标方程来表示,或被积函数用极坐标变量 ρ, θ 表达比较简单,这时可利用极坐标方法来计算二重积分.

当积分区域的边界曲线(如圆或圆的一部分、双扭线等)或被积函数(如 $f(x,y) = \varphi(x^2+y^2), f(x,y) = \varphi\left(\dfrac{y}{x}\right)$ 等)用极坐标方程表示比较简单时,我们可考虑在极坐标下计算二重积分.

定理 10.3 设函数 $f(x,y)$ 在有界闭区域 D 上连续,极坐标变换

$$T: \begin{cases} x = \rho\cos\theta, \\ y = \rho\sin\theta, \end{cases} \quad 0 \le \rho < +\infty, 0 \le \theta \le 2\pi.$$

将 $\rho\theta$ 平面上有界闭区域 D' 一对一地映成 xy 平面上的区域 D,则

$$\iint_D f(x,y)\,dxdy = \iint_{D'} f(\rho\cos\theta, \rho\sin\theta)\rho\,d\rho d\theta. \tag{10.12}$$

显然,将 $x=\rho\cos\theta, y=\rho\sin\theta$ 代入式(10.11)即可证明该结论.公式(10.12)常称为二重积分的**极坐标换元公式**.

需要说明的是,定理 10.3 的条件只是结论成立的充分条件. 事实上,若仅在个别点或光滑曲线上变换不满足一一对应和函数行列式 $J(\rho,\theta) = \rho \neq 0$ 时,定理 10.3 的结论仍成立. 此公式也可用二重积分的定义或微元法推导.

下面介绍将直角坐标下二重积分转变为极坐标下二重积分后,化极坐标下二重积分为两次定积分的方法.

若积分区域 D 为

$D = \{(\rho,\theta) \mid \alpha \leq \theta \leq \beta, \varphi_1(\theta) \leq \rho \leq \varphi_2(\theta)\}$(图 10-15(a)、(b))可称为 θ-型区域),
则

$$\iint_D f(\rho\cos\theta, \rho\sin\theta)\rho\,d\rho\,d\theta = \int_\alpha^\beta d\theta \int_{\varphi_1(\theta)}^{\varphi_2(\theta)} f(\rho\cos\theta, \rho\sin\theta)\rho\,d\rho \qquad (10.13)$$

或

$$\iint_D f(\rho\cos\theta, \rho\sin\theta)\rho\,d\rho\,d\theta = \int_\alpha^\beta \left[\int_{\varphi_1(\theta)}^{\varphi_2(\theta)} f(\rho\cos\theta, \rho\sin\theta)\rho\,d\rho \right] d\theta.$$

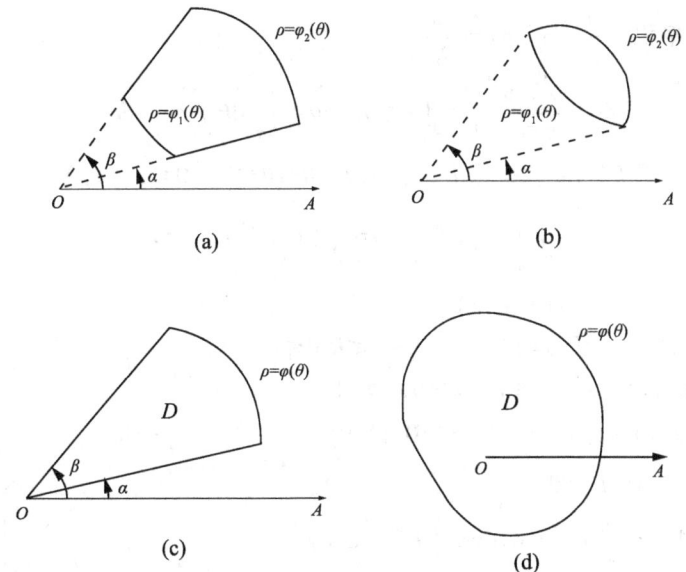

图 10-15

类似地,可写出其他 θ-型区域(图 10-15(c)、(d))上化二重积分为两次定积分的公式

$$\iint_D f(\rho\cos\theta, \rho\sin\theta)\rho\,d\rho\,d\theta = \int_\alpha^\beta d\theta \int_0^{\varphi(\theta)} f(\rho\cos\theta, \rho\sin\theta)\rho\,d\rho,$$

$$\iint_D f(\rho\cos\theta, \rho\sin\theta)\rho\,d\rho\,d\theta = \int_0^{2\pi} d\theta \int_0^{\varphi(\theta)} f(\rho\cos\theta, \rho\sin\theta)\rho\,d\rho.$$

*若积分区域

$D = \{(\rho,\theta) \mid \rho_1 \leq \rho \leq \rho_2, \theta_1(\rho) \leq \theta \leq \theta_2(\rho)\}$(图 10-16 可称为 ρ-型区域),
则

$$\iint\limits_{D} f(x,y)\mathrm{d}x\mathrm{d}y = \int_{\rho_1}^{\rho_2}\mathrm{d}\rho\int_{\theta_1(\rho)}^{\theta_2(\rho)} f(\rho\cos\theta,\rho\sin\theta)\rho\mathrm{d}\theta. \qquad (10.14)$$

综上所述,在极坐标下计算二重积分的步骤:

第一步 用换元公式将直角坐标下二重积分转变为极坐标下二重积分.

第二步 恰当判断极坐标下积分区域的类型(θ-型、ρ-型),并将其用不等式表示出来.

第三步 依以上判断化极坐标下二重积分为两次定积分(积分次序和上下限由极坐标下积分区域的表达式确定).

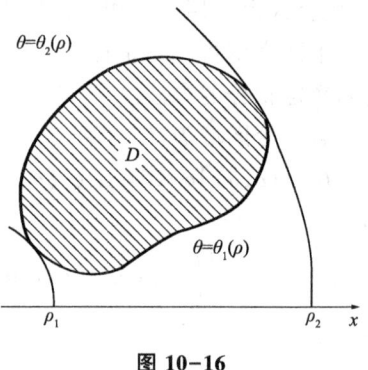

图 10-16

例 10.13 (1)计算二重积分 $\iint\limits_{D} \mathrm{e}^{-x^2-y^2}\mathrm{d}\sigma$,其中 D: $x^2+y^2 \leqslant a^2$;

(2)证明概率积分 $\int_{0}^{+\infty}\mathrm{e}^{-x^2}\mathrm{d}x = \dfrac{\sqrt{\pi}}{2}$.

解 (1) $\iint\limits_{D} \mathrm{e}^{-x^2-y^2}\mathrm{d}\sigma \xrightarrow[y=\rho\sin\theta]{\diamondsuit x=\rho\cos\theta} \iint\limits_{D'}\mathrm{e}^{-\rho^2}\rho\mathrm{d}\rho\mathrm{d}\theta = \int_{0}^{2\pi}\mathrm{d}\theta\int_{0}^{a}\rho\mathrm{e}^{-\rho^2}\mathrm{d}\rho$

(其中积分区域 D' 为 θ-型,且 $D' = \{(\rho,\theta)\,|\,0\leqslant\theta\leqslant 2\pi,0\leqslant\rho\leqslant a\}$)

$$= \int_{0}^{2\pi}\left[-\frac{1}{2}\mathrm{e}^{-\rho^2}\right]_{0}^{a}\mathrm{d}\theta = \frac{1}{2}(1-\mathrm{e}^{-a^2})\int_{0}^{2\pi}\mathrm{d}\theta$$
$$= \pi(1-\mathrm{e}^{-a^2}).$$

(2)如图 10-17 所示,设 $S = \{(x,y)\,|\,0\leqslant x\leqslant R, 0\leqslant y\leqslant R\}$,

$D_1 = \{(x,y)\,|\,x^2+y^2\leqslant R^2, x\geqslant 0, y\geqslant 0\}$,

$D_2 = \{(x,y)\,|\,x^2+y^2\leqslant 2R^2, x\geqslant 0, y\geqslant 0\}$,

则由 $\mathrm{e}^{-x^2-y^2}>0, D_1\subset S\subset D_2$ 知

$$\iint\limits_{D_1}\mathrm{e}^{-x^2-y^2}\mathrm{d}x\mathrm{d}y < \iint\limits_{S}\mathrm{e}^{-x^2-y^2}\mathrm{d}x\mathrm{d}y < \iint\limits_{D_2}\mathrm{e}^{-x^2-y^2}\mathrm{d}x\mathrm{d}y.$$

利用(1)的结论与二重积分的性质得

$$\frac{\pi}{4}(1-\mathrm{e}^{-R^2}) < \left(\int_{0}^{R}\mathrm{e}^{-x^2}\mathrm{d}x\right)^2 < \frac{\pi}{4}(1-\mathrm{e}^{-2R^2}),$$

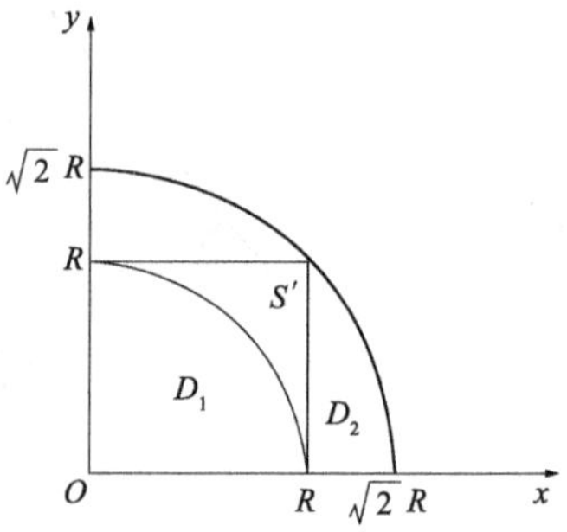

图 10-17

当 $R\to +\infty$ 时,上式两端趋于同一极限 $\dfrac{\pi}{4}$,从而有

$$\int_{0}^{+\infty}\mathrm{e}^{-x^2}\mathrm{d}x = \frac{\sqrt{\pi}}{2}.$$

例 10.14 计算二重积分 $\iint\limits_{D}\dfrac{y}{x\sqrt{x^2+y^2}}\mathrm{d}x\mathrm{d}y$,其中 $D = \{(x,y)\,|\,x^2+y^2\leqslant 2x, x\geqslant 1, y\geqslant 0\}$.

解 积分区域 D 如图 10-18 所示.

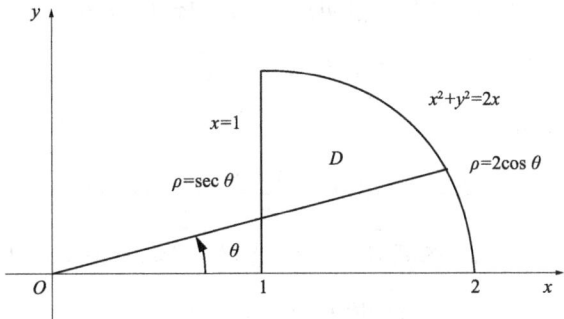

图 10-18

$$\iint_D \frac{y}{x\sqrt{x^2+y^2}}dxdy \xrightarrow[y=\rho\sin\theta]{\diamondsuit x=\rho\cos\theta} \iint_{D'} \tan\theta d\rho d\theta$$

(其中积分区域 D' 为 θ-型,且 $D' = \{(\rho,\theta) \mid 0 \leq \theta \leq \frac{\pi}{4}, \sec\theta \leq \rho \leq 2\cos\theta\}$)

$$= \int_0^{\frac{\pi}{4}} \tan\theta d\theta \int_{\sec\theta}^{2\cos\theta} d\rho$$

$$= \int_0^{\frac{\pi}{4}} (2\cos\theta - \sec\theta)\tan\theta d\theta$$

$$= [-2\cos\theta - \sec\theta]_0^{\frac{\pi}{4}} = 3 - 2\sqrt{2}.$$

类似于极坐标换元公式有如下二重积分的**广义极坐标换元公式**:

$$\iint_D f(x,y)dxdy \xrightarrow[0 \leq \rho < +\infty, 0 \leq \theta \leq 2\pi]{T:\begin{cases}x=a\rho\cos\theta,\\y=b\rho\sin\theta,\end{cases}} \iint_{D'} f(a\rho\cos\theta, b\rho\sin\theta) ab\rho d\rho d\theta. \quad (10.15)$$

例 10.15 计算二重积分

$$\iint_D \left(\frac{x^2}{a^2} + \frac{y^2}{b^2}\right)dxdy,$$

其中积分区域 D 由圆 $x^2 + y^2 = R^2$ 围成.

解 由轮换对称性知

$$\iint_D x^2 dxdy = \iint_D y^2 dxdy,$$

所以

$$\iint_D \left(\frac{x^2}{a^2} + \frac{y^2}{b^2}\right)dxdy = \frac{1}{2}\left(\frac{1}{a^2} + \frac{1}{b^2}\right)\iint_D (x^2+y^2)dxdy$$

$$= \frac{1}{2}\left(\frac{1}{a^2} + \frac{1}{b^2}\right)\iint_{D'} \rho^2 \cdot \rho d\rho d\theta$$

$$= \frac{1}{2}\left(\frac{1}{a^2} + \frac{1}{b^2}\right)\int_0^{2\pi} d\theta \int_0^R \rho^3 d\rho$$

$$= \frac{\pi R^4}{4}\left(\frac{1}{a^2} + \frac{1}{b^2}\right).$$

（其中 $D' = \{(\rho,\theta) \mid 0 \leq \theta \leq 2\pi, 0 \leq \rho \leq R\}$）

例 10.16 求椭圆 $D: \dfrac{x^2}{a^2} + \dfrac{y^2}{b^2} \leq 1$ 的面积.

解 所求区域 D 的面积

$$\overline{D} = \iint_D dxdy \xrightarrow{\substack{令\ x=a\rho\cos\theta \\ y=b\rho\sin\theta}} \iint_{D'} ab\rho d\rho d\theta$$

（其中积分区域 $D' = \{(\rho,\theta) \mid 0 \leq \theta \leq 2\pi, 0 \leq \rho \leq 1\}$）

$$= ab \int_0^{2\pi} d\theta \int_0^1 \rho d\rho = \pi ab.$$

思考：1）什么类型的积分使用广义极坐标换元公式计算？

2）二重积分除了用来计算平面图形的面积和一些特殊的定积分与反常积分之外，还有什么应用？

习题 10.2(A)

1. 二重积分 $\iint_D xy dxdy$（其中 $D: 0 \leq y \leq x^2, 0 \leq x \leq 1$）的值为 （　　）

(A) $\dfrac{1}{6}$ (B) $\dfrac{1}{12}$ (C) $\dfrac{1}{2}$ (D) $\dfrac{1}{4}$

2. 设 $f(x,y)$ 是连续函数，则 $\int_1^2 dx \int_{2-x}^{x^2} f(x,y) dy =$ （　　）

(A) $\int_0^4 dx \int_{y^2}^{2-y} f(x,y) dy$

(B) $\int_0^4 dx \int_{2-y}^{y^2} f(x,y) dy$

(C) $\int_0^1 dy \int_{2-y}^{2} f(x,y) dx + \int_1^4 dy \int_{\sqrt{y}}^{2} f(x,y) dx$

(D) $\int_0^1 dy \int_2^{2-y} f(x,y) dx + \int_1^4 dy \int_2^{\sqrt{y}} f(x,y) dx$

3. 设区域 $D = \{(x,y) \mid x^2 + y^2 \leq 1\}$，$f$ 是 D 上的连续函数，则 $\iint_D f(x^2+y^2) dxdy =$

（　　）

(A) $2\pi \int_0^1 \rho f(\rho^2) d\rho$ (B) $4\pi \int_0^1 \rho f(\rho) d\rho$

(C) $2\pi \int_0^1 f(\rho^2) d\rho$ (D) $4\pi \int_0^\rho \rho f(\rho) d\rho$

4. 设 $f(x,y)$ 为连续函数，则 $\int_0^{\frac{\pi}{4}} d\theta \int_0^1 f(\rho\cos\theta, \rho\sin\theta) \rho d\rho =$ （　　）

(A) $\int_0^{\frac{\sqrt{2}}{2}} dx \int_x^{\sqrt{1-x^2}} f(x,y) dy$ (B) $\int_0^{\frac{\sqrt{2}}{2}} dx \int_0^{\sqrt{1-x^2}} f(x,y) dy$

(C) $\int_0^{\frac{\sqrt{2}}{2}} dy \int_y^{\sqrt{1-y^2}} f(x,y) dx$ (D) $\int_0^{\frac{\sqrt{2}}{2}} dy \int_0^{\sqrt{1-y^2}} f(x,y) dx$

习题 10.2(B)

1. 计算下列二重积分.

(1) $\iint_D (x-y) d\sigma$,其中 $D = \{(x,y) \mid 0 \le x \le 2, 0 \le y \le 1\}$;

(2) $\iint_D (x^2-y^2) d\sigma$,其中 D 是由直线 $y=2, y=x$ 及 $y=2x$ 所围成的闭区域;

(3) $\iint_D (x-y^2) dx dy$,其中 $D: 0 \le y \le \sin x, 0 \le x \le \pi$;

(4) $\iint_D (x^2+y^2) d\sigma$,其中 D 是由两坐标轴及直线 $x+y=1$ 所围成的闭区域;

(5) $\iint_D x\cos(x+y) d\sigma$,其中 D 是顶点分别为 $(0,0), (\pi,0), (\pi,\pi)$ 的三角形闭区域;

(6) $\iint_D (x+2y-1) d\sigma$,其中 $D = \{(x,y) \mid 0 \le x \le 2y^2, 0 \le y \le 1\}$;

(7) $\iint_D e^{x+y} d\sigma$,其中 $D = \{(x,y) \mid |x|+|y| \le 1\}$;

(8) $\iint_D x\sqrt{y} d\sigma$,其中 D 是由两条抛物线 $y=x^2, y=\sqrt{x}$ 所围成的闭区域;

(9) $\iint_D \frac{\sin x}{x} d\sigma$,其中 D 是由 $x=y, x=2y, x=2$ 所围成的闭区域;

(10) $\iint_D \sqrt{x^2+y^2} d\sigma$,其中 D 由圆周 $x^2+y^2=9$ 所围成的闭区域;

(11) $\iint_D \sin(x^2+y^2) d\sigma$,其中 $D = \{(x,y) \mid \pi^2 \le x^2+y^2 \le 4\pi^2\}$;

(12) $\iint_D \frac{d\sigma}{\sqrt{x^2+y^2}}$,其中 $D = \{(x,y) \mid x^2+y^2 \le y, x \ge 0\}$;

(13) $\iint_D \frac{y^2}{x^2} d\sigma$,其中 D 是由直线 $y=2, y=x$ 及曲线 $xy=1$ 所围成的闭区域.

2. 化二重积分 $I = \iint_D f(x,y) d\sigma$ 为累次积分(分别给出两种不同的积分次序),其中积分区域 D 分别为:

(1) 由 $y^2 = x$ 及 $x = 1$ 所围成的闭区域；

(2) 由 $y = \dfrac{1}{x}, y = x$ 及 $x = 3$ 所围成的闭区域；

(3) 由两坐标轴及直线 $2x + y = 2$ 所围成的闭区域.

3. 交换下列累次积分的次序.

(1) $\int_0^1 dx \int_0^x f(x,y) dy$；

(2) $\int_0^2 dy \int_{-\sqrt{y}}^{\sqrt{y}} f(x,y) dx$；

(3) $\int_0^2 dy \int_{y^2}^{2y} f(x,y) dx$；

(4) $\int_{-1}^0 dy \int_2^{1-y} f(x,y) dx$；

(5) $\int_{-1}^1 dx \int_1^{\sqrt{2-x^2}} f(x,y) dy$；

(6) $\int_0^1 dy \int_y^{2-y} f(x,y) dx$；

(7) $\int_0^1 dx \int_0^{x^2} f(x,y) dy + \int_1^{\sqrt{2}} dx \int_0^{\sqrt{2-x^2}} f(x,y) dy$；

(8) $\int_0^{\frac{1}{2}} dx \int_x^{2x} f(x,y) dy + \int_{\frac{1}{2}}^1 dx \int_x^1 f(x,y) dy$.

4. 画出积分区域，把积分 $\iint\limits_D f(x,y) dx dy$ 表示为极坐标形式的累次积分，其中积分区域 D 是：

(1) $\{(x,y) \mid x^2 + y^2 \leq 9\}$；

(2) $\{(x,y) \mid x^2 + y^2 \leq y\}$；

(3) $\{(x,y) \mid a^2 \leq x^2 + y^2 \leq b^2\}$ $(b > a > 0)$；

(4) $\{(x,y) \mid x^2 + y^2 \leq 2x, x + y \leq 2\}$；

(5) $\{(x,y) \mid 0 \leq x \leq y \leq 1\}$.

5. 把下列积分化为极坐标形式，并计算积分值.

(1) $\int_{-2}^2 dx \int_0^{\sqrt{4-x^2}} (x^2 + y^2) dy$；

(2) $\int_0^2 dx \int_0^{\sqrt{2x-x^2}} \sqrt{x^2 + y^2} dy$；

(3) $\int_0^1 dx \int_{x^2}^x (x^2 + y^2)^{-\frac{1}{2}} dy$；

(4) $\int_0^a dy \int_{-\sqrt{a^2-y^2}}^{\sqrt{a^2-y^2}} e^{-(x^2+y^2)} dx \,(a > 0)$.

6. 证明 $\int_0^1 dy \int_0^{\sqrt{y}} e^y f(x) dx = \int_0^1 (e - e^{x^2}) f(x) dx$.

7. 设平面薄片所占的闭区域 D 由直线 $x + y = 2, y = x$ 和 x 轴所围成，它的面密度 $\rho(x,y) = x^2 + y^2$，求该薄片的质量.

8. 求由平面 $x = 0, y = 0, z = 0, 2x + y = 4$ 及抛物面 $z = x^2 + y^2$ 所围成的立体的体积.

10.3 三重积分

知识衔接

写出二重积分 $I = \iint\limits_{D} f(x,y) \mathrm{d}\sigma$ 的定义 _____.

二重积分的性质有 _____.

二重积分的计算方法有 _____.

二重积分的几何意义为 _____.

10.3.1 三重积分的概念与性质

定积分及二重积分作为一种特殊和式极限的概念,可以自然地推广到三维空间.

定义 10.2 设 $f(x,y,z)$ 是空间有界闭区域(或有界闭体) V 上的有界函数,用任意的分法 T 将 V 分割成 n 个小闭区域

$$V_1, V_2, \cdots, V_n,$$

它们的体积记为

$$\Delta V_1, \Delta V_2, \cdots, \Delta V_n,$$

在每个 V_i 上任取一点 (ξ_i, η_i, ζ_i),作乘积 $f(\xi_i, \eta_i, \zeta_i) \Delta V_i (i=1,2,\cdots,n)$,并作和式

$$\sum_{i=1}^{n} f(\xi_i, \eta_i, \zeta_i) \Delta V_i,$$

若当各小闭区域直径中的最大值(分割的细度) $\|T\|$ 趋于零时,该和式的极限总存在,则称此极限为函数 $f(x,y,z)$ 在闭区域 V 上的**三重积分**,记作 $\iiint\limits_{V} f(x,y,z) \mathrm{d}V$,即

$$\iiint\limits_{V} f(x,y,z) \mathrm{d}V = \lim_{\|T\| \to 0} \sum_{i=1}^{n} f(\xi_i, \eta_i, \zeta_i) \Delta V_i,$$

其中 $f(x,y,z)$ 为**被积函数**, x,y,z 为**积分变量**, V 为**积分区域**, $\mathrm{d}V$ 为**体积微元**.

和式 $\sum_{i=1}^{n} f(\xi_i, \eta_i, \zeta_i) \Delta V_i$ 称为 $f(x,y,z)$ 在有界闭区域 V 上关于分法 T 的**积分和**或**黎曼和**. 在直角坐标系中,常把体积微元 $\mathrm{d}V$ 记作 $\mathrm{d}x\mathrm{d}y\mathrm{d}z$,此时三重积分记作

$$\iiint\limits_{V} f(x,y,z) \mathrm{d}x\mathrm{d}y\mathrm{d}z.$$

类似于二重积分, $f(x,y,z)$ 在有界闭区域 V 上连续是 $f(x,y,z)$ 在 V 上三重积分可积的充分条件,而 $f(x,y,z)$ 在闭区域 V 上有界是三重积分可积的必要条件.

下面的讨论中,我们总假定函数 $f(x,y,z)$ 在有界闭区域 V 上是连续的.

由三重积分定义知,当函数 $f(x,y,z)$ 表示空间 V 上不均匀物体的密度时,该物体的总质量

$$M = \lim_{\|T\| \to 0} \sum_{i=1}^{n} f(\xi_i, \eta_i, \zeta_i) \Delta V_i = \iiint_V f(x,y,z) \mathrm{d}V.$$

因此,三重积分的物理意义可理解为:不均匀物体的质量.

三重积分具有与二重积分完全类似的性质.

例如,当 $f(x,y,z) \equiv 1$ 时,$f(x,y,z)$ 在有界闭区域 V 上的三重积分在数值上等于 V 的体积 $\overline{V}$,即

$$\overline{V} = \iiint_V 1 \cdot \mathrm{d}V = \iiint_V \mathrm{d}V.$$

三重积分也有线性性质,积分区域的可加性、保号性、保序性、绝对值不等式、估值定理和积分中值定理等,在这里不再赘述.

10.3.2 三重积分的对称性

定理 10.4 若函数 $f(x,y,z)$ 在空间有界闭区域 V 上连续,且 V 关于 xOy 平面对称,则

(1) 当 $f(x,y,z)$ 关于 z 为奇函数,即 $f(x,y,-z) = -f(x,y,z)$ 时,

$$\iiint_V f(x,y,z) \mathrm{d}x\mathrm{d}y\mathrm{d}z = 0.$$

(2) 当 $f(x,y,z)$ 关于 z 为偶函数,即 $f(x,y,-z) = f(x,y,z)$ 时,

$$\iiint_V f(x,y,z) \mathrm{d}x\mathrm{d}y\mathrm{d}z = 2\iiint_{V_1} f(x,y,z) \mathrm{d}x\mathrm{d}y\mathrm{d}z,$$

其中 V_1 为 V 在 xOy 平面上方的半个闭区域.

(3) 若函数 $f(x,y,z)$ 在空间有界闭区域 V 上连续,积分区域具有轮换对称性,即将积分变量 x,y,z 换成 y,z,x 时积分区域 V 不改变,则

$$\iiint_V f(x,y,z) \mathrm{d}x\mathrm{d}y\mathrm{d}z = \iiint_V f(y,z,x) \mathrm{d}x\mathrm{d}y\mathrm{d}z.$$

其余情形有类似结论,不再重复.

10.3.3 直角坐标下三重积分的计算

类似于二重积分的计算方法,计算三重积分的基本思路是化三重积分为三次定积分.

若平行于 z 轴且穿过三维空间中有界闭区域 V 内部的任一直线与 V 的边界曲面 S 相交不多于两点,将闭区域 V 投影到 xOy 面上,得一平面有界闭区域 D_{xy}(图 10-19(a)、(b)),以 D_{xy} 的边界为准线作母线平行于 z 轴的柱面,该柱面与边界曲面 S 的交线从 S 中分出上、下两个部分曲面

$$S_1 : z = z_1(x,y) \text{(下曲面)},$$
$$S_2 : z = z_2(x,y) \text{(上曲面)},$$

其中 $z_1(x,y), z_2(x,y)$ 都是 D_{xy} 上的连续函数,且 $z_1(x,y) \leq z_2(x,y)$,这种情形的积分区域 V 可表示为

$$V = \{(x,y,z) \mid z_1(x,y) \leq z \leq z_2(x,y), (x,y) \in D_{xy}\}.$$

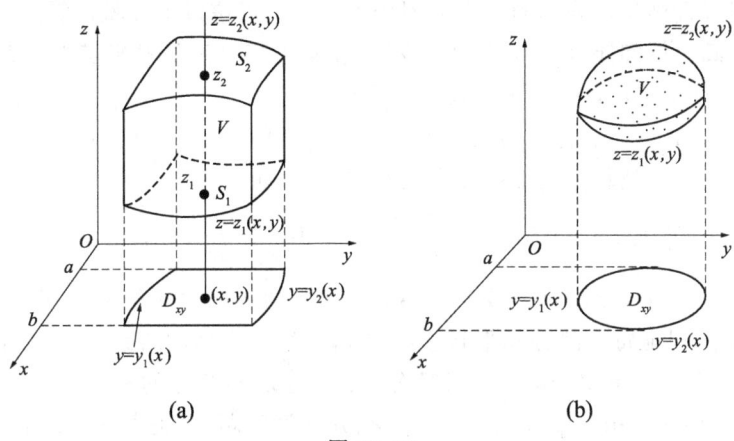

图 10-19

此时,可先将 x,y 看作定值,将 $f(x,y,z)$ 看作关于变量 z 的一元函数,在区间 $[z_1(x,y),z_2(x,y)]$ 上计算定积分

$$\int_{z_1(x,y)}^{z_2(x,y)} f(x,y,z)\,\mathrm{d}z,$$

然后计算二元函数 $F(x,y)=\int_{z_1(x,y)}^{z_2(x,y)} f(x,y,z)\,\mathrm{d}z$ 在 D_{xy} 上的二重积分

$$\iint_{D_{xy}} \left[\int_{z_1(x,y)}^{z_2(x,y)} f(x,y,z)\,\mathrm{d}z\right]\mathrm{d}\sigma,$$

即

$$\iiint_V f(x,y,z)\,\mathrm{d}x\mathrm{d}y\mathrm{d}z = \iint_{D_{xy}}\mathrm{d}\sigma \int_{z_1(x,y)}^{z_2(x,y)} f(x,y,z)\,\mathrm{d}z. \tag{10.16}$$

至此,我们已将三重积分转化为二重积分,接下来就可对接前面所讲的二重积分的计算方法了.

若闭区域 D_{xy} 为 X-型区域,且可表示为

$$D_{xy}=\{(x,y)\mid y_1(x)\leqslant y\leqslant y_2(x),a\leqslant x\leqslant b\},$$

则可进一步把二重积分 $\iint_{D_{xy}}\left[\int_{z_1(x,y)}^{z_2(x,y)} f(x,y,z)\,\mathrm{d}z\right]\mathrm{d}\sigma$ 化为二次定积分 $\int_a^b\mathrm{d}x\int_{y_1(x)}^{y_2(x)}\left[\int_{z_1(x,y)}^{z_2(x,y)} f(x,y,z)\,\mathrm{d}z\right]\mathrm{d}y$,于是得到三重积分的计算公式

$$\iiint_V f(x,y,z)\,\mathrm{d}x\mathrm{d}y\mathrm{d}z = \int_a^b\mathrm{d}x\int_{y_1(x)}^{y_2(x)}\left[\int_{z_1(x,y)}^{z_2(x,y)} f(x,y,z)\,\mathrm{d}z\right]\mathrm{d}y,$$

即

$$\iiint_V f(x,y,z)\,\mathrm{d}x\mathrm{d}y\mathrm{d}z = \int_a^b\mathrm{d}x\int_{y_1(x)}^{y_2(x)}\mathrm{d}y\int_{z_1(x,y)}^{z_2(x,y)} f(x,y,z)\,\mathrm{d}z. \tag{10.17}$$

式(10.17)是闭区域 V 在 xOy 面上投影域 D_{xy} 为 X-型区域的计算公式,这里把三重积分化为先对 z,次对 y,最后对 x 的三次定积分. 其余情形可类似计算.

综上所述,化三重积分为三次定积分的关键是确定积分次序和积分上下限,而积分次

序和积分上下限直接与积分体的投影类型相关. 因此,可按以下步骤计算三重积分:

第一步 画出空间闭区域 V,恰当判断 V 在某坐标平面的投影类型(以 xy 平面上的投影 D_{xy} 为 X-型区域为例),并将 V 表示出来为

$$V = \{(x,y,z) \mid z_1(x,y) \le z \le z_2(x,y), y_1(x) \le y \le y_2(x), a \le x \le b\}.$$

第二步 依以上判断化三重积分为三次定积分,如

$$\iiint_V f(x,y,z)\,dxdydz = \int_a^b dx \int_{y_1(x)}^{y_2(x)} dy \int_{z_1(x,y)}^{z_2(x,y)} f(x,y,z)\,dz.$$

若平行于坐标轴且穿过闭区域 V 内部的直线与边界曲面 S 的交点多于两个,则可把 V 分成若干部分,保证每个部分和平行坐标轴且穿过其内部的直线与其边界曲面相交不多于两点,而 V 上的三重积分就等于各部分闭区域上三重积分的和.

式(10.17)将三重积分计算化为三次定积分计算问题,这类方法有时称为投影法;式(10.16)将三重积分化为一个定积分和一个二重积分的计算问题,这类方法有时称为"先一后二"法.

若将空间区域 V 向 z 轴投影,求出 V 上点的竖坐标 z 的变化范围: $e \le z \le h$,在 z 的变化范围内任取一点,过该点作垂直于 z 轴的平面与 V 相交,截面记作 D_z,此时积分区域 V 可表示为 $V = \{(x,y,z) \mid (x,y) \in D_z, e \le z \le h\}$(图 10-20),则三重积分计算可先视 z 为常数计算二重积分,然后再计算关于 z 的定积分,即

$$\iiint_V f(x,y,z)\,dxdydz = \int_e^h dz \iint_{D_z} f(x,y,z)\,dxdy. \tag{10.18}$$

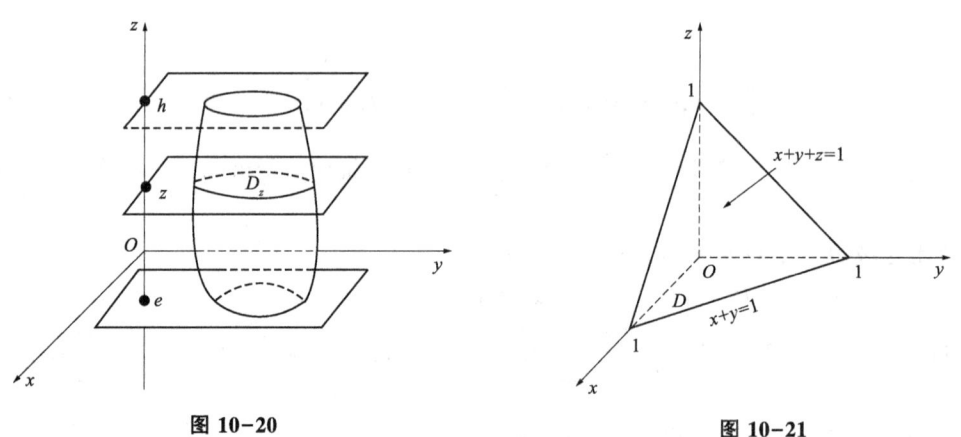

图 10-20　　　　　　　　　　　图 10-21

式(10.18)将三重积分转化为先计算一个二重积分再计算一个定积分的形式,这类方法有时称为"先二后一"法.

思考:三重积分能否写成三个定积分的乘积?

例 10.17 计算三重积分 $\iiint_V y\,dV$,其中 V 为三个坐标面及平面 $x+y+z=1$ 所围成的闭区域.

解 闭区域 V 在 xOy 面上的投影区域 D 为 X-型区域(图 10-21),且 V 可表示为

$$V = \{(x,y,z) \mid 0 \le z \le 1-x-y, 0 \le y \le 1-x, 0 \le x \le 1\},$$

于是
$$\iiint_V y\,\mathrm{d}V = \int_0^1 \mathrm{d}x \int_0^{1-x} \mathrm{d}y \int_0^{1-x-y} y\,\mathrm{d}z$$
$$= \int_0^1 \mathrm{d}x \int_0^{1-x} (1-x)y - y^2\,\mathrm{d}y$$
$$= \frac{1}{6}\int_0^1 (1-x)^3\,\mathrm{d}x = \frac{1}{24}.$$

思考：如何计算本题中积分区域 V 的体积？有几种方法？

例 10.18 计算三重积分
$$\iiint_V \left(\frac{x^2}{a^2}+\frac{y^2}{b^2}+\frac{z^2}{c^2}\right)\mathrm{d}x\mathrm{d}y\mathrm{d}z,$$
其中 V 是椭球体 $\frac{x^2}{a^2}+\frac{y^2}{b^2}+\frac{z^2}{c^2} \leq 1$.

分析：本题可仿照上例化三重积分为三次定积分计算，即
$$\iiint_V \left(\frac{x^2}{a^2}+\frac{y^2}{b^2}+\frac{z^2}{c^2}\right)\mathrm{d}x\mathrm{d}y\mathrm{d}z = \int_{-a}^{a} \mathrm{d}x \int_{-b\sqrt{1-\frac{x^2}{a^2}}}^{b\sqrt{1-\frac{x^2}{a^2}}} \mathrm{d}y \int_{-c\sqrt{1-\frac{x^2}{a^2}-\frac{y^2}{b^2}}}^{c\sqrt{1-\frac{x^2}{a^2}-\frac{y^2}{b^2}}} \left(\frac{x^2}{a^2}+\frac{y^2}{b^2}+\frac{z^2}{c^2}\right)\mathrm{d}z,$$
但计算量较大！因此，可考虑"先二后一"的计算方法.

解 椭球体 V 可表为
$$V = \left\{(x,y,z) \;\middle|\; \frac{x^2}{a^2}+\frac{y^2}{b^2} \leq 1-\frac{z^2}{c^2}, -c \leq z \leq c\right\} \text{（图 10-22）},$$
于是
$$\iiint_V \frac{z^2}{c^2}\mathrm{d}x\mathrm{d}y\mathrm{d}z = \int_{-c}^{c} \frac{z^2}{c^2}\mathrm{d}z \iint_{D_z} \mathrm{d}x\mathrm{d}y$$
$$\left(\text{其中 } D_z = \left\{(x,y) \;\middle|\; \frac{x^2}{a^2}+\frac{y^2}{b^2} \leq 1-\frac{z^2}{c^2}\right\}\right)$$
$$= \pi ab \int_{-c}^{c} \left(1-\frac{z^2}{c^2}\right)\frac{z^2}{c^2}\mathrm{d}z = \frac{4}{15}\pi abc.$$

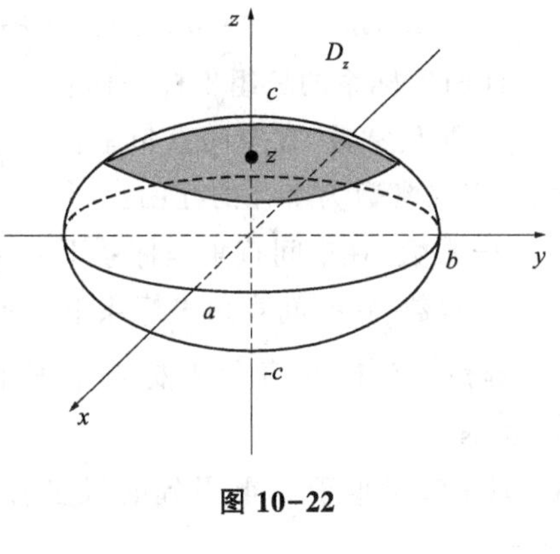

类似地，有
$$\iiint_V \frac{x^2}{a^2}\mathrm{d}x\mathrm{d}y\mathrm{d}z = \frac{4}{15}\pi abc,$$
$$\iiint_V \frac{y^2}{b^2}\mathrm{d}x\mathrm{d}y\mathrm{d}z = \frac{4}{15}\pi abc.$$

因此
$$\iiint_V \left(\frac{x^2}{a^2}+\frac{y^2}{b^2}+\frac{z^2}{c^2}\right)\mathrm{d}x\mathrm{d}y\mathrm{d}z = \frac{4}{5}\pi abc.$$

图 10-22

思考：使用"先二后一"或"先一后二"方法计算的三重积分有哪些特点？

例 10.19* 计算三重积分

$$I = \iiint_V (x+y+z)^2 \mathrm{d}x\mathrm{d}y\mathrm{d}z,$$

其中区域 V 是由 $|x| \leq 1, |y| \leq 1, |z| \leq 1$ 所围成的正方体.

解 区域 V 关于坐标面 xOy, yOz, zOx 对称,因此

$$I = \iiint_V (x^2+y^2+z^2+2xz+2xy+2yz)\mathrm{d}x\mathrm{d}y\mathrm{d}z = \iiint_V (x^2+y^2+z^2)\mathrm{d}x\mathrm{d}y\mathrm{d}z,$$

由轮换对称性知

$$\iiint_V x^2 \mathrm{d}x\mathrm{d}y\mathrm{d}z = \iiint_V y^2 \mathrm{d}x\mathrm{d}y\mathrm{d}z = \iiint_V z^2 \mathrm{d}x\mathrm{d}y\mathrm{d}z,$$

而

$$\iiint_V x^2 \mathrm{d}x\mathrm{d}y\mathrm{d}z = \int_{-1}^1 \mathrm{d}z \int_{-1}^1 \mathrm{d}y \int_{-1}^1 x^2 \mathrm{d}x = \frac{8}{3},$$

所以

$$I = \iiint_V (x+y+z)^2 \mathrm{d}x\mathrm{d}y\mathrm{d}z = 8.$$

10.3.4 柱面坐标下三重积分的计算

换元是简化各类积分计算的一种重要方法,仿照二重积分的换元方法可写出三重积分的换元公式.

设 $M(x,y,z)$ 为空间直角坐标系中一点,点 M 在 xOy 面上的投影点 P 的极坐标为 (ρ,θ),则 (ρ,θ,z) 称为点 M 的**柱面坐标**(图 10-23),其中 ρ,θ,z 的取值范围分别是

$$0 \leq \rho < +\infty, 0 \leq \theta \leq 2\pi, -\infty < z < +\infty.$$

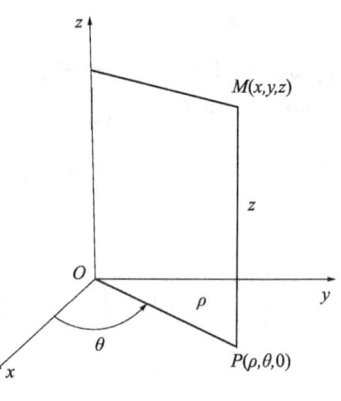

图 10-23

柱面坐标系的三组坐标平面:

ρ = 非负常数,在空间直角坐标系下表示以 Oz 轴为中心、以该常数为半径的柱面;

θ = 常数,在空间直角坐标系下表示以 Oz 轴为边的半平面;

z = 常数,在空间直角坐标系下表示平行于 xOy 面的平面.

显然,点 M 的直角坐标与其柱面坐标的关系为

$$\begin{cases} x = \rho\cos\theta, \\ y = \rho\sin\theta, \\ z = z. \end{cases}$$

类似于二重积分的极坐标换元公式可得三重积分的柱面坐标换元公式

$$\iiint_V f(x,y,z)\mathrm{d}x\mathrm{d}y\mathrm{d}z = \iiint_{V'} f(\rho\cos\theta, \rho\sin\theta, z)\rho\mathrm{d}\rho\mathrm{d}\theta\mathrm{d}z,$$

(10.19)

其中 V' 为 V 在柱面坐标变换下对应 $\rho\theta z$ 空间中的积分体,$\rho\mathrm{d}\rho\mathrm{d}\theta\mathrm{d}z$ 为柱面坐标系中的体积微元(图 10-24).

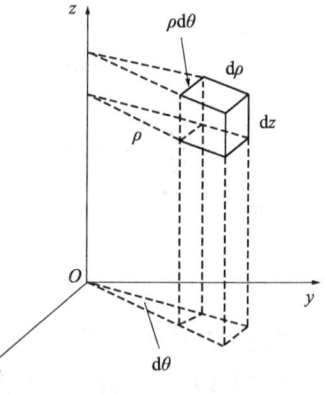

图 10-24

不难看出，柱坐标换元的本质是：对积分体 V 在 xOy 平面上的投影区域 D_{xy} 进行的极坐标换元. 若
$$D_{xy} = \{(\rho,\theta) \mid \varphi_1(\theta) \leq \rho \leq \varphi_2(\theta), \alpha \leq \theta \leq \beta\},$$
则柱面坐标换元公式(10.19)可进一步写为
$$\iiint_V f(x,y,z)\mathrm{d}x\mathrm{d}y\mathrm{d}z = \iiint_V f(\rho\cos\theta, \rho\sin\theta, z)\rho\mathrm{d}\rho\mathrm{d}\theta\mathrm{d}z$$
$$= \int_\alpha^\beta \mathrm{d}\theta \int_{\varphi_1(\theta)}^{\varphi_2(\theta)} \mathrm{d}\rho \int_{z_1(\rho\cos\theta,\rho\sin\theta)}^{z_2(\rho\cos\theta,\rho\sin\theta)} f(\rho\cos\theta, \rho\sin\theta, z)\rho\mathrm{d}z,$$
其中 $z_1(\rho\cos\theta,\rho\sin\theta)$ 与 $z_2(\rho\cos\theta,\rho\sin\theta)$ 为下曲面 $z_1(x,y)$ 与上曲面 $z_2(x,y)$ 的极坐标形式.

思考：三重积分 $f(\rho\cos\theta,\rho\sin\theta,z)\rho\mathrm{d}\rho\mathrm{d}\theta\mathrm{d}z$ 可以化为其他次序的三次定积分吗？

例 10.20 计算三重积分 $\iiint_V z\mathrm{d}V$，其中 V 由曲面 $z=\sqrt{4-x^2-y^2}$ 和 $x^2+y^2=3z$ 所围成（图 10-25）.

解 $\iiint_V z\mathrm{d}v \xrightarrow[y=\rho\sin\theta,z=z]{令 x=\rho\cos\theta} \iiint_{V'} z\rho\mathrm{d}\rho\mathrm{d}\theta\mathrm{d}z$

（其中 $V' = \{(\rho,\theta,z) \mid \dfrac{\rho^2}{3} \leq z \leq \sqrt{4-\rho^2}$, $0 \leq \rho \leq \sqrt{3}, 0 \leq \theta \leq 2\pi\}$）

$= \int_0^{2\pi} \mathrm{d}\theta \int_0^{\sqrt{3}} \rho\mathrm{d}\rho \int_{\frac{\rho^2}{3}}^{\sqrt{4-\rho^2}} z\mathrm{d}z$

$= \pi \int_0^{\sqrt{3}} \rho\left(4-\rho^2-\dfrac{1}{9}\rho^4\right)\mathrm{d}\rho$

$= \dfrac{13}{4}\pi.$

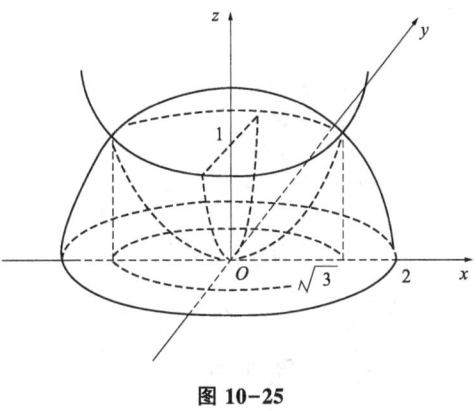

图 10-25

思考：如何计算由曲面 $z=\sqrt{4-x^2-y^2}$ 与 $3z=x^2+y^2$ 所围成的立体的体积？

一般地，当围成体 V 的曲面方程或被积函数中含有 x^2+y^2 或 $\dfrac{y}{x}$ 时，可考虑使用柱面坐标变换公式计算三重积分.

10.3.5 球面坐标下三重积分的计算

设 $M(x,y,z)$ 为空间直角坐标系中一点，r 为原点 O 与点 M 间的距离，φ 为以 z 轴正向为始边到 $\overrightarrow{OM}$ 的夹角，P 为点 M 在 xOy 面上的投影，θ 为以 x 轴正向为始边按逆时针方向到 $\overrightarrow{OP}$ 的夹角，则点 M 也可用数组 (r,φ,θ) 唯一确定，这样的有序数组叫作点 M 的球面坐标，其中 r,φ,θ 的取值范围分别是
$$0 \leq r < +\infty, 0 \leq \varphi \leq \pi, 0 \leq \theta \leq 2\pi.$$
球面坐标系的三组坐标平面：

$r=$ 非负常数，在空间直角坐标系下表示以原点为心的球面；

$\varphi=$ 常数，在空间直角坐标系下表示以原点为顶点、z 轴为中心轴的圆锥面；

θ = 常数,在空间直角坐标系下表示以 Oz 轴为边的半平面.

易知,点 M 的直角坐标与其球面坐标的关系为

$$\begin{cases} x = r\sin\varphi\cos\theta, \\ y = r\sin\varphi\sin\theta, \\ z = r\cos\varphi (图 10-26), \end{cases}$$

类似于三重积分的柱面坐标换元公式,有三重积分的球面坐标换元公式

$$\iiint_V f(x,y,z)\mathrm{d}x\mathrm{d}y\mathrm{d}z = \iiint_{V'} f(r\sin\varphi\cos\theta, r\sin\varphi\sin\theta, r\cos\varphi)r^2\sin\varphi\mathrm{d}r\mathrm{d}\varphi\mathrm{d}\theta, \quad (10.20)$$

其中 V' 为 V 在球面坐标变换下对应 $r\varphi\theta$ 空间中的**积分体**,$r^2\sin\varphi\mathrm{d}r\mathrm{d}\varphi\mathrm{d}\theta$ 为球面坐标系下的**体积微元**,可视为经线方向的长、纬线方向的宽、向径方向的高分别为 $r\mathrm{d}\varphi$,$r\sin\varphi\mathrm{d}\theta$ 和 $\mathrm{d}r$ 的长方体(图 10-27).

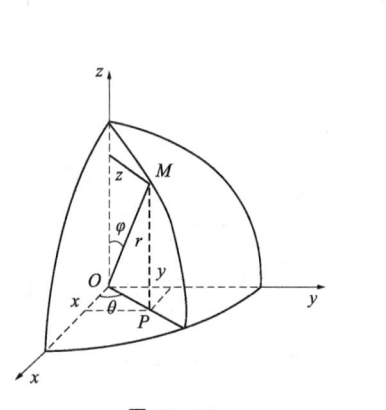

图 10-26

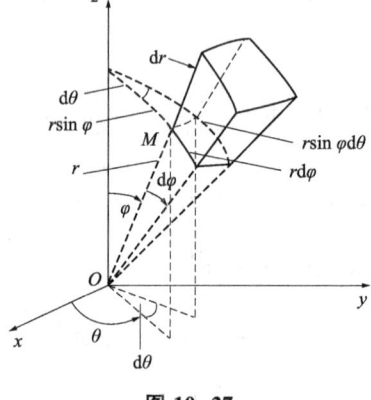

图 10-27

若 $V' = \{(r,\varphi,\theta) \mid r_1(\varphi,\theta) \leq r \leq r_2(\varphi,\theta), \varphi_1(\theta) \leq \varphi \leq \varphi_2(\theta), \theta_1 \leq \theta \leq \theta_2\}$,则球面坐标换元公式(10.20)可进一步写为

$$\iiint_V f(x,y,z)\mathrm{d}x\mathrm{d}y\mathrm{d}z = \iiint_{V'} f(r\sin\varphi\cos\theta, r\sin\varphi\sin\theta, r\cos\varphi)r^2\sin\varphi\mathrm{d}r\mathrm{d}\varphi\mathrm{d}\theta$$

$$= \int_{\theta_1}^{\theta_2}\mathrm{d}\theta \int_{\varphi_1(\theta)}^{\varphi_2(\theta)}\mathrm{d}\varphi \int_{r_1(\varphi,\theta)}^{r_2(\varphi,\theta)} f(r\sin\varphi\cos\theta, r\sin\varphi\sin\theta, r\cos\varphi)r^2\sin\varphi\mathrm{d}r.$$

(10.21)

思考:1)如何确定 $r_1(\varphi,\theta)$,$r_2(\varphi,\theta)$ 的表达式?

2)三重积分 $\iiint_V f(r\sin\varphi\cos\theta, r\sin\varphi\sin\theta, r\cos\varphi)r^2\sin\varphi\mathrm{d}r\mathrm{d}\varphi\mathrm{d}\theta$ 可以化为其他次序的三次定积分吗?

例 10.21 计算三重积分

$$\iiint_V (x^2+y^2+z^2)\mathrm{d}x\mathrm{d}y\mathrm{d}z,$$

其中 V 是由锥面 $z = \sqrt{x^2+y^2}$ 和半球面 $z = \sqrt{R^2-x^2-y^2}$ 所围成(图 10-28).

解 $\iiint\limits_{V}(x^2+y^2+z^2)\mathrm{d}x\mathrm{d}y\mathrm{d}z \xrightarrow[y=r\sin\varphi\sin\theta,z=r\cos\varphi]{令\ x=r\sin\varphi\cos\theta} \iiint\limits_{V'} r^2 \cdot r^2\sin\varphi\mathrm{d}r\mathrm{d}\varphi\mathrm{d}\theta$

$$\left(\text{其中 } V'=\left\{(r,\varphi,\theta)\;\middle|\;0\leqslant r\leqslant R, 0\leqslant\varphi\leqslant\frac{\pi}{4}, 0\leqslant\theta\leqslant 2\pi\right\}\right)$$

$$=\int_0^{2\pi}\mathrm{d}\theta\int_0^{\frac{\pi}{4}}\sin\varphi\mathrm{d}\varphi\int_0^R r^4\mathrm{d}r$$

$$=\frac{2-2\sqrt{2}}{5}\pi R^5.$$

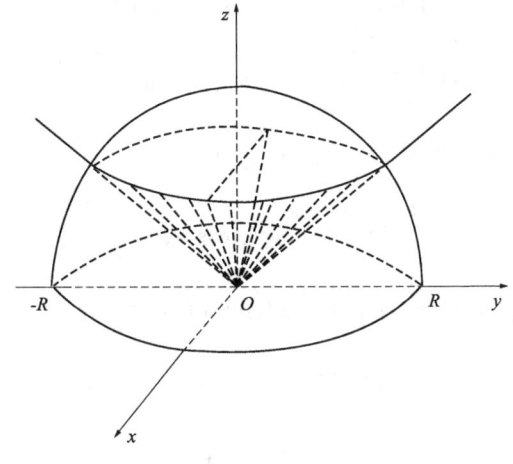

图 10-28

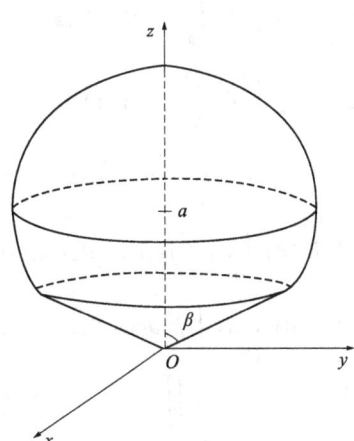

图 10-29

例 10.22* 计算三重积分 $\iiint\limits_{V}\mathrm{d}x\mathrm{d}y\mathrm{d}z$，其中 V 是由锥面 $z=\cot\beta\sqrt{x^2+y^2}\;\left(0<\beta<\dfrac{\pi}{2}\right)$ 和球面 $x^2+y^2+z^2=2az$ 所围成（图 10-29）.

解 $\iiint\limits_{V}\mathrm{d}x\mathrm{d}y\mathrm{d}z \xrightarrow[y=r\sin\varphi\sin\theta,z=r\cos\varphi]{令\ x=r\sin\varphi\cos\theta} \iiint\limits_{V'} r^2\sin\varphi\mathrm{d}r\mathrm{d}\varphi\mathrm{d}\theta$

$$\left(\text{其中 } V'=\{(r,\varphi,\theta)\;|\;0\leqslant r\leqslant 2a\cos\varphi, 0\leqslant\varphi\leqslant\beta, 0\leqslant\theta\leqslant 2\pi\}\right)$$

$$=\int_0^{2\pi}\mathrm{d}\theta\int_0^{\beta}\mathrm{d}\varphi\int_0^{2a\cos\varphi}r^2\sin\varphi\mathrm{d}r$$

$$=\frac{16\pi a^3}{3}\int_0^{\beta}\cos^3\varphi\sin\varphi\mathrm{d}\varphi$$

$$=\frac{4\pi a^3}{3}(1-\cos^4\beta).$$

一般地，当围成立体 V 的曲面方程或被积函数中含有 $x^2+y^2+z^2$ 或 x^2+y^2 时，可考虑使用球面坐标变换公式计算三重积分.

思考：以上讲到三重积分的柱面坐标与球面坐标换元法，能否仿照二重积分的一般换元积分公式(10.11)给出三重积分类似的换元积分公式？

习题 10.3(A)

1. 设 V 是由 $x=0, y=0, z=0$ 及 $2x+y+z-1=0$ 所围闭域,则 $\iiint\limits_V f(x,y,z)\mathrm{d}V=$ ( )

(A) $\int_0^1 \mathrm{d}y \int_0^1 \mathrm{d}x \int_0^{1-2x-y} f(x,y,z)\mathrm{d}z$ 　　(B) $\int_0^1 \mathrm{d}y \int_0^{\frac{1-y}{2}} \mathrm{d}x \int_0^{1-2x-y} f(x,y,z)\mathrm{d}z$

(C) $\int_0^1 \mathrm{d}y \int_0^{\frac{1}{2}} \mathrm{d}x \int_0^1 f(x,y,z)\mathrm{d}z$ 　　(D) $\int_0^1 \mathrm{d}z \int_0^{\frac{1}{2}} \mathrm{d}x \int_0^{1-2x} f(x,y,z)\mathrm{d}y$

2. 设 V 是由 $x^2+y^2=a^2$ 及 $z=1, z=2$ 所围成的闭区域,则 $\iiint\limits_V f(x,y,z)\mathrm{d}V=$ ( )

(A) $\int_0^{2\pi} \mathrm{d}y \int_0^a \mathrm{d}x \int_1^2 f(\rho\cos\theta, \rho\sin\theta, z)\mathrm{d}z$ 　　(B) $\int_0^{2\pi} \mathrm{d}y \int_0^a \mathrm{d}x \int_1^2 \rho f(\rho\cos\theta, \rho\sin\theta, z)\mathrm{d}z$

(C) $\int_0^{\pi} \mathrm{d}y \int_0^a \mathrm{d}x \int_1^2 f(\rho\cos\theta, \rho\sin\theta, z)\mathrm{d}z$ 　　(D) $\int_0^{\pi} \mathrm{d}y \int_0^a \mathrm{d}x \int_1^2 \rho f(\rho\cos\theta, \rho\sin\theta, z)\mathrm{d}z$

3. 设 $I=\iiint\limits_{|x|\leqslant 1, |y|\leqslant 1, |z|\leqslant 1}(\mathrm{e}^{y^2}\sin y^3+z^2\tan x+3)\mathrm{d}V$,则 $I=$ ( )

(A) 24 　　(B) 12 　　(C) 6 　　(D) 0

4. 设 V 为 $x^2+y^2+z^2\leqslant 1$, $f(x,y,z)$ 在 V 上连续,$I=\iiint\limits_V x^2 yz f(x, y^2, z^3)\mathrm{d}V$,则 $I=$ ( )

(A) $4\iiint\limits_{\substack{x^2+y^2+z^2\leqslant 1\\ y\geqslant 0, z\geqslant 0}} x^2 yz f(x, y^2, z^3)\mathrm{d}V$ 　　(B) $4\iiint\limits_{\substack{x^2+y^2+z^2\leqslant 1\\ y\geqslant 0, x\geqslant 0}} x^2 yz f(x, y^2, z^3)\mathrm{d}V$

(C) $4\iiint\limits_{\substack{x^2+y^2+z^2\leqslant 1\\ x\geqslant 0}} x^2 yz f(x, y^2, z^3)\mathrm{d}V$ 　　(D) 0

习题 10.3(B)

1. 化三重积分 $\iiint\limits_V f(x,y,z)\mathrm{d}x\mathrm{d}y\mathrm{d}z$ 为三次积分,其中积分区域 V 分别是:

(1) $V=\{(x,y,z) \mid 0\leqslant x\leqslant 1, -1\leqslant y\leqslant 2, 1\leqslant z\leqslant 3\}$;

(2) 由双曲抛物面 $z=xy$ 及平面 $x+y=1, z=0$ 所围成的闭区域;

(3) 由锥面 $z=\sqrt{x^2+y^2}$ 及平面 $z=1$ 所围成的闭区域.

2. 利用直角坐标计算下列三重积分.

(1) $\iiint\limits_{V}(x+2z)\mathrm{d}x\mathrm{d}y\mathrm{d}z$,其中 V 是由平面 $x=0,y=0,z=0,z=1,x-y=1$ 所围成的闭区域;

(2) $\iiint\limits_{V}\dfrac{\mathrm{d}x\mathrm{d}y\mathrm{d}z}{(1+x+y+z)^2}$,其中 V 是由平面 $x+y+z=1$ 与三个坐标面所围成的四面体;

(3) $\iiint\limits_{V}xyz\mathrm{d}x\mathrm{d}y\mathrm{d}z$,其中 V 是由球面 $x^2+y^2+z^2=1$ 及三个坐标面所围成的在第一卦限内的区域.

3. 利用柱面坐标计算下列三重积分.

(1) $\iiint\limits_{V}z\mathrm{d}x\mathrm{d}y\mathrm{d}z$,其中 V 是由曲面 $z=2-x^2-y^2$ 及 $z=x^2+y^2$ 所围成的闭区域;

(2) $\iiint\limits_{V}(1+\sqrt{x^2+y^2})\mathrm{d}V$,其中 V 是由圆锥面 $x^2+y^2=z^2$ 与平面 $z=1$ 所围成的闭区域;

(3) $\iiint\limits_{V}(x+z)\mathrm{d}V$,其中 V 是由曲面 $z=\sqrt{x^2+y^2}$ 与 $z=\sqrt{1-x^2-y^2}$ 所围成的区域;

(4) $\iiint\limits_{V}(x^2+y^2)\mathrm{d}x\mathrm{d}y\mathrm{d}z$,$V$ 为曲线 $\begin{cases}2z=x^2\\y=0\end{cases}$,绕 z 轴旋转一周生成的曲面与平面 $z=1$ 和 $z=2$ 所围立体.

4. 利用球面坐标计算下列三重积分.

(1) $\iiint\limits_{V}z^2\mathrm{d}x\mathrm{d}y\mathrm{d}z$,其中 V 是由球面 $x^2+y^2+z^2\leqslant 1$ 所围成的闭区域;

(2) $\iiint\limits_{V}(x^2+y^2)\mathrm{d}x\mathrm{d}y\mathrm{d}z$,其中 V 是由 $1\leqslant x^2+y^2+z^2\leqslant 4$ 所围成的闭区域.

5. 设函数 $f(x)$ 连续且恒大于零,

$$F(t)=\dfrac{\iiint\limits_{V(t)}f(x^2+y^2+z^2)\mathrm{d}V}{\iint\limits_{D(t)}f(x^2+y^2)\mathrm{d}\sigma},G(t)=\dfrac{\iint\limits_{D(t)}f(x^2+y^2)\mathrm{d}\sigma}{\int_{-1}^{t}f(x^2)\mathrm{d}x},$$

其中 $V(t)=\{(x,y,z)\mid x^2+y^2+z^2\leqslant t^2\}$,$D(t)=\{(x,y)\mid x^2+y^2\leqslant t^2\}$.

(1) 讨论 $F(t)$ 在区间 $(0,+\infty)$ 内的单调性;

(2) 证明当 $t>0$ 时,$F(t)>\dfrac{2}{\pi}G(t)$.

10.4 重积分的应用

知识衔接

叙述平行截面已知的立体体积计算方法_____.

已知曲顶为 $z=f(x,y)$，$f(x,y) \geq 0$ 的曲顶柱体体积为_____.

当 $f(x,y,z) \equiv 1$ 时，$\iiint\limits_{V} \mathrm{d}x\mathrm{d}y\mathrm{d}z$ 表示_____.

10.4.1 体积

我们已经知道，可用定积分计算立体体积. 除此之外，依据二重积分的几何意义和三重积分的性质也可计算立体体积. 例如，曲顶柱体

$$V = \{(x,y,z) \mid a \leq x \leq b, y_1(x) \leq y \leq y_2(x), z_1(x,y) \leq z \leq z_2(x,y)\}$$

的体积

$$\overline{V} = \iint\limits_{\substack{a \leq x \leq b \\ y_1(x) \leq y \leq y_2(x)}} [z_2(x,y) - z_1(x,y)] \mathrm{d}x\mathrm{d}y$$

或

$$\overline{V} = \iiint\limits_{V} \mathrm{d}x\mathrm{d}y\mathrm{d}z.$$

例 10.23 计算球面 $x^2+y^2+z^2=R^2$ 被圆柱面 $x^2+y^2=Rx$ 割下部分的体积(称为维维安尼体，图 10-30(a)).

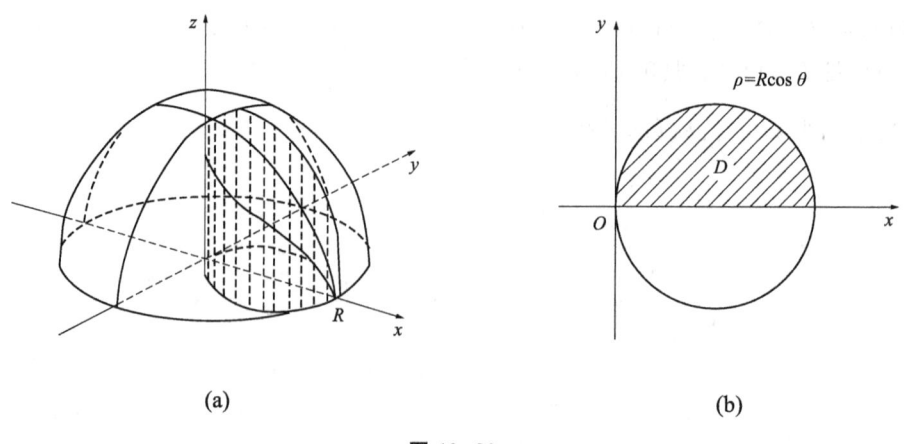

图 10-30

解 由对称性知，所求体积

$$V = 4\iint_D \sqrt{R^2-x^2-y^2}\,d\sigma$$

(其中 $D=\{(x,y)\,|\,x^2+y^2\leq Rx,y\geq 0\}$ 是所求立体在第一卦限内的部分向 xOy 面的投影(图 10-30(b)))

$$\xrightarrow[y=\rho\sin\theta]{\diamondsuit x=\rho\cos\theta} 4\iint_{D'}\sqrt{R^2-\rho^2}\cdot\rho d\rho d\theta$$

(其中 $D'=\{(\rho,\theta)\,|\,0\leq\theta\leq\dfrac{\pi}{2},0\leq\rho\leq R\cos\theta\}$)

$$=4\int_0^{\frac{\pi}{2}}d\theta\int_0^{R\cos\theta}\sqrt{R^2-\rho^2}\cdot\rho d\rho$$

$$=\dfrac{4}{3}R^3\int_0^{\frac{\pi}{2}}(1-\sin^3\theta)d\theta=\dfrac{4}{3}\left(\dfrac{\pi}{2}-\dfrac{2}{3}\right)R^3.$$

思考:球面 $x^2+y^2+z^2=R^2$ 被圆柱面 $x^2+y^2=Ry$ 割下部分的体积为多少?

例 10.24 求两个底圆半径都等于 R 的直交圆柱面所围成立体的体积.

解 **方法一** 不妨设这两个圆柱面的方程分别为 $x^2+y^2=R^2$ 及 $x^2+z^2=R^2$,如图 10-31(a)所示.

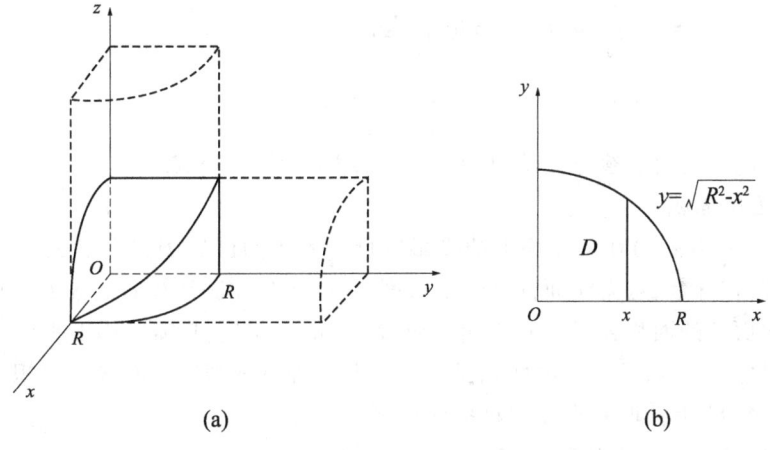

图 10-31

由对称性知,所求立体体积

$$V=8\iint_D\sqrt{R^2-x^2}\,d\sigma$$

(其中 $D=\{(x,y)\,\big|\,0\leq x\leq R,0\leq y\leq\sqrt{R^2-x^2}\}$ 为所求立体位于第一卦限内的部分在 xOy 面上的投影(图 10-31(b)))

$$=8\int_0^R dx\int_0^{\sqrt{R^2-x^2}}\sqrt{R^2-x^2}\,dy$$

$$=8\int_0^R(R^2-x^2)dx=\dfrac{16}{3}R^3.$$

方法二 $$\overline{V} = 8\iiint_{V_1} dxdydz$$

(其中 $V_1 = \{(x,y,z) \mid 0 \leq x \leq R, 0 \leq y \leq \sqrt{R^2-x^2}, 0 \leq z \leq \sqrt{R^2-x^2}\}$)

$$= 8\int_0^R dx \int_0^{\sqrt{R^2-x^2}} dy \int_0^{\sqrt{R^2-x^2}} dz$$

$$= 8\int_0^R dx \int_0^{\sqrt{R^2-x^2}} \sqrt{R^2-x^2}\, dy$$

$$= 8\int_0^R (R^2 - x^2)\, dx = \frac{16}{3}R^3.$$

思考：本题能直接使用定积分计算吗？

例 10.25* 计算椭球体 $V: \dfrac{x^2}{a^2} + \dfrac{y^2}{b^2} + \dfrac{z^2}{c^2} \leq 1$ 的体积.

解 椭球体体积

$$\overline{V} = \iiint_V dxdydz \xrightarrow[y=br\sin\varphi\sin\theta, z=cr\cos\varphi]{\diamondsuit\ x=ar\sin\varphi\cos\theta} \iiint_{V'} abcr^2 \sin\varphi\, dr d\varphi d\theta$$

(其中 $V' = \{(r,\varphi,\theta) \mid 0 \leq r \leq 1, 0 \leq \varphi \leq \pi, 0 \leq \theta \leq 2\pi\}$)

$$= abc \int_0^{2\pi} d\theta \int_0^{\pi} \sin\varphi\, d\varphi \int_0^1 r^2\, dr$$

$$= \frac{4}{3}\pi abc.$$

注：例 10.25 使用了参考文献[1]中的广义球坐标换元公式.

10.4.2 曲面的面积

设曲面 $S: z = f(x,y)$ 在 xOy 面上的投影区域为有界闭区域 D_{xy}，且 $f(x,y)$ 在 D_{xy} 上具有连续的一阶偏导数，这类曲面称为**光滑曲面**. 下面用微元法计算曲面 S 的面积 A.

分析：曲面 S 的面积 A 是分布在闭区域 D_{xy} 上的整体量，只需采用以平代曲的方法求出曲面面积微元 dA，然后对曲面面积微元 dA 积分，即可计算出曲面 S 的面积 A.

在闭区域 D_{xy} 上任取一直径很小的闭区域 σ，面积微元记作 $d\sigma$，在 σ 上任取一点 $P(x,y)$，则曲面 S 上有以点 P 为投影的对应点 $M(x,y,f(x,y))$，过点 M 作曲面 S 的切平面 T. 以小区域 σ 的边界为准线作母线平行于 z 轴的柱面，此柱面在曲面 S 上截下一小曲面片 σ'，其面积记作 $d\sigma'$；在切平面 T 上截下一小平面片，面积记作 dA（图 10-32）. 当小区域 σ 的直径 $r(\sigma) \to 0$ 时，$d\sigma' \to dA$，此时可记曲面 S 的面积微元为 dA.

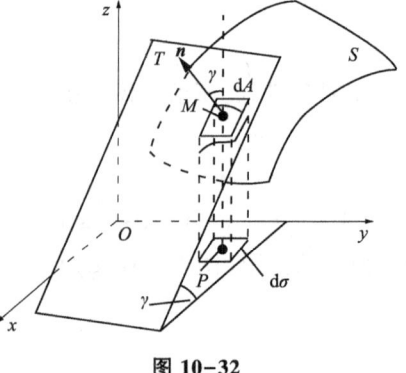

图 10-32

由于曲面 $S: z = f(x,y)$ 在点 M 处的法向量（即切平面在切点处的法向量）为

$$\boldsymbol{n} = (f_x(x,y), f_y(x,y), -1),$$

记 $\boldsymbol{n}$ 与 z 轴正向的夹角为 γ,则

$$|\cos\gamma| = \frac{1}{\sqrt{1+f_x^2(x,y)+f_y^2(x,y)}} = \frac{1}{|\boldsymbol{n}|},$$

$$dA = \frac{d\sigma}{|\cos\gamma|} = |\boldsymbol{n}|d\sigma, \tag{10.22}$$

所以曲面 S 的面积微元

$$dA = \sqrt{1+f_x^2(x,y)+f_y^2(x,y)}\,d\sigma,$$

对它在闭区域 D_{xy} 上积分得曲面 S 的面积

$$A = \iint\limits_{D_{xy}} \sqrt{1+f_x^2(x,y)+f_y^2(x,y)}\,d\sigma = \iint\limits_{D_{xy}} \sqrt{1+\left(\frac{\partial z}{\partial x}\right)^2+\left(\frac{\partial z}{\partial y}\right)^2}\,dxdy. \tag{10.23}$$

思考:若曲面的方程为 $x=g(y,z)$ 或 $y=g(z,x)$ 时,其面积计算公式如何表示?

例 10.26 求圆锥 $z=\sqrt{x^2+y^2}$ 在圆柱体 $x^2+y^2 \leq x$ 内那一部分的面积.

解 由 $z=\sqrt{x^2+y^2}$ 知

$$\frac{\partial z}{\partial x} = \frac{x}{\sqrt{x^2+y^2}}, \quad \frac{\partial z}{\partial y} = \frac{y}{\sqrt{x^2+y^2}},$$

于是所求曲面的面积

$$A = \iint\limits_{D_{xy}} \sqrt{1+\left(\frac{\partial z}{\partial x}\right)^2+\left(\frac{\partial z}{\partial y}\right)^2}\,dxdy = \iint\limits_{D_{xy}} \sqrt{2}\,dxdy$$

(其中 $D_{xy} = \{(x,y) \mid x^2+y^2 \leq x\}$)

$$= \frac{\sqrt{2}}{4}\pi.$$

例 10.27* 证明球面 $S: x^2+y^2+z^2=R^2$ 的面积 $A=4\pi R^2$.

解 由对称性知,球面的面积 A 为上半球面

$$z = \sqrt{R^2-x^2-y^2}, \quad \forall (x,y) \in D = \{(x,y) \mid x^2+y^2 \leq R^2\}$$

面积的两倍,而

$$\frac{\partial z}{\partial x} = \frac{-x}{\sqrt{R^2-x^2-y^2}}, \quad \frac{\partial z}{\partial y} = \frac{-y}{\sqrt{R^2-x^2-y^2}},$$

$$\sqrt{1+\left(\frac{\partial z}{\partial x}\right)^2+\left(\frac{\partial z}{\partial y}\right)^2} = \frac{R}{\sqrt{R^2-x^2-y^2}}.$$

显然,上式所示函数在区域 D 上无界,因此首先考虑函数 $\dfrac{R}{\sqrt{R^2-x^2-y^2}}$ 在区域

$$D' = \{(x,y) \mid x^2+y^2 \leq a^2\} \quad (a<R)$$

上的积分

$$\iint\limits_{x^2+y^2\leq a^2} \frac{R}{\sqrt{R^2-x^2-y^2}}\,dxdy = R\int_0^{2\pi}d\theta\int_0^a \frac{r\,dr}{\sqrt{R^2-r^2}} = 2\pi R(R-\sqrt{R^2-a^2}),$$

于是球面面积
$$A = 2\lim_{a \to R} 2\pi R(R - \sqrt{R^2 - a^2}) = 4\pi R^2.$$

注:本题事实上是一个涉及多元函数的反常积分问题.

思考:当曲面的方程为参数方程时,如何计算曲面面积?

10.4.3 质心

已知分布在$[a,b]$上,线密度为连续函数$\rho(x)$的不均匀细棒l的质心坐标
$$x_C = \frac{\int_a^b x\rho(x)\,dx}{\int_a^b \rho(x)\,dx}.$$

这一结论可推广到n维空间的连续系统.

设平面薄片占有xOy面上的有界闭区域D,其面密度为D上的连续函数$\mu(x,y)$,则该薄片的质心坐标
$$\bar{x} = \frac{\iint_D x\mu(x,y)\,d\sigma}{\iint_D \mu(x,y)\,d\sigma}, \quad \bar{y} = \frac{\iint_D y\mu(x,y)\,d\sigma}{\iint_D \mu(x,y)\,d\sigma}.$$

特别地,若薄片是均匀的,即面密度$\mu(x,y) =$常数,则所求平面薄片的质心也是它的形状中心(称为**形心**),其坐标为
$$\bar{x} = \frac{1}{\overline{D}}\iint_D x\,d\sigma, \quad \bar{y} = \frac{1}{\overline{D}}\iint_D y\,d\sigma,$$

其中$\overline{D} = \iint_D d\sigma$为闭区域$D$的面积.

类似地,可写出三维以上空间中物体质心坐标公式及形心坐标公式等.

例 10.28 求密度均匀的上半椭圆薄片$\dfrac{x^2}{a^2} + \dfrac{y^2}{b^2} \leq 1 (y \geq 0)$的质心(形心).

解 设质心为$C(\bar{x},\bar{y})$,由对称性知$\bar{x} = 0$. 质心纵坐标
$$\bar{y} = \frac{1}{\overline{D}}\iint_D y\,d\sigma \text{(其中上半椭圆区域}D\text{的面积}\overline{D} = \frac{1}{2}\pi ab\text{)}$$
$$= \frac{2}{\pi ab}\iint_{D'} b\rho\sin\theta \cdot ab\rho\,d\rho\,d\theta \text{(其中}D' = \{(\rho,\theta) \mid 0 \leq \rho \leq 1, 0 \leq \theta \leq \pi\}\text{)}$$
$$= \frac{2b}{\pi}\int_0^\pi \sin\theta\,d\theta \int_0^1 \rho^2\,d\rho$$
$$= \frac{4b}{3\pi}.$$

因此,所求质心坐标为$C\left(0, \dfrac{4b}{3\pi}\right)$.

10.4.4 转动惯量

由力学原理知,质点 A 对于轴 l 的转动惯量 J 是质点 A 的质量 m 和 A 与转动轴 l 的距离平方 r^2 的乘积,即

$$J = mr^2.$$

现设一平面薄片占有 xOy 面上的有界闭区域 D,其面密度为连续函数 $\rho(x,y)$,下面使用微元法求该薄片的转动惯量 J_x, J_y 及 J_z。

记闭区域 D 上任一点 (x,y) 处的面积微元为 $d\sigma$,质量微元 $dm = \rho(x,y)d\sigma$,于是质量微元 $\rho(x,y)d\sigma$ 绕 x 轴、y 轴和 z 轴的转动惯量为

$$dJ_x = y^2\rho(x,y)d\sigma, \quad dJ_y = x^2\rho(x,y)d\sigma, \quad dJ_z = (x^2+y^2)\rho(x,y)d\sigma,$$

对上述转动惯量微元在闭区域 D 上积分得

$$J_x = \iint\limits_D y^2\rho(x,y)d\sigma, \quad J_y = \iint\limits_D x^2\rho(x,y)d\sigma, \quad J_z = \iint\limits_D (x^2+y^2)\rho(x,y)d\sigma.$$

类似地,密度为 $\rho(x,y,z)$ 的空间物体 V 对于 x 轴、y 轴和 z 轴的转动惯量分别为

$$J_x = \iiint\limits_V (y^2+z^2)\rho(x,y,z)dV,$$

$$J_y = \iiint\limits_V (x^2+z^2)\rho(x,y,z)dV,$$

$$J_z = \iiint\limits_V (x^2+y^2)\rho(x,y,z)dV;$$

对于坐标原点的转动惯量

$$J_O = \iiint\limits_V (x^2+y^2+z^2)\rho(x,y,z)dV.$$

例 10.29 求密度均匀且由心形线 $\rho = a(1+\cos\theta)$ $(a>0)$ 围成的平面薄板 D(图 10-33)对 x 轴的转动惯量 J_x。

解 设均匀心形平面薄板 D 的密度为常数 μ,则

$$J_x = \iint\limits_D \mu y^2 d\sigma = \iint\limits_{D'} \mu(\rho\sin\theta)^2 \cdot \rho d\rho d\theta$$

(其中 $D' = \{(\rho,\theta) \mid -\pi \leq \theta \leq \pi, 0 \leq \rho \leq a(1+\cos\theta)\}$)

$$= \mu \int_{-\pi}^{\pi} \sin^2\theta d\theta \int_0^{a(1+\cos\theta)} \rho^3 d\rho$$

$$= \mu \int_{-\pi}^{\pi} \frac{1}{4}a^4(1+\cos\theta)^4 \sin^2\theta d\theta$$

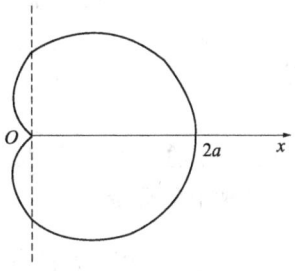

图 10-33

$$= \frac{1}{2}\mu a^4 \int_0^{\pi} (1+\cos\theta)^4 \sin^2\theta d\theta$$

$$= 2^5 \mu a^4 \int_0^{\pi} \left(\cos^{10}\frac{\theta}{2} - \cos^{12}\frac{\theta}{2}\right)d\theta$$

$$\xrightarrow{\text{记}\frac{\theta}{2}=\varphi} 2^6 \mu a^4 \int_0^{\frac{\pi}{2}} (\cos^{10}\varphi - \cos^{12}\varphi)d\varphi$$

$$\xlongequal{\text{沃利斯公式}} \frac{21}{32}\mu\pi a^4.$$

例 10.30 设均匀圆柱体(密度 $\mu=1$)的底面半径为 R,高为 H,求其对圆柱中心轴的转动惯量.

解 如图 10-34 所示建立空间直角坐标系,则圆柱体所占闭区域为

$$V=\{(x,y,z)\mid x^2+y^2\leqslant R^2, 0\leqslant z\leqslant H\},$$

故所求转动惯量(即圆柱体对于 z 轴的转动惯量)为

$$I_z = \iiint\limits_V (x^2+y^2)\mu dV = \iiint\limits_V (x^2+y^2)dV$$

$$= \iiint\limits_{V'} \rho^2 \cdot \rho d\rho d\theta dz = \int_0^{2\pi} d\theta \int_0^R \rho^3 d\rho \int_0^H dz$$

(其中 $V'=\{(\rho,\theta,z)\mid 0\leqslant\rho\leqslant R, 0\leqslant\theta\leqslant 2\pi, 0\leqslant z\leqslant H\}$)

$$= \frac{1}{2}\pi R^4 H.$$

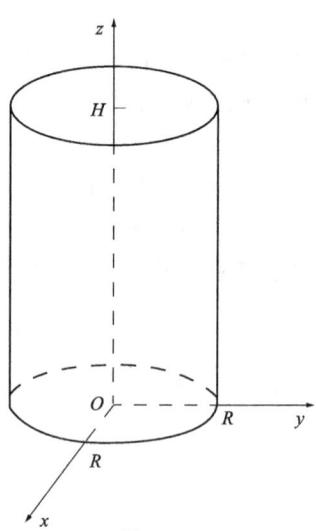

图 10-34

10.4.5* 引力

下面讨论空间一物体对于该物体外一个质点的引力问题.

若一物体所在空间为有界闭区域 V,密度为连续函数 $\rho(x,y,z)$,物体外质量为 1 的质点 A 的坐标为 (ξ,η,ζ),则可使用微元法求物体 V 对质点 A 的引力.依据万有引力定律和力的分解原理可知,物体上点 (x,y,z) 处的质量微元 $dm=\rho dV$ 对质点 A 的引力在坐标轴上的投影为

$$dF_x = k\frac{x-\xi}{r^3}\rho dV, \quad dF_y = k\frac{y-\eta}{r^3}\rho dV, \quad dF_z = k\frac{z-\zeta}{r^3}\rho dV, \qquad (10.24)$$

其中

$$r = \sqrt{(x-\xi)^2+(y-\eta)^2+(z-\zeta)^2}$$

是 A 到 dm 的距离,k 为引力系数.对式(10.24)中各式在体 V 上积分得所求引力 $\boldsymbol{F}$ 在三个坐标轴上的分量为

$$F_x = k\iiint\limits_V \frac{x-\xi}{r^3}\rho dV, \quad F_y = k\iiint\limits_V \frac{y-\eta}{r^3}\rho dV, \quad F_z = k\iiint\limits_V \frac{z-\zeta}{r^3}\rho dV,$$

因此

$$\boldsymbol{F} = F_x\boldsymbol{i} + F_y\boldsymbol{j} + F_z\boldsymbol{k}.$$

思考:若物体所在空间为区间 $[a,b]$ 或平面区域 D 时,则此物体对其外部单位质点 A 的引力公式如何表示?

例 10.31 计算位于空间闭区域 $V=\{(x,y,z)\mid x^2+y^2+z^2\leqslant R^2\}$ 的匀质球体对点 $P(0,0,c)$ 处的单位质点 A 的引力.

解 设球的密度为常数 μ,引力系数为 k,由对称性知所求引力 $\boldsymbol{F}$ 的分量

$$F_x = F_y = 0,$$

而引力 F 沿 z 轴的分量

$$F_z = k\mu \iiint\limits_{V} \frac{z-c}{[x^2+y^2+(z-c)^2]^{3/2}} dV$$

$$\xrightarrow{\substack{令\ x=\rho\cos\theta \\ y=\rho\sin\theta, z=z}} k\mu \iiint\limits_{V'} \frac{(z-c)\rho}{[\rho^2+(z-c)^2]^{3/2}} d\rho d\theta dz,$$

(其中 $V' = \{(\rho,\theta,z) \mid 0 \leq \theta \leq 2\pi, \rho^2+z^2 \leq R^2\}$)

$$= k\mu \int_0^{2\pi} d\theta \int_{-R}^{R} (z-c) dz \int_0^{\sqrt{R^2-z^2}} \frac{\rho}{[\rho^2+(z-c)^2]^{\frac{3}{2}}} d\rho$$

$$= 2k\pi\mu \int_{-R}^{R} \left(-1 - \frac{z-c}{\sqrt{R^2-2cz+c^2}}\right) dz$$

$$\xrightarrow{\text{分部积分}} -k \cdot \frac{4\pi R^3 \mu}{3c^2}$$

$$= -\frac{kM}{c^2} \text{(其中 } M = \frac{4\pi R^3}{3}\mu \text{ 为球的质量)}.$$

思考: 如何解释本题结论所包含的物理意义？

习题 10.4(A)

1. 设引力系数为 k, 则区域 D 上密度为常数 μ 的均匀薄片 $x^2+y^2 \leq R^2, z=0$ 对于点 $(0,0,c)(c>0)$ 处单位质量的引力分量 F_z 为 ( )

(A) $\iint\limits_{D} \frac{k\mu c}{(x^2+y^2+c^2)^{\frac{3}{2}}} dxdy$ (B) $\iint\limits_{D} \frac{k\mu c}{(x^2+y^2+c^2)^{\frac{1}{2}}} dxdy$

(C) $\iint\limits_{D} \frac{k\mu c}{(x^2+y^2+c^2)} dxdy$ (D) $\iint\limits_{D} \frac{k\mu c}{(x^2+y^2+c^2)^2} dxdy$

2. 密度 $\rho=1$ 的圆锥体 $z^2=x^2+y^2, z=1$ 的质心坐标为 ( )

(A) $\left(0,0,\frac{1}{4}\right)$ (B) $\left(0,0,\frac{1}{2}\right)$ (C) $\left(0,0,\frac{3}{4}\right)$ (D) $(0,0,1)$

3. 设面密度为常数 1 的均匀薄片 $D = \{(x,y) \mid 0 \leq x \leq a, 0 \leq y \leq b\}$ 的转动惯量 I_x 为 ( )

(A) $\frac{a^3 b}{3}$ (B) $\frac{ab^3}{3}$ (C) $\frac{2a^3 b}{3}$ (D) $\frac{2ab^3}{3}$

4. 锥面 $z=\sqrt{x^2+y^2}$ 被柱面 $z^2=2x$ 所割下部分的曲面面积为 ( )

(A) $\iint\limits_{D} \sqrt{3} dxdy$ (B) $\iint\limits_{D} \sqrt{1+x^2+y^2} dxdy$

(C) $\iint\limits_{D} \sqrt{2}\,dxdy$ (D) $\iint\limits_{D} \dfrac{1}{\sqrt{1+x^2+y^2}}\,dxdy$

其中 D 为所割部分曲面在 xOy 面上的投影.

习题 10.4(B)

1. 求抛物面 $z=x^2+y^2$ 含在圆柱面 $x^2+y^2=R^2$ 内部的那部分面积.

2. 求半球面 $z=\sqrt{25-x^2-y^2}$ 被平面 $z=3$ 截得的上半部分的面积.

3. 求球面 $x^2+y^2+z^2=4$ 含在圆柱面 $x^2+y^2=2x$ 内部的那部分面积.

4. 求下列均匀薄板的质心,其中薄板所占的闭区域 D 如下.

(1) D 由 $y^2=x, x=4$ 围成;

(2) D 由 $y=x^2, y=x$ 围成;

(3) D 是介于两个圆 $\rho=a\cos\theta, \rho=b\cos\theta (0<a<b)$ 之间的闭区域.

5. 设平面薄板所占的闭区域 D 是由 $x+y=1, x=1, y=1$ 所围成,在 (x,y) 处的密度 $\mu(x,y)=2x+y^2$,求此薄板的质心.

6. 设面密度为常数 1 的薄片所占的闭区域 D 如下,求指定的转动惯量.

(1) D 是由 $y=1-x^2, y=0$ 所围成,求 I_x 和 I_y;

(2) $D=\left\{(x,y) \mid \dfrac{x^2}{a^2}+\dfrac{y^2}{b^2} \leqslant 1\right\}$,求 I_y;

(3) 边长为 a 和 b 的矩形薄片对两条边的转动惯量.

7. 利用三重积分求由下列曲面所围成的立体体积.

(1) $z=6-x^2-y^2$ 及 $z=\sqrt{x^2+y^2}$;

(2) $z=\sqrt{2-x^2-y^2}$ 及 $z=x^2+y^2$;

(3) $z=x^2+y^2$ 及 $z=\sqrt{x^2+y^2}$.

8. 利用三重积分计算曲面 $z=\sqrt{4-x^2-y^2}$ 与平面 $z=1$ 所围立体的质心(设密度 $\rho=1$).

9. 求由 $z=\sqrt{x^2+y^2}, z=1$ 所围成的均匀圆锥体(密度 $\rho=1$)对中心轴的转动惯量.

自测题(十)

一、选择题.

1. 设 D 是矩形域 $0 \leqslant x \leqslant \dfrac{\pi}{4}, -1 \leqslant y \leqslant 1$,则 $\iint\limits_{D} x\cos 2xy\,dxdy$ 的值为 ( )

(A) 0 　　　　(B) $-\dfrac{1}{2}$ 　　　　(C) $\dfrac{1}{2}$ 　　　　(D) $\dfrac{1}{4}$

2. 若 f 是区域 $D: x^2+y^2 \leqslant 1$ 上的连续函数，则 $\iint\limits_{D} f(\sqrt{x^2+y^2})\,dxdy =$ 　　　　( )

(A) $2\pi \int_0^1 rf(r)\,dr$ 　　　　(B) $4\pi \int_0^1 rf(r)\,dr$

(C) $2\pi \int_0^1 f(r^2)\,dr$ 　　　　(D) $4\pi \int_0^r rf(r)\,dr$

3. 设 $f(x,y)$ 是连续函数，则 $\int_1^2 dx \int_{2-x}^{x^2} f(x,y)\,dy =$ 　　　　( )

(A) $\int_0^4 dx \int_{y^2}^{2-y} f(x,y)\,dy$ 　　　　(B) $\int_0^4 dx \int_{2-y}^{y^2} f(x,y)\,dy$

(C) $\int_0^1 dy \int_{2-y}^{2} f(x,y)\,dx + \int_1^4 dy \int_{\sqrt{y}}^{2} f(x,y)\,dx$ 　　(D) $\int_0^1 dy \int_2^{2-y} f(x,y)\,dx + \int_1^4 dy \int_2^{\sqrt{y}} f(x,y)\,dx$

4. 设 $I_1 = \iint\limits_{D_1:[-1 \leqslant x \leqslant 1, -2 \leqslant y \leqslant 2]} (x^2+y^2)\,d\sigma$，$I_2 = \iint\limits_{D_2:[0 \leqslant x \leqslant 1, 0 \leqslant y \leqslant 2]} (x^2+y^2)\,d\sigma$，则 $I_1 =$ 　　( )

(A) $\dfrac{I_2}{4}$ 　　　　(B) $4I_2$ 　　　　(C) $2I_2$ 　　　　(D) 不定

5. 设函数 $f(x,y)$ 连续，且 $f(x,y) = xy + \iint\limits_{D} f(u,v)\,dudv$，其中 D 是由 $y=0, y=x^2, x=1$ 所围成的区域，则 $f(x,y) =$ 　　　　( )

(A) xy 　　　　(B) $2xy$ 　　　　(C) $xy + \dfrac{1}{8}$ 　　　　(D) $xy + 1$

6. V 为单位球：$x^2+y^2+z^2 \leqslant 1$，则 $\iiint\limits_{V} \sqrt{x^2+y^2+z^2}\,dxdydz =$ 　　　　( )

(A) $\iiint\limits_{V} dxdydz$ 　　　　(B) $\int_0^{2\pi} d\theta \int_0^{\pi} d\varphi \int_0^1 r^3 \sin\varphi\,dr$

(C) $\int_0^{2\pi} d\theta \int_0^{\pi} d\varphi \int_0^1 r^3 \sin\theta\,dr$ 　　(D) $\int_0^{2\pi} d\theta \int_0^{2\pi} d\varphi \int_0^1 r^3 \sin\varphi\,dr$

7. 设有两空间区域，$V_1: x^2+y^2+z^2 \leqslant R^2, z \geqslant 0$；$V_2: x^2+y^2+z^2 \leqslant R^2, x \geqslant 0, y \geqslant 0, z \geqslant 0$，则以下结论正确的是 　　　　( )

(A) $\iiint\limits_{V_1} x\,dV = 4\iiint\limits_{V_2} x\,dV$ 　　　　(B) $\iiint\limits_{V_1} y\,dV = 4\iiint\limits_{V_2} y\,dV$

(C) $\iiint\limits_{V_1} z\,dV = 4\iiint\limits_{V_2} z\,dV$ 　　　　(D) $\iiint\limits_{V_1} xyz\,dV = 4\iiint\limits_{V_2} xyz\,dV$

二、填空题．

8. 二重积分 $\iint\limits_{x^2+y^2 \leqslant 1} (x+y+1)\,dxdy =$ ＿＿＿＿＿＿＿．

9. 设区域 $D: 0 \leqslant x \leqslant 2, x \leqslant y \leqslant 2$，则 $\iint\limits_{D} e^{-y^2}\,dxdy =$ ＿＿＿＿＿＿＿．

10. $\int_0^2 dy \int_{y^2}^{2y} f(x,y) dx$ 交换积分次序为_____.

11. $\int_1^2 dx \int_{2-x}^{\sqrt{2x-x^2}} f(x,y) dy$ 交换积分次序为_____.

12. 设 $f(u)$ 具有连续的导数,且满足 $f(0)=0, f'(0)=2$,则
$$\lim_{t\to 0^+} \frac{3}{\pi t^4} \iiint_{x^2+y^2+z^2\leq t^2} f(\sqrt{x^2+y^2+z^2}) dV = \underline{\qquad}.$$

13. 设 V 是由球面 $x^2+y^2+z^2=1$ 所围成的闭区域,$\iiint_V \frac{z\ln(x^2+y^2+z^2+1)}{x^2+y^2+z^2+1} dV = \underline{\qquad}.$

三、计算题.

14. 计算三重积分 $\iiint_\Omega \sin x^2 dV$,其中 Ω 是由平面 $y=-x, y=x, x=\sqrt{\pi}, z=0$ 及 $z=1$ 所围成的闭区域.

15. 设 D 是由圆周 $x^2+y^2=4$ 及坐标轴所围成的第一象限内的闭区域,计算
$$\iint_D \ln(x^2+y^2) d\sigma.$$

16. 计算二重积分 $\iint_D (x^2-y^2) d\sigma$,其中 D 是由直线 $y=x, y=2$ 及 $y=2x$ 所围成的闭区域.

17. 求在区域 $D: x^2+y^2 \leq 1$ 上面密度为 1 的均匀薄片的转动惯量.

18. 物体位于区域 $D: 1 \leq x^2+y^2 \leq 4$,面密度为 $\rho=\sqrt{x^2+y^2}$,求该物体的质量.

19. 计算 $\iiint_V (x^2+y^2) dx dy dz$,$V$ 为曲线 $\begin{cases} 2z=x^2 \\ y=0 \end{cases}$ 绕 z 轴旋转一周生成的曲面与平面 $z=1$ 和 $z=2$ 所围的立体.

20. 利用三重积分计算由曲面 $x^2+y^2+z^2=2az(a>0)$ 及 $x^2+y^2=z^2$(含有 z 轴的部分)所围成的立体的体积.

四、证明题.

21. 证明 $\int_0^a dy \int_0^y e^{m(a-x)} f(x) dx = \int_0^a (a-x) e^{m(a-x)} f(x) dx$,$f(x)$ 为连续函数.

22. 设 $f(x)$ 在 $[a,b]$ 上有连续的导数,$f(a)=0$,证明
$$\int_a^b f^2(x) dx \leq \frac{(b-a)^2}{2} \int_a^b (f'(x))^2 dx.$$

第 11 章 曲线积分与曲面积分

重积分是定积分概念在平面区域和空间立体上的推广,而曲线积分和曲面积分则是积分概念在曲线和曲面上的延伸.本章介绍曲线积分与曲面积分的概念、性质、计算方法及应用.

11.1 第一型曲线积分

知识衔接

已知平面曲线的方程为 $y=f(x)(a\leqslant x\leqslant b)$,则弧长计算公式为 $s=$ _____.

已知平面曲线的参数方程为 $\begin{cases} x=\varphi(t), \\ y=\psi(t) \end{cases}(\alpha\leqslant t\leqslant \beta)$,则弧长计算公式为 $s=$ _____.

已知平面曲线的极坐标方程为 $\rho=\rho(\theta)(\alpha\leqslant\theta\leqslant\beta)$,则弧长计算公式为 $s=$ _____.

用定积分定义计算曲边梯形面积的步骤是 _____.

11.1.1 物质曲线的质量

设 L 为 xOy 平面内的一条可求长曲线弧(图 11-1),其线密度为连续函数 $\rho(x,y)$,求物质曲线 L 的质量 m.

分析:已知均匀物质曲线的质量=线密度×曲线长度,而现在面临的问题困难在于物质曲线的密度不均匀!这类似于曲边梯形面积计算问题,不难想到计算不均匀物质曲线的质量可按以下步骤进行.

第一步 分割 在 L 上依次任取一组点
$$A=M_0,M_1,M_2,\cdots,M_{n-1},M_n=B$$
称为分割 T,它把 L 分成 n 个小弧段 $\widehat{M_{i-1}M_i}(i=1,2,\cdots,n)$,

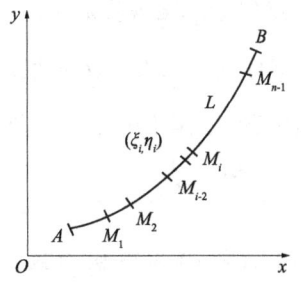

图 11-1

长度记为
$$\Delta s_i (i=1,2,\cdots,n).$$

第二步 近似求和 在小弧段 $\widehat{M_{i-1}M_i}$ 上任取一点 (ξ_i,η_i)，用该点处的密度作为物质小弧段 $\widehat{M_{i-1}M_i}$ 的平均密度，并写出 $\widehat{M_{i-1}M_i}$ 的质量近似值 $\rho(\xi_i,\eta_i)\Delta s_i$，则物质曲线 L 的质量

$$m \approx \sum_{i=1}^{n} \rho(\xi_i,\eta_i)\Delta s_i.$$

第三步 取极限 记 $\|T\|=\max\{\Delta s_i \mid i=1,2,\cdots,n\}$，则物质曲线 L 的质量近似值 $\sum_{i=1}^{n}\rho(\xi_i,\eta_i)\Delta s_i$ 和精确值的误差将随着 $\|T\|\to 0$ 逐渐缩小直至消失. 因此，不均匀物质曲线 L 的质量

$$m = \lim_{\|T\|\to 0} \sum_{i=1}^{n} \rho(\xi_i,\eta_i)\Delta s_i.$$

上述这种"特殊和式的极限"提供了求"分布在可求长曲线上某种不均匀量的总和"这类问题的一个数学模型. 因此，撇开以上问题的物理意义，便有下述第一型曲线积分的概念.

11.1.2 第一型曲线积分的定义

定义 11.1 设 $L(A,B)$ 为 xOy 平面内的一条光滑曲线弧，$f(x,y)$ 为定义在 L 上的有界函数，任意的分割

$$T=\{A=M_0,M_1,M_2,\cdots,M_{n-1},M_n=B\}$$

把 L 分成 n 个小段

$$\widehat{M_{i-1}M_i}(i=1,2,\cdots,n),$$

长度为 $\Delta s_i (i=1,2,\cdots,n)$. 在小弧段 $\widehat{M_{i-1}M_i}$ 上任取一点 (ξ_i,η_i)，作乘积 $f(\xi_i,\eta_i)\Delta s_i (i=1,2,\cdots,n)$，并写出和式

$$\sum_{i=1}^{n} f(\xi_i,\eta_i)\Delta s_i.$$

记 $\|T\|=\max\{\Delta s_i \mid i=1,2,\cdots,n\}$，称之为分割 T 的**细度**或**模**. 若对任意的分割 T 及任意的点 $(\xi_i,\eta_i)\in\widehat{M_{i-1}M_i}$，只要当 $\|T\|\to 0$ 时，和式 $\sum_{i=1}^{n}f(\xi_i,\eta_i)\Delta s_i$ 总趋于一个确定的常数 I，则称 $f(x,y)$ 在 L 上**可积**，常数 I 称为函数 $f(x,y)$ 在曲线 L 上对弧长的**积分**或**第一型曲线积分**，记作 $\int_L f(x,y)\mathrm{d}s$，即

$$\int_L f(x,y)\mathrm{d}s = \lim_{\|T\|\to 0} \sum_{i=1}^{n} f(\xi_i,\eta_i)\Delta s_i,$$

其中 $f(x,y)$ 为**被积函数**，L 为积分曲线（**路径**），$\mathrm{d}s$ 为弧长微元，x 与 y 为积分变量，$\sum_{i=1}^{n} f(\xi_i,\eta_i)\Delta s_i$ 为 $f(x,y)$ 在 L 上关于分割 T 的积分和或**黎曼和**.

若 L 是闭曲线，则 $f(x,y)$ 在 L 上对弧长的积分还可记为 $\oint_L f(x,y)\mathrm{d}s$.

根据第一型曲线积分的定义知，不均匀物质曲线 L 的质量

$$m = \lim_{\|T\|\to 0}\sum_{i=1}^n f(\xi_i,\eta_i)\Delta s_i = \int_L f(x,y)\mathrm{d}s,$$

因此，第一型曲线积分的物理意义可理解为"不均匀物质曲线的质量". 需要说明的是，第一型曲线积分的物理意义仅是为了理解第一型曲线积分而引入的"含义"之一. 而当定义在平面曲线 L 上的函数 $f(x,y) \geq 0$ 时，第一型曲线积分的几何意义可理解为"以 L 为准线、母线平行于 z 轴的柱面上截取 $0 \leq z \leq f(x,y)$ 的柱面面积".

若 L 为三维空间光滑曲线段，$f(x,y,z)$ 为定义在 L 上的有界函数，则可类似地定义 $f(x,y,z)$ 在空间曲线 L 上的第一型曲线积分

$$\int_L f(x,y,z)\mathrm{d}s = \lim_{\|T\|\to 0}\sum_{i=1}^n f(\xi_i,\eta_i,\zeta_i)\Delta s_i.$$

类似于定积分、重积分，第一型曲线积分也有被积函数和积分曲线两个积分要素，积分结果与积分变量的记法无关，可积的必要条件仍是被积函数有界，被积函数连续仍是可积的一个充分条件.

为了讨论方便，若无特殊说明，今后我们总假定 $f(x,y)$ 在 L 上是连续的，从而保证了所说积分的存在性.

11.1.3 第一型曲线积分的性质

类似于定积分、重积分，可写出第一型曲线积分的如下性质.

性质 11.1 $\int_L 1\mathrm{d}s = \int_L \mathrm{d}s = \overline{L}$（$\overline{L}$ 为积分曲线 L 的长度）.

性质 11.1 的物理意义为：密度为 1 的物质曲线的质量在数值上等于该曲线的长度.

性质 11.2 $\int_{L(A,B)} f(x,y)\mathrm{d}s = \int_{L(B,A)} f(x,y)\mathrm{d}s.$

思考：定积分符合性质 11.2 吗？

性质 11.3（线性性质） 若 $\int_L f_i(x,y)\mathrm{d}s(i=1,2,\cdots,k)$ 存在，$c_i(i=1,2,\cdots,k)$ 为常数，则

$$\int_L \sum_{i=1}^k c_i f_i(x,y)\mathrm{d}s = \sum_{i=1}^k c_i \int_L f_i(x,y)\mathrm{d}s.$$

性质 11.4（积分路径可加性） 若曲线段 L 由 $L_1, L_2, \cdots, L_k$ 首尾相接而成，且 $\int_{L_i} f(x,y)\mathrm{d}s$ $(i=1,2,\cdots,k)$ 都存在，则

$$\int_L f(x,y)\mathrm{d}s = \sum_{i=1}^k \int_{L_i} f(x,y)\mathrm{d}s.$$

性质 11.5（保序性） 若在曲线 L 上，$f(x,y) \leq g(x,y)$，则

$$\int_L f(x,y)\mathrm{d}s \leq \int_L g(x,y)\mathrm{d}s.$$

推论 11.1（保号性） 若在曲线 L 上，$f(x,y) \geq 0(\leq 0)$，则

$$\int_L f(x,y)\,\mathrm{d}s \geq 0 (\leq 0).$$

推论 11.2(绝对值性) $\left|\int_L f(x,y)\,\mathrm{d}s\right| \leq \int_L |f(x,y)|\,\mathrm{d}s.$

性质 11.6(对称性) (1)若函数 $f(x,y)$ 在分段光滑曲线 L 上连续,且 L 关于 x 轴对称,则

$$\int_L f(x,y)\,\mathrm{d}s = \begin{cases} 0, & f\text{为关于}y\text{的奇函数,即}f(x,-y)=-f(x,y), \\ 2\int_{L_1} f(x,y)\,\mathrm{d}s, & f\text{为关于}y\text{的偶函数,即}f(x,-y)=f(x,y), \end{cases}$$

其中 L_1 为 L 在 x 轴上方的曲线段.

(2)若函数 $f(x,y)$ 在分段光滑曲线 L 上连续,且 L 关于 y 轴对称,则

$$\int_L f(x,y)\,\mathrm{d}s = \begin{cases} 0, & f\text{为关于}x\text{的奇函数,即}f(-x,y)=-f(x,y), \\ 2\int_{L_1} f(x,y)\,\mathrm{d}s, & f\text{为关于}x\text{的偶函数,即}f(-x,y)=f(x,y), \end{cases}$$

其中 L_1 为 L 在 y 轴右方的曲线段.

(3)若函数 $f(x,y)$ 在分段光滑曲线 L 上连续,曲线 L 具有轮换对称性(即将变量 x,y 换成 y,x,而曲线 L 的方程不变),则

$$\int_L f(x,y)\,\mathrm{d}s = \int_L f(y,x)\,\mathrm{d}s.$$

另外,第一型曲线积分也具有估值性、积分中值定理等性质,在应用方面也可推广到质心与转动惯量等,这里不再一一列出.

11.1.4 第一型曲线积分的计算

定理 11.1 设 $f(x,y)$ 在曲线弧 L 上连续,L 的参数方程为

$$\begin{cases} x=\varphi(t), \\ y=\psi(t) \end{cases} (\alpha \leq t \leq \beta),$$

其中 $\varphi(t),\psi(t)$ 在 $[\alpha,\beta]$ 上具有连续导数,且 $\varphi'^2(t)+\psi'^2(t) \neq 0$,则

$$\int_L f(x,y)\,\mathrm{d}s = \int_\alpha^\beta f[\varphi(t),\psi(t)]\sqrt{\varphi'^2(t)+\psi'^2(t)}\,\mathrm{d}t \quad (\alpha<t<\beta). \tag{11.1}$$

用第一型曲线积分定义可以证明式(11.1)成立.

事实上,只需利用重积分的换元积分思想方法,将曲线弧 L 的参数方程

$$\begin{cases} x=\varphi(t), \\ y=\psi(t) \end{cases} (\alpha \leq t \leq \beta),$$

代入第一型曲线 $\int_L f(x,y)\,\mathrm{d}s$ 中的被积函数 $f(x,y)$ 及弧微元公式 $\mathrm{d}s=\sqrt{(\mathrm{d}x)^2+(\mathrm{d}y)^2}$ 换元整理即可写出公式(11.1). 必须注意的是,最后定积分的下限 α 一定要小于上限 β.

同理,若曲线 L 的方程为

$$y=g(x) \quad (a \leq x \leq b),$$

可得

$$\int_L f(x,y)\,\mathrm{d}s = \int_a^b f[x,g(x)]\sqrt{1+g'^2(x)}\,\mathrm{d}x. \tag{11.2}$$

若曲线 L 的方程为
$$x = h(y)\,(c \leqslant y \leqslant d),$$
则有
$$\int_L f(x,y)\,\mathrm{d}s = \int_c^d f[h(y),y]\sqrt{1+h'^2(y)}\,\mathrm{d}y. \tag{11.3}$$
若曲线 L 的方程为
$$x = \varphi(t),\ y = \psi(t),\ z = \omega(t)\,(\alpha \leqslant t \leqslant \beta),$$
则
$$\int_L f(x,y,z)\,\mathrm{d}s = \int_\alpha^\beta f[\varphi(t),\psi(t),\omega(t)]\sqrt{\varphi'^2(t)+\psi'^2(t)+\omega'^2(t)}\,\mathrm{d}t. \tag{11.4}$$

思考：若曲线 L 的方程为极坐标形式 $\rho = \rho(\theta)\,(\alpha \leqslant \theta \leqslant \beta)$ 时，又当如何计算曲线积分 $\int_L f(x,y)\,\mathrm{d}s$?

例 11.1 设曲线为
$$L:\begin{cases} x = a\cos t, \\ y = a\sin t, \end{cases} 0 \leqslant t \leqslant \frac{\pi}{4},\ a > 0,$$
计算第一型曲线积分 $\int_L \dfrac{y}{x}\,\mathrm{d}s$.

解 由公式 (11.1) 得
$$\int_L \frac{y}{x}\,\mathrm{d}s = \int_0^{\frac{\pi}{4}} \frac{a\sin t}{a\cos t} \cdot \sqrt{(a\cos t)'^2 + (a\sin t)'^2}\,\mathrm{d}t$$
$$= -a\left[\ln\cos t\right]_0^{\frac{\pi}{4}} = \frac{a}{2}\ln 2.$$

例 11.2 设 L 是抛物线 $y^2 = 4x$ 从 $O(0,0)$ 到 $A(1,2)$ 的一段（图 11-2），计算第一型曲线积分 $\int_L \sqrt{x}\,\mathrm{d}s$.

解 L 的方程可写为
$$x = \frac{1}{4}y^2\,(0 \leqslant y \leqslant 2),$$
根据公式 (11.3) 可得
$$\int_L \sqrt{x}\,\mathrm{d}s = \int_0^2 \frac{1}{2}y\sqrt{1+\left(\frac{1}{4}y^2\right)'^2}\,\mathrm{d}y$$
$$= \int_0^2 \frac{1}{2}y\sqrt{1+\frac{1}{4}y^2}\,\mathrm{d}y = \left[\frac{2}{3}\left(1+\frac{1}{4}y^2\right)^{\frac{3}{2}}\right]_0^2$$
$$= \frac{2}{3}(2\sqrt{2}-1).$$

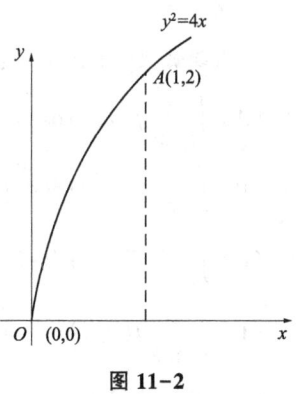

图 11-2

例 11.3 计算曲线积分 $\int_\Gamma (x^2+y^2+z^2)\,\mathrm{d}s$，其中 Γ 为连接点 $(1,1,0)$ 与 $(1,1,1)$ 的直线段.

解 曲线 Γ 的参数方程为

$$\begin{cases} x=1, \\ y=1, \\ z=t, \end{cases} 0 \leq t \leq 1,$$

于是

$$\int_{\Gamma}(x^2+y^2+z^2)\mathrm{d}s = \int_0^1 (1^2+1^2+t^2)\mathrm{d}t$$
$$= \left[2t+\frac{1}{3}t^3\right]_0^1 = \frac{7}{3}.$$

例 11.4 计算曲线积分 $\int_{\Gamma} z^2 \mathrm{d}s$,其中 Γ 为球面 $x^2+y^2+z^2=a^2$ 被平面 $x+y+z=0$ 所截得的圆周.

解 由对称性知

$$\int_{\Gamma} z^2 \mathrm{d}s = \frac{1}{3}\int_{\Gamma}(x^2+y^2+z^2)\mathrm{d}s$$
$$= \frac{a^2}{3}\int_{\Gamma} \mathrm{d}s$$
$$= \frac{2\pi a^3}{3}.$$

习题 11.1(A)

1. 曲线弧 $\widehat{AB}$ 上的曲线积分和 $\widehat{BA}$ 上的曲线积分的关系为 （　　）

(A) $\int_{L(AB)} f(x,y)\mathrm{d}s = -\int_{L(BA)} f(x,y)\mathrm{d}s$

(B) $\int_{L(AB)} f(x,y)\mathrm{d}s = \int_{L(BA)} f(x,y)\mathrm{d}s$

(C) $\int_{L(AB)} f(x,y)\mathrm{d}s + 2\int_{L(BA)} f(x,y)\mathrm{d}s = 0$

(D) $\int_{L(AB)} f(x,y)\mathrm{d}s = \int_{L(BA)} f(-x,-y)\mathrm{d}s$

2. 设平面曲线 L 为下半圆周 $y=-\sqrt{1-x^2}$,则曲线积分 $\int_L (x^2+y^2)\mathrm{d}s =$ （　　）

(A) $\frac{\pi}{4}$　　　　(B) $\frac{\pi}{2}$　　　　(C) π　　　　(D) 2π

3. 设 L 为圆周 $x^2+y^2=1$,则 $\int_L \mathrm{e}^{x^2+y^2}\mathrm{d}s =$ （　　）

(A) $\frac{\pi}{4}\mathrm{e}$　　　　(B) $\frac{\pi}{2}\mathrm{e}$　　　　(C) $\pi\mathrm{e}$　　　　(D) $2\pi\mathrm{e}$

4. 设 L 是从 $A(1,0)$ 到 $B(-1,2)$ 的直线段,则曲线积分 $\int_L (x+y)\mathrm{d}s =$ ( )

(A) $\sqrt{2}$ (B) 2 (C) $-\sqrt{2}$ (D) $2\sqrt{2}$

5. 有一铁丝弯成半圆形 $x=a\cos t, y=a\sin t, 0\leqslant t\leqslant \pi$,其上每一点的密度等于该点的纵坐标的平方,则铁丝的质量为 ( )

(A) $\dfrac{\pi}{4}a^3$ (B) $2a^2$ (C) $2\pi a^2$ (D) $\dfrac{\pi}{2}a^3$

习题 11.1(B)

1. 计算下列第一型曲线积分.

(1) $\oint_L x\mathrm{d}s$,其中 L 是由直线 $y=x$ 及抛物线 $y=x^2$ 所围成区域的整个边界;

(2) $\int_L \dfrac{\mathrm{d}s}{x-y}$,其中 L 是直线 $y=\dfrac{1}{2}x-2$ 上从点 $(0,-2)$ 到点 $(4,0)$ 之间的一段;

(3) $\oint_L \sqrt{x^2+y^2}\mathrm{d}s$,其中 L 为 $x=\sqrt{1-y^2}$ 及 y 轴所围成区域的整个边界;

(4) $\oint_L \mathrm{e}^{x+y}\mathrm{d}s$,其中 L 是以 $O(0,0), A(\pi,0), B(0,\pi)$ 为顶点的三角形的边界;

(5) $\int_L z\mathrm{d}s$,其中 L 是螺线 $x=a\cos t, y=a\sin t, z=t(0\leqslant t\leqslant t_0)$ 的一段;

(6) $\int_L \dfrac{1}{x^2+y^2+z^2}\mathrm{d}s$,其中 L 为曲线 $x=\mathrm{e}^t\cos t, y=\mathrm{e}^t\sin t, z=\mathrm{e}^t$ 对应 t 从 0 到 2 的一段弧.

2. 计算曲线积分 $\oint_L \sqrt{x^2+y^2}\mathrm{d}s$,其中 L 是 $x^2+y^2=ax(y\geqslant 0)$ 与 x 轴围成闭区域的整个边界.

3*. 仿照 10.4.3 与 10.4.4 中计算物体质心与转动惯量的方法,计算如下题目.

(1) 求半径为 a、中心角为 2φ 的均匀圆弧(线密度 $\rho=1$)的质心;

(2) 求螺旋线 $x=a\cos t, y=a\sin t, z=kt(0\leqslant t\leqslant 2\pi)$ 对 z 轴的转动惯量,设曲线的密度为常数 μ.

11.2 第二型曲线积分

知识衔接

若曲线 L 的方程为 $y=\varphi(x), a \leq x \leq b$，则 $\int_L f(x,y) \mathrm{d}s =$ _____.

若曲线 L 的方程为 $x=\varphi(t), y=\psi(t), \alpha \leq t \leq \beta$，则 $\int_L f(x,y) \mathrm{d}s =$ _____.

若曲线 L 的方程为 $\rho=\rho(\theta), \alpha \leq \theta \leq \beta$，则 $\int_L f(x,y) \mathrm{d}s =$ _____.

若曲线 Γ 的方程为 $x=\varphi(t), y=\psi(t), z=\omega(t) (\alpha \leq t \leq \beta)$，则 $\int_\Gamma f(x,y,z) \mathrm{d}s =$ _____.

一质点受方向平行于 x 轴的力 $f(x)$ 作用，沿 x 轴由点 a 移动到点 b，则 $f(x)$ 对质点做功是 _____.

证明 $\int_a^b f(x) \mathrm{d}x = -\int_b^a f(x) \mathrm{d}x$ 的思路是 _____.

11.2.1 变力沿曲线所做的功

设一质点在力 $\boldsymbol{F}(x,y) = P(x,y)\boldsymbol{i} + Q(x,y)\boldsymbol{j}$（其中 $P(x,y), Q(x,y)$ 在 L 上连续）的作用下，从 xOy 平面内点 A 沿光滑曲线 L 移动到点 B，求变力 $\boldsymbol{F}(x,y)$ 所做的功（图 11-3）.

分析：已知恒力沿直线做功 = 力×直线段长度，而现在面临的困难在于力为变力且质点运动轨迹为曲线！这里的力和质点运动轨迹都不均匀，于是可考虑利用"化变为常、化曲为直、化向量为数量"的思想，并按以下步骤计算变力 $\boldsymbol{F}(x,y)$ 所做的功.

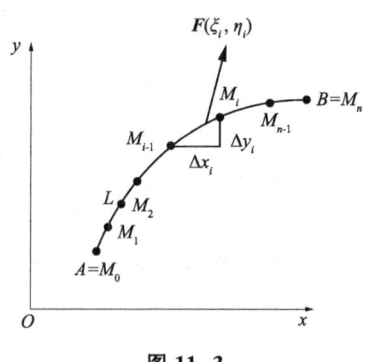

图 11-3

第一步 分割 在 L 上依次任取一组点
$$A = M_0(x_0, y_0), M_1(x_1, y_1), \cdots, M_{n-1}(x_{n-1}, y_{n-1}), M_n(x_n, y_n) = B,$$
称之为对曲线 L 的分割 T，它把 L 分成 n 个有向小弧段 $\widehat{M_{i-1}M_i}(i=1,2,\cdots,n)$，长度记为 $\Delta s_i (i=1,2,\cdots,n)$.

第二步 近似求和 在小弧段 $\widehat{M_{i-1}M_i}$ 上任取一点 (ξ_i, η_i)，用该点处的力作为变力在小弧段 $\widehat{M_{i-1}M_i}$ 上的平均的力，用弦 $\overline{M_{i-1}M_i}$ 代替 $\widehat{M_{i-1}M_i}$，并向 x 轴与 y 轴作投影 $\Delta x_i = x_i -$

x_{i-1} 与 $\Delta y_i = y_i - y_{i-1}$，其中 (x_{i-1}, y_{i-1}) 与 (x_i, y_i) 分别为分点 M_{i-1} 与 M_i 的坐标，则变力 $F(x,y)$ 沿弧 $\widehat{M_{i-1}M_i}$ 做功的近似值为 $P(\xi_i, \eta_i)\Delta x_i + Q(\xi_i, \eta_i)\Delta y_i$，进而得 $F(x,y)$ 沿曲线弧 L 做功

$$W \approx \sum_{i=1}^{n} [P(\xi_i, \eta_i)\Delta x_i + Q(\xi_i, \eta_i)\Delta y_i].$$

第三步 取极限 记 $\|T\| = \max\{\Delta s_i \mid i=1,2\cdots,n\}$，则变力 $F(x,y)$ 沿曲线弧 L 做功近似值

$$\sum_{i=1}^{n} [P(\xi_i, \eta_i)\Delta x_i + Q(\xi_i, \eta_i)\Delta y_i]$$

和精确值的误差将随着 $\|T\| \to 0$ 逐渐缩小直至消失. 因此，变力 $F(x,y)$ 沿曲线弧 L 做功

$$W = \lim_{\|T\| \to 0} \left[\sum_{i=1}^{n} P(\xi_i, \eta_i)\Delta x_i + \sum_{i=1}^{n} Q(\xi_i, \eta_i)\Delta y_i \right].$$

上述"特殊和式的极限"这一数学模型同样可用于求其他"分布在有向光滑曲线上某种不均匀量的总和"这类问题. 除去以上问题的物理背景，便有下述第二型曲线积分的概念.

11.2.2 第二型曲线积分的定义

定义 11.2 设 L 为 xOy 面内从起点 A 到终点 B 的一条有向光滑曲线段，$f(x,y)$，$g(x,y)$ 为定义在 L 上的有界函数，任意的分割

$$T = \{A = M_0, M_1, M_2, \cdots, M_{n-1}, M_n = B\}$$

将 L 分成 n 个有向小弧段

$$\widehat{M_{i-1}M_i} \quad (i=1,2,\cdots,n),$$

长度为 $\Delta s_i (i=1,2,\cdots,n)$，其弦 $\overline{M_{i-1}M_i}$ 在 x 轴与 y 轴上的投影（带有正负符号）$\Delta x_i = x_i - x_{i-1}$，$\Delta y_i = y_i - y_{i-1}$，其中 (x_{i-1}, y_{i-1}) 与 (x_i, y_i) 分别为点 M_{i-1} 与 M_i 的坐标. 记

$$\|T\| = \max\{\Delta s_i \mid i=1,2\cdots,n\},$$

称之为分割 T 的**细度**或**模**. 若对任意的分割 T 及任意的点 $(\xi_i, \eta_i) \in \widehat{M_{i-1}M_i}$，只要当 $\|T\| \to 0$ 时，和式

$$\sum_{i=1}^{n} f(\xi_i, \eta_i)\Delta x_i$$

总存在极限 J_x，则称此极限为函数 $f(x,y)$ 在有向曲线段 L 上的**第二型曲线积分**（也称为对坐标 x 的**曲线积分**），记作 $\int_L f(x,y)\,dx$，即

$$\int_L f(x,y)\,dx = \lim_{\|T\| \to 0} \sum_{i=1}^{n} f(\xi_i, \eta_i)\Delta x_i.$$

类似地，可定义函数 $g(x,y)$ 在有向曲线段 L 上的另一个第二型曲线积分（对坐标 y 的曲线积分）

$$\int_L g(x,y)\,dy = \lim_{\|T\| \to 0} \sum_{i=1}^{n} g(\xi_i, \eta_i)\Delta y_i,$$

其中 $f(x,y)$，$g(x,y)$ 为**被积函数**，L 为**积分曲线**，dx，dy 为关于坐标 x，y 的**长度微元**，

$$\sum_{i=1}^{n} f(\xi_i,\eta_i)\Delta x_i, \quad \sum_{i=1}^{n} g(\xi_i,\eta_i)\Delta y_i$$
为 $f(x,y)$，$g(x,y)$ 在 L 上关于分割 T 的**积分和**或**黎曼和**.

若 L 是闭曲线，则 $f(x,y)$，$g(x,y)$ 在 L 上的第二型曲线积分还可记为

$$\oint_L f(x,y)\mathrm{d}x, \quad \oint_L g(x,y)\mathrm{d}y.$$

根据第二型曲线积分的定义知，变力 $\boldsymbol{F}(x,y)$ 作用质点沿曲线段 L 运动所做的功

$$W = \int_L P(x,y)\mathrm{d}x + \int_L Q(x,y)\mathrm{d}y$$
$$\triangleq \int_L P(x,y)\mathrm{d}x + Q(x,y)\mathrm{d}y$$
$$= \int_L \boldsymbol{F}(x,y) \cdot \mathrm{d}\boldsymbol{s}.$$

这里的 $\boldsymbol{F}(x,y) = \{P(x,y),Q(x,y)\}$ 是一个普通向量，$\mathrm{d}\boldsymbol{s} = \{\mathrm{d}x,\mathrm{d}y\}$ 是向量形式的弧微元，$\mathrm{d}x$，$\mathrm{d}y$ 带有正负符号. 因此，第二型曲线积分的物理意义可理解为"变力沿曲线所做的功".

若 L 为空间光滑曲线段，$f(x,y,z)$ 为定义在 L 上的有界函数，则可类似地定义 $f(x,y,z)$ 在空间曲线 L 上的第二型曲线积分

$$\int_L f(x,y,z)\mathrm{d}x = \lim_{\|T\|\to 0} \sum_{i=1}^{n} f(\xi_i,\eta_i,\zeta_i)\Delta x_i,$$

$$\int_L f(x,y,z)\mathrm{d}y = \lim_{\|T\|\to 0} \sum_{i=1}^{n} f(\xi_i,\eta_i,\zeta_i)\Delta y_i,$$

$$\int_L f(x,y,z)\mathrm{d}z = \lim_{\|T\|\to 0} \sum_{i=1}^{n} f(\xi_i,\eta_i,\zeta_i)\Delta z_i.$$

变力 $\boldsymbol{F}(x,y,z) = P(x,y,z)\boldsymbol{i} + Q(x,y,z)\boldsymbol{j} + R(x,y,z)\boldsymbol{k}$ 作用质点沿曲线段 L 运动所做的功

$$W = \int_L P(x,y,z)\mathrm{d}x + Q(x,y,z)\mathrm{d}y + R(x,y,z)\mathrm{d}z$$
$$= \int_L \boldsymbol{F}(x,y,z) \cdot \mathrm{d}\boldsymbol{s}.$$

类似于第一型曲线积分，第二型曲线积分也有被积函数和积分曲线两个积分要素，可积的必要条件仍是被积函数有界，被积函数连续仍是可积的一个充分条件（为了讨论方便，若无特殊说明，今后我们总假定被积函数在 L 上是连续的）. 所不同的是，第二型曲线积分的积分结果与曲线 L 的方向有关，它常用于解决"分布在有向光滑曲线上与向量有关的某种不均匀量的总和"问题，而第一型曲线积分用于解决与普通数量有关的"分布在光滑曲线上某种不均匀量的总和"问题.

11.2.3 第二型曲线积分的性质

由定义可得第二型曲线积分的下列性质.

性质 11.7（线性性质） 若 $\int_L P_i\mathrm{d}x + Q_i\mathrm{d}y (i=1,2,\cdots,n)$ 存在，则

$$\int_L \left(\sum_{i=1}^{n} l_i P_i\right)\mathrm{d}x + \left(\sum_{i=1}^{n} k_i Q_i\right)\mathrm{d}y = \sum_{i=1}^{n} \left(l_i \int_L P_i\mathrm{d}x + k_i \int_L Q_i\mathrm{d}y\right),$$

其中 $l_i, k_i (i=1,2,\cdots,n)$ 为常数.

性质 11.8(积分路径可加性) 若有向曲线段 L 是由有向曲线段 $L_1,L_2,\cdots,L_n$ 首尾相接而成,且

$$\int_{L_i} P\mathrm{d}x+Q\mathrm{d}y\,(i=1,2,\cdots,n)$$

存在,则

$$\int_L P\mathrm{d}x+Q\mathrm{d}y = \sum_{i=1}^n \int_{L_i} P\mathrm{d}x+Q\mathrm{d}y.$$

性质 11.9 设 L 是有向光滑曲线段,L^- 是 L 的反向曲线段,则

$$\int_L P\mathrm{d}x+Q\mathrm{d}y = -\int_{L^-} P\mathrm{d}x+Q\mathrm{d}y.$$

性质 11.9 表明,当积分曲线的方向改变时,第二型曲线积分要改变符号.因此,第二型曲线积分必须注意积分弧段的方向.这一性质是第二型曲线积分区别于第一型曲线积分的重要标志.

思考: 定积分与第一型曲线积分和第二型曲线积分的关系?

11.2.4 第二型曲线积分的对称性

性质 11.10*(对称性) (1)若有向光滑曲线 L 关于 x 轴对称,函数 $P(x,y),Q(x,y)$ 在 L 上连续,则当 $P(x,y),Q(x,y)$ 关于 y 为偶函数时,

$$\int_L P(x,y)\mathrm{d}x=0, \int_L Q(x,y)\mathrm{d}y = 2\int_{L_1} Q(x,y)\mathrm{d}y;$$

当 $P(x,y),Q(x,y)$ 关于 y 为奇函数时,

$$\int_L P(x,y)\mathrm{d}x = 2\int_{L_1} P(x,y)\mathrm{d}x, \int_L Q(x,y)\mathrm{d}y = 0,$$

其中 L_1 为 L 在 x 轴上方的曲线段.

(2)若有向光滑曲线 L 关于 y 轴对称,函数 $P(x,y),Q(x,y)$ 在 L 上连续,则当 $P(x,y),Q(x,y)$ 关于 x 为偶函数时,

$$\int_L P(x,y)\mathrm{d}x = 2\int_{L_1} P(x,y)\mathrm{d}x, \int_L Q(x,y)\mathrm{d}y = 0;$$

当 $P(x,y),Q(x,y)$ 关于 x 为奇函数时,

$$\int_L P(x,y)\mathrm{d}x = 0, \int_L Q(x,y)\mathrm{d}y = 2\int_{L_1} Q(x,y)\mathrm{d}y,$$

其中 L_1 为 L 在 y 轴右方的曲线段.

(3)若分段光滑曲线 L 的方程中变量 x,y 互换后曲线 L 的方程不改变,即曲线 L 具有轮换对称性,函数 $f(x,y)$ 在上连续,则

$$\int_L P(x,y)\mathrm{d}x = \int_L P(y,x)\mathrm{d}y, \int_L Q(x,y)\mathrm{d}y = \int_L Q(y,x)\mathrm{d}x.$$

思考: 第二型曲线积分有估值性和积分中值性吗?

11.2.5 第二型曲线积分的计算

定理 11.2 设函数 $P(x,y),Q(x,y)$ 在有向曲线 L 上连续,L 的方程为 $\begin{cases} x=\varphi(t), \\ y=\psi(t), \end{cases}$ 始点为 $A(\varphi(\alpha),\psi(\alpha))$,终点为 $B(\varphi(\beta),\psi(\beta))$,$\varphi(t),\psi(t)$ 在以 α 和 β 为端点的区间上具

有连续导数,且 $\varphi'^2(t)+\psi'^2(t)\neq 0$,则

$$\int_L P(x,y)dx+Q(x,y)dy = \int_\alpha^\beta \{P[\varphi(t),\psi(t)]\varphi'(t)+Q[\varphi(t),\psi(t)]\psi'(t)\}dt.$$

(11.5)

类似于第一型曲线积分的计算公式,只需对积分式 $\int_L P(x,y)dx+Q(x,y)dy$ 中的 x,y, dx,dy 进行换元即可写出第二型曲线积分的计算公式(11.5),其中定积分下限 α 对应于 L 的起点,定积分上限 β 对应于 L 的终点.需要注意的是,这里的 α 不一定小于 β.

同理,可以写出当曲线 L 的方程为 $y=g(x)$ 时,

$$\int_L P(x,y)dx+Q(x,y)dy = \int_a^b \{P[x,g(x)]+Q[x,g(x)]g'(x)\}dx, \quad (11.6)$$

其中下限 a 对应 L 的起点,上限 b 对应 L 的终点.

当曲线 L 的方程为 $x=h(y)$ 时,有

$$\int_L P(x,y)dx+Q(x,y)dy = \int_c^d \{P[h(y),y]h'(y)+Q[h(y),y]\}dy, \quad (11.7)$$

其中下限 c 对应 L 的起点,上限 d 对应 L 的终点.

当曲线 L 的方程为 $\begin{cases} x=x(t), \\ y=y(t), \\ z=z(t), \end{cases}$ 起点为 $(x(\alpha),y(\alpha),z(\alpha))$,终点为 $(x(\beta),y(\beta),z(\beta))$ 时,

$$\int_L P(x,y,z)dx+Q(x,y,z)dy+R(x,y,z)dz$$
$$= \int_\alpha^\beta [P(x(t),y(t),z(t))x'(t)+Q(x(t),y(t),z(t))y'(t)+R(x(t),y(t),z(t))z'(t)]dt.$$

(11.8)

事实上,证明以上计算公式的最根本的方法是定义法,详细情况可参阅文献[2].

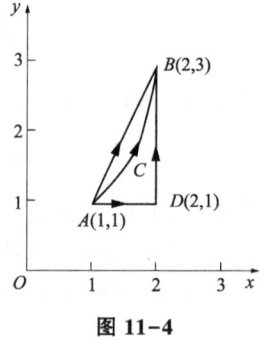

图 11-4

例 11.5 计算积分 $\int_L xy dx+(y-x)dy$,其中 L 分别沿图 11-4 中路线:

(1) 直线段 AB;

(2) 抛物线 $ACB:y=2(x-1)^2+1$;

(3) 三角形周界 $ADBA$;

(4) 闭合曲线 $ACBA$.

解 (1) 由于直线 AB 的方程为 $\begin{cases} x=1+t, \\ y=1+2t, \end{cases}$ 其中 t 由 0 变到 1,故由公式(11.5)得

$$\int_L xy dx+(y-x)dy = \int_0^1 [(1+t)(1+2t)+2t]dt$$

$$= \left[t + \frac{5}{2}t^2 + \frac{2}{3}t^3\right]_0^1 = \frac{25}{6}.$$

(2) 由于抛物线 ACB 的方程为 $y = 2(x-1)^2 + 1$，其中 x 由 1 变到 2，故由公式(11.6)得

$$\int_L xy\,dx + (y-x)\,dy = \int_1^2 \left[2x(x-1)^2 + x + 4(2x^2 - 5x + 3)(x-1)\right]dx$$

$$= \int_1^2 (10x^3 - 32x^2 - 35x - 12)\,dx = \frac{10}{3}.$$

(3) 在三角形周界 $ADBA$ 的表达式中，AD 的方程为 $x = t, y = 1$，其中 t 由 1 变到 2；DB 的方程为 $x = 2, y = t$，其中 t 由 1 变到 3，故

$$\int_L xy\,dx + (y-x)\,dy = \int_{AD+DB+BA} xy\,dx + (y-x)\,dy = \int_1^2 t\,dt + \int_1^3 (t-2)\,dt - \int_{AB} xy\,dx + (y-x)\,dy$$

$$= \frac{3}{2} + 0 - \frac{25}{6} = -\frac{8}{3}.$$

(4) $\int_L xy\,dx + (y-x)\,dy = \int_{ACB} xy\,dx + (y-x)\,dy - \int_{AB} xy\,dx + (y-x)\,dy$

$$= \frac{10}{3} - \frac{25}{6} = -\frac{5}{6}.$$

思考：本题中(1)与(3)中关于直线参数方程的两种写法优缺点各是什么？三维空间中过两个不同点的直线的参数方程如何表示？

例 11.6 计算积分 $\int_L 2xy\,dx + x^2\,dy$，其中 L 分别沿图 11-4 中路线：

(1) 直线段 AB；

(2) 抛物线 $ACB: y = 2(x-1)^2 + 1$；

(3) 三角形周界 $ADBA$；

(4) 闭合曲线 $ACBA$.

分析：本题与上题的区别仅在于被积函数不同，因此可用类似方法解答.

解 (1) 由于直线 AB 的方程为 $\begin{cases} x = 1+t, \\ y = 1+2t, \end{cases}$ 其中 t 由 0 变到 1，故由公式(11.5)得

$$\int_L 2xy\,dx + x^2\,dy = \int_0^1 \left[2(1+t)(1+2t) + 2(1+t)^2\right]dt$$

$$= 2\left[2t + \frac{5}{2}t^2 + t^3\right]_0^1 = 11.$$

(2) 由于抛物线 ACB 的方程为 $y = 2(x-1)^2 + 1$，其中 x 由 1 变到 2，故由公式(11.6)得

$$\int_L 2xy\,dx + x^2\,dy = \int_1^2 \left\{2x[2(x-1)^2 + 1] + 4x^2(x-1)\right\}dx = 11.$$

(3) 由于三角形周界 $ADBA$ 的方程有

$$AD: \begin{cases} x = t, \\ y = 1, \end{cases} \text{其中 } t \text{ 由 1 变到 2,}$$

$$DB: \begin{cases} x = 2, \\ y = t, \end{cases} \text{其中 } t \text{ 由 1 变到 3,}$$

故
$$\int_L 2xy\,dx+x^2\,dy = \int_{AD+DB+BA} 2xy\,dx+x^2\,dy$$
$$= \int_1^2 2t\,dt + \int_1^3 4\,dt - \int_{AB} 2xy\,dx+x^2\,dy$$
$$= 3+8-11 = 0.$$

(4) $\int_L 2xy\,dx+x^2\,dy = \int_{ACB} xy\,dx+x^2\,dy - \int_{AB} xy\,dx+x^2\,dy = 11-11 = 0.$

思考：例 11.5 与例 11.6 的结论表明第二型曲线积分具有什么样的特性？

例 11.7 计算积分
$$I = \oint_L y(z-x^2)\,dx+xy^2\,dy+(x+y+1)\,dz,$$
其中 L 为闭合曲线 $\begin{cases} x^2+y^2+z^2=5, \\ z=x^2+y^2+1, \end{cases}$ 方向为从原点看沿顺时针方向（图 11-5）．

解 L 的方程 $\begin{cases} x^2+y^2+z^2=5, \\ z=x^2+y^2+1, \end{cases}$ 等价于 $\begin{cases} z=2, \\ x^2+y^2=1, \end{cases}$

因此，L 的参数方程为 $\begin{cases} x=\cos t, \\ y=\sin t, \\ z=2, \end{cases}$ 其中 t 由 0 变到 2π，故由

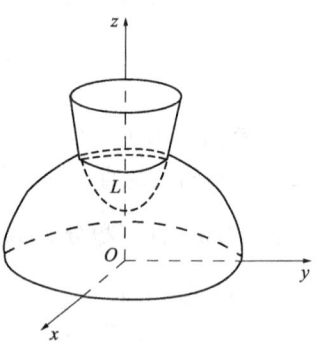

图 11-5

公式(11.8)得
$$I = \oint_L y(z-x^2)\,dx+xy^2\,dy+(x+y+1)\,dz$$
$$= \int_0^{2\pi} \left[\sin t(2-\cos^2 t)(-\sin t) + \cos t\sin^2 t(\cos t)\right]dt$$
$$= -2\int_0^{2\pi} \sin^4 t\,dt$$
$$= -8 \cdot \frac{3}{4} \cdot \frac{1}{2} \cdot \frac{\pi}{2} = -\frac{3}{2}\pi.$$

11.2.6 两类曲线积分的关系

曲线积分与定积分的区别在于"曲线弧"这一明显的"几何特征"，而第一型曲线积分与第二型曲线积分的不同则在于"曲线的方向"这一独特的"向量特征"．尽管两类曲线积分的物理原型不同，但可依据弧微分 ds 与自变量的微分 dx,dy,dz 之间的联系建立两类曲线积分的关系式．

设 L 为从始点 A 到终点 B 的有向光滑曲线，它以弧长 s 为参数，于是
$$L: \begin{cases} x=x(s), \\ y=y(s), \\ z=z(s), \end{cases}$$
其中 s 从 0 到曲线 L 的全长 l，曲线 L 上每一点的切向量（图 11-6）
$$\boldsymbol{\tau} = \left\{\frac{dx}{ds}, \frac{dy}{ds}, \frac{dz}{ds}\right\}$$

的方向指向弧长增加的一方. 以 $\alpha=(\boldsymbol{\tau},x),\beta=(\boldsymbol{\tau},y),\gamma=(\boldsymbol{\tau},z)$ 分别表示切向量与 x 轴、y 轴及 z 轴正向的夹角,则弧微分公式

$$\mathrm{d}s=\sqrt{\mathrm{d}x^2+\mathrm{d}y^2+\mathrm{d}z^2}\Leftrightarrow\left(\frac{\mathrm{d}x}{\mathrm{d}s}\right)^2+\left(\frac{\mathrm{d}y}{\mathrm{d}s}\right)^2+\left(\frac{\mathrm{d}z}{\mathrm{d}s}\right)^2=1,$$

且

$$\boldsymbol{\tau}=\left\{\frac{\mathrm{d}x}{\mathrm{d}s},\frac{\mathrm{d}y}{\mathrm{d}s},\frac{\mathrm{d}z}{\mathrm{d}s}\right\}=\{\cos\alpha,\cos\beta,\cos\gamma\},$$

即

$$\frac{\mathrm{d}x}{\mathrm{d}s}=\cos\alpha,\quad\frac{\mathrm{d}y}{\mathrm{d}s}=\cos\beta,\quad\frac{\mathrm{d}z}{\mathrm{d}s}=\cos\gamma,$$

或者

$$\mathrm{d}x=\cos\alpha\mathrm{d}s,\quad\mathrm{d}y=\cos\beta\mathrm{d}s,\quad\mathrm{d}z=\cos\gamma\mathrm{d}s,$$

因此

$$\int_L P\mathrm{d}x+Q\mathrm{d}y+R\mathrm{d}z=\int_L(P\cos\alpha+Q\cos\beta+R\cos\gamma)\mathrm{d}s,$$

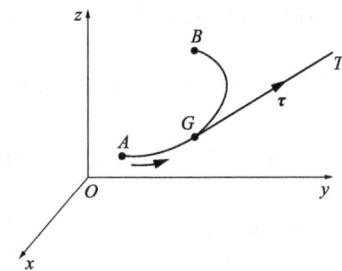

图 11-6

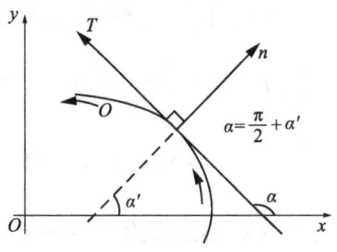

图 11-7

$$\int_{L^-}P\mathrm{d}x+Q\mathrm{d}y+R\mathrm{d}z=-\int_L(P\cos\alpha+Q\cos\beta+R\cos\gamma)\mathrm{d}s.$$

所以,第一型曲线积分与第二型曲线积分之间总有关系式

$$\begin{aligned}\int_L P\mathrm{d}x+Q\mathrm{d}y+R\mathrm{d}z&=\int_L(P\cos\alpha+Q\cos\beta+R\cos\gamma)\mathrm{d}s\\&=\int_L\{P,Q,R\}\cdot\{\cos\alpha,\cos\beta,\cos\gamma\}\mathrm{d}s\\&\xhookrightarrow{\text{记}\boldsymbol{F}=\{P,Q,R\}}\int_L\boldsymbol{F}\cdot\boldsymbol{\tau}\mathrm{d}s\\&\xhookrightarrow[F_\tau=P\cos\alpha+Q\cos\beta+R\cos\gamma]{\text{记}\boldsymbol{F}\text{在}\boldsymbol{\tau}\text{上的投影}}\int_L F_\tau\mathrm{d}s\end{aligned}$$

成立. 显然,当曲线 L 在 xy 平面内(即 $\gamma=\dfrac{\pi}{2}$,$\cos\gamma=0$)时,两类曲线积分之间总有关系

$$\begin{aligned}\int_L P\mathrm{d}x+Q\mathrm{d}y&=\int_L(P\cos\alpha+Q\cos\beta)\mathrm{d}s\\&=\int_L(P\cos\alpha+Q\sin\alpha)\mathrm{d}s\end{aligned}$$

$$= \int_L (-P\sin\alpha' + Q\cos\alpha')\,ds,$$

其中 α' 为 x 轴正向到法向量 n 正向的夹角. 这里规定法向量 n 的正向到切向量 τ 的正向满足右手螺旋系(图 11-7).

习题 11.2(A)

1. 设 L 表示椭圆 $\dfrac{x^2}{a^2} + \dfrac{y^2}{b^2} = 1$,其方向为逆时针方向,则曲线积分 $\int_L (x^2 + y^2)\,dx =$ (   )

(A) πab　　　　　(B) 0　　　　　(C) $a + b^2$　　　　　(D) $-\pi ab^2$

2. 设 L 为抛物线 $y = x^2$ 上从 $(-2,4)$ 到 $(1,1)$ 的一段,则 $\int_L (x - 2y^2)\,dy =$ (   )

(A) 24　　　　　(B) 48　　　　　(C) 0　　　　　(D) -48

3. 设 C 为由 $A(1,1)$ 到 $B(2,3)$ 的直线段,则 $\int_C (x + 3y)\,dx + (y + 2x)\,dy =$ (   )

(A) $\int_1^2 [(x+2x) + (2x+3x)]\,dx$　　　　(B) $\int_1^2 [(x+2x-1) + (2x-1+3x)]\,dx$

(C) $\int_1^2 [(7x-3) + 2(5x-1)]\,dx$　　　　(D) $\int_1^2 [(7x-3) + (5x-1)]\,dx$

4. 设曲线 C 的方程为 $x = \sqrt{\cos t}, y = \sqrt{\sin t}\left(0 \leqslant t \leqslant \dfrac{\pi}{2}\right)$,则 $\int_C x^2 y\,dy - y^2 x\,dx =$ (   )

(A) $\int_0^{\frac{\pi}{2}} [\cos t \sqrt{\sin t} - \sin t \sqrt{\cos t}]\,dt$　　　　(B) $\int_0^{\frac{\pi}{2}} (\cos^2 t - \sin^2 t)\,dt$

(C) $\int_0^{\frac{\pi}{2}} \cos t \sqrt{\sin t}\,\dfrac{dt}{2\sqrt{\sin t}} - \int_0^{\frac{\pi}{2}} \sin t \sqrt{\cos t}\,\dfrac{dt}{2\sqrt{\cos t}}$　　　(D) $\dfrac{1}{2}\int_0^{\frac{\pi}{2}} dt$

5. 设 $f(u)$ 连续可导, L 为以原点为圆心的单位圆,则必有 (   )

(A) $\oint_L f(x^2+y^2)(x\,dx + y\,dy) = 0$　　　　(B) $\oint_L f(x^2+y^2)(x\,dy + y\,dx) = 0$

(C) $\oint_L f(x^2+y^2)(dx + y\,dy) = 0$　　　　(D) $\oint_L f(x^2+y^2)(x\,dx + dy) = 0$

习题 11.2(B)

1. 计算下列对坐标的曲线积分.

(1) $\int_L x\,dy - 2y\,dx$,其中 L 为圆周 $x^2 + y^2 = 2$ 在第一象限中的部分,取正向.

(2) $\int_L xy\,dx$,其中 L 为抛物线 $x = y^2$ 及 $x = 2$ 所围成的区域的整个边界(按逆时针方向

绕行);

(3) $\oint_L (x^2+y^2)dx+(x^2-y^2)dy$,其中 L 是 $O(0,0),A(1,1),B(0,2),C(-1,1)$ 为顶点的正方形的正向边界;

(4) $\int_L \dfrac{ydx-xdy}{x^2+y^2}$,其中 L 为圆周 $x^2+y^2=R^2$(按逆时针方向绕行);

(5) $\int_L (2a-y)dx+xdy$,其中 L 为摆线 $x=a(t-\sin t),y=a(1-\cos t)$ 上从 $t=0$ 到 $t=2\pi$ 的一段弧;

(6) $\int_L xdx+ydy+(xz-y)dz$,其中 L 为曲线 $x=t^2,y=2t,z=4t^3,0 \leqslant t \leqslant 1$,方向与 t 增大的方向一致;

(7) $\int_\Gamma \dfrac{-ydx+xdy+dz}{x^2+y^2+z^2}$,其中 Γ 为曲线 $x=e^t\cos t,y=e^t\sin t,z=e^t$ 上对应于 t 从 0 到 2 的一段弧.

2. 计算 $\int_L (x-2y)dx+(2x+y)dy$,其中 L 是:

(1) 曲线 $y=2x^3$ 上从点 $(0,0)$ 到点 $(1,2)$ 的一段弧;

(2) 从点 $(0,0)$ 到点 $(1,2)$ 的直线段;

(3) 曲线 $y^2=4x$ 上从点 $(0,0)$ 到点 $(1,2)$ 的一段弧.

3. 设 $F=-\dfrac{k}{x^2+y^2}(x\boldsymbol{i}+y\boldsymbol{j})$ 构成一个力场,其中 k 为常量. 若质点在该力场内沿着一条光滑曲线 L 从点 A 移动到点 B,求力 F 做功的表达式.

4. 在过点 $O(0,0)$ 和 $A(\pi,0)$ 的曲线族 $y=\alpha\sin x(\alpha>0)$ 中,求一条曲线 L,使得该曲线从 O 到 A 的积分 $\int_L (1+y^3)dx+(2x+y)dy$ 的值最小.

11.3　格林公式　曲线积分与路径的关系

知识衔接

牛顿-莱布尼茨公式为 $\int_a^b f(x)dx = $ ＿＿＿＿.

第一型曲线积分与第二型曲线积分之间的关系为 ＿＿＿＿.

11.3.1 格林公式

牛顿-莱布尼茨公式

$$\int_a^b F'(x)\,\mathrm{d}x = F(b) - F(a)$$

表明了 $F'(x)$ 在区间 $[a,b]$ 上的积分与 $F(x)$ 在其边界(端点)的数量转化关系,而本节讨论的格林公式则沟通了平面闭区域 D 上的二重积分与其边界曲线 L 上的曲线积分之间的转化关系. 为此,先介绍有关平面区域的连通性及边界曲线方向的概念.

设 D 为平面区域,若 D 内任一闭曲线所围的部分都包含于 D,则称 D 为平面单连通区域(图 11-8(a)),否则称为多(复)连通区域(图 11-8(b)). 通俗地说,无洞的区域为单连通的,有洞的区域为多连通的.

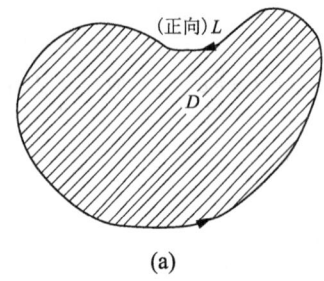
(a)

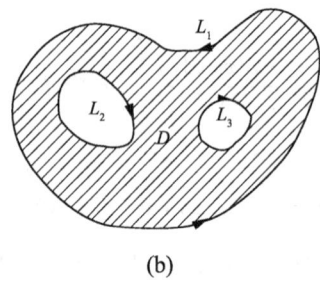
(b)

图 11-8

若区域 D 的边界曲线 L 由一条或几条光滑曲线组成,通常将边界曲线 L 的正方向规定为:当人沿边界 L 行走时,区域 D 总在他的左侧,反之为负方向,记为 $-L$ 或 L^-. 由此规定可知,对图 11-8(a) 所示的区域,其边界曲线 L 的正向是逆时针方向;对图 11-8(b) 所示的区域,其边界曲线 $L = L_1 + L_2^- + L_3^-$,它的正向为外边界 L_1 的逆时针方向和内边界 L_2, L_3 的顺时针方向.

定理 11.3 若函数 $P(x,y)$, $Q(x,y)$ 及 $\dfrac{\partial Q}{\partial x}$, $\dfrac{\partial P}{\partial y}$ 在光滑或分段光滑闭曲线 L 围成的区域 D 上连续,则

$$\iint_D \left(\frac{\partial Q}{\partial x} - \frac{\partial P}{\partial y}\right) \mathrm{d}x\mathrm{d}y = \oint_L P\mathrm{d}x + Q\mathrm{d}y, \tag{11.9}$$

其中 L 为 D 的边界曲线且取正方向,式(11.9)称为**格林公式**.

证 根据积分区域的不同类型,证明分为三种情形.

(1) 若区域 D 既是 X-型区域又是 Y-型区域(图 11-9),则积分区域 D 可表示为

$$D = \{(x,y) \mid a \le x \le b, \varphi_1(x) \le y \le \varphi_2(x)\}$$

或

$$D = \{(x,y) \mid c \le y \le d, \psi_1(y) \le x \le \psi_2(y)\},$$

其中 $y_1 = \varphi_1(x)$, $y_2 = \varphi_2(x)$, $x_1 = \psi_1(y)$, $x_2 = \psi_2(y)$ 分别为

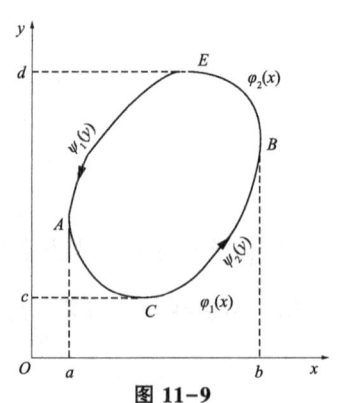

图 11-9

曲线 $\overset{\frown}{ACB}, \overset{\frown}{BEA}, \overset{\frown}{EAC}$ 和 $\overset{\frown}{CBE}$ 的方程,于是

$$\iint_D \frac{\partial P}{\partial y} dx dy = \int_a^b dx \int_{\varphi_1(x)}^{\varphi_2(x)} \frac{\partial P(x,y)}{\partial y} dy$$

$$= \int_a^b \{P[x,\varphi_2(x)] - P[x,\varphi_1(x)]\} dx$$

$$= \int_{\overset{\frown}{AEB}} P(x,y) dx - \int_{\overset{\frown}{ACB}} P(x,y) dx$$

$$= -\int_{\overset{\frown}{ACB}+\overset{\frown}{BEA}} P(x,y) dx$$

$$= -\oint_L P dx.$$

类似地,可证

$$\iint_D \frac{\partial Q}{\partial x} dx dy = \oint_L Q dy.$$

所以

$$\iint_D \left(\frac{\partial Q}{\partial x} - \frac{\partial P}{\partial y}\right) dx dy = \oint_L P dx + Q dy.$$

(2) 若 D 为单连通区域但不满足既是 X-型区域又是 Y-型区域这一条件,此时可在 D 内引进一条或几条辅助曲线把 D 分成有限个既是 X-型又是 Y-型的子区域(图 11-10),将区域 D 分为三个子区域 D_1, D_2, D_3.

由结论(1)知格林公式在每个子区域上都成立,即

$$\iint_{D_1} \left(\frac{\partial Q}{\partial x} - \frac{\partial P}{\partial y}\right) dx dy = \oint_{L_3} P dx + Q dy,$$

$$\iint_{D_2} \left(\frac{\partial Q}{\partial x} - \frac{\partial P}{\partial y}\right) dx dy = \oint_{L_2} P dx + Q dy,$$

$$\iint_{D_3} \left(\frac{\partial Q}{\partial x} - \frac{\partial P}{\partial y}\right) dx dy = \oint_{L_1} P dx + Q dy,$$

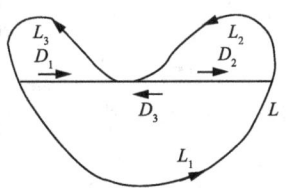

图 11-10

以上三式相加(沿辅助线的曲线积分相互抵消)得

$$\iint_D \left(\frac{\partial Q}{\partial x} - \frac{\partial P}{\partial y}\right) dx dy = \oint_L P dx + Q dy.$$

(3) 若 D 为复连通区域,可在 D 内引进一条或几条辅助曲线把 D 分割成单连通区域,如图 11-11 所示. 此时以曲线

$$L = AB + L_2^- + BA + AFC + CE + L_3^- + EC + CGA$$

为边界的区域 D 可视为单连通区域. 于是,由(2)的结论知

$$\iint_D \left(\frac{\partial Q}{\partial x} - \frac{\partial P}{\partial y}\right) dx dy = \oint_{AB+L_2^-+BA+AFC+CE+L_3^-+EC+CGA} P dx + Q dy$$

$$= \oint_{L_1+L_2^-+L_3^-} P dx + Q dy$$

$$= \oint_L P dx + Q dy.$$

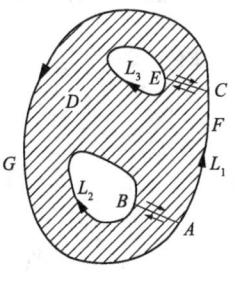

图 11-11

这就证明了格林公式对于任何有界闭区域 D 均成立.

为了便于记忆,格林公式也常写成

$$\iint_D \begin{vmatrix} \dfrac{\partial}{\partial x} & \dfrac{\partial}{\partial y} \\ P & Q \end{vmatrix} d\sigma = \oint_L P dx + Q dy.$$

不难看出,在格林公式中若取 $P=0, Q=x$,则

$$\iint_D dx dy = \oint_L x dy, \tag{11.10}$$

上式左侧积分 $\iint_D dx dy$ 在数值上等于闭区域 D 的面积. 因此,平面闭区域 D 的面积 $\overline{D}$ 可用公式

$$\overline{D} = \oint_L x dy$$

计算,其中 L 是区域 D 的取正向的边界曲线,这是格林公式的一个简单应用.

同样,若取 $P=-y, Q=x$,则得平面闭区域 D 的面积 $\overline{D}$ 的另一计算公式

$$\overline{D} = \frac{1}{2} \oint_L x dy - y dx.$$

例 11.8 计算星形线 $L: x = a\cos^3 t, y = a\sin^3 t$ 所围平面图形的面积 A.

解 根据公式 (11.10) 有

$$\begin{aligned}
A &= \oint_L x dy \\
&= \int_0^{2\pi} a\cos^3 t \cdot 3a\sin^2 t \cdot \cos t dt \\
&= 12a^2 \int_0^{\frac{\pi}{2}} \cos^4 t \cdot (1-\cos^2 t) dt \\
&\xlongequal{\text{沃利斯公式}} \frac{3}{8}\pi a^2.
\end{aligned}$$

例 11.9 计算积分 $I = \oint_L \dfrac{x dy - y dx}{x^2 + y^2}$,其中 L 为任意不通过原点的正向光滑闭曲线.

解 令

$$P = \frac{-y}{x^2+y^2}, \quad Q = \frac{x}{x^2+y^2},$$

则

$$\frac{\partial Q}{\partial x} = \frac{x^2+y^2-x\cdot 2x}{(x^2+y^2)^2} = \frac{y^2-x^2}{(x^2+y^2)^2}, \quad \frac{\partial P}{\partial y} = \frac{-(x^2+y^2)+y\cdot 2y}{(x^2+y^2)^2} = \frac{y^2-x^2}{(x^2+y^2)^2}.$$

(1) 当 L 所围成的区域 D 不含原点时(图 11-12(a)), $P, Q, \dfrac{\partial Q}{\partial x}, \dfrac{\partial P}{\partial y}$ 均在 D 上连续,故由格林公式知

$$I = \oint_L \frac{x dy - y dx}{x^2+y^2} = \iint_D \left(\frac{\partial Q}{\partial x} - \frac{\partial P}{\partial y} \right) dx dy = \iint_D 0 dx dy = 0.$$

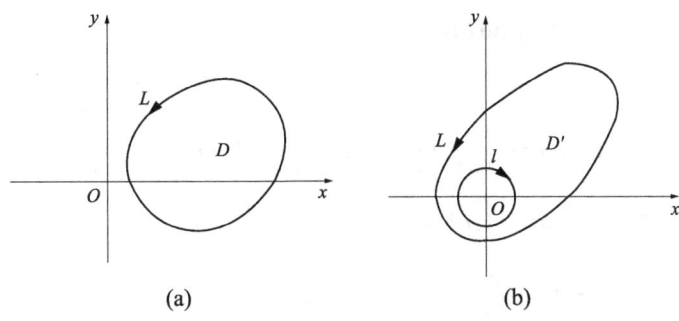

图 11-12

(2) 当 L 所围区域 D 含坐标原点时,在 D 内作以原点为圆心,以任意小正数 r 为半径的小圆周 l(图 11-12(b)),则 $P,Q,\dfrac{\partial Q}{\partial x},\dfrac{\partial P}{\partial y}$ 均在曲线 $\Gamma = L + l^-$ 所围区域 D' 上连续. 于是,由格林公式知

$$\oint_\Gamma \frac{x\mathrm{d}y - y\mathrm{d}x}{x^2 + y^2} = \iint_{D'}\left(\frac{\partial Q}{\partial x} - \frac{\partial P}{\partial y}\right)\mathrm{d}x\mathrm{d}y = 0,$$

即

$$\oint_{L+l^-} \frac{x\mathrm{d}y - y\mathrm{d}x}{x^2 + y^2} = 0,$$

于是

$$I = \oint_L \frac{x\mathrm{d}y - y\mathrm{d}x}{x^2 + y^2} = -\oint_{l^-} \frac{x\mathrm{d}y - y\mathrm{d}x}{x^2 + y^2} = \oint_l \frac{x\mathrm{d}y - y\mathrm{d}x}{x^2 + y^2}$$

$$\xlongequal[y = r\sin\theta]{x = r\cos\theta} \int_0^{2\pi} \frac{r^2\cos^2\theta + r^2\sin^2\theta}{r^2}\mathrm{d}\theta = 2\pi.$$

思考:本题(2)中,若在区域 D 内挖去一个以坐标原点为中心的小正方形或包含原点的小椭圆可以吗?

例 11.10 计算 $I = \int_L \mathrm{e}^x \cos y \mathrm{d}y + (\mathrm{e}^x \sin y + n!\, x^2 - ny)\mathrm{d}x\,(n \in \mathbf{N}^+)$,其中 L 是圆周 $y = \sqrt{4x - x^2}$ 上由点 $A(4,0)$ 到 $O(0,0)$ 的一段弧.

解 令 $P = \mathrm{e}^x \sin y + n!\, x^2 - ny,\ Q = \mathrm{e}^x \cos y$,则

$$\frac{\partial Q}{\partial x} = \mathrm{e}^x \cos y,\quad \frac{\partial P}{\partial y} = \mathrm{e}^x \cos y - n,$$

显然 $P,Q,\dfrac{\partial Q}{\partial x},\dfrac{\partial P}{\partial y}$ 连续. 作辅助线 $\overrightarrow{OA}$,如图 11-13 所示,并记封闭曲线 $L + \overrightarrow{OA}$ 所围区域为 D,则由格林公式知

$$\oint_{L+\overrightarrow{OA}} P\mathrm{d}x + Q\mathrm{d}y = \iint_D \left(\frac{\partial Q}{\partial x} - \frac{\partial P}{\partial y}\right)\mathrm{d}x\mathrm{d}y$$

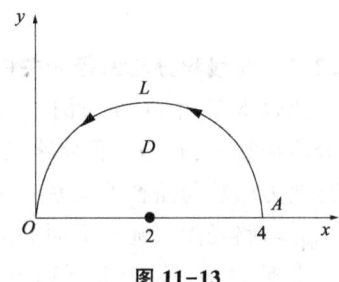

图 11-13

$$= \iint_D n\,dxdy = 2n\pi,$$

于是

$$I = 2n\pi - \int_{\overline{OA}} (e^x \sin y + n!\,x^2 - ny)\,dx + e^x \cos y\,dy$$

$$= 2n\pi - \int_0^4 n!\,x^2\,dx$$

$$= 2n\pi - \frac{64}{3}n!.$$

例 11.11 设 $f(x,y)$ 在闭区域 D 上具有二阶连续偏导数,证明

$$\iint_D \left(\frac{\partial^2 f}{\partial x^2} + \frac{\partial^2 f}{\partial y^2}\right)dxdy = \oint_L \frac{\partial f}{\partial n}ds,$$

其中 L 为 D 的边界曲线,取正向,$\dfrac{\partial f}{\partial n}$ 为 f 沿 L 上任一点处的外法线 $\boldsymbol{n}$ 的方向导数.

证

$$\iint_D \left(\frac{\partial^2 f}{\partial x^2} + \frac{\partial^2 f}{\partial y^2}\right)dxdy = \iint_D \left[\frac{\partial}{\partial x}\left(\frac{\partial f}{\partial x}\right) - \frac{\partial}{\partial y}\left(-\frac{\partial f}{\partial y}\right)\right]dxdy = \oint_L -\frac{\partial f}{\partial y}dx + \frac{\partial f}{\partial x}dy$$

$$\xlongequal{\text{两类曲线积分的关系}} \oint_L \left(-\frac{\partial f}{\partial y}\cos\alpha + \frac{\partial f}{\partial x}\sin\alpha\right)ds$$

$$= \oint_L \left(\frac{\partial f}{\partial x}\cos\alpha' + \frac{\partial f}{\partial y}\sin\alpha'\right)ds = \oint_L \frac{\partial f}{\partial \boldsymbol{n}}ds,$$

其中 α,α' 分别为沿曲线 L 正向的切向量及法向量 $\boldsymbol{n}$ 与 x 轴正向的夹角,如图 11-14 所示.

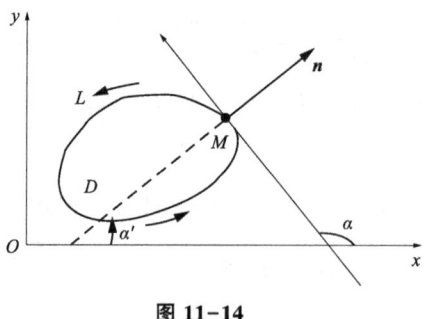

图 11-14

11.3.2 曲线积分与路径无关的条件

比较本章例 11.5 与例 11.6 知,有的第二型曲线积分与积分路径有关,有的与积分路径选取无关(这一问题的物理背景是变力做功与路径的关系).那么,在什么条件下,第二型曲线积分与路径无关呢?下面的定理回答了这一问题.

定理 11.4 设 D 是平面上的单连通区域,函数 $P(x,y)$,$Q(x,y)$ 在 D 内具有一阶连续偏导数,则下列四个命题等价:

(1) 对 D 内每一点,都有 $\dfrac{\partial P}{\partial y} = \dfrac{\partial Q}{\partial x}$;

(2) 对 D 内任一光滑或按段光滑闭曲线 L,都有 $\oint_L P\mathrm{d}x + Q\mathrm{d}y = 0$;

(3) 对 D 中任一光滑或按段光滑曲线 L,曲线积分 $\int_L P\mathrm{d}x + Q\mathrm{d}y$ 与路径无关;

(4) $P\mathrm{d}x + Q\mathrm{d}y$ 是 D 内某一函数 $u(x,y)$ 的全微分,即在 D 内有
$$\mathrm{d}u = P\mathrm{d}x + Q\mathrm{d}y.$$

分析:证明几个命题相互等价,一般采用循环证法,即
$$(1) \Rightarrow (2) \Rightarrow (3) \Rightarrow (4) \Rightarrow (1).$$

而曲线积分 $\int_L P\mathrm{d}x + Q\mathrm{d}y$ 与路径无关

$\Leftrightarrow$ 积分 $\int_L P\mathrm{d}x + Q\mathrm{d}y$ 只与始点 A、终点 B 有关

$\Leftrightarrow$ 对 D 内以 A 为始点、B 为终点的任意两条按段光滑曲线 L_1, L_2(图 11-15),都有
$$\int_{L_1} P\mathrm{d}x + Q\mathrm{d}y = \int_{L_2} P\mathrm{d}x + Q\mathrm{d}y,$$

因此,只需按照如下逻辑顺序证明即可:

$\boxed{\dfrac{\partial P}{\partial y} = \dfrac{\partial Q}{\partial x}} \Rightarrow \boxed{\int_L P\mathrm{d}x + Q\mathrm{d}y = 0} \Rightarrow \boxed{\int_{L_1} P\mathrm{d}x + Q\mathrm{d}y = \int_{L_2} P\mathrm{d}x + Q\mathrm{d}y} \Rightarrow \boxed{\mathrm{d}u = P\mathrm{d}x + Q\mathrm{d}y} \Rightarrow \boxed{\dfrac{\partial P}{\partial y} = \dfrac{\partial Q}{\partial x}}.$

证 $(1) \Rightarrow (2)$.

设 L 是平面单连通区域 D 内任一光滑或按段光滑闭曲线,由于 D 是单连通区域,依条件由格林公式知
$$\oint_L P(x,y)\mathrm{d}x + Q(x,y)\mathrm{d}y = \iint_D \left(\dfrac{\partial Q}{\partial x} - \dfrac{\partial P}{\partial y}\right)\mathrm{d}x\mathrm{d}y = 0,$$

故(2)成立.

$(2) \Rightarrow (3)$.

设 A, B 是 D 内任意两点,L_1, L_2 是 D 内以 A 为起点、B 为终点的任意两条按段光滑曲线(图 11-15),则 $L_1 + L_2^-$ 可看作一条从 A 点出发移动一周回到 A 点的闭曲线,由结论(2)得
$$\oint_{L_1 + L_2^-} P(x,y)\mathrm{d}x + Q(x,y)\mathrm{d}y = 0,$$

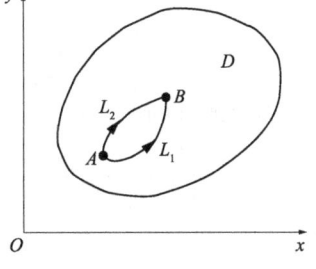

图 11-15

于是
$$\int_{L_1} P(x,y)\mathrm{d}x + Q(x,y)\mathrm{d}y = -\int_{L_2^-} P(x,y)\mathrm{d}x + Q(x,y)\mathrm{d}y,$$

即
$$\int_{L_1} P(x,y)\mathrm{d}x + Q(x,y)\mathrm{d}y = \int_{L_2} P(x,y)\mathrm{d}x + Q(x,y)\mathrm{d}y,$$

故曲线积分 $\int_L P(x,y)\mathrm{d}x+Q(x,y)\mathrm{d}y$ 在 D 内与路径无关.

(3)$\Rightarrow$(4).

由曲线积分 $\int_L P\mathrm{d}x+Q\mathrm{d}y$ 与路径无关知，积分 $\int_L P(x,y)\mathrm{d}x+Q(x,y)\mathrm{d}y$ 仅与 L 的起点 (x_0,y_0) 和终点 (x,y) 有关，此时可将积分

$$\int_L P(x,y)\mathrm{d}x+Q(x,y)\mathrm{d}y$$

记为

$$\int_{(x_0,y_0)}^{(x,y)} P(x,y)\mathrm{d}x+Q(x,y)\mathrm{d}y,$$

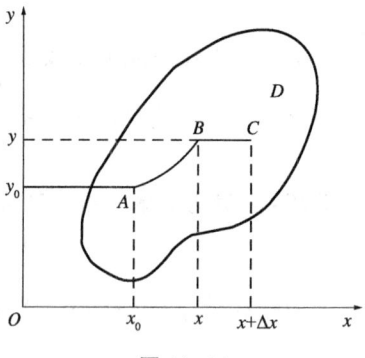

图 11-16

这是一个关于积分终点 (x,y) 的函数. 记

$$u(x,y)=\int_{(x_0,y_0)}^{(x,y)} P(x,y)\mathrm{d}x+Q(x,y)\mathrm{d}y,$$

于是

$$u(x+\Delta x,y)-u(x,y)=\int_{(x_0,y_0)}^{(x+\Delta x,y)} P\mathrm{d}x+Q\mathrm{d}y-\int_{(x_0,y_0)}^{(x,y)} P\mathrm{d}x+Q\mathrm{d}y$$

$$\xrightarrow[\text{如图 11-16}]{\text{积分路径的可加性}}\int_{(x,y)}^{(x+\Delta x,y)} P\mathrm{d}x+Q\mathrm{d}y$$

$$=\int_x^{x+\Delta x} P(t,y)\mathrm{d}t\xrightarrow{\text{中值定理}}P(x+\theta\Delta x,y)\Delta x\ (0<\theta<1),$$

所以

$$\lim_{\Delta x\to 0}\frac{u(x+\Delta x,y)-u(x,y)}{\Delta x}=\lim_{\Delta x\to 0}P(x+\theta\Delta x,y)=P(x,y),$$

即

$$\frac{\partial u}{\partial x}=P(x,y).$$

类似地，可证

$$\frac{\partial u}{\partial y}=Q(x,y),$$

故

$$\mathrm{d}u=\frac{\partial u}{\partial x}\mathrm{d}x+\frac{\partial u}{\partial y}\mathrm{d}y=P\mathrm{d}x+Q\mathrm{d}y.$$

(4)$\Rightarrow$(1).

由

$$\mathrm{d}u=P\mathrm{d}x+Q\mathrm{d}y$$

知

$$P = \frac{\partial u}{\partial x}, \quad Q = \frac{\partial u}{\partial y}, \quad \frac{\partial P}{\partial y} = \frac{\partial^2 u}{\partial x \partial y}, \quad \frac{\partial Q}{\partial x} = \frac{\partial^2 u}{\partial y \partial x},$$

由 $\frac{\partial Q}{\partial P}, \frac{\partial P}{\partial y}$ 连续知

$$\frac{\partial Q}{\partial x} = \frac{\partial^2 u}{\partial y \partial x} = \frac{\partial^2 u}{\partial x \partial y} = \frac{\partial P}{\partial y}.$$

到此,就证明了定理 11.4,也就明白了本章例 11.5 与例 11.6 计算结果差异的原因. 需要说明的是,定理 11.4 中的"单连通"条件是十分重要的,例 11.9 就说明了这一点.

一般地,称满足等式 $du(x,y) = P(x,y)dx + Q(x,y)dy$ 的二元函数 $u(x,y)$ 为 $P(x,y)dx + Q(x,y)dy$ 的一个原函数,它类似于一元函数的原函数. 这样定理 11.4 就包含了如下二元函数的原函数存在定理.

若函数 $P(x,y)$ 及 $Q(x,y)$ 在单连通区域 D 内具有一阶连续偏导数,则 $P(x,y)dx + Q(x,y)dy$ 在 D 内存在原函数 $u(x,y)$ 的充要条件是

$$\frac{\partial P}{\partial y} = \frac{\partial Q}{\partial x}$$

在 D 内恒成立.

易得当 $P(x,y)dx + Q(x,y)dy$ 在单连通区域 D 内存在原函数 $u(x,y)$ 时,对任意的 $A(x_1,y_1)$, $B(x_2,y_2) \in D$,积分 $\int_{C(A,B)} Pdx + Qdy = u(x,y) \big|_{(x_1,y_1)}^{(x_2,y_2)} = u(x_2,y_2) - u(x_1,y_1)$,这可称为"二元函数的牛顿-莱布尼茨公式".

当 $P(x,y)dx + Q(x,y)dy$ 在单连通区域 D 内存在原函数 $u(x,y)$ 时,常按以下方法求 $u(x,y)$.

方法一(图 11-17(a))

$$\begin{aligned} u(x,y) &= \int_{(x_0,y_0)}^{(x,y)} Pdx + Qdy \\ &= \int_{(x_0,y_0)}^{(x,y_0)} Pdx + Qdy + \int_{(x,y_0)}^{(x,y)} Pdx + Qdy \\ &= \int_{x_0}^{x} P(t,y_0)dt + \int_{y_0}^{y} Q(x,s)ds + C. \end{aligned}$$

方法二(图 11-17(b))

$$\begin{aligned} u(x,y) &= \int_{(x_0,y_0)}^{(x,y)} Pdx + Qdy \\ &= \int_{(x_0,y_0)}^{(x_0,y)} Pdx + Qdy + \int_{(x_0,y)}^{(x,y)} Pdx + Qdy \\ &= \int_{y_0}^{y} Q(x_0,s)ds + \int_{x_0}^{x} P(t,y)dt + C. \end{aligned}$$

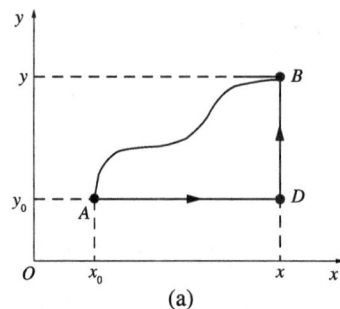
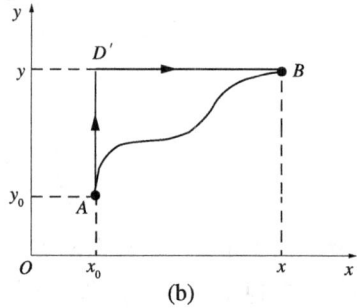

图 11-17

方法三 由于

$$\frac{\partial u}{\partial x}=P(x,y) \Rightarrow u=\int_{x_0}^{x} P(x,y)\,dx+C(y), \tag{11.11}$$

而

$$\frac{\partial u}{\partial y}=\frac{\partial}{\partial y}\left[\int_{x_0}^{x} P(x,y)\,dx+C(y)\right]=Q. \tag{11.12}$$

依等式(11.12)解出 $C(y)$，然后回代等式(11.11)，即可求得函数 $u(x,y)$.

例 11.12 计算 $I=\int_L e^x\cos y\,dy+(e^x\sin y+n!\ x^2)\,dx\ (n\in \mathbf{N}^+)$，其中 L 是圆周 $y=\sqrt{4x-x^2}$ 上由点 $A(4,0)$ 到 $O(0,0)$ 的一段弧.

解 令 $P=e^x\sin y+n!\ x^2$，$Q=e^x\cos y$，则 $P,Q,\dfrac{\partial Q}{\partial x},\dfrac{\partial P}{\partial y}$ 连续，且 $\dfrac{\partial Q}{\partial x}=e^x\cos y=\dfrac{\partial P}{\partial y}$，因此积分

$$I=\int_L e^x\cos y\,dy+(e^x\sin y+n!\ x^2)\,dx\ (n\in \mathbf{N}^+)$$

与路径无关. 作辅助线 $\overrightarrow{AO}:y=0,x$ 由 4 到 0（图 11-13），则

$$I=\int_L e^x\cos y\,dy+(e^x\sin y+n!\,x^2)\,dx$$

$$=\int_{\overrightarrow{AO}} e^x\cos y\,dy+(e^x\sin y+n!\ x^2)\,dx$$

$$=\int_4^0 n!\ x^2\,dx=-\frac{64n!}{3}.$$

思考：例 11.10 与例 11.12 的解法区别在哪里？为什么？

例 11.13 求 $(2x+\sin y)\,dx+(x\cos y)\,dy$ 的原函数.

解 令 $P=2x+\sin y$，$Q=x\cos y$，则 $P,Q,\dfrac{\partial Q}{\partial x},\dfrac{\partial P}{\partial y}$ 连续，$\dfrac{\partial Q}{\partial x}=\cos y=\dfrac{\partial P}{\partial y}$，因此 $(2x+\sin y)\,dx+(x\cos y)\,dy$ 的原函数 $u(x,y)$ 存在，且

$$u(x,y) = \int_{(0,0)}^{(x,y)} (2x+\sin y)\,dx+(x\cos y)\,dy+C,$$

同时积分与路径无关(图 11-18),下求函数 $u(x,y)$.

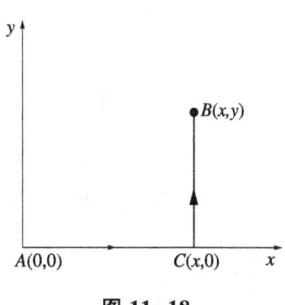

图 11-18

方法一
$$\begin{aligned}u(x,y) &= \int_{(0,0)}^{(x,y)} (2x+\sin y)\,dx+(x\cos y)\,dy+C \\ &= \int_{(0,0)}^{(x,0)} (2x+\sin y)\,dx+(x\cos y)\,dy+ \\ &\quad \int_{(x,0)}^{(x,y)} (2x+\sin y)\,dx+(x\cos y)\,dy+C \\ &= \int_0^x 2t\,dt + \int_0^y (x\cos t)\,dt + C \\ &= x^2+x\sin y+C.\end{aligned}$$

方法二 令 $du = (2x+\sin y)\,dx+(x\cos y)\,dy$,则

$$\frac{\partial u}{\partial x} = P = 2x+\sin y, \tag{11.13}$$

$$\frac{\partial u}{\partial y} = Q = x\cos y. \tag{11.14}$$

对式(11.13)关于 x 积分得

$$\begin{aligned}u &= \int_0^x (2t+\sin y)\,dt+\varphi(y) \\ &= x^2+x\sin y+\varphi(y).\end{aligned} \tag{11.15}$$

对式(11.15)关于 y 求导并结合式(11.14)得

$$x\cos y+\varphi'(y) = x\cos y,$$

因此 $\varphi'(y) = 0$,从而知 $\varphi(y) = C$,回代到式(11.15)中得

$$u = x^2+x\sin y+C.$$

一般地,称满足条件

$$\frac{\partial P}{\partial y} = \frac{\partial Q}{\partial x}$$

的等式

$$P(x,y)\,dx + Q(x,y)\,dy = 0$$

为**全微分方程**. 而求该方程的解只需计算 $P(x,y)\,dx+Q(x,y)\,dy$ 在某区域 D 内的一个原函数 $u(x,y)$,方法同例 11.13. 具体来说全微分方程

$$(2x+\sin y)\,dx+(x\cos y)\,dy = 0$$

的解为

$$x^2+x\sin y+C = 0.$$

思考:等式 $(2x+\sin y)\,dx+(e^x+x\cos y)\,dy = 0$ 是全微分方程吗?

习题 11.3(A)

1. 设 L 是 $|y|=1-|x|$ 表示的闭曲线的正向,则 $\oint_L 2y\,dx+x\,dy=$ （   ）

(A) 2　　　　　　(B) -2　　　　　　(C) 1　　　　　　(D) 0

2. 设 L 是圆周 $x^2+y^2=a^2$ 取正向,则 $\oint_L xy^2\,dy-x^2y\,dx=$ （   ）

(A) $\dfrac{1}{2}\pi a^2$　　　(B) $\dfrac{1}{4}\pi a^4$　　　(C) $\dfrac{1}{2}\pi a^4$　　　(D) $\dfrac{1}{2}a^4$

3. L 是椭圆 $\dfrac{x^2}{a^2}+\dfrac{y^2}{b^2}=1$ 取逆时针方向,则 $\oint_L (y-e^x)\,dx+(3x+e^y)\,dy=$ （   ）

(A) $2\pi ab$　　　(B) πab　　　(C) $-2\pi ab$　　　(D) 0

4. 设 L 是 xOy 平面上沿顺时针方向绕行的简单闭曲线,且 $\oint_L (x-2y)\,dx+(4x+3y)\,dy=-9$,则 L 围成的平面闭区域 D 的面积等于 （   ）

(A) 0　　　　　　(B) $\dfrac{1}{2}$　　　　　　(C) $\dfrac{3}{2}$　　　　　　(D) $\dfrac{9}{2}$

5. 设曲线积分 $\int_L xy^2\,dx+y\phi(x)\,dy$ 与路径无关,其中 $\phi(x)$ 具有连续的导数,且 $\phi(0)=0$,则 $\int_{(0,0)}^{(1,1)} xy^2\,dx+y\phi(x)\,dy=$ （   ）

(A) $\dfrac{3}{8}$　　　　　　(B) $\dfrac{1}{2}$　　　　　　(C) $\dfrac{3}{4}$　　　　　　(D) 1

习题 11.3(B)

1. 利用格林公式计算下列曲线积分.

(1) $\int_L (2xy-2y)\,dx+(x^2-4x)\,dy$,其中 L 为取正向的圆周 $x^2+y^2=9$;

(2) $\oint_L (x^2-xy^3)\,dx+(y^2-2xy)\,dy$,其中 L 为顶点 $(0,0),(2,0),(2,2)$ 和 $(0,2)$ 的正方形区域的正向边界;

(3) $\oint_L e^{y^2} dx + x dy$,其中 L 是沿逆时针方向的椭圆 $4x^2 + y^2 = 8x$;

(4) $\int_L (2x-y-4) dx + (3x+5y-6) dy$,其中 L 是由点 $O(0,0)$ 到点 $A(3,2)$,再到点 $B(4,0)$ 的折线段;

(5) $\int_L (x^2-y) dx + (x+\sin^2 y) dy$,其中 L 是在曲线 $y=\sin x$ 上由点 $(\pi,0)$ 到点 $(0,0)$ 的一段弧.

2. 利用曲线积分,求下列曲线所围成的平面图形的面积.

(1) 圆 $x = x_0 + R\cos t, y = y_0 + R\sin t$;

(2) 星形线 $x = a\cos^3 t, y = a\sin^3 t$ 所围成图形的面积.

3. 计算曲线积分 $I = \int_L \dfrac{xdy - ydx}{4x^2 + y^2}$,其中 L 是以点 $(1,0)$ 为中心、R 为半径的圆周($R>1$),取逆时针方向.

4. 计算曲线积分 $\int_L e^x \cos y dy + e^x \sin y dx$,其中 L 是从 $O(0,0)$ 沿摆线 $x = a(t-\sin t), y = a(1-\cos t)$ 到 $A(\pi a, 2a)$ 的一段曲线.

5. 证明下列曲线积分在整个 xOy 面内与路径无关,并计算积分值.

(1) $\int_{(0,1)}^{(1,3)} (x^2 + 2xy^2) dx + (2x^2 y - y^3) dy$;

(2) $\int_{(0,0)}^{(2,2)} (1 + xe^{2y}) dx + (x^2 e^{2y} - y) dy$.

6. 求下列全微分表达式的原函数.

(1) $(x+2y) dx + (2x+y) dy$;

(2) $(2x\cos y + y^2 \cos x) dx + (2y\sin x - x^2 \sin y) dy$.

7. 确定常数 λ,使得在右半平面上的向量 $\mathbf{A}(x,y) = 2xy(x^4+y^2)^\lambda \mathbf{i} - x^2(x^4+y^2)^\lambda \mathbf{j}$ 为某二元函数 $u(x,y)$ 的梯度,并求 $u(x,y)$.

8. 设函数 $f(x)$ 在 $(-\infty, +\infty)$ 上具有一阶连续导数,L 是上半平面($y>0$)内的有向按段光滑曲线,起点为 (a,b),终点为 (c,d). 记 $I = \int_L \dfrac{1}{y}[1 + y^2 f(xy)] dx + \dfrac{x}{y^2}[y^2 f(xy) - 1] dy$,

(1) 证明曲线积分 I 与路径 L 无关;

(2) 当 $ab = cd$ 时,求 I 的值.

11.4 第一型曲面积分

知识衔接

用第一型曲线积分的定义计算不均匀物质曲线质量的步骤是_____.

叙述第一型曲线积分的性质_____.

设 $f(x,y)$ 在光滑曲线 L(其参数方程为 $\begin{cases} x=\varphi(t) \\ y=\psi(t) \end{cases}$, $(\alpha \leqslant t \leqslant \beta)$)上连续,则

$\int_L f(x,y)\mathrm{d}s =$ _____.

第一型曲面积分类似于第一型曲线积分.

11.4.1 物质曲面的质量

设 S 为一张可求面积的光滑或分片光滑曲面,其面密度为连续函数 $\rho(x,y,z)$,求物质曲面 S 的质量 m.

分析:已知

$$\text{均匀物质曲面的质量} = \text{面密度} \times \text{曲面面积},$$

而现在面临的困难在于物质曲面的密度不均匀!这个问题类似于本章第一节中求不均匀物质曲线的质量.于是,可按照分割、近似求和、取极限的步骤计算物质曲面块 S 的质量

$$m = \lim_{\|T\| \to 0} \sum_{i=1}^{n} \rho(\xi_i, \eta_i, \zeta_i) \Delta S_i,$$

其中 $T=\{S_1, S_2, \cdots, S_n\}$ 为曲面块 S 的分割,ΔS_i 表示小曲面块 S_i 的面积,(ξ_i, η_i, ζ_i) 为 S_i 上任意取的一点,$\|T\| = \max\{d(S_i) \mid i=1,2,\cdots,n\}$ 为诸 S_i 的最大直径.

上述过程体现了求"分布在可求面积的光滑曲面上某种不均匀量的总和"这类问题的一般规律.因此,撇开以上问题的物理意义,便有下述第一型曲面积分的概念.

11.4.2 第一型曲面积分的定义

定义 11.3 设 S 为一张光滑或分片光滑曲面,$f(x,y,z)$ 为定义在 S 上的有界函数.任意的分割 T 将 S 分成 n 个小曲面片 $S_i(i=1,2,\cdots,n)$,其面积、直径(即曲面上任意两点间距离的最大值)分别记为

$$\Delta S_i, d(S_i) (i=1,2,\cdots,n),$$

在小曲面片 S_i 上任取一点 (ξ_i, η_i, ζ_i),作 $f(x,y,z)$ 在 S 上关于分割 T 的黎曼和

$$\sum_{i=1}^{n} f(\xi_i, \eta_i, \zeta_i) \Delta S_i. \tag{11.16}$$

记

$$\|T\| = \max\{d(S_i) \mid i=1,2,\cdots,n\},$$

称之为分割 T 的**细度**或**模**. 若对任意的分割 T 及任意的点 $(\xi_i,\eta_i,\zeta_i)\in S_i$, 只要当 $\|T\|\to 0$ 时, 黎曼和(11.16)总趋于一个确定的常数 I, 则称 $f(x,y,z)$ 在 S 上**可积**, 极限 I 称为函数 $f(x,y,z)$ 在曲面 S 上对曲面面积的积分或**第一型曲面积分**, 记作

$$\iint_S f(x,y,z)\,dS,$$

即

$$\iint_S f(x,y,z)\,dS = \lim_{\|T\|\to 0}\sum_{i=1}^n f(\xi_i,\eta_i,\zeta_i)\Delta S_i,$$

其中 $f(x,y,z)$ 为**被积函数**, S 为**积分曲面**, dS 为**曲面面积微元**, x,y,z 为**积分变量**. 若 S 是封闭曲面, 则 $f(x,y,z)$ 在 S 上的第一型曲面积分也可记为 $\oiint_S f(x,y,z)\,dS$.

根据第一型曲面积分的定义知, 不均匀物质曲面 S 的质量

$$m = \lim_{\|T\|\to 0}\sum_{i=1}^n f(\xi_i,\eta_i,\zeta_i)\Delta S_i = \iint_S f(x,y,z)\,dS,$$

因此, 第一型曲面积分的物理意义可理解为"不均匀物质曲面的质量".

类似地, 第一型曲面积分有被积函数和积分曲面两个积分要素; 积分结果与积分变量记法无关; 可积的必要条件仍是被积函数有界, 被积函数连续仍是可积的一个充分条件.

为了讨论方便, 若无特殊说明, 今后我们总假定 $f(x,y,z)$ 在 S 上是连续的.

11.4.3 第一型曲面积分的性质

第一型曲面积分有如下类似于第一型曲线积分的性质.

性质 11.11 $\iint_S dS = \bar{S}$, $\bar{S}$ 为积分曲面 S 的面积.

性质 11.11 的物理意义为: 密度为 1 的物质曲面的质量在数值上等于该曲面的面积.

性质 11.12 $\iint_S f(x,y,z)\,dS = \iint_{S^-} f(x,y,z)\,dS$, 这里的 S^- 为曲面 S 的另一侧, 关于曲面侧的详细概念在本章 11.5 讲述.

另外, 第一型曲面积分也具有线性性质, 积分曲面的可加性、保序性、保号性、绝对值性、估值性、积分中值性等, 读者可自行写出.

11.4.4* 第一型曲面积分的对称性

性质 11.13 若函数 $f(x,y,z)$ 在光滑曲面 S 上连续, 且曲面 S 关于 xOy 面对称, 则

$$\iint_S f(x,y,z)\,dS = \begin{cases} 0, & f \text{ 为关于 } z \text{ 的奇函数, 即 } f(x,y,-z)=-f(x,y,z), \\ 2\iint_{S_1} f(x,y,z)\,dS, & f \text{ 为关于 } z \text{ 的偶函数, 即 } f(x,y,-z)=f(x,y,z), \end{cases}$$

其中 S_1 为 S 在 xOy 平面上方的半个曲面.

其余情形类似, 不再赘述.

性质 11.14 设函数 $f(x,y,z)$ 在光滑曲面 S 上连续, 曲面方程具有轮换对称性(即将积分变量 x,y,z 换成 y,z,x 时, 曲面方程不变), 则

$$\iint_S f(x,y,z)\,\mathrm{d}S = \iint_S f(y,z,x)\,\mathrm{d}S.$$

11.4.5 第一型曲面积分的计算

定理 11.5 设光滑曲面 S 由方程 $z=z(x,y)$ 给出，S 在 xOy 面上的投影区域为 D_{xy}，函数 $f(x,y,z)$ 在 S 上连续，则

$$\iint_S f(x,y,z)\,\mathrm{d}S = \iint_{D_{xy}} f[x,y,z(x,y)]\sqrt{1+z_x^2(x,y)+z_y^2(x,y)}\,\mathrm{d}x\mathrm{d}y. \tag{11.17}$$

该定理可使用第一型曲面积分的定义推导，这里不再证明，可阅读文献[1].

事实上，类似于第一型曲线积分的换元思想，只需把曲面 S 的方程

$$z=z(x,y),(x,y)\in D$$

代入被积函数 $f(x,y,z)$ 中，并将曲面面积微元 $\mathrm{d}S$ 用公式

$$\mathrm{d}S = \sqrt{1+z_x^2(x,y)+z_y^2(x,y)}\,\mathrm{d}x\mathrm{d}y$$

代替即可直观地写出公式 (11.17)．

同理，若曲面 S 的方程为

$$y=y(z,x),(z,x)\in D_{zx}$$

时，则有

$$\iint_S f(x,y,z)\,\mathrm{d}S = \iint_{D_{zx}} f[x,y(z,x),z]\sqrt{1+y_z^2(z,x)+y_x^2(z,x)}\,\mathrm{d}z\mathrm{d}x.$$

若曲面 S 的方程为

$$x=x(y,z),(y,z)\in D_{yz}$$

时，则有

$$\iint_S f(x,y,z)\,\mathrm{d}S = \iint_{D_{yz}} f[x(y,z),y,z]\sqrt{1+x_y^2(y,z)+x_z^2(y,z)}\,\mathrm{d}y\mathrm{d}z.$$

*若曲面 S 的方程为

$$x=x(u,v),y=y(u,v),z=z(u,v),(u,v)\in D$$

时，则有

$$\iint_S f(x,y,z)\,\mathrm{d}S = \iint_D f[x(u,v),y(u,v),z(u,v)]\sqrt{EG-F^2}\,\mathrm{d}u\mathrm{d}v,$$

其中 $E=x_u^2+y_u^2+z_u^2, G=x_v^2+y_v^2+z_v^2, F=x_ux_v+y_uy_v+z_uz_v$．

以上结论表明，计算第一型曲面积分的本质就是化曲面积分为二重积分．

例 11.14 计算曲面积分 $\iint_S \dfrac{1}{z}\,\mathrm{d}S$，其中 S 由球面 $x^2+y^2+z^2=a^2(z>0)$ 与平面 $z=h(0<h<a)$ 围成（图 11-19）．

解 S 由曲面

$S_1:z_1=\sqrt{a^2-x^2-y^2},\forall (x,y)\in D_{xy}=\{(x,y)\,|\,x^2+y^2\leqslant a^2-h^2\}$
与平面

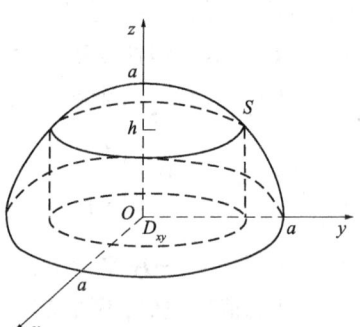

图 11-19

$S_2: z_2 = h, \forall (x,y) \in D_{xy} = \{(x,y) \mid x^2 + y^2 \leq a^2 - h^2\}$

组成，而

$$z_{1x} = \frac{-x}{\sqrt{a^2-x^2-y^2}}, z_{1y} = \frac{-y}{\sqrt{a^2-x^2-y^2}},$$

$$z_{2x} = 0, z_{2y} = 0,$$

所以

$$\iint_S \frac{1}{z} dS = \iint_{S_1} \frac{1}{z} dS + \iint_{S_2} \frac{1}{z} dS = \iint_{D_{xy}} \frac{a}{a^2-x^2-y^2} dxdy + \iint_{D_{xy}} \frac{1}{h} dxdy$$

$$\xrightarrow{\diamondsuit \, x = \rho\cos\theta, y = \rho\sin\theta} \frac{1}{h}\pi(a^2-h^2) + \iint_D \frac{a\rho}{a^2-\rho^2} d\rho d\theta$$

(其中 $D = \{(\rho,\theta) \mid 0 \leq \rho \leq \sqrt{a^2-h^2}, 0 \leq \theta \leq 2\pi\}$)

$$= \frac{1}{h}\pi(a^2-h^2) + a\int_0^{2\pi} d\theta \int_0^{\sqrt{a^2-h^2}} \frac{\rho}{a^2-\rho^2} d\rho$$

$$= \frac{1}{h}\pi(a^2-h^2) + 2\pi a\ln\frac{a}{h}.$$

例 11.15* 计算积分 $I = \iint_S (ax+by+cz+d)^2 dS$，其中曲面 S 为球面 $x^2+y^2+z^2 = R^2$.

解 由对称性知

$$\iint_S x dS = \iint_S y dS = \iint_S z dS = 0, \quad \iint_S xy dS = \iint_S yz dS = \iint_S zx dS = 0,$$

$$\iint_S x^2 dS = \iint_S y^2 dS = \iint_S z^2 dS,$$

于是

$$I = \iint_S (ax+by+cz+d)^2 dS$$

$$= d^2 \iint_S dS + \iint_S (a^2x^2+b^2y^2+c^2z^2) dS$$

$$= d^2 \iint_S dS + \frac{1}{3}(a^2+b^2+c^2) \iint_S (x^2+y^2+z^2) dS$$

$$= \left[d^2 + \frac{1}{3}(a^2+b^2+c^2)R^2 \right] \iint_S dS$$

$$= 4\pi R^2 \left[d^2 + \frac{1}{3}(a^2+b^2+c^2)R^2 \right].$$

第一型曲面积分在物理上有着广泛的应用，本书 11.1 中介绍的物质的质心及转动惯量公式完全可以平行地推广到物质曲面上，只需将积分空间变换一下即可，在此不作赘述.

习题 11.4(A)

1. 若曲面 $S: x^2+y^2+z^2=a^2$，则 $\iint\limits_{S}(x^2+y^2+z^2)\mathrm{d}S=$ ( )

   (A) $\dfrac{4}{3}\pi a^2$　　(B) $4\pi a^2$　　(C) $2\pi a^2$　　(D) 0

2. 设 Σ 为平面 $\dfrac{x}{2}+\dfrac{y}{3}+\dfrac{z}{4}=1$ 在第一卦限的部分，则 $\iint\limits_{\Sigma}\left(z+2x+\dfrac{4}{3}y\right)\mathrm{d}S=$ ( )

   (A) $4\int_{0}^{2}\mathrm{d}x\int_{0}^{3\left(1-\frac{x}{2}\right)}\mathrm{d}y$ 　　(B) $\dfrac{\sqrt{61}}{3}\cdot 4\int_{0}^{2}\mathrm{d}x\int_{0}^{3\left(1-\frac{x}{2}\right)}\mathrm{d}y$

   (C) $\dfrac{\sqrt{61}}{3}\cdot 4\int_{0}^{2\left(\frac{y}{3}-1\right)}\mathrm{d}x\int_{0}^{3}\mathrm{d}y$ 　　(D) $\dfrac{\sqrt{61}}{3}\cdot 4\int_{0}^{2}\mathrm{d}x\int_{0}^{3}\mathrm{d}y$

3. 设 S 为曲面 $z=2-(x^2+y^2)$ 在 xOy 平面上方的部分，则 $I=\iint\limits_{S}z\mathrm{d}S=$ ( )

   (A) $\int_{0}^{2\pi}\mathrm{d}\theta\int_{0}^{2-r^2}(2-r^2)\sqrt{1+4r^2}\,r\mathrm{d}r$　　(B) $\int_{0}^{2\pi}\mathrm{d}\theta\int_{0}^{2}(2-r^2)\sqrt{1+4r^2}\,r\mathrm{d}r$

   (C) $\int_{0}^{2\pi}\mathrm{d}\theta\int_{0}^{\sqrt{2}}(2-r^2)\,r\mathrm{d}r$　　(D) $\int_{0}^{2\pi}\mathrm{d}\theta\int_{0}^{\sqrt{2}}(2-r^2)\sqrt{1+4r^2}\,r\mathrm{d}r$

4. 设 S 为 $x^2+y^2+z^2=a^2(z\geq 0)$，S_1 为 S 在第一卦限中的部分，则有 ( )

   (A) $\iint\limits_{S}x\mathrm{d}s=4\iint\limits_{S_1}x\mathrm{d}s$　　(B) $\iint\limits_{S}y\mathrm{d}s=4\iint\limits_{S_1}x\mathrm{d}s$

   (C) $\iint\limits_{S}z\mathrm{d}s=4\iint\limits_{S_1}x\mathrm{d}s$　　(D) $\iint\limits_{S}xyz\mathrm{d}s=4\iint\limits_{S_1}xyz\mathrm{d}s$

习题 11.4(B)

1. 计算 $\iint\limits_{\Sigma}\left(\dfrac{x^2}{2}+\dfrac{y^2}{3}+\dfrac{z^2}{4}\right)\mathrm{d}S$，其中 Σ 是球面 $x^2+y^2+z^2=a^2$（a 为正数）.

2. 计算 $\iint\limits_{\Sigma}(x^2+y^2)\mathrm{d}S$，其中 Σ 是锥面 $z=\sqrt{3(x^2+y^2)}$ 被平面 $z=3$ 所截下的有限部分曲面.

3. 计算 $\iint\limits_{\Sigma}x^2\mathrm{d}S$，其中 Σ 为圆柱面 $x^2+y^2=a^2$ 介于 $z=0$ 与 $z=h$ 之间的部分.

4. 计算 $\iint\limits_{\Sigma} \dfrac{\mathrm{d}S}{(1+x+y)^2}$，其中 Σ 为平面 $x+y+z=1$ 及三个坐标面所围的四面体的表面.

5. 计算 $\iint\limits_{\Sigma} (x^2+y^2+z^2) \mathrm{d}S$，其中 Σ 为圆柱面 $x^2+y^2=a^2$，$z=0$ 与 $z=3$ 所围成的闭曲面.

6. 计算 $\iint\limits_{\Sigma} (xy+yz+zx) \mathrm{d}S$，其中 Σ 为锥面 $z=\sqrt{x^2+y^2}$ 被柱面 $x^2+y^2=2ax$ 所截得的有限部分.

11.5 第二型曲面积分[①]

知识衔接

用第二型曲线积分的定义计算质点在变力作用下沿曲线运动所做功的步骤是_____.

叙述第二型曲线积分的性质_____.

设 $f(x,y)$ 在有向光滑曲线 $L: \begin{cases} x=\varphi(t) \\ y=\psi(t) \end{cases} (\alpha \leqslant t \leqslant \beta)$ 上连续，则 $\int_L f(x,y) \mathrm{d}x = $ _____.

设曲面 S 由方程 $z=z(x,y)$ 给出，在 xOy 面上的投影区域为 D_{xy}，则 $\iint\limits_{S} f(x,y,z) \mathrm{d}S = $ _____.

第二型曲面积分类似于第二型曲线积分.

11.5.1 曲面的侧

类似于曲线，曲面除了"曲"的几何特征外，还有曲面的方向即"侧"这一向量特征，为此，下面介绍曲面的侧.

设 S 是光滑曲面[②]，M_0 为曲面 S 上的一定点，S 在 M_0 处的法线有两个方向，选定其中一个指向为正方向，记作 $\boldsymbol{n}_0$. L 为 S 上任何一经过点 M_0，且不越过 S 边界的闭曲线，当曲面上动点 M 从 M_0 出发，沿 L 连续移动回到 M_0 时，点 M 对应的法线 $\boldsymbol{n}$（正方向）连续变动后仍与出发时法线 $\boldsymbol{n}_0$ 的方向一致，则称曲面 S 是**双侧曲面**；否则，称曲面 S 是**单侧曲面**.

通常碰到的曲面大多是双侧曲面，如平面、球面、锥面、柱面等. 而单侧曲面的一个典型例子是默比乌斯(Möbius)带[③].

[①] 第二型曲面积分也称为关于坐标面的曲面积分.
[②] 处处都有连续变动的切平面（或法线）的曲面称为光滑曲面.
[③] 将一矩形长纸带 $ABCD$ 一端扭转 $180°$ 后与另一端黏合在一起（图 11-20(a)、(b)）后形成的环带就是默比乌斯带.

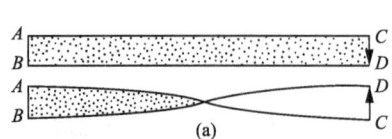 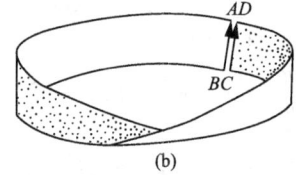

图 11-20

当曲面是双侧曲面时,常分为上侧与下侧、左侧与右侧及前侧与后侧、里侧与外侧等. 一般地,当曲面 $S: F(x,y,z) = 0$ 的法向量为 $\boldsymbol{n} = (\cos \alpha, \cos \beta, \cos \gamma)$ 时,判断曲面侧的方法如表 11-1 所示.

表 11-1

投影方向	向 yz 面投影			向 zx 面投影			向 xy 面投影		
法向量的方向余弦	$\cos \alpha$			$\cos \beta$			$\cos \gamma$		
正负号	+	0	−	+	0	−	+	0	−
曲面 S 侧的判断	前侧	曲面 S 的切平面垂直于 yz 面	后侧	左侧	曲面 S 的切平面垂直于 zx 面	右侧	上侧	曲面 S 的切平面垂直于 xy 面	下侧
曲面 S 侧标准定义	正侧		负侧	正侧		负侧	正侧		负侧
投影结果	D_{yz}	0	$-D_{yz}$	D_{zx}	0	$-D_{zx}$	D_{xy}	0	$-D_{xy}$
备注	当曲面封闭时,外侧为正,内侧为负								

注:在本书中,我们只讨论双侧曲面.

11.5.2 流向曲面一侧的流量

若某流体以流速
$$\boldsymbol{v} = (P(x,y,z), Q(x,y,z), R(x,y,z))$$
从双侧曲面 S 的负侧流向正侧,其中函数 $P(x,y,z), Q(x,y,z), R(x,y,z)$ 都在 S 上连续,求单位时间内流经曲面 S 的流量 E.

分析:已知

恒速流体垂直平面的流量 = 速度×平面面积,

而现在面临的问题困难在于流体速度在变且流体通过的面为曲面!这类似于本章第二节中求变力做功的问题. 于是,可考虑利用"化变为常、化向量为数量、化曲为平"的思想,仿照力和位移的分解将流速和有向曲面分解,按照分割(分解)、近似求和、取极限的步骤计算出不均匀流体的流量

$$E = \lim_{\|T\| \to 0} \sum_{i=1}^{n} \{P(\xi_i, \eta_i, \zeta_i) \Delta y_i \Delta z_i + Q(\xi_i, \eta_i, \zeta_i) \Delta z_i \Delta x_i + R(\xi_i, \eta_i, \zeta_i) \Delta x_i \Delta y_i\}$$

$$= \lim_{\|T\| \to 0} \sum_{i=1}^{n} P(\xi_i, \eta_i, \zeta_i) \Delta y_i \Delta z_i + \lim_{\|T\| \to 0} \sum_{i=1}^{n} Q(\xi_i, \eta_i, \zeta_i) \Delta z_i \Delta x_i$$

$$+ \lim_{\|T\| \to 0} \sum_{i=1}^{n} R(\xi_i, \eta_i, \zeta_i) \Delta x_i \Delta y_i,$$

其中 $T=\{S_1,S_2,\cdots,S_n\}$ 为曲面块 S 的分割，$\Delta x_i\Delta y_i$（图 11-21），$\Delta y_i\Delta z_i$，$\Delta z_i\Delta x_i$ 表示小曲面块 S_i 在 xy 面、yz 面与 zx 面上的投影面面积，(ξ_i,η_i,ζ_i) 为 S_i 上任意取的一点，$P(\xi_i,\eta_i,\zeta_i)$，$Q(\xi_i,\eta_i,\zeta_i)$，$R(\xi_i,\eta_i,\zeta_i)$ 为该点处流体的流速沿 x 轴、y 轴与 z 轴方向的分量，$\|T\|=\max\{d(S_i)\,|\,i=1,2,\cdots,n\}$ 为诸 S_i 中的最大直径.

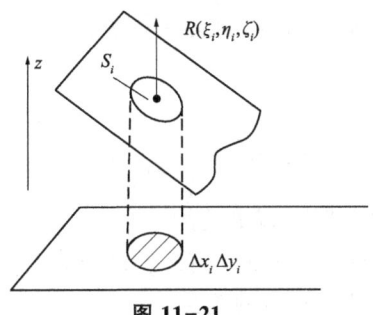

图 11-21

上述过程体现了类似于第二型曲线积分中"特殊和式的极限"这一数学模型，同样可用于求"分布在有向曲面上某种不均匀量的总和"这类问题. 撇开以上问题的物理意义，便有下述第二型曲面积分的概念.

11.5.3 第二型曲面积分的定义

定义 11.4 设 S 为一张光滑双侧曲面，$f(x,y,z)$ 为定义在 S 上的有界函数，任意的分割 T 将 S 所指定的正侧分成 n 个小曲面片 $S_i(i=1,2,\cdots,n)$，其在 xOy 坐标面投影的面积①及直径分别记为

$$\Delta x_i\Delta y_i,\,d(S_i)\,(i=1,2,\cdots,n),$$

在 S_i 上任取一点 (ξ_i,η_i,ζ_i)，作黎曼和式

$$\sum_{i=1}^n f(\xi_i,\eta_i,\zeta_i)\Delta x_i\Delta y_i. \tag{11.18}$$

记

$$\|T\|=\max\{d(S_i)\,|\,i=1,2,\cdots,n\},$$

称之为分割 T 的**细度**或**模**，若对任意的分割 T 及任意的点 $(\xi_i,\eta_i,\zeta_i)\in S_i$，只要当 $\|T\|\to 0$ 时，黎曼和式 (11.18) 总趋于一个确定的常数 I，则称 $f(x,y,z)$ 在 S 上关于坐标 x,y **可积**，常数 I 称为函数 $f(x,y,z)$ 在曲面 S 正侧的**第二型曲面积分**（或**对坐标 x,y 的曲面积分**），记作

$$\iint_S f(x,y,z)\,\mathrm{d}x\mathrm{d}y,$$

即

$$\iint_S f(x,y,z)\,\mathrm{d}x\mathrm{d}y=\lim_{\|T\|\to 0}\sum_{i=1}^n f(\xi_i,\eta_i,\zeta_i)\Delta x_i\Delta y_i,$$

---

①函数 $f(x,y,z)$ 沿曲面 S 负向上对坐标 x,y 的曲面积分通常记作 $\iint_{S^-}f(x,y,z)\,\mathrm{d}x\mathrm{d}y$，此时曲面块 $S_i(i=1,2,\cdots,n)$ 的负侧在 xOy 坐标面投影的面积记为 $-\Delta x_i\Delta y_i$.

其中 x,y,z 为积分变量,$f(x,y,z)$ 为被积函数,S 为积分曲面,$dxdy$ 为平面面积微元. 若 S 是封闭曲面,则第二型曲面积分 $\iint\limits_{S} f(x,y,z)dxdy$ 也可记为 $\oiint\limits_{S} f(x,y,z)dxdy$.

类似地,可定义 $f(x,y,z)$ 在曲面 S 正侧上的其他两个**第二型曲面积分**

$$\iint\limits_{S} f(x,y,z)dydz = \lim_{\|T\|\to 0}\sum_{i=1}^{n}f(\xi_i,\eta_i,\zeta_i)\Delta y_i\Delta z_i$$

与

$$\iint\limits_{S} f(x,y,z)dzdx = \lim_{\|T\|\to 0}\sum_{i=1}^{n}f(\xi_i,\eta_i,\zeta_i)\Delta z_i\Delta x_i.$$

根据第二型曲面积分的定义知,以流速为

$$\boldsymbol{v} = (P(x,y,z),Q(x,y,z),R(x,y,z))$$

的流体从双侧曲面 S 的负侧流向正侧的流量

$$\begin{aligned}E &= \iint\limits_{S} P(x,y,z)dydz + \iint\limits_{S} Q(x,y,z)dzdx + \iint\limits_{S} R(x,y,z)dxdy \\ &= \iint\limits_{S} P(x,y,z)dydz + Q(x,y,z)dzdx + R(x,y,z)dxdy,\end{aligned}$$

因此,第二型曲面积分的物理意义可理解为"不均匀流体单位时间内通过曲面的流量".

类似地,第二型曲面积分也有被积函数和积分曲面两个积分要素;积分结果与曲面 S 的方向有关,与积分变量记法无关;可积的必要条件仍是被积函数有界,被积函数连续仍是可积的一个充分条件.

为了讨论方便,若无特殊说明,今后我们总假定被积函数在 S 上是连续的.

11.5.4 第二型曲面积分的性质

第二型曲面积分有如下类似于第二型曲线积分的性质.

性质 11.15(线性性质)

$$\iint\limits_{S}\left(\sum_{i=1}^{k}l_iP_i\right)dydz + \left(\sum_{i=1}^{k}m_iQ_i\right)dzdx + \left(\sum_{i=1}^{k}n_iR_i\right)dxdy = \sum_{i=1}^{k}\left(l_i\iint\limits_{S}P_idydz + m_i\iint\limits_{S}Q_idzdx + n_i\iint\limits_{S}R_idxdy\right),$$

其中 $l_i,m_i,n_i(i=1,2,\cdots,k)$ 是常数.

性质 11.16(可加性)

$$\iint\limits_{S} Pdydz + Qdzdx + Rdxdy = \sum_{i=1}^{k}\iint\limits_{S_i} Pdydz + Qdzdx + Rdxdy,$$

其中曲面 S 是由两两仅有公共边界的曲面块 $S_1,S_2,\cdots,S_k$ 组成.

性质 11.17

$$\iint\limits_{S^-} Pdydz + Qdzdx + Rdxdy = -\iint\limits_{S} Pdydz + Qdzdx + Rdxdy,$$

其中 S^- 表示 S 的另一侧.

性质 11.18(对称性) 若函数 $R(x,y,z)$ 在有向光滑曲面 S 上连续,且曲面 S 关于

xOy 面对称,则

$$\iint\limits_{S} R(x,y,z)\,\mathrm{d}x\mathrm{d}y = \begin{cases} 2\iint\limits_{S_1} R(x,y,z)\,\mathrm{d}x\mathrm{d}y, & \text{当 } R(x,y,-z) = -R(x,y,z) \text{ 时}, \\ 0, & \text{当 } R(x,y,-z) = R(x,y,z) \text{ 时}, \end{cases}$$

其中 S_1 为 S 在 xOy 平面上方的半个曲面.

其余情形有类似结论,不再重复.

*性质 11.19(轮换对称性) 设函数 $P(x,y,z), Q(x,y,z), R(x,y,z)$ 在有向光滑曲面 S 上连续,若曲面方程具有轮换对称性(即将积分变量 x, y, z 换成 y, z, x 时,曲面方程不变),则

$$\iint\limits_{S} P(x,y,z)\,\mathrm{d}y\mathrm{d}z = \iint\limits_{S} P(y,z,x)\,\mathrm{d}z\mathrm{d}x,$$

$$\iint\limits_{S} Q(x,y,z)\,\mathrm{d}z\mathrm{d}x = \iint\limits_{S} Q(y,z,x)\,\mathrm{d}x\mathrm{d}y,$$

$$\iint\limits_{S} R(x,y,z)\,\mathrm{d}x\mathrm{d}y = \iint\limits_{S} R(y,z,x)\,\mathrm{d}y\mathrm{d}z.$$

11.5.5 第二型曲面积分的计算

第二型曲面积分的计算方法仍然是将其化为二重积分来计算.

定理 11.6 设 $f(x,y,z)$ 是定义在光滑曲面 $S: z = z(x,y), (x,y) \in D_{xy}$ 上的连续函数,S 取上侧(下侧 S^-),则

$$\iint\limits_{S} f(x,y,z)\,\mathrm{d}x\mathrm{d}y = \iint\limits_{D_{xy}} f[x,y,z(x,y)]\,\mathrm{d}x\mathrm{d}y, \tag{11.19}$$

$$\iint\limits_{S^-} f(x,y,z)\,\mathrm{d}x\mathrm{d}y = -\iint\limits_{D_{xy}} f[x,y,z(x,y)]\,\mathrm{d}x\mathrm{d}y.$$

本定理可用第二型曲面积分定义证明,详细情况可参阅文献[1].事实上,类似于第二型曲线积分的计算公式,只需对积分 $\iint\limits_{S} f(x,y,z)\,\mathrm{d}x\mathrm{d}y = \iint\limits_{D_{xy}} f[x,y,z(x,y)]\,\mathrm{d}x\mathrm{d}y$ 进行"换元"即可写出第二型曲面积分的计算公式(11.19).需要注意的是,换元后的积分正、负号及当曲面 $S: z = z(x,y), (x,y) \in D_{xy}$ 为垂直于 xOy 面的柱面或平面时,

$$\iint\limits_{S} f(x,y,z)\,\mathrm{d}x\mathrm{d}y = 0.$$

此时,$\cos \gamma = 0$.

综上所述,计算第二型曲面积分 $\iint\limits_{S} f(x,y,z)\,\mathrm{d}x\mathrm{d}y$ 可分为以下三步:

一投,即将曲面 $S: z = z(x,y)$ 向 xOy 面投影得 D_{xy};

二代,即将 $z = z(x,y)$ 代入到 $f(x,y,z)$ 中;

三定号,也就是根据 S 的法线方向与 z 轴的夹角,确定换元后积分附带的正、负号.

类似地,当 $f(x,y,z)$ 在光滑曲面 $S: x = x(y,z), (y,z) \in D_{yz}$ 上连续时,有

$$\iint\limits_S f(x,y,z)\,\mathrm{d}y\mathrm{d}z = \begin{cases} \pm \iint\limits_{D_{yz}} f[x(y,z),y,z]\,\mathrm{d}y\mathrm{d}z, \\ 0, \end{cases} \tag{11.20}$$

其中"±"及 0 由 $\cos \alpha$ 决定.

当 f 在光滑曲面 $S: y = y(z,x), (z,x) \in D_{zx}$ 上连续时,有

$$\iint\limits_S f(x,y,z)\,\mathrm{d}z\mathrm{d}x = \begin{cases} \pm \iint\limits_{D_{zx}} f[x,y(z,x),z]\,\mathrm{d}z\mathrm{d}x, \\ 0, \end{cases} \tag{11.21}$$

其中"±"及 0 由 $\cos \beta$ 决定.

思考:当 $f(x,y,z)$ 在光滑曲面

$$S: x = x(u,v), y = y(u,v), z = z(u,v), (u,v) \in D$$

上连续时,如何计算积分

$$\iint\limits_S f(x,y,z)\,\mathrm{d}x\mathrm{d}y, \ \iint\limits_S f(x,y,z)\,\mathrm{d}y\mathrm{d}z \ \text{及} \ \iint\limits_S f(x,y,z)\,\mathrm{d}z\mathrm{d}x,$$

感兴趣的读者可利用"换元"思想类似于(10.18)、(11.19)给出相应计算公式,详情可参阅文献[1].

例 11.16 计算 $\iint\limits_S xyz\,\mathrm{d}x\mathrm{d}y$,其中 S 是球面 $x^2+y^2+z^2=1$ 外侧在 $x \geq 0, y \geq 0$ 的部分.

解 有向曲面 S 可分成以下两部分:

$$S_1: z = \sqrt{1-x^2-y^2} \ (x \geq 0, y \geq 0) \ \text{的上侧},$$
$$S_2: z = -\sqrt{1-x^2-y^2} \ (x \geq 0, y \geq 0) \ \text{的下侧},$$

它们在 xOy 面上的投影区域都是 $D_{xy}: x^2+y^2 \leq 1 (x \geq 0, y \geq 0)$(图 11-22),于是

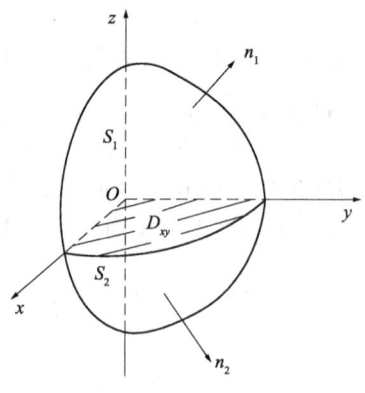

图 11-22

$$\iint\limits_S xyz\,\mathrm{d}x\mathrm{d}y = \iint\limits_{S_1} xyz\,\mathrm{d}x\mathrm{d}y + \iint\limits_{S_2} xyz\,\mathrm{d}x\mathrm{d}y$$
$$= \iint\limits_{D_{xy}} xy\sqrt{1-x^2-y^2}\,\mathrm{d}x\mathrm{d}y - \iint\limits_{D_{xy}} xy(-\sqrt{1-x^2-y^2})\,\mathrm{d}x\mathrm{d}y$$

$$= 2\iint_{D_{xy}} xy\sqrt{1-x^2-y^2}\,dxdy$$

$$\xrightarrow{\diamondsuit\; x=\rho\cos\theta, y=\rho\sin\theta} 2\iint_{D} \rho^2\sin\theta\cos\theta\sqrt{1-\rho^2}\,\rho d\rho d\theta$$

（其中 $D = \left\{(\rho,\theta)\,|\,0\leq\rho\leq 1, 0\leq\theta\leq\dfrac{\pi}{2}\right\}$）

$$= 2\int_0^{\frac{\pi}{2}} \sin\theta\cos\theta d\theta \int_0^1 r^3\sqrt{1-r^2}\,dr$$

$$= \frac{2}{15}.$$

思考：本题若利用对称性该如何计算？

例 11.17 计算 $\iint\limits_{S} xdydz+ydzdx+zdxdy$，其中 S 是长方体 $\Omega=\{(x,y,z)\,|\,0\leq x\leq a, 0\leq y\leq b, 0\leq z\leq c\}$ 的外表面.

解 有向曲面 S 可分成以下六个部分（图 11-23）：

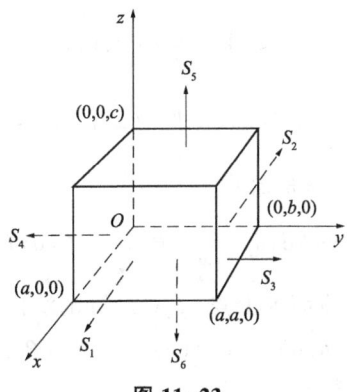

图 11-23

前侧：$S_1: x=a\,(0\leq y\leq b, 0\leq z\leq c)$；后侧：$S_2: x=0\,(0\leq y\leq b, 0\leq z\leq c)$；
左侧：$S_3: y=b\,(0\leq x\leq a, 0\leq z\leq c)$；右侧：$S_4: y=0\,(0\leq x\leq a, 0\leq z\leq c)$；
上侧：$S_5: z=c\,(0\leq x\leq a, 0\leq y\leq b)$；下侧：$S_6: z=0\,(0\leq x\leq a, 0\leq y\leq b)$.

除 S_5, S_6 外，其余四片曲面在 xOy 面上的投影面积为零，因此

$$\iint_S zdxdy = \iint_{S_5} zdxdy + \iint_{S_6} zdxdy$$

$$= \iint_{D_{xy}} cdxdy - \iint_{D_{xy}} 0dxdy$$

（其中 $D_{xy} = \{(x,y)\,|\,0\leq x\leq a, 0\leq y\leq b\}$）

$$= abc.$$

类似地，可得

$$\iint_S ydzdx = abc,$$

$$\iint_S x\,\mathrm{d}y\,\mathrm{d}z = abc.$$

于是,曲面积分

$$\iint_S x\,\mathrm{d}y\,\mathrm{d}z + y\,\mathrm{d}z\,\mathrm{d}x + z\,\mathrm{d}x\,\mathrm{d}y = 3abc.$$

11.5.6 两类曲面积分之间的联系

类似于曲线积分,当曲面 S 的侧确定后,可建立两类曲面积分的关系式.

若光滑曲面 $S: z = z(x,y)$ 取正侧,在 xOy 面上的投影区域为 D_{xy},$\boldsymbol{n} = (\cos\alpha, \cos\beta, \cos\gamma)$ 是 S 上点 (x,y,z) 处的单位法向量,则曲面面积微元 $\mathrm{d}S$ 与其在 xOy 面上投影而成的平面面积微元 $\mathrm{d}x\mathrm{d}y$ 之间满足等式

$$\cos\gamma\,\mathrm{d}S = \mathrm{d}x\,\mathrm{d}y, \tag{11.22}$$

于是

$$\iint_S R(x,y,z)\,\mathrm{d}x\,\mathrm{d}y = \iint_S R(x,y,z)\cos\gamma\,\mathrm{d}S^{①}. \tag{11.23}$$

类似地,可得

$$\iint_S P(x,y,z)\,\mathrm{d}y\,\mathrm{d}z = \iint_S P(x,y,z)\cos\alpha\,\mathrm{d}S,$$

$$\iint_S Q(x,y,z)\,\mathrm{d}z\,\mathrm{d}x = \iint_S P(x,y,z)\cos\beta\,\mathrm{d}S.$$

因此,两类曲面积分之间有联系公式

$$\iint_S P\,\mathrm{d}y\,\mathrm{d}z + Q\,\mathrm{d}z\,\mathrm{d}x + R\,\mathrm{d}x\,\mathrm{d}y = \iint_S (P\cos\alpha + Q\cos\beta + R\cos\gamma)\,\mathrm{d}S, \tag{11.24}$$

其中 $\cos\alpha, \cos\beta, \cos\gamma$ 是有向曲面 S 上点 (x,y,z) 处的法向量 $\boldsymbol{n}$ 的方向余弦.

若记 $\boldsymbol{A} = (P,Q,R)$,有向曲面元 $\mathrm{d}\boldsymbol{S} = \boldsymbol{n}\,\mathrm{d}S = (\cos\alpha\,\mathrm{d}S, \cos\beta\,\mathrm{d}S, \cos\gamma\,\mathrm{d}S) = (\mathrm{d}y\,\mathrm{d}z, \mathrm{d}z\,\mathrm{d}x, \mathrm{d}x\,\mathrm{d}y)$,则公式(11.24)也可写成如下形式:

$$\iint_S \boldsymbol{A}\cdot\mathrm{d}\boldsymbol{S} = \iint_S (\boldsymbol{A}\cdot\boldsymbol{n})\,\mathrm{d}S,$$

或

$$\iint_S \boldsymbol{A}\cdot\mathrm{d}\boldsymbol{S} = \iint_S A_n\,\mathrm{d}S,$$

其中 A_n 为向量 $\boldsymbol{A}$ 在法向量 $\boldsymbol{n}$ 上的投影.

定理 11.7 若光滑曲面 $S: z = z(x,y)$ 取正侧,在 xOy 面上的投影区域为 D_{xy},则

$$\iint_S P(x,y,z)\,\mathrm{d}y\,\mathrm{d}z + Q(x,y,z)\,\mathrm{d}z\,\mathrm{d}x + R(x,y,z)\,\mathrm{d}x\,\mathrm{d}y$$

---

① 当曲面取负侧时,公式(11.23)仍成立,因为

$$\iint_S R(x,y,z)\,\mathrm{d}x\,\mathrm{d}y = -\iint_{S^-} R(x,y,z)\,\mathrm{d}x\,\mathrm{d}y = -\iint_{S^-} R(x,y,z)\cos(\gamma-\pi)\,\mathrm{d}S = \iint_{S^-} R(x,y,z)\cos\gamma\,\mathrm{d}S = \iint_S R(x,y,z)\cos\gamma\,\mathrm{d}S.$$

当然,也可用第一型曲面积分与第二型曲面积分的计算公式直接推导,详情可参看文献[1].

$$= \iint\limits_{D_{xy}} [P(x,y,z(x,y))(-z_x) + Q(x,y,z(x,y))(-z_y) + R(x,y,z(x,y))] dxdy.$$

证 由公式 (11.19) 知

$$\iint\limits_{S} R(x,y,z) dxdy = \iint\limits_{D_{xy}} R(x,y,z(x,y)) dxdy$$

成立. 若记有向曲面 S 上点 (x,y,z) 处的单位法向量为 $\boldsymbol{n} = (\cos\alpha, \cos\beta, \cos\gamma)$, 则

$$\cos\alpha = \frac{-z_x}{\sqrt{1+z_x^2+z_y^2}}, \cos\beta = \frac{-z_y}{\sqrt{1+z_x^2+z_y^2}}, \cos\gamma = \frac{1}{\sqrt{1+z_x^2+z_y^2}},$$

$$\iint\limits_{S} P(x,y,z) dydz = \iint\limits_{S} P(x,y,z) \cos\alpha\, dS$$

$$= \iint\limits_{S} P(x,y,z) \frac{\cos\alpha}{\cos\gamma} dxdy$$

$$= \iint\limits_{D_{xy}} P(x,y,z(x,y))(-z_x) dxdy.$$

类似地, 有

$$\iint\limits_{S} Q(x,y,z) dzdx = \iint\limits_{D_{xy}} Q(x,y,z(x,y))(-z_y) dxdy.$$

综上所述, 结论成立.

例 11.18* 计算曲面积分 $\iint\limits_{S} (z+2x) dydz + z dxdy$, 其中封闭曲面 S 是由旋转抛物面 $z = \frac{1}{2}(x^2+y^2)$ 与平面 $z=2$ 组成, 取外侧.

解 闭合曲面 S 可分为旋转抛物面

$$S_1: z = \frac{1}{2}(x^2+y^2), (x,y) \in D$$

与平面

$$S_2: z = 2, (x,y) \in D,$$

其中 $D = \{(x,y) \mid x^2+y^2 \leq 4\}$. 由定理 11.7 及对称性知

$$\iint\limits_{S_1} (z+2x) dydz + z dxdy = -\iint\limits_{D} \left\{ \left[\frac{1}{2}(x^2+y^2) + 2x\right](-x) + \frac{1}{2}(x^2+y^2) \right\} dxdy$$

$$= -\iint\limits_{D} \left[-2x^2 + \frac{1}{2}(x^2+y^2)\right] dxdy = \iint\limits_{D} x^2 dxdy$$

$$= \iint\limits_{D'} (\rho\cos\theta)^2 \rho\, d\rho d\theta$$

(其中 $D' = \{(\rho,\theta) \mid 0 \leq \rho \leq 2, 0 \leq \theta \leq 2\pi\}$)

$$= \int_0^{2\pi} \cos^2\theta\, d\theta \int_0^2 \rho^3 d\rho$$

$$= 4\pi,$$

$$\iint\limits_{S_2}(z+2x)\mathrm{d}y\mathrm{d}z+z\mathrm{d}x\mathrm{d}y=0+2\iint\limits_{D}\mathrm{d}x\mathrm{d}y=8\pi,$$

于是

$$\iint\limits_{S}(z+2x)\mathrm{d}y\mathrm{d}z+z\mathrm{d}x\mathrm{d}y=8\pi+4\pi=12\pi.$$

注:由对称性可知,$\iint\limits_{D}x(x^2+y^2)\mathrm{d}x\mathrm{d}y=0$,$\iint\limits_{D}x^2\mathrm{d}x\mathrm{d}y=\iint\limits_{D}y^2\mathrm{d}x\mathrm{d}y.$

习 题 11.5(A)

1. 曲面积分 $\iint\limits_{\Sigma}z^2\mathrm{d}x\mathrm{d}y$ 在数值上等于 ( )

(A)向量 $z^2\boldsymbol{i}$ 穿过曲面 Σ 的流量　　　　(B)密度为 z^2 的曲面 Σ 的质量

(C)向量 $z^2\boldsymbol{k}$ 穿过曲面 Σ 的流量　　　　(D)向量 $z^2\boldsymbol{j}$ 穿过曲面 Σ 的流量

2. 设 S 为柱面 $x^2+y^2=1$ 被平面 $z=0$ 及 $z=3$ 所截得第一卦限部分(取前侧),则

$\iint\limits_{S}z\mathrm{d}x\mathrm{d}y+x\mathrm{d}y\mathrm{d}z+y\mathrm{d}z\mathrm{d}x=$ ( )

(A) $3\iint\limits_{D_{xy}}\sqrt{1-x^2}\mathrm{d}x\mathrm{d}y=3\int_0^3\mathrm{d}y\int_0^1\sqrt{1-x^2}\mathrm{d}x$　　(B) $3\int_0^{2\pi}\mathrm{d}\theta\int_0^1\sqrt{1-r^2}r\mathrm{d}r$

(C) $2\iint\limits_{D_{yz}}\sqrt{1-y^2}\mathrm{d}y\mathrm{d}z=2\int_0^3\mathrm{d}z\int_0^1\sqrt{1-y^2}\mathrm{d}y$　　(D) $3\int_0^{2\pi}\mathrm{d}\theta\int_0^1 r\cos\theta\mathrm{d}r$

3. 设 S 是球面 $x^2+y^2+z^2=a^2(a>0)$ 外侧,则曲面积分 $\iint\limits_{S}(x^2+y^2+z^2)\mathrm{d}S=$ ( )

(A) 0　　　　(B) $4\pi a^2$　　　　(C) πa^2　　　　(D) $\dfrac{4\pi a^3}{3}$

4. 设 Σ 是球面 $x^2+y^2+z^2=a^2$ 的外侧,$D_{xy}=\{(x,y)\mid x^2+y^2\leqslant a^2\}$,则下列结论正确的是( )

(A) $\iint\limits_{\Sigma}z^2\mathrm{d}x\mathrm{d}y=\iint\limits_{D_{xy}}(a^2-x^2-y^2)\mathrm{d}x\mathrm{d}y$　　(B) $\iint\limits_{\Sigma}z^2\mathrm{d}x\mathrm{d}y=2\iint\limits_{D_{xy}}(a^2-x^2-y^2)\mathrm{d}x\mathrm{d}y$

(C) $\iint\limits_{\Sigma}z^2\mathrm{d}x\mathrm{d}y=0$　　(D)以上皆不对

5. 已知 S 为平面 $x+y+z=1$ 在第一卦限内的下侧,则 $\iint\limits_{S}z\mathrm{d}x\mathrm{d}y=$ ( )

(A) $-\int_0^1\mathrm{d}x\int_0^{1-x}(1-x-y)\mathrm{d}y$　　(B) $\int_0^1\mathrm{d}x\int_0^{1-x}(1-x-y)\mathrm{d}y$

(C) $\int_0^1\mathrm{d}y\int_0^{1-x}(1-x-y)\mathrm{d}x$　　(D) $-\int_0^1\mathrm{d}y\int_0^{1-x}(1-x-y)\mathrm{d}x$

习题 11.5(B)

1. 计算 $\iint\limits_{S} x\mathrm{d}y\mathrm{d}z+z\mathrm{d}x\mathrm{d}y$，$S$ 是平面 $x+y+z=1$ 在第一卦限部分的上侧.

2. 计算 $\oiint\limits_{S} x\mathrm{d}y\mathrm{d}z+y\mathrm{d}z\mathrm{d}x+z\mathrm{d}x\mathrm{d}y$，其中 S 为球面 $x^2+y^2+z^2=a^2$ 的外侧.

3. 计算 $\oiint\limits_{S} \dfrac{\mathrm{e}^z}{\sqrt{x^2+y^2}}\mathrm{d}x\mathrm{d}y$，$S$ 为锥面 $z=\sqrt{x^2+y^2}$ 及平面 $z=1$，$z=2$ 所围立体表面的外侧.

4. 设 $f(x,y,z)$ 为连续函数，计算曲面积分
$$\iint\limits_{S}[f(x,y,z)+x]\mathrm{d}y\mathrm{d}z-[2f(x,y,z)-y]\mathrm{d}z\mathrm{d}x+[f(x,y,z)+z]\mathrm{d}x\mathrm{d}y,$$
其中 S 是平面 $x+y+z=1$ 在第四卦限部分的上侧.

5*. 计算 $\iint\limits_{S}\dfrac{ax\mathrm{d}y\mathrm{d}z+(z+a)^2\mathrm{d}x\mathrm{d}y}{(x^2+y^2+z^2)^{\frac{1}{2}}}$，其中 S 为下半球面 $z=-\sqrt{a^2-x^2-y^2}$ 的上侧，a 为正常数.

11.6 高斯公式与斯托克斯公式

知识衔接

设函数 $f(x)$ 在闭区间 $[a,b]$ 上连续，$F(x)$ 为 $f(x)$ 的一个原函数，则有牛顿-莱布尼茨公式_____.

设闭区域 D 由分段光滑的曲线 L 围成，L 取正向，函数 $P(x,y)$ 与 $Q(x,y)$ 在 D 上具有一阶连续偏导数，则有格林公式_____.

第一型曲线积分与第二型曲线积分之间的关系为_____.

第一型曲面积分与第二型曲面积分之间的关系为_____.

高斯公式与斯托克斯公式都是格林公式的推广. 格林公式建立了平面区域上的二重积分与其边界曲线上的曲线积分之间的联系，高斯公式建立了空间体(区域)上的三重积分与其边界曲面上的曲面积分之间的联系，而斯托克斯公式则描述了空间曲面上的曲面积分与其边界曲线上的曲线积分之间的联系，三个公式一脉相承.

11.6.1 高斯公式

定理 11.8 设空间立体 V 由分片光滑的双侧封闭曲面 S 所围成，若函数 $P(x,y,z)$，

$Q(x,y,z), R(x,y,z)$ 在 V 上有一阶连续偏导数，则

$$\iiint\limits_V \left(\frac{\partial P}{\partial x} + \frac{\partial Q}{\partial y} + \frac{\partial R}{\partial z} \right) \mathrm{d}x\mathrm{d}y\mathrm{d}z = \oiint\limits_S P\mathrm{d}y\mathrm{d}z + Q\mathrm{d}z\mathrm{d}x + R\mathrm{d}x\mathrm{d}y, \tag{11.25}$$

其中 S 取外侧. (11.25) 式称为**高斯公式**.

分析：高斯公式可分为以下三个"分"公式

$$\oiint\limits_S P\mathrm{d}y\mathrm{d}z = \iiint\limits_V \frac{\partial P}{\partial x}\mathrm{d}x\mathrm{d}y\mathrm{d}z,$$

$$\oiint\limits_S Q\mathrm{d}z\mathrm{d}x = \iiint\limits_V \frac{\partial Q}{\partial y}\mathrm{d}x\mathrm{d}y\mathrm{d}z,$$

$$\oiint\limits_S R\mathrm{d}x\mathrm{d}y = \iiint\limits_V \frac{\partial R}{\partial z}\mathrm{d}x\mathrm{d}y\mathrm{d}z.$$

下面证明第三个公式，读者类似可证另外两个.

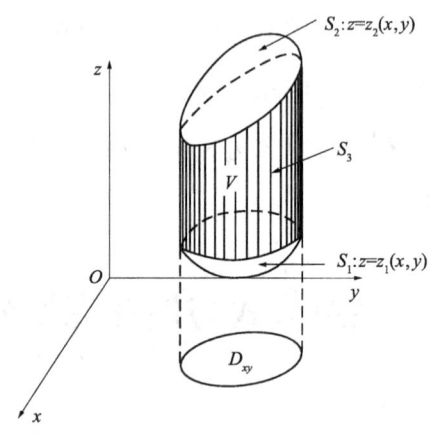

图 11-24

证 如图 11-24 所示，设 V 是 xy 型体①，其表面 S 的边界曲面分别为
$$S_1: z = z_1(x,y), (x,y) \in D_{xy}; S_2: z = z_2(x,y), (x,y) \in D_{xy};$$
侧面为 S_3，则

$$\oiint\limits_S R(x,y,z)\mathrm{d}x\mathrm{d}y = \iint\limits_{S_1} R(x,y,z)\mathrm{d}x\mathrm{d}y + \iint\limits_{S_2} R(x,y,z)\mathrm{d}x\mathrm{d}y + \iint\limits_{S_3} R(x,y,z)\mathrm{d}x\mathrm{d}y$$

$$= -\iint\limits_{D_{xy}} R[x,y,z_1(x,y)]\mathrm{d}x\mathrm{d}y + \iint\limits_{D_{xy}} R[x,y,z_2(x,y)]\mathrm{d}x\mathrm{d}y + 0$$

$$= \iint\limits_{D_{xy}} \{R[x,y,z_2(x,y)] - R[x,y,z_1(x,y)]\}\mathrm{d}x\mathrm{d}y$$

$$= \iint\limits_{D_{xy}} \mathrm{d}x\mathrm{d}y \int_{z_1(x,y)}^{z_2(x,y)} \frac{\partial R}{\partial z}\mathrm{d}z$$

---

① xy 型体是指表面 S 由上边界曲面 $z=z_2(x,y), (x,y) \in D_{xy}$，下边界曲面 $z=z_1(x,y), (x,y) \in D_{xy}$ 及以 D_{xy} 边界为准线，母线平行于 z 轴的柱面围成的柱体. 类似地还有 yz, zx 型体.

$$= \iiint\limits_{V} \frac{\partial R}{\partial z} \mathrm{d}x\mathrm{d}y\mathrm{d}z,$$

即

$$\oiint\limits_{S} R(x,y,z)\mathrm{d}x\mathrm{d}y = \iiint\limits_{V} \frac{\partial R}{\partial z} \mathrm{d}x\mathrm{d}y\mathrm{d}z. \tag{11.26}$$

类似地,有

$$\oiint\limits_{S} P(x,y,z)\mathrm{d}y\mathrm{d}z = \iiint\limits_{V} \frac{\partial P}{\partial x} \mathrm{d}x\mathrm{d}y\mathrm{d}z, \tag{11.27}$$

$$\oiint\limits_{S} Q(x,y,z)\mathrm{d}z\mathrm{d}x = \iiint\limits_{V} \frac{\partial Q}{\partial y} \mathrm{d}x\mathrm{d}y\mathrm{d}z. \tag{11.28}$$

把以上三式两端分别相加,即得高斯公式.

若 V 不是 xy 型体,则可用有限个光滑曲面将其分割成若干个 xy 型体,然后采用类似于格林公式的推导方法,即可证明一般区域上的高斯公式.

注:1) 高斯公式不仅沟通了空间立体上的三重积分和其边界曲面上的第二型曲面积分,同时也建立了空间立体上的三重积分与其边界曲面上的第一型曲面积分的关系,即

$$\iiint\limits_{V} \left(\frac{\partial P}{\partial x} + \frac{\partial Q}{\partial y} + \frac{\partial R}{\partial z} \right) \mathrm{d}x\mathrm{d}y\mathrm{d}z = \oiint\limits_{S} P\mathrm{d}y\mathrm{d}z + Q\mathrm{d}z\mathrm{d}x + R\mathrm{d}x\mathrm{d}y$$

$$= \oiint\limits_{S} (P\cos\alpha + Q\cos\beta + R\cos\gamma)\mathrm{d}S.$$

2) 若令 $P=x, Q=y, R=z$,则由高斯公式可得空间立体 V 的体积

$$\bar{V} = \frac{1}{3} \oiint\limits_{S} x\mathrm{d}y\mathrm{d}z + y\mathrm{d}z\mathrm{d}x + z\mathrm{d}x\mathrm{d}y. \tag{11.29}$$

类似地,也可证得

$$\bar{V} = \iint\limits_{S} z\mathrm{d}x\mathrm{d}y$$

等. 因此,由注 2) 的结论容易得出例 11.17 的结果为 $3abc$.

仿照平面曲线积分与路径无关的条件,利用高斯公式可证曲面积分与曲面无关的条件.

*定理 11.9 函数 $P(x,y,z), Q(x,y,z), R(x,y,z)$ 在单连通体 V 上具有一阶连续偏导数时,曲面积分

$$\oiint\limits_{S} P\mathrm{d}y\mathrm{d}z + Q\mathrm{d}z\mathrm{d}x + R\mathrm{d}x\mathrm{d}y \equiv 0$$

的充要条件是在 V 上有

$$\frac{\partial P}{\partial x} + \frac{\partial Q}{\partial y} + \frac{\partial R}{\partial z} \equiv 0,$$

其中 S 为 V 的边界曲面,取外侧.

例 11.19 计算曲面积分 $\oiint\limits_{S} (z+2x)\mathrm{d}y\mathrm{d}z + z\mathrm{d}x\mathrm{d}y$,其中封闭曲面 S 是由旋转抛物面 $z=$

$\frac{1}{2}(x^2+y^2)$ 与平面 $z=2$ 组成,取外侧.

分析:本题已作为例题 11.18 在本书讲过,下面根据其特征利用高斯公式整体计算之.

解 由高斯公式知

$$\oiint_S (z+2x)\mathrm{d}y\mathrm{d}z+z\mathrm{d}x\mathrm{d}y = \iiint_V \left[\frac{\partial(z+2x)}{\partial x}+\frac{\partial 0}{\partial y}+\frac{\partial z}{\partial z}\right]\mathrm{d}x\mathrm{d}y\mathrm{d}z$$

$$= 3\iiint_V \mathrm{d}x\mathrm{d}y\mathrm{d}z$$

$$= 3\iint_{x^2+y^2\leqslant 4} \mathrm{d}x\mathrm{d}y \int_{\frac{x^2+y^2}{2}}^{2} \mathrm{d}z$$

$$= 3\iint_{x^2+y^2\leqslant 4} \left(2-\frac{1}{2}x^2-\frac{1}{2}y^2\right)\mathrm{d}x\mathrm{d}y$$

$$= 24\pi - \frac{3}{2}\iint_{D'} \rho^2 \cdot \rho\mathrm{d}\rho\mathrm{d}\theta$$

(其中 $D' = \{(\rho,\theta) \mid 0\leqslant\rho\leqslant 2, 0\leqslant\theta\leqslant 2\pi\}$)

$$= 24\pi - \frac{3}{2}\int_0^{2\pi}\mathrm{d}\theta\int_0^2 \rho^3\mathrm{d}\rho$$

$$= 12\pi.$$

若曲面不是封闭的曲面,可先补一个曲面,使整个曲面封闭,使用高斯公式计算,最后再减去在补面上的积分即可,这种方法也称为**补面法**,如下例.

例 11.20 计算曲面积分

$$\iint_S (x^2\cos\alpha+y^2\cos\beta+z^2\cos\gamma)\mathrm{d}S,$$

其中 S 为锥面 $x^2+y^2=z^2(0\leqslant z\leqslant h)$ 的下侧, $\cos\alpha,\cos\beta,\cos\gamma$ 是 S 上点 (x,y,z) 处法向量的方向余弦.

解 作辅助平面 $S_1: z=h(x^2+y^2\leqslant h^2)$,取上侧,则 S 与 S_1 一起构成一个封闭曲面,记它们围成的空间体为 V(图 11-25).由高斯公式得

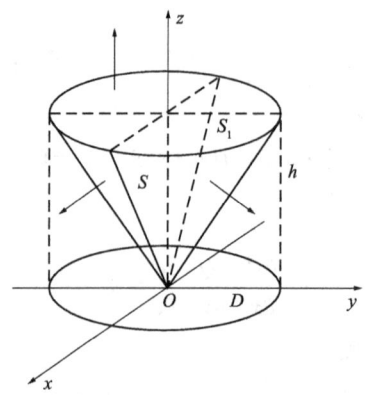

图 11-25

$$\oiint\limits_{S+S_1} (x^2\cos\alpha + y^2\cos\beta + z^2\cos\gamma)\,\mathrm{d}S = \iiint\limits_V \left[\frac{\partial x^2}{\partial x} + \frac{\partial y^2}{\partial y} + \frac{\partial z^2}{\partial z}\right]\mathrm{d}x\mathrm{d}y\mathrm{d}z$$

$$= 2\iiint\limits_V (x+y+z)\,\mathrm{d}x\mathrm{d}y\mathrm{d}z$$

$$\xrightarrow[\iiint\limits_V (x+y)\mathrm{d}x\mathrm{d}y\mathrm{d}z = 0]{\text{由对称性知}} 2\iiint\limits_V z\,\mathrm{d}x\mathrm{d}y\mathrm{d}z$$

$$= 2\iint\limits_{x^2+y^2 \leqslant h^2} \mathrm{d}x\mathrm{d}y \int_{\sqrt{x^2+y^2}}^{h} z\,\mathrm{d}z$$

$$= \iint\limits_{x^2+y^2 \leqslant h^2} (h^2 - x^2 - y^2)\,\mathrm{d}x\mathrm{d}y$$

$$= \pi h^4 - \iint\limits_D \rho^2 \cdot \rho\,\mathrm{d}\rho\mathrm{d}\theta$$

(其中 $D = \{(\rho,\theta) \mid 0 \leqslant \rho \leqslant h, 0 \leqslant \theta \leqslant 2\pi\}$)

$$= \pi h^4 - \int_0^{2\pi}\mathrm{d}\theta \int_0^h \rho^3\,\mathrm{d}\rho = \frac{1}{2}\pi h^4,$$

而

$$\iint\limits_{S_1} (x^2\cos\alpha + y^2\cos\beta + z^2\cos\gamma)\,\mathrm{d}S = \iint\limits_{S_1} \left(x^2\cos\frac{\pi}{2} + y^2\cos\frac{\pi}{2} + z^2\cos 0\right)\mathrm{d}S$$

$$= \iint\limits_{S_1} z^2\,\mathrm{d}S = \iint\limits_{x^2+y^2 \leqslant h^2} h^2\,\mathrm{d}x\mathrm{d}y = \pi h^4,$$

因此

$$\iint\limits_S (x^2\cos\alpha + y^2\cos\beta + z^2\cos\gamma)\,\mathrm{d}S = \frac{1}{2}\pi h^4 - \pi h^4 = -\frac{1}{2}\pi h^4.$$

11.6.2 斯托克斯公式

斯托克斯(Stokes)公式建立了双侧曲面 S 的曲面积分与其边界曲线 L 上的曲线积分之间的联系. 为了叙述方便起见,首先介绍判定曲面正侧与曲线正方向的右手准则.

设光滑曲面 S 的边界 L 是光滑或按段光滑的有向封闭曲线,取定 S 的一侧为正,规定若右手拇指指向曲面法线的正向,则其余四指所指的方向就是边界 L 的正向(图 11-26). 根据右手准则就可依据曲面的正侧判断其边界曲线的正向,反之亦然.

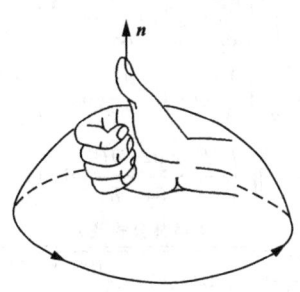

图 11-26

定理 11.10 设光滑曲面 S 的边界 L 是光滑或按段光滑的封闭曲线,若函数 $P(x,y,z)$, $Q(x,y,z)$, $R(x,y,z)$ 及其偏导数在 S(连同 L)上连续,则

$$\iint_S \left(\frac{\partial R}{\partial y}-\frac{\partial Q}{\partial z}\right) dydz + \left(\frac{\partial P}{\partial z}-\frac{\partial R}{\partial x}\right) dzdx + \left(\frac{\partial Q}{\partial x}-\frac{\partial P}{\partial y}\right) dxdy = \oint_L Pdx+Qdy+Rdz, \quad (11.30)$$

其中 S 的侧与 L 的方向按右手法则确定. 公式(11.30)称为**斯托克斯公式**.

分析:斯托克斯公式可分为以下三个"分"公式

$$\iint_S \frac{\partial P}{\partial z} dzdx - \frac{\partial P}{\partial y} dxdy = \oint_L Pdx,$$

$$\iint_S \frac{\partial Q}{\partial x} dxdy - \frac{\partial Q}{\partial z} dydz = \oint_L Qdy,$$

$$\iint_S \frac{\partial R}{\partial y} dydz - \frac{\partial R}{\partial x} dzdx = \oint_L Rdz.$$

证 首先证明

$$\iint_S \frac{\partial P}{\partial z} dzdx - \frac{\partial P}{\partial y} dxdy = \oint_L Pdx$$

成立,其中曲面 S(取正侧)由 $z=z(x,y)$ 确定,边界为 L,S 在 xy 面上的投影为 D,D 的边界为 Γ(图 11-27).

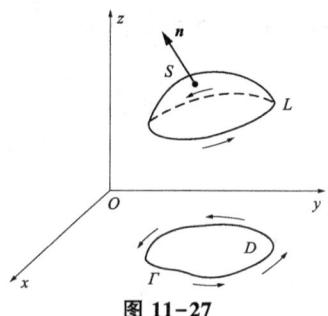

图 11-27

记 S 正侧的法向量为 $\boldsymbol{n}$,则 $\boldsymbol{n}$ 的方向数 $(-z_x,-z_y,1)$ 与方向余弦 $(\cos\alpha,\cos\beta,\cos\gamma)$ 之间满足关系

$$\frac{\partial z}{\partial x}=-\frac{\cos\alpha}{\cos\gamma}, \quad \frac{\partial z}{\partial y}=-\frac{\cos\beta}{\cos\gamma},$$

于是

$$\iint_S \frac{\partial P}{\partial z} dzdx - \frac{\partial P}{\partial y} dxdy = \iint_S \left(\frac{\partial P}{\partial z}\cos\beta - \frac{\partial P}{\partial y}\cos\gamma\right) dS$$

$$= \iint_D \left(\frac{\partial P}{\partial z}\cos\beta - \frac{\partial P}{\partial y}\cos\gamma\right) \frac{1}{\cos\gamma} dxdy$$

$$= -\iint_D \left(\frac{\partial P}{\partial z}\cdot\frac{\partial z}{\partial y}+\frac{\partial P}{\partial y}\right) dxdy$$

$$\underset{\frac{\partial}{\partial y}P[x,y,z(x,y)]=\frac{\partial P}{\partial z}\cdot\frac{\partial z}{\partial y}+\frac{\partial P}{\partial y}}{\overline{\text{由格林公式及}}} \oint_\Gamma P[x,y,z(x,y)]dx$$

$$= \oint_\Gamma P(x,y,z)dx.$$

类似地,可证

$$\iint_S \frac{\partial Q}{\partial x}\mathrm{d}x\mathrm{d}y - \frac{\partial Q}{\partial z}\mathrm{d}y\mathrm{d}z = \oint_L Q\mathrm{d}y,$$

$$\iint_S \frac{\partial R}{\partial y}\mathrm{d}y\mathrm{d}z - \frac{\partial R}{\partial x}\mathrm{d}z\mathrm{d}x = \oint_L R\mathrm{d}z.$$

注:1) 根据第一型曲线(面)积分与第二型曲线(面)积分的关系,可给出斯托克斯公式的其他形式,如

$$\iint_S \left[\left(\frac{\partial R}{\partial y}-\frac{\partial Q}{\partial z}\right)\cos\alpha + \left(\frac{\partial P}{\partial z}-\frac{\partial R}{\partial x}\right)\cos\beta + \left(\frac{\partial Q}{\partial x}-\frac{\partial P}{\partial y}\right)\cos\gamma\right]\mathrm{d}S = \oint_L P\mathrm{d}x + Q\mathrm{d}y + R\mathrm{d}z,$$

等等,其中 $\boldsymbol{n}=(\cos\alpha,\cos\beta,\cos\gamma)$ 为有向曲面 S 的单位法向量.

2) 为了记忆方便,常将斯托克斯公式写成如下形式:

$$\iint_S \begin{vmatrix} \mathrm{d}y\mathrm{d}z & \mathrm{d}z\mathrm{d}x & \mathrm{d}x\mathrm{d}y \\ \frac{\partial}{\partial x} & \frac{\partial}{\partial y} & \frac{\partial}{\partial z} \\ P & Q & R \end{vmatrix} = \oint_L P\mathrm{d}x + Q\mathrm{d}y + R\mathrm{d}z \tag{11.31}$$

或

$$\iint_S \begin{vmatrix} \cos\alpha & \cos\beta & \cos\gamma \\ \frac{\partial}{\partial x} & \frac{\partial}{\partial y} & \frac{\partial}{\partial z} \\ P & Q & R \end{vmatrix}\mathrm{d}S = \oint_L P\mathrm{d}x + Q\mathrm{d}y + R\mathrm{d}z. \tag{11.32}$$

3) 类似于平面曲线积分与路线无关条件的讨论,可利用斯托克斯公式将相应概念和结论推广到三维空间内曲线积分与路径的无关性及全微分存在原函数的概念和判断条件.

思考:若曲面 S 退化为 xy 面上的一块平面闭区域时,斯托克斯公式将变成什么形式?

例 11.21 计算曲线积分

$$\oint_\Gamma (y^2-z^2)\mathrm{d}x + (z^2-x^2)\mathrm{d}y + (x^2-y^2)\mathrm{d}z,$$

其中 Γ 是立方体 $\{(x,y,z)\mid 0\leq x\leq 1, 0\leq y\leq 1, 0\leq z\leq 1\}$ 的表面与平面 $x+y+z=\frac{3}{2}$ 的交线(图 11-28(a)),从 x 轴的正向看去取逆时针方向.

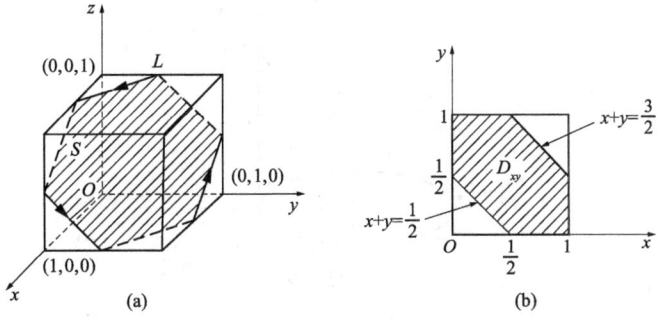

图 11-28

解 设 S 为平面 $x+y+z=\dfrac{3}{2}$ 上被 Γ 所围成的部分(取上侧),则 S 的单位法向量

$$\boldsymbol{n} = (\cos\alpha, \cos\beta, \cos\gamma) = \left(\dfrac{1}{\sqrt{3}}, \dfrac{1}{\sqrt{3}}, \dfrac{1}{\sqrt{3}}\right),$$

于是,由斯托克斯公式(11.32)得

$$\oint_{\Gamma} (y^2-z^2)\,dx + (z^2-x^2)\,dy + (x^2-y^2)\,dz = \iint_S \begin{vmatrix} \dfrac{1}{\sqrt{3}} & \dfrac{1}{\sqrt{3}} & \dfrac{1}{\sqrt{3}} \\ \dfrac{\partial}{\partial x} & \dfrac{\partial}{\partial y} & \dfrac{\partial}{\partial z} \\ y^2-x^2 & z^2-x^2 & x^2-y^2 \end{vmatrix} dS$$

$$= -\dfrac{4}{\sqrt{3}} \iint_S (x+y+z)\,dS$$

$$= -\dfrac{4}{\sqrt{3}} \cdot \dfrac{3}{2} \iint_S dS$$

$$\xrightarrow{dS = \sqrt{1^2+1^2+1^2}\,dx\,dy} -2\sqrt{3} \iint_{D_{xy}} \sqrt{3}\,dx\,dy$$

(其中 D_{xy} 为 S 在 xOy 平面上的投影区域,如图 11-28(b)所示)

$$= -6 \iint_{D_{xy}} dx\,dy$$

$$= -\dfrac{9}{2}.$$

思考:本题计算 $\iint_S dS$ 时能直接给出答案吗?

例 11.22 计算曲线积分

$$\int_{L(A,B)} (x^2-yz)\,dx + (y^2-zx)\,dy + (z^2-xy)\,dz,$$

其中 $L(A,B)$ 是螺旋线 $x=a\cos\varphi, y=a\sin\varphi, z=\dfrac{h}{2\pi}\varphi, 0\leqslant\varphi\leqslant 2\pi$,始点为 $A(a,0,0)$、终点为 $B(a,0,h)$.

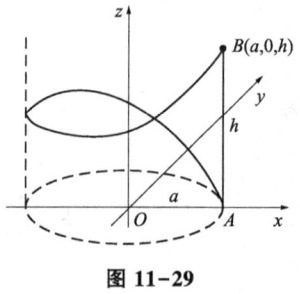

图 11-29

解 如图 11-29 所示,作辅助线 $\overrightarrow{AB}$,则 $L(A,B)+\overrightarrow{BA}$ 为一封闭曲面 S 的边界曲线. 由

斯托克斯公式知
$$\oint_{L(A,B)+\overrightarrow{BA}}(x^2-yz)dx+(y^2-zx)dy+(z^2-xy)dz=\iint_S 0dydz+0dzdx+0dxdy=0,$$
因此
$$\int_{L(A,B)}(x^2-yz)dx+(y^2-zx)dy+(z^2-xy)dz = \int_{\overrightarrow{AB}}(x^2-yz)dx+(y^2-zx)dy+(z^2-xy)dz$$
$$= \int_0^h z^2 dz = \frac{1}{3}h^3.$$

习 题 11.6(A)

1. 设空间体 V 的边界是由分片光滑的闭曲面 S 围成, S 取外侧,则 V 的体积 $\overline{V}=$ (　　)

(A) $\dfrac{1}{2}\iint_S xdydz+ydzdx+zdxdy$　　　(B) $\dfrac{1}{3}\iint_S xdydz+ydzdx+zdxdy$

(C) $\dfrac{1}{4}\iint_S xdydz+ydzdx+zdxdy$　　　(D) $\dfrac{1}{3}\iint_S ydydz+zdzdx+xdxdy$

2. 设 S 是长方体 $V:0\leqslant x\leqslant a,0\leqslant y\leqslant b,0\leqslant z\leqslant c$ 的整个表面的外侧,则 $\iint_S x^2 dydz+y^2 dzdx+z^2 dxdy=$ (　　)

(A) $a^2 bc$　　　　(B) $ab^2 c$　　　　(C) abc^2　　　　(D) $(a+b+c)abc$

3. 若 S 是空间体 V 的外表面,下述用高斯公式计算正确的是 (　　)

(A) $\oiint_S x^2 dydz+(z+2y)dxdy = \iiint_V (2x+2)dxdydz$

(B) $\oiint_S (x^3-yz)dydz-2xydzdx+zdxdy = \iiint_V (3x^2-2x+1)dxdydz$

(C) $\oiint_S x^2 dydz+(z+2y)dzdx+zdxdy = \iiint_V (2x+1)dxdydz$

(D) $\oiint_S x^2 dxdy+(z+2y)dydz = \iiint_V (2x+2)dxdydz$

4. 设 S 是球面 $x^2+y^2+z^2=a^2$ 的外侧,则曲面积分 $\oiint_S \dfrac{xdydz+ydzdx+zdxdy}{(x^2+y^2+z^2)^{\frac{3}{2}}}=$ (　　)

(A) 0　　　　(B) 1　　　　(C) 2π　　　　(D) 4π

5. 在斯托克斯定理的条件下,下列等式不成立的是 (　　)

(A) $\iint\limits_S \begin{vmatrix} \mathrm{d}y\mathrm{d}z & \mathrm{d}z\mathrm{d}x & \mathrm{d}x\mathrm{d}y \\ \dfrac{\partial}{\partial x} & \dfrac{\partial}{\partial y} & \dfrac{\partial}{\partial z} \\ P & Q & R \end{vmatrix} = \oint\limits_L P\mathrm{d}x + Q\mathrm{d}y + R\mathrm{d}z$

(B) $\iint\limits_S \begin{vmatrix} \cos\alpha & \cos\beta & \cos\gamma \\ \dfrac{\partial}{\partial x} & \dfrac{\partial}{\partial y} & \dfrac{\partial}{\partial z} \\ P & Q & R \end{vmatrix} \mathrm{d}S = \oint\limits_L P\mathrm{d}x + Q\mathrm{d}y + R\mathrm{d}z$

(C) $\iint\limits_S \begin{vmatrix} \boldsymbol{i} & \boldsymbol{j} & \boldsymbol{k} \\ \dfrac{\partial}{\partial x} & \dfrac{\partial}{\partial y} & \dfrac{\partial}{\partial z} \\ P & Q & R \end{vmatrix} \cdot \{\cos\alpha, \cos\beta, \cos\gamma\} \mathrm{d}S = \oint\limits_L P\mathrm{d}x + Q\mathrm{d}y + R\mathrm{d}z$

(D) $\iint\limits_S \begin{vmatrix} \boldsymbol{i} & \boldsymbol{j} & \boldsymbol{k} \\ \dfrac{\partial}{\partial x} & \dfrac{\partial}{\partial y} & \dfrac{\partial}{\partial z} \\ P & Q & R \end{vmatrix} \cdot \{\mathrm{d}x, \mathrm{d}y, \mathrm{d}z\} = \oint\limits_L P\mathrm{d}x + Q\mathrm{d}y + R\mathrm{d}z$

习题 11.6(B)

1. 利用高斯公式计算下列曲面积分.

(1) $\oiint\limits_S yz\mathrm{d}x\mathrm{d}y + zx\mathrm{d}y\mathrm{d}z + xy\mathrm{d}z\mathrm{d}x$,其中 S 是由柱面 $x^2+y^2=4(x\geq 0, y\geq 0)$、平面 $z=1$ 及坐标平面所构成的闭曲面的表面外侧;

(2) $I = \oiint\limits_S xy^2\mathrm{d}y\mathrm{d}z + yz^2\mathrm{d}z\mathrm{d}x + zx^2\mathrm{d}x\mathrm{d}y$,其中 S 是 $x^2+y^2+z^2=a^2$ 的外侧;

(3) $\iint\limits_S (x-2y)\mathrm{d}y\mathrm{d}z + (3y-z)\mathrm{d}z\mathrm{d}x + (3x-2z)\mathrm{d}x\mathrm{d}y$,其中 S 是由 $x=0, y=0, z=0$ 及 $x+\dfrac{y}{2}+\dfrac{z}{3}=1$ 在第一卦限中所围成立体的表面外侧;

(4) $\oiint\limits_\Sigma 4xz\mathrm{d}y\mathrm{d}z - y^2\mathrm{d}z\mathrm{d}x + yz\mathrm{d}x\mathrm{d}y$,其中 Σ 是由平面 $x=0, y=0, z=0$ 与平面 $x=1, y=1, z=1$ 所围立体的表面外侧;

(5) $\iint\limits_S (xz^2+y)\mathrm{d}y\mathrm{d}z + (x^2y-z^2)\mathrm{d}z\mathrm{d}x + (x^2y+y^2z)\mathrm{d}x\mathrm{d}y$,其中 S 为上半球体 $0 \leq z \leq \sqrt{1-x^2-y^2}$ 的表面外侧;

(6) $\iint\limits_S \dfrac{x}{r^3}\mathrm{d}y\mathrm{d}z + \dfrac{y}{r^3}\mathrm{d}z\mathrm{d}x + \dfrac{z}{r^3}\mathrm{d}x\mathrm{d}y$,其中 $r=\sqrt{x^2+y^2+z^2}$,S 为球面 $x^2+y^2+z^2=a^2$ 的外侧,a

为正数；

(7) $\iint\limits_{S} x\mathrm{d}y\mathrm{d}z + y\mathrm{d}z\mathrm{d}x + z\mathrm{d}x\mathrm{d}y$，$V$ 是由锥面 $z = \sqrt{x^2+y^2}$ 与半球面 $z = \sqrt{R^2-x^2-y^2}$ 围成的空间立体，S 是 V 的整个边界外侧．

2. 计算下列曲线积分．

(1) $\oint\limits_{\Gamma} 2y\mathrm{d}x + 3x\mathrm{d}y - z^2\mathrm{d}z$，其中 Γ 为曲线 $\begin{cases} x^2+y^2+z^2 = 9 \\ z = 0, \end{cases}$ 若从 z 轴正向看去，Γ 取逆时针方向；

(2) $\oint\limits_{\Gamma} y\mathrm{d}x + z\mathrm{d}y + x\mathrm{d}z$，其中 Γ 为曲线 $\begin{cases} x^2+y^2+z^2 = a^2 \\ x+y+z = 0, \end{cases}$ 若从 z 轴正向看去，Γ 取逆时针方向；

(3) $\oint\limits_{\Gamma} y\mathrm{d}x - xz\mathrm{d}y + yz\mathrm{d}z$，其中 Γ 为曲线 $\begin{cases} x^2+y^2 = 2z \\ z = 2, \end{cases}$ 若从 z 轴正向看去，Γ 取顺时针方向；

(4) $\oint\limits_{\Gamma} (y-z)\mathrm{d}x + (z-x)\mathrm{d}y + (x-y)\mathrm{d}z$，其中 Γ 为曲线 $\begin{cases} x^2+y^2 = 1 \\ x+z = 1, \end{cases}$ 若从 x 轴正向看去，Γ 取逆时针方向；

(5) $\oint\limits_{L} y^2\mathrm{d}x + x^2\mathrm{d}z$，其中 L 为曲线 $\begin{cases} z = x^2+y^2 \\ x^2+y^2 = 2y, \end{cases}$ 若从 z 正向看去，L 取顺时针方向．

3. 计算下列曲面积分．

(1) $I = \iint\limits_{S} 2x^3\mathrm{d}y\mathrm{d}z + 2y^3\mathrm{d}z\mathrm{d}x + 3(z^2-1)\mathrm{d}x\mathrm{d}y$，其中 S 是曲面 $z = 1-x^2-y^2 (z \geq 0)$ 的上侧；

(2) $\iint\limits_{S} (2-2x^2)\mathrm{d}y\mathrm{d}z + 8xy\mathrm{d}z\mathrm{d}x - 4zx\mathrm{d}x\mathrm{d}y$，其中 S 是 yOz 平面上的曲线 $z = y^2, 0 \leq y \leq a$ 绕 z 轴旋转而成的旋转曲面的下侧；

(3) $\iint\limits_{S} (2x+z)\mathrm{d}y\mathrm{d}z + z\mathrm{d}x\mathrm{d}y$，其中 S 是曲面 $z = x^2+y^2 (0 \leq z \leq 1)$ 的法向与 z 轴正向夹角为锐角的一侧；

(4) $\iint\limits_{S} xy\mathrm{d}y\mathrm{d}z + x\mathrm{d}z\mathrm{d}x + x^2\mathrm{d}x\mathrm{d}y$，其中 S 是曲面 $z = \sqrt{4-x^2-y^2}$ 的上侧．

4. 设 $f(u)$ 有连续的导数，计算
$$\oiint\limits_{S} \frac{1}{y}f\left(\frac{x}{y}\right)\mathrm{d}y\mathrm{d}z + \frac{1}{x}f\left(\frac{x}{y}\right)\mathrm{d}z\mathrm{d}x + z\mathrm{d}x\mathrm{d}y,$$
其中 S 是由 $y = x^2+z^2, y = 8-x^2-z^2$ 所围立体的外侧．

5. 设对于半空间 $x > 0$ 内任意的光滑封闭曲面 S，都有
$$\iint\limits_{S} xf(x)\mathrm{d}y\mathrm{d}z - xyf(x)\mathrm{d}z\mathrm{d}x - \mathrm{e}^{2x}z\mathrm{d}x\mathrm{d}y = 0,$$
其中函数 $f(x)$ 在 $(0, +\infty)$ 内具有连续的一阶导数，且 $\lim\limits_{x \to 0^+} f(x) = 1$，求 $f(x)$．

6*. 证明：若 S 为包围有界闭域 V 的光滑曲面，则

$$\oiint_S \frac{\partial u}{\partial \boldsymbol{n}} \mathrm{d}S = \iiint_V \Delta u \mathrm{d}x\mathrm{d}y\mathrm{d}z,$$

其中 $\Delta u = \frac{\partial^2 u}{\partial x^2} + \frac{\partial^2 u}{\partial y^2} + \frac{\partial^2 u}{\partial z^2}$ 称为拉普拉斯算子，$\frac{\partial}{\partial \boldsymbol{n}}$ 是曲面 S 沿外法线 $\boldsymbol{n}$ 的方向导数.

自测题（十一）

一、选择题．

1. 已知曲线 $L: \frac{x^2}{a^2} + \frac{y^2}{b^2} = 1$，方向为逆时针方向，则 $\int_L (x+y^2)\mathrm{d}x =$ （　　）

(A) πab　　　　　(B) 0　　　　　(C) $a+b^2$　　　　　(D) $-\pi ab^2$

2. 设 L 是沿圆周 $x^2+y^2=R^2$ 逆时针方向的一周，则 $\oint_L -x^2y\mathrm{d}x + xy^2\mathrm{d}y =$ （　　）

(A) $\int_0^{2\pi}\mathrm{d}\theta\int_0^R r^3\mathrm{d}r$　　　　　(B) $\int_0^{2\pi}\mathrm{d}\theta\int_0^R r^2\mathrm{d}r$

(C) $\int_0^{2\pi}\mathrm{d}\theta\int_0^R (-4r^3\sin\theta\cos\theta)\mathrm{d}r$　　　　　(D) $\int_0^{2\pi}\mathrm{d}\theta\int_0^R R^2 r\mathrm{d}r$

3. 设 S 为平面 $\frac{x}{2}+\frac{y}{3}+\frac{z}{4}=1$ 在第一卦限的部分，则 $\iint_S \left(z+2x+\frac{4}{3}y\right)\mathrm{d}S =$ （　　）

(A) $4\int_0^2 \mathrm{d}x \int_0^{3(1-\frac{x}{2})} \mathrm{d}y$　　　　　(B) $\frac{\sqrt{61}}{3} \cdot 4 \int_0^2 \mathrm{d}x \int_0^{3(1-\frac{x}{2})} \mathrm{d}y$

(C) $\frac{\sqrt{61}}{3} \cdot 4 \int_0^{2(\frac{y}{3}-1)} \mathrm{d}x \int_0^3 \mathrm{d}y$　　　　　(D) $\frac{\sqrt{61}}{3} \cdot 4 \int_0^2 \mathrm{d}x \int_0^3 \mathrm{d}y$

二、填空题．

4. L 为圆周 $x^2+y^2=1$，则 $\oint_L 2(x^2+y^2)\mathrm{d}s =$ ＿＿＿＿＿＿．

5. 设 L 为沿圆周 $x^2+y^2=R^2$ 由点 $(R,0)$ 到点 $(0,R)$ 的曲线段，则 $\int_L (x^2+y^2)\mathrm{d}s =$ ＿＿＿＿＿＿．

6. 曲线 L 是由 $A(0,0)$ 到 $B(1,1)$ 的一段直线，则 $\int_L (x+y)\mathrm{d}s =$ ＿＿＿＿＿＿．

三、计算题．

7. 计算曲线积分 $\int_L \frac{y\mathrm{d}x - x\mathrm{d}y}{2(x^2+y^2)}$，其中 L 为 $(x-1)^2+y^2=2$，取逆时针方向．

8. 计算曲线积分 $\oint_C (3x+2y)\mathrm{d}x - (x-4y)\mathrm{d}y$，其中 C 为 $\frac{x^2}{a^2}+\frac{y^2}{b^2}=1$，取顺时针方向．

9. 利用格林公式计算曲线积分 $\int_L (x^2y\cos x + 2xy\sin x - y^2\mathrm{e}^x)\mathrm{d}x + (x^2\sin x - 2y\mathrm{e}^x)\mathrm{d}y$，其

中 L 为正向星形线 $x^{\frac{2}{3}}+y^{\frac{2}{3}}=a^{\frac{2}{3}}(a>0)$.

10. 计算积分 $\int_L (x^2+2xy-y^2)\mathrm{d}x+(x^2-2xy-y^2)\mathrm{d}y$, 其中 L 是从点 $O(0,0)$ 沿曲线 $y=\sin x$ 到点 $A(\pi,0)$ 的弧段.

11*. 验证在平面内存在某二元函数 $\mu(x,y)$, 使得 $\mathrm{d}\mu=(2x+y)\mathrm{d}x+(x+2y)\mathrm{d}y$, 并求这个函数 $\mu(x,y)$.

12. 力场 $\boldsymbol{F}=(yz,zx,xy)$, 求质点从原点沿直线 L 移到曲面 $\dfrac{x^2}{a^2}+\dfrac{y^2}{b^2}+\dfrac{z^2}{c^2}=1$（第一卦限）上点 (α,β,γ) 处所做的功, 并求移到何点时做的功最大, 求最大功.

13. 计算 $I=\iint_S (x+y+z)\mathrm{d}S$, 其中 S 是球面 $x^2+y^2+z^2=a^2$ 上 $z\geqslant h\,(0<h<a)$ 的部分.

14. 选择 a,b, 使 $\dfrac{(y^2+2xy+ax^2)\mathrm{d}x-(x^2+2xy+by^2)\mathrm{d}y}{(x^2+y^2)^2}$ 为某一函数 $u=u(x,y)$ 的全微分, 并求 $u(x,y)$.

四*、证明题.

15. 若函数 $u(x,y,z)$ 和 $v(x,y,z)$ 在闭区域 V 上具有一阶及二阶连续偏导数, 证明格林第一公式：

$$\iiint_V u\Delta v\,\mathrm{d}x\mathrm{d}y\mathrm{d}z = \iint_S u\frac{\partial v}{\partial n}\mathrm{d}S - \iiint_V \nabla u\cdot\nabla v\,\mathrm{d}x\mathrm{d}y\mathrm{d}z$$

和

$$\iiint_V u\Delta v\,\mathrm{d}x\mathrm{d}y\mathrm{d}z = \iint_S u\nabla v\cdot\boldsymbol{n}\,\mathrm{d}S - \iiint_V \nabla u\cdot\nabla v\,\mathrm{d}x\mathrm{d}y\mathrm{d}z,$$

其中 S 是闭区域 V 的整个边界曲面, $\boldsymbol{n}=(\cos\alpha,\cos\beta,\cos\gamma)$ 为 S 的外法线方向的单位向量, $\dfrac{\partial v}{\partial n}$ 为 $v(x,y,z)$ 沿 $\boldsymbol{n}$ 的方向导数, 符号 $\Delta=\dfrac{\partial^2}{\partial x^2}+\dfrac{\partial^2}{\partial y^2}+\dfrac{\partial^2}{\partial z^2}$, $\nabla=\left(\dfrac{\partial}{\partial x},\dfrac{\partial}{\partial y},\dfrac{\partial}{\partial z}\right)$, 且 $\Delta u=\dfrac{\partial^2 u}{\partial x^2}+\dfrac{\partial^2 u}{\partial y^2}+\dfrac{\partial^2 u}{\partial z^2}$, $\nabla u=\left(\dfrac{\partial u}{\partial x},\dfrac{\partial u}{\partial y},\dfrac{\partial u}{\partial z}\right)$.

注：格林第一公式在形式上与分部积分很类似, 在应用上有各种变形, 详细了解可参阅王烈衡编写的教材《有限元理论的数学基础》第 1 页.

16. 设 $u(x,y,z)$, $v(x,y,z)$ 是两个定义在闭区域 V 上的具有二阶连续偏导数的函数, $\dfrac{\partial u}{\partial n},\dfrac{\partial v}{\partial n}$ 依次表示 $u(x,y,z)$, $v(x,y,z)$ 沿 S 的外法线的方向导数, 证明格林第二公式：

$$\iiint_V (v\Delta u-u\Delta v)\mathrm{d}x\mathrm{d}y\mathrm{d}z = \iint_S \left(v\frac{\partial u}{\partial n}-u\frac{\partial v}{\partial n}\right)\mathrm{d}S,$$

其中 S 是空间闭区域 V 的整个边界曲面.

17. 利用斯托克斯公式探讨三维空间中曲线积分与路线无关的条件, 并验证曲线积分

$$\int_L (y+z)\mathrm{d}x+(z+x)\mathrm{d}y+(x+y)\mathrm{d}z$$

与路线无关, 求被积表达式的原函数 $u(x,y,z)$.

第 12 章　无穷级数

无穷级数在形式上是"无限个数求和的式子",在逻辑上与数列相关,在性质上与定积分类似. 无穷级数理论是高等数学的一个重要组成部分,同微分、积分一样是研究函数性质的工具之一,在函数表示、性质探究、数值计算和收敛逼近等方面都有着重要的应用. 本章按照由简单到复杂,再到典型的思路,运用极限工具对级数理论中数项级数、函数项级数、幂级数与傅里叶级数依次进行介绍.

12.1　数项级数的概念与性质

知识衔接

按一定次序排列的一列数 $a_1, a_2, \cdots, a_n, \cdots$ 称为_____,第 n 项 a_n 称为_____,前 n 项的和为_____.

如果一个数列从第二项起,每一项与前一项的差等于同一常数 d,这个数列称为_____,该数列的前 n 项和为_____.

如果一个数列从第二项起,每一项与前一项的比等于同一常数 q,这个数列称为_____,该数列的前 n 项和为_____.

12.1.1　数项级数的概念

著名的德国数学家高斯① 9 岁时做过一个世界名题,即
$$1+2+\cdots+100 = \frac{100}{2} \times (1+100) = 5050.$$

---

① 高斯(Gauss,1777—1855)德国数学家、物理学家、天文学家,近代数学的奠基者之一,在历史上影响之大和阿基米德、牛顿、欧拉并列,有"数学王子"之称. 高斯童年时就表现了出众的才华,1795—1798 年在哥廷根大学期间发明了最小二乘法,宣布了自欧几里得以来几何作图上的一项重大发明,即发现正十七边形的作图法,成就涉及数论、代数、分析、几何、概率等方面,1799 年因证明代数学基本定理而获博士学位. 高斯的著作很多,全集共十一卷,其名著《算术研究》是近代数论开创的标志.

将此题进行推广可给出如下几个问题:

(1) $1+2+\cdots+n = ?$ (2) $1+2+\cdots+n+\cdots = ?$

(3) $1+\dfrac{1}{2^2}+\cdots+\dfrac{1}{2^n}+\cdots = ?$ (4) $1+\dfrac{1}{2}+\cdots+\dfrac{1}{n}+\cdots = ?$

(5) $1-1+1-\cdots+(-1)^{n+1}+\cdots = ?$

不难看出,仿照高斯的方法知(1)的结论为 $\dfrac{n}{2}\times(1+n)$,将高斯的方法进行推广可认为

$$1+2+\cdots+n+\cdots = \lim_{n\to\infty}(1+2+\cdots+n) = \lim_{n\to\infty}\dfrac{n}{2}\times(1+n) = +\infty,$$

但以上方法对(4)就无能为力了. 可见,要彻底解决这些问题就必须研究"新"的数学模型 $u_1+u_2+\cdots+u_n+\cdots$ 并建立其自身的理论体系.

定义 12.1 设 $\{u_n\}$ 为一数列,则称由此数列构成的和式

$$u_1+u_2+\cdots+u_n+\cdots$$

为**数项级数**,简称**级数**,记为 $\sum\limits_{n=1}^{\infty} u_n$ 或 $\sum u_n$,即

$$\sum_{n=1}^{\infty} u_n = u_1+u_2+\cdots+u_n+\cdots$$

其中 u_1 为级数的**首项**,u_n 为级数的**一般项**或**通项**.

关于级数必须解决以下两个重要问题:级数这一无限个数求和的存在性问题与如何计算这个"和"的问题,这两个问题构成了级数理论的主线,下面予以回答.

记 $S_n = u_1+u_2+\cdots+u_n = \sum\limits_{i=1}^{n} u_i$,并称 S_n 为级数 $\sum\limits_{n=1}^{\infty} u_n$ 的**前 n 项和**或**部分和**,称数列 $\{S_n\}$ 为级数 $\sum\limits_{n=1}^{\infty} u_n$ 的**部分和数列**. 因此,$\sum\limits_{n=1}^{\infty} u_n$ 总对应于一个部分和数列 $\{S_n\}$;反之,由数列 $\{S_n\}$ 必可构造相应的级数 $\sum\limits_{n=1}^{\infty} u_n$(其中 $u_n = S_n - S_{n-1}$,$S_0 = 0$). 于是,与数列相关的概念和理论可演绎到级数.

定义 12.2 若级数 $\sum\limits_{n=1}^{\infty} u_n$ 的部分和数列 $\{S_n\}$ 收敛于 S(即 $\lim\limits_{n\to\infty} S_n = S$),则称 $\sum\limits_{n=1}^{\infty} u_n$ **收敛**于 S,S 为级数 $\sum\limits_{n=1}^{\infty} u_n$ 的**和**,记作 $\sum\limits_{n=1}^{\infty} u_n = S$. 此时,称 $r_n = S - S_n = \sum\limits_{k=1}^{\infty} u_{n+k}$ 为级数 $\sum\limits_{n=1}^{\infty} u_n$ 的**余项和**,余项的绝对值 $|r_n|$ 就是用 S_n 代替 S 所产生的误差;若部分和数列 $\{S_n\}$ 发散,则称级数 $\sum\limits_{n=1}^{\infty} u_n$ **发散**.

不难看出,$\sum\limits_{n=1}^{\infty} u_n = S \Leftrightarrow \lim\limits_{n\to\infty} S_n = S \Leftrightarrow \lim\limits_{n\to\infty}(S_n - S) = 0 \Leftrightarrow \lim\limits_{n\to\infty} r_n = 0.$ (12.1)

由收敛的定义不难看出,本章开始谈到的级数 $\sum\limits_{n=1}^{\infty} n$ 发散,下面再介绍几个例子.

例 12.1 判定级数 $\dfrac{1}{1\cdot 3}+\dfrac{1}{3\cdot 5}+\cdots+\dfrac{1}{(2n-1)(2n+1)}+\cdots$ 的敛散性.

解 由 $u_n=\dfrac{1}{(2n-1)(2n+1)}=\dfrac{1}{2}\left(\dfrac{1}{2n-1}-\dfrac{1}{2n+1}\right)$ 知

$$\lim_{n\to\infty}S_n=\lim_{n\to\infty}\left[\dfrac{1}{1\cdot 3}+\dfrac{1}{3\cdot 5}+\cdots+\dfrac{1}{(2n-1)(2n+1)}\right]$$

$$=\lim_{n\to\infty}\dfrac{1}{2}\left[\left(1-\dfrac{1}{3}\right)+\left(\dfrac{1}{3}-\dfrac{1}{5}\right)+\cdots\left(\dfrac{1}{2n-1}-\dfrac{1}{2n+1}\right)\right]$$

$$=\lim_{n\to\infty}\dfrac{1}{2}\left(1-\dfrac{1}{2n+1}\right)$$

$$=\dfrac{1}{2},$$

所以级数 $\dfrac{1}{1\cdot 3}+\dfrac{1}{3\cdot 5}+\cdots+\dfrac{1}{(2n-1)(2n+1)}+\cdots$ 收敛,且和为 $\dfrac{1}{2}$.

例 12.2 讨论公比为 q 的等比级数(几何级数) $\sum\limits_{n=1}^{\infty}aq^{n-1}=a+aq+aq^2+\cdots+aq^{n-1}+\cdots$ $(a\neq 0)$ 的敛散性.

解 当 $q\neq 1$ 时,级数 $\sum\limits_{n=1}^{\infty}aq^{n-1}$ 的前 n 项和

$$S_n=\sum_{k=1}^{n}aq^{k-1}=\dfrac{a(1-q^n)}{1-q},$$

因此,当 $|q|<1$ 时,$\lim\limits_{n\to\infty}S_n=\dfrac{a}{1-q}$,$\sum\limits_{n=1}^{\infty}aq^{n-1}$ 收敛;

当 $|q|>1$ 时,$\lim\limits_{n\to\infty}S_n=\infty$,$\sum\limits_{n=1}^{\infty}aq^{n-1}$ 发散;

当 $q=1$ 时,$\sum\limits_{n=1}^{\infty}aq^{n-1}=a+a+\cdots+a+\cdots$

$\lim\limits_{n\to\infty}S_n=\lim\limits_{n\to\infty}na=\infty$,级数 $\sum\limits_{n=1}^{\infty}aq^{n-1}$ 发散;

当 $q=-1$ 时,$\sum\limits_{n=1}^{\infty}aq^{n-1}=a-a+a-\cdots+(-1)^{n-1}a+\cdots$

$\lim\limits_{n\to\infty}S_n$ 不存在,级数 $\sum\limits_{n=1}^{\infty}aq^{n-1}$ 发散.

总之,当 $|q|<1$ 时收敛,且和为 $\dfrac{a}{1-q}$;当 $|q|\geq 1$ 时发散.

例 12.3 证明调和级数 $1+\dfrac{1}{2}+\dfrac{1}{3}+\cdots+\dfrac{1}{n}+\cdots$ 发散.

证 调和级数的前 n 项和

$$S_n=1+\dfrac{1}{2}+\dfrac{1}{3}+\cdots+\dfrac{1}{n}$$

$$C = \int_n^{n+1} C\,dx = \int_1^2 1\,dx + \int_2^3 \frac{1}{2}\,dx + \int_2^3 \frac{1}{2}\,dx + \cdots + \int_n^{n+1} \frac{1}{n}\,dx$$

$$\underset{\text{保序性}}{\geqslant} \int_1^2 \frac{1}{x}\,dx + \int_2^3 \frac{1}{x}\,dx + \cdots + \int_n^{n+1} \frac{1}{x}\,dx$$

$$= \int_1^{n+1} \frac{1}{x}\,dx = [\ln x]_1^{n+1} = \ln(n+1),$$

显然 $\lim\limits_{n\to\infty}\ln(n+1) = +\infty$，由保序性知 $\lim\limits_{n\to\infty}S_n = +\infty$. 因此，调和级数发散.

注*：例 12.3 表明级数与无穷积分具有一定的联系，事实上**数项级数与无穷积分可以相互转化**.

(1) 无穷积分可转化为级数.

若 $f(x)$ 为定义在 $[1,+\infty)$ 上的有界函数，则

$$\int_1^{+\infty} f(x)\,dx = \sum_{n=1}^{\infty} \int_n^{n+1} f(x)\,dx.$$

(2) 级数可转化为无穷积分.

若对任意级数 $\sum\limits_{n=1}^{\infty} u_n$，定义 $f(x) = u_n, n \leqslant x < n+1 (n=1,2,\cdots)$，则

$$\sum_{n=1}^{\infty} u_n = \sum_{n=1}^{\infty} \int_n^{n+1} u_n\,dx = \sum_{n=1}^{\infty} \int_n^{n+1} f(x)\,dx = \int_1^{+\infty} f(x)\,dx.$$

因此，级数与无穷积分有相似的理论和结果，可以用其中一个的性质研究另一个的性质，注意区别和联系.

12.1.2 数项级数的基本性质

性质 12.1 若 $\sum\limits_{n=1}^{\infty} u_n$ 收敛，则 $\lim\limits_{n\to\infty} u_n = 0$.

证 不妨设 $\sum\limits_{n=1}^{\infty} u_n$ 收敛于 S，即 $\lim\limits_{n\to\infty} S_n = S$，则

$$\lim_{n\to\infty} u_n = \lim_{n\to\infty}(S_n - S_{n-1}) = \lim_{n\to\infty} S_n - \lim_{n\to\infty} S_{n-1} = 0.$$

注：1) 通项极限为零仅是级数收敛的必要条件，并非充分条件，即 $\lim\limits_{n\to\infty} u_n = 0$ 时，$\sum\limits_{n=1}^{\infty} u_n$ 不一定收敛.

例如，$\lim\limits_{n\to\infty} \frac{1}{n} = 0$，而调和级数 $\sum\limits_{n=1}^{\infty} \frac{1}{n}$ 发散.

2) 若 $\lim\limits_{n\to\infty} u_n \neq 0$，则级数 $\sum\limits_{n=1}^{\infty} u_n$ 一定发散.

此结论可用于判定级数的发散性. 例如，由 $\lim\limits_{n\to\infty} u_n = \lim\limits_{n\to\infty} \frac{n}{2n+1} = \frac{1}{2} \neq 0$ 知，$\sum\limits_{n=1}^{\infty} \frac{n}{2n+1}$ 发散.

3) 由 $\lim\limits_{n\to\infty} u_n = 0$ 可知,必存在一个正常数 M,使 $|u_n| \leq M$,从而得级数 $\sum\limits_{n=1}^{\infty} u_n$ 收敛的另一必要条件是级数各项有界.

性质 12.2 若级数 $\sum\limits_{n=1}^{\infty} u_n$ 收敛于 S,则 $\sum\limits_{n=1}^{\infty} k u_n$ 也收敛,且其和为 kS(k 为任意常数),即

$$\sum_{n=1}^{\infty} k u_n = k \sum_{n=1}^{\infty} u_n.$$

证 设 $\sum\limits_{n=1}^{\infty} u_n$ 与 $\sum\limits_{n=1}^{\infty} k u_n$ 的部分和分别为 S_n 与 T_n,则

$$\lim_{n\to\infty} S_n = S,$$

$$\begin{aligned}\lim_{n\to\infty} T_n &= \lim_{n\to\infty} (k u_1 + k u_2 + \cdots + k u_n) = \lim_{n\to\infty} k S_n \\ &= k \lim_{n\to\infty} S_n = kS,\end{aligned}$$

因此,级数 $\sum\limits_{n=1}^{\infty} k u_n$ 收敛,且 $\sum\limits_{n=1}^{\infty} k u_n = k \sum\limits_{n=1}^{\infty} u_n$.

推论 12.1 若 k 为非零常数,级数 $\sum\limits_{n=1}^{\infty} u_n$ 发散,则级数 $\sum\limits_{n=1}^{\infty} k u_n$ 也发散.

证 反证法 若级数 $\sum\limits_{n=1}^{\infty} k u_n$ 收敛,则 $\sum\limits_{n=1}^{\infty} u_n = \sum\limits_{n=1}^{\infty} \dfrac{1}{k}(k u_n) = \dfrac{1}{k} \sum\limits_{n=1}^{\infty} k u_n$,由性质 12.2 知级数 $\sum\limits_{n=1}^{\infty} u_n$ 也收敛,矛盾.

注:性质 12.2 与推论 12.1 表明非零常数不影响级数的敛散性.

推论 12.2 若级数 $\sum\limits_{n=1}^{\infty} u_n$ 与 $\sum\limits_{n=1}^{\infty} v_n$ 都收敛,则级数 $\sum\limits_{n=1}^{\infty} (u_n \pm v_n)$ 也收敛,且

$$\sum_{n=1}^{\infty} (u_n \pm v_n) = \sum_{n=1}^{\infty} u_n \pm \sum_{n=1}^{\infty} v_n.$$

证 设 $\sum\limits_{n=1}^{\infty} u_n = S, \sum\limits_{n=1}^{\infty} v_n = T, \sum\limits_{n=1}^{\infty} (u_n \pm v_n)$ 的部分和分别为 S_n, T_n, R_n,则

$$\begin{aligned}\lim_{n\to\infty} R_n &= \lim_{n\to\infty} [(u_1 \pm v_1) + (u_2 \pm v_2) + \cdots + (u_n \pm v_n)] \\ &= \lim_{n\to\infty} (S_n \pm T_n) = \lim_{n\to\infty} S_n \pm \lim_{n\to\infty} T_n \\ &= S \pm T,\end{aligned}$$

因此级数 $\sum\limits_{n=1}^{\infty} (u_n \pm v_n)$ 收敛,且

$$\sum_{n=1}^{\infty} (u_n \pm v_n) = \sum_{n=1}^{\infty} u_n \pm \sum_{n=1}^{\infty} v_n.$$

注:1)推论 12.1 与 12.2 可合写为 $\sum\limits_{n=1}^{\infty} (c u_n + d v_n) = c \sum\limits_{n=1}^{\infty} u_n + d \sum\limits_{n=1}^{\infty} v_n$($c, d$ 为非零常数),统称为级数的线性性质.

2) 若级数 $\sum\limits_{n=1}^{\infty} u_n$ 收敛, $\sum\limits_{n=1}^{\infty} v_n$ 发散, 则级数 $\sum\limits_{n=1}^{\infty} (u_n \pm v_n)$ 必发散.

事实上, 若假设级数 $\sum\limits_{n=1}^{\infty} (u_n \pm v_n)$ 收敛, 则由

$$\sum_{n=1}^{\infty} v_n = \sum_{n=1}^{\infty} \left[(v_n \pm u_n) \mp u_n \right] = \sum_{n=1}^{\infty} (v_n \pm u_n) \mp \sum_{n=1}^{\infty} u_n$$

知 $\sum\limits_{n=1}^{\infty} v_n$ 必收敛, 矛盾. 例如, 由等比级数 $\sum\limits_{n=1}^{\infty} \dfrac{1}{2^n}$ 收敛及调和级数 $\sum\limits_{n=1}^{\infty} \dfrac{1}{n}$ 发散可知, 级数 $\sum\limits_{n=1}^{\infty} \left(\dfrac{1}{2^n} - \dfrac{1}{n} \right)$ 发散.

思考: 若级数 $\sum\limits_{n=1}^{\infty} u_n$ 与 $\sum\limits_{n=1}^{\infty} v_n$ 都发散, 则级数 $\sum\limits_{n=1}^{\infty} (u_n \pm v_n)$ 是否发散?

推论 12.3 改变(去掉、增加、替换及次序变化)级数的有限项不影响级数的敛散性, 即级数的敛散性与级数的有限项无关, 但收敛时, 其和可能改变.

证 只需证去掉、增加级数的前有限项不影响级数的敛散性即可(因为其他情形都可以通过在级数的前面先去掉有限项, 然后再加上有限项而得到).

将级数

$$\sum_{m=1}^{\infty} u_m = u_1 + u_2 + \cdots + u_m + \cdots \tag{12.2}$$

的前 N 项去掉, 得新级数

$$u_{N+1} + u_{N+2} + u_{N+3} + \cdots + u_{N+n} + \cdots \tag{12.3}$$

并设二者的部分和分别为 S_m, T_n, 于是

$$T_n = u_{N+1} + u_{N+2} + \cdots + u_{N+n} = S_{N+n} - S_N,$$

$$\lim_{n \to +\infty} T_n = \lim_{n \to +\infty} (S_{N+n} - S_N) = \lim_{n \to +\infty} S_{N+n} - S_N \xrightarrow{\text{记 } m = N+n} \lim_{m \to +\infty} S_m - S_N.$$

极限 $\lim\limits_{n \to +\infty} T_n$ 的存在性和 $\lim\limits_{m \to +\infty} S_m$ 的存在性一致, 因此级数(12.2)与(12.3)具有相同的敛散性. 这样就证明了"在级数的前面去掉有限项, 不影响其敛散性".

若将级数(12.2)看作是在(12.3)的前面增加 N 项而得到的新级数, 类似地可证"在级数的前面加上有限项, 也不影响它的敛散性".

思考: 级数的敛散性与前有限项无关, 那么级数的敛散性与哪些因素有关呢?

推论 12.4(结合律) 在收敛级数中任意加括号后, 既不影响级数的收敛性, 也不改变其和.

证 设 $\sum\limits_{n=1}^{\infty} u_n$ 收敛于 S, 其部分和数列为 $\{S_n\}$. 在级数 $\sum\limits_{n=1}^{\infty} u_n$ 中任意加括号后得新级数

$$(u_1 + \cdots + u_{n_1}) + (u_{n_1+1} + \cdots + u_{n_2}) + \cdots + (u_{n_{m-1}+1} + \cdots + u_{u_m}),$$

记作 $\sum\limits_{m=1}^{\infty} v_m$, 其中 v_m 为第 m 个括号内各项之和, 其部分和数列为 $\{T_m\}$, 数列 $\{T_m\}$ 为数列 $\{S_n\}$ 的子列, 则由结论 $\sum\limits_{n=1}^{\infty} u_n$ 收敛于 $S \Leftrightarrow$ 部分和数列 $\{S_n\}$ 收敛于 S 及母列与子列的关系

知,数列 $\{T_m\}$ 必收敛于 S,即 $\sum\limits_{m=1}^{\infty} v_m$ 收敛且和仍为 S.

注:1)(推论 12.4 的逆否命题)若在级数中加括号后发散,则原级数一定发散. 此结论可用于判定级数的发散性. 例如,调和级数 $\sum\limits_{n=1}^{\infty}\dfrac{1}{n}$ 按下列方式加括号后生成的新级数

$$1+\frac{1}{2}+\left(\frac{1}{3}+\frac{1}{4}\right)+\left(\frac{1}{5}+\frac{1}{6}+\frac{1}{7}+\frac{1}{8}\right)+\left(\frac{1}{9}+\frac{1}{10}+\cdots+\frac{1}{16}\right)+\cdots \tag{12.4}$$

的通项

$$u_n=\left(\frac{1}{2^{n-2}+1}+\frac{1}{2^{n-2}+2}+\cdots+\frac{1}{2^{n-1}}\right)\geqslant 2^{n-2}\frac{1}{2^{n-1}}=\frac{1}{2}(n\geqslant 3),$$

故 $\lim\limits_{n\to\infty} u_n \neq 0$,由级数收敛的必要条件知级数 (12.4) 发散,从而再次证明了调和级数 $\sum\limits_{n=1}^{\infty}\dfrac{1}{n}$ 发散.

2)若在级数中加括号后收敛,则原级数不一定收敛. 例如,级数 $(1-1)+(1-1)+\cdots+(1-1)+\cdots$ 收敛,而原级数 $1-1+1-1+\cdots$ 却发散.

以上分析表明,在级数中加括号后"增强"了它的收敛性.

习 题 12.1(A)

1. 若级数 $\sum\limits_{n=1}^{\infty} u_n$ 收敛于 S,则级数 $\sum\limits_{n=1}^{\infty}(u_n+u_{n+1})$ ( )

(A)收敛于 $2S-u_1$　　　　　　　　　(B)收敛于 $2S+u_1$

(C)收敛于 $2S$　　　　　　　　　　　(D)发散

2. 设级数 $\sum\limits_{n=1}^{\infty} u_n$ 与 $\sum\limits_{n=1}^{\infty} v_n$ 都发散,则下列级数中一定发散的是 ( )

(A) $\sum\limits_{n=1}^{\infty}(u_n+v_n)$　　　　　　　　　　(B) $\sum\limits_{n=1}^{\infty} u_n v_n$

(C) $\sum\limits_{n=1}^{\infty}(u_n^2+v_n^2)$　　　　　　　　　(D) $\sum\limits_{n=1}^{\infty}(|u_n|+|v_n|)$

3. 写出下列级数的一般项.

(1) $\dfrac{1}{2}+\dfrac{1}{4}+\dfrac{1}{6}+\dfrac{1}{8}+\cdots$;

(2) $-\dfrac{3}{1}+\dfrac{5}{4}-\dfrac{7}{9}+\dfrac{9}{16}-\dfrac{11}{25}+\dfrac{13}{36}-\cdots$;

(3) $\dfrac{2}{2}+\dfrac{3}{5}+\dfrac{4}{10}+\dfrac{5}{17}+\cdots$;

(4) $\dfrac{1}{1\cdot 5}+\dfrac{a}{3\cdot 7}+\dfrac{a^2}{5\cdot 9}+\dfrac{a^3}{7\cdot 11}+\cdots$.

4. 若级数 $\sum\limits_{n=1}^{\infty} u_n$ 的前 n 项部分和 $S_n=\dfrac{n}{n+1}$,求 u_1 与 u_n.

5. 若级数 $\sum\limits_{n=1}^{\infty} u_n$ 收敛,判别下列级数的敛散性.

(1) $\sum\limits_{n=1}^{\infty} 100 u_n$; (2) $\sum\limits_{n=1}^{\infty} \dfrac{100}{u_n}$;

(3) $\sum\limits_{n=1}^{\infty} (u_n + 100)$; (4) $\sum\limits_{n=1}^{\infty} (u_n - 100)$.

6. 用定义或性质判别下列级数的敛散性.

(1) $\sum\limits_{n=2}^{\infty} (\sqrt{n+1} - \sqrt{n-1})$; (2) $\sum\limits_{n=1}^{\infty} \ln \dfrac{n+1}{n}$;

(3) $\sum\limits_{n=1}^{\infty} \dfrac{1}{n^2 - 1}$; (4) $\sum\limits_{n=1}^{\infty} \left(\dfrac{1}{n^3} + \dfrac{2}{3^n} \right)$;

(5) $\sum\limits_{n=1}^{\infty} \dfrac{1 + (-1)^{n-1}}{2^n}$; (6) $\sum\limits_{n=1}^{\infty} \dfrac{n}{n+1}$.

12.2 数项级数的审敛法

知识衔接

若级数 $\sum\limits_{n=1}^{\infty} u_n$ 的部分和数列 $\{S_n\}$ 有极限 S,即 $\lim\limits_{n \to \infty} S_n = S$,则称级数 $\sum\limits_{n=1}^{\infty} u_n$ _____;若 $\{S_n\}$ 没有极限,则称级数 $\sum\limits_{n=1}^{\infty} u_n$ _____.

等比级数 $\sum\limits_{n=0}^{\infty} aq^n$,当 $|q| < 1$ 时,_____;当 $|q| \geq 1$ 时,_____.

对级数 $\sum\limits_{n=1}^{\infty} u_n$,若 $\lim\limits_{n \to \infty} u_n \neq 0$,则 $\sum\limits_{n=1}^{\infty} u_n$ _____.

用定义判别级数的敛散性从理论上讲是完全可以的,但在实际操作时求级数的部分和却十分困难,计算部分和的极限也不容易.因此,有必要寻找更为有效的级数敛散性判别法.本节按照级数各项的正负号将数项级数分为正项级数、交错级数及任意项级数三类,并分别给出以上三类级数的审敛法.

12.2.1 正项级数及其审敛法

定义 12.3 若 $u_n \geq 0 (n = 1, 2, \cdots)$,则称级数 $\sum\limits_{n=1}^{\infty} u_n$ 为**正项级数**;若 $u_n \leq 0 (n = 1, 2, \cdots)$,则称级数 $\sum\limits_{n=1}^{\infty} u_n$ 为**负项级数**. 正项级数、负项级数统称为**同号级数**.

显然,只需将负项级数各项提取负号即可转化为正项级数. 因此,这里只讨论正项级数的审敛法.

定理 12.1 正项级数 $\sum_{n=1}^{\infty} u_n$ 收敛的充要条件是其部分和数列 $\{S_n\}$ 有界.

证 由 $S_n - S_{n-1} = u_n \geq 0$ 知 $\{S_n\}$ 为递增数列,而单调数列 $\{S_n\}$ 收敛的充要条件为 $\{S_n\}$ 有界. 因此,正项级数

$$\sum_{n=1}^{\infty} u_n \text{ 收敛} \Leftrightarrow \text{部分和数列} \{S_n\} \text{ 收敛} \Leftrightarrow \text{部分和数列} \{S_n\} \text{ 有界}.$$

定理 12.1 表明,正项级数的收敛性依赖于其部分和数列的有界性. 基于正项级数部分和数列上界的大小比较,便有如下关于正项级数的一个基本的审敛法.

定理 12.2(比较判别法的不等式形式) 设 $\sum_{n=1}^{\infty} u_n$ 与 $\sum_{n=1}^{\infty} v_n$ 均为正项级数,且存在某个正数 N,对一切 $n > N$ 有 $u_n \leq v_n$,则

(1) 若 $\sum_{n=1}^{\infty} v_n$ 收敛,则 $\sum_{n=1}^{\infty} u_n$ 也收敛;

(2) 若 $\sum_{n=1}^{\infty} u_n$ 发散,则 $\sum_{n=1}^{\infty} v_n$ 也发散.

证 由于改变级数有限项不影响其敛散性,因此不妨设正项级数 $\sum_{n=1}^{\infty} u_n$ 与 $\sum_{n=1}^{\infty} v_n$ 的部分和分别为 S_n, T_n,对一切正整数 n 都有 $u_n \leq v_n$,则

$$S_n \leq T_n (n = 1, 2, \cdots);$$

又由级数 $\sum_{n=1}^{\infty} v_n$ 收敛 $\Leftrightarrow$ 数列 $\{T_n\}$ 有界知,数列 $\{S_n\}$ 也有界,因此 $\sum_{n=1}^{\infty} u_n$ 收敛.

至此,已证结论(1)成立. 结论(2)是结论(1)的逆否命题,因此也成立.

事实上,依据级数的线性性质,将条件 $u_n \leq v_n$ 改为 $u_n \leq kv_n (k > 0)$ **时结论仍成立**,并可简单地总结为"大的收敛,小的必收敛""小的发散,大的必发散".

例 12.4 若 $f(x)$ 为区间 $[1, +\infty)$ 上的非负连续递减函数,则正项级数 $\sum_{n=1}^{\infty} f(n)$ 与 $\sum_{n=1}^{+\infty} \int_{n}^{n+1} f(x) dx$ 具有相同的敛散性.

证 记 $u_n = f(n), v_n = \int_{n}^{n+1} f(x) dx$,则

$$u_n = f(n) = \int_{n}^{n+1} f(n) dx > \underbrace{\int_{n}^{n+1} f(x) dx}_{v_n} > \int_{n}^{n+1} f(n+1) dx = f(n+1) = u_{n+1},$$

即

$$u_n > v_n > u_{n+1},$$

故由比较判别法知命题成立.

注*:依据本题结论及等式

$$\int_{1}^{n} f(t) dt \leq \int_{1}^{x} f(t) dt \leq \int_{1}^{n+1} f(t) dt (\forall x \in [1, +\infty), \exists n \in \mathbf{N}^+)$$

可进一步证得结论：

若 $f(x)$ 为区间 $[1,+\infty)$ 上的非负连续递减函数，则正项级数 $\sum\limits_{n=1}^{\infty} f(n)$ 与无穷积分 $\int_{1}^{+\infty} f(x)\mathrm{d}x$ 具有相同的敛散性.

此判别正项级数敛散性的方法通常称为**积分判别法**. 例如，由无穷积分 $\int_{1}^{+\infty}\dfrac{1}{x^p}\mathrm{d}x$ 在 $p>1$ 时收敛，$0<p\leqslant 1$ 时发散的结论，依据积分判别法可知 p-**级数**（**广义调和级数**）

$$\sum_{n=1}^{\infty}\frac{1}{n^p}=1+\frac{1}{2^p}+\frac{1}{3^p}+\cdots+\frac{1}{n^p}+\cdots(\text{常数 } p>0)$$

同样有 $p>1$ 时收敛，$p\leqslant 1$ 时发散的结论，并可进一步判断级数 $\sum\limits_{n=2}^{\infty}\dfrac{1}{n(\ln n)^p}$（常数 $p>0$）也有相同的结论.

另证 当 $p\leqslant 1$，由于 $\dfrac{1}{n^p}\geqslant\dfrac{1}{n}$，而 $\sum\limits_{n=1}^{\infty}\dfrac{1}{n}$ 发散，由比较判别法知 $\sum\limits_{n=1}^{\infty}\dfrac{1}{n^p}$ 发散；当 $p>1$ 时，

$$\sum_{n=1}^{\infty}\frac{1}{n^p}=\frac{1}{1^p}+\frac{1}{2^p}+\frac{1}{3^p}+\frac{1}{4^p}+\frac{1}{5^p}+\frac{1}{6^p}+\frac{1}{7^p}+\frac{1}{8^p}+\cdots$$

由于正项级数任意加括号都不改变其敛散性，故可将上述级数加括号，得

$$\frac{1}{1^p}+\left(\frac{1}{2^p}+\frac{1}{3^p}\right)+\left(\frac{1}{4^p}+\frac{1}{5^p}+\frac{1}{6^p}+\frac{1}{7^p}\right)+\left(\frac{1}{8^p}+\frac{1}{9^p}+\cdots+\frac{1}{15^p}\right)+\cdots$$

它的各项都小于等于级数

$$\frac{1}{1^p}+\left(\frac{1}{2^p}+\frac{1}{2^p}\right)+\left(\frac{1}{4^p}+\frac{1}{4^p}+\frac{1}{4^p}+\frac{1}{4^p}\right)+\left(\frac{1}{8^p}+\frac{1}{8^p}+\cdots+\frac{1}{8^p}\right)+\cdots=\sum_{n=0}^{+\infty}\frac{1}{2^{n(p-1)}}$$

的对应项，而级数 $\sum\limits_{n=0}^{+\infty}\dfrac{1}{2^{n(p-1)}}$ 收敛，由比较判别法知级数 $\sum\limits_{n=1}^{\infty}\dfrac{1}{n^p}$ 收敛.

综上所述，当 $p>1$ 时，$\sum\limits_{n=1}^{\infty}\dfrac{1}{n^p}$ 收敛；当 $p\leqslant 1$ 时，$\sum\limits_{n=1}^{\infty}\dfrac{1}{n^p}$ 发散.

一般地，在使用比较判别法时，常选用调和级数或几何级数作为比较对象.

例 12.5 讨论下面级数的敛散性.

(1) $\sum\limits_{n=1}^{\infty}\dfrac{1}{3^n+n}$； (2) $\sum\limits_{n=2}^{\infty}\dfrac{2}{\ln n}$.

解 (1) 由于

$$0<\frac{1}{3^n+n}<\frac{1}{3^n},$$

而级数 $\sum\limits_{n=1}^{\infty}\dfrac{1}{3^n}$ 为收敛的等比级数，故依比较判别法知级数 $\sum\limits_{n=1}^{\infty}\dfrac{1}{3^n+n}$ 收敛.

(2) 由于

$$\frac{2}{\ln n}>\frac{2}{n}>0\,(n\geqslant 2),$$

级数 $\sum\limits_{n=2}^{\infty} \dfrac{2}{\ln n}$ 发散,故依比较判别法知级数 $\sum\limits_{n=2}^{\infty} \dfrac{2}{\ln n}$ 发散.

为了进一步提高比较判别法的使用效率,我们可给出比较判别法更为本质的"极限形式".

定理 12.3(比较判别法的极限形式) 设 $\sum\limits_{n=1}^{\infty} u_n$ 和 $\sum\limits_{n=1}^{\infty} v_n$ 为两个正项级数,若

$$\lim_{n\to+\infty} \frac{u_n}{v_n} = l \ (0 \leqslant l \leqslant +\infty),$$

则

(1) 当 $0 < l < +\infty$ 时,$\sum\limits_{n=1}^{\infty} u_n$ 与 $\sum\limits_{n=1}^{\infty} v_n$ 具有相同的敛散性;

(2) 当 $l = 0$ 且 $\sum\limits_{n=1}^{\infty} v_n$ 收敛时,$\sum\limits_{n=1}^{\infty} u_n$ 也收敛;

(3) 当 $l = +\infty$ 且 $\sum\limits_{n=1}^{\infty} v_n$ 发散时,$\sum\limits_{n=1}^{\infty} u_n$ 也发散.

证 (1) 当 $0 < l < +\infty$ 时,由极限定义可知,对 $\varepsilon = \dfrac{l}{2}$,存在自然数 N,当 $n > N$ 时,有不等式

$$\left| \frac{u_n}{v_n} - l \right| < \frac{l}{2},$$

整理得

$$0 < \frac{l}{2} v_n < u_n < \frac{3l}{2} v_n,$$

由比较判别法知,级数 $\sum\limits_{n=1}^{\infty} u_n$ 与 $\sum\limits_{n=1}^{\infty} v_n$ 具有相同的敛散性.

(2) 当 $l = 0$ 时,由极限定义可知,对 $\varepsilon = 1$,存在正整数 N,当 $n > N$ 时,有

$$\left| \frac{u_n}{v_n} - 0 \right| < 1,$$

即

$$u_n < v_n,$$

由比较判别法知,当级数 $\sum\limits_{n=1}^{\infty} v_n$ 收敛时,级数 $\sum\limits_{n=1}^{\infty} u_n$ 必收敛.

(3) 当 $l = +\infty$ 时,同样由极限定义可知,对 $\varepsilon = 1$,存在正整数 N,当 $n > N$ 时,有

$$\frac{u_n}{v_n} > 1,$$

即

$$u_n > v_n,$$

由比较判别法知,当级数 $\sum\limits_{n=1}^{\infty} v_n$ 发散时,级数 $\sum\limits_{n=1}^{\infty} u_n$ 必发散.

事实上,正项级数收敛与否和通项趋于零的速度有关,比较判别法的极限形式本质是比较无穷小量的阶. 因此,可将比较判别法的极限形式进一步改写为判别正项级数敛散性的"比值法". 当然,阶数相对越高收敛效果相对越好. 比值法适用对象一般特征为 $u_n = f\left(\dfrac{1}{n}\right)$,其中 $f(x)$ 为初等函数. 使用比值法的关键是运用微分学中的各种方法(比如等价无穷小、洛必达法则及泰勒公式等)写出 $f(x)$ 在趋近于 0 时的同阶无穷小.

例 12.6 判定下列级数的敛散性.

(1) $\sum\limits_{n=1}^{\infty} \sin \dfrac{1}{n}$; (2) $\sum\limits_{n=1}^{\infty} \dfrac{1}{2^{n+1}-n}$;

(3) $\sum\limits_{n=1}^{\infty} \dfrac{2n-1}{n^2+n+1}$; (4) $\sum\limits_{n=1}^{\infty} \ln\left(1+\dfrac{1}{2^n}\right)$.

解 (1) 由于

$$\lim_{n\to\infty} \dfrac{\sin \dfrac{1}{n}}{\dfrac{1}{n}} = 1,$$

且级数 $\sum\limits_{n=1}^{\infty} \dfrac{1}{n}$ 发散,因此依比较判别法的极限形式知级数 $\sum\limits_{n=1}^{\infty} \sin \dfrac{1}{n}$ 也发散.

(2) 由于

$$\lim_{n\to\infty} \dfrac{\dfrac{1}{2^{n+1}-n}}{\dfrac{1}{2^n}} = \lim_{n\to\infty} \dfrac{1}{2-\dfrac{n}{2^n}} = \dfrac{1}{2},$$

且级数 $\sum\limits_{n=1}^{\infty} \dfrac{1}{2^n}$ 收敛,因此依比较判别法的极限形式知级数 $\sum\limits_{n=1}^{\infty} \dfrac{1}{2^{n+1}-n}$ 收敛.

(3) 由于

$$\dfrac{2n-1}{n^2+n+1} \sim \dfrac{2}{n}\ (n\to+\infty),$$

而级数 $\sum\limits_{n=1}^{\infty} \dfrac{2}{n}$ 发散,故由比值法知原级数发散.

(4) 由于

$$\ln\left(1+\dfrac{1}{2^n}\right) \sim \dfrac{1}{2^n}\ (n\to+\infty),$$

而级数 $\sum\limits_{n=1}^{\infty} \dfrac{1}{2^n}$ 收敛,故由比值法知原级数收敛.

思考:本题(1)、(2)可以用比值法吗?

比较判别法具有简单、方便、易懂等优点,但其缺点是需要为不同判别对象选取恰当的比较对象. 对于初学者使用比较判别法时,首先要正确预判级数的敛散性,然后选取合适的比较对象,再判定级数的敛散性,使用起来比较麻烦.因此,有必要研究只需根据级数本身特征判别级数敛散性的方法.

定理 12.4(比值判别法/达朗贝尔[①]判别法) 设 $\sum_{n=1}^{\infty} u_n$ 为正项级数,若

$$\lim_{n \to \infty} \frac{u_{n+1}}{u_n} = \rho \ (0 \leq \rho \leq +\infty),$$

则

(1)当 $0 \leq \rho < 1$ 时,$\sum_{n=1}^{\infty} u_n$ 收敛;

(2)当 $1 < \rho \leq +\infty$ 时,$\sum_{n=1}^{\infty} u_n$ 发散;

(3)当 $\rho = 1$ 时,此方法失效.

证 (1)当 $0 \leq \rho < 1$ 时,取正数 $\varepsilon = \dfrac{1-\rho}{2}$,根据极限定义,总存在正整数 N,当 $n > N$ 时,有不等式 $\left| \dfrac{u_{n+1}}{u_n} - \rho \right| < \varepsilon$ 成立,即

$$\rho - \varepsilon < \frac{u_{n+1}}{u_n} < \rho + \varepsilon = \frac{1+\rho}{2} < 1.$$

记 $\dfrac{1+\rho}{2} = q$,因此

$$\frac{u_{N+2}}{u_{N+1}} < q, \frac{u_{N+3}}{u_{N+2}} < q, \cdots, \frac{u_{N+m}}{u_{N+m-1}} < q, \cdots.$$

将以上前 $m-1$ 式左右两端分别相乘得 $\dfrac{u_{N+2}}{u_{N+1}} \dfrac{u_{N+3}}{u_{N+2}} \cdots \dfrac{u_{N+m}}{u_{N+m-1}} < q^{m-1}$,即

$$u_{N+m} < q^{m-1} u_{N+1}.$$

当 $q < 1$ 时,级数 $\sum_{m=1}^{\infty} q^{m-1} u_{N+1}$ 收敛.故由比较判别法知 $\sum_{m=1}^{\infty} u_{N+m}$ 收敛,从而知 $\sum_{n=1}^{\infty} u_n$ 也收敛(因为改变级数的前有限项不影响原级数的敛散性).

(2)当 $1 < \rho \leq +\infty$ 时,仍可根据极限定义,仿照(1)的证明知,总存在正整数 N,对任意正整数 m 成立不等式

$$u_{N+m} > q^{m-1} u_{N+1} \ (q > 1).$$

而级数 $\sum_{m=1}^{\infty} q^{m-1} u_{N+1} \ (q > 1)$ 发散,故由比较判别法知 $\sum_{m=1}^{\infty} u_{N+m}$ 发散,从而知 $\sum_{n=1}^{\infty} u_n$ 也发散.

[①] 达朗贝尔(D'Alembert,1717—1783)法国百科全书派的主要首领,著名的物理学家、数学家、天文学家,数学分析的主要开拓者,三角级数理论、天体力学、流体力学和分析力学的奠基人,主要研究成果有:首先提出了波动方程;第一次用微分方程表示场,提出了流体速度和加速度分量的概念,并给出了流体力学的一个原理;阐述了分析科学的哲学观点;证明了代数学基本定理.他其他研究涉及月球历、地球形状和自传的理论等,著作有八卷巨著《数学手册》、力学专著《动力学》、23 卷的《文集》、《百科全书》、《宇宙体系的几个要点研究》等.

(3) 当 $\rho = 1$ 时，$\sum\limits_{n=1}^{\infty} u_n$ 可能收敛也可能发散，需进一步判定其敛散性.

例如，$\sum\limits_{n=1}^{\infty} \dfrac{1}{n^p}$ 不论 p 为何值，均有

$$\lim_{n\to\infty} \frac{u_{n+1}}{u_n} = \lim_{n\to\infty} \left(\frac{n}{n+1}\right)^p = 1,$$

但当 $p>1$ 时，$\sum\limits_{n=1}^{\infty} \dfrac{1}{n^p}$ 收敛；当 $p \leqslant 1$ 时，$\sum\limits_{n=1}^{\infty} \dfrac{1}{n^p}$ 却发散.

例 12.7 判定下列级数的敛散性.

(1) $\sum\limits_{n=1}^{\infty} \dfrac{n^2}{2^n}$； (2) $\sum\limits_{n=1}^{\infty} \dfrac{3^n n!}{n^n}$.

解 (1) 因为

$$\lim_{n\to\infty} \frac{u_{n+1}}{u_n} = \lim_{n\to\infty} \frac{\dfrac{(n+1)^2}{2^{n+1}}}{\dfrac{n^2}{2^n}} = \lim_{n\to\infty} \frac{(n+1)^2}{2n^2} = \frac{1}{2} < 1,$$

所以由比值判别法知 $\sum\limits_{n=1}^{\infty} \dfrac{n^2}{2^n}$ 收敛.

(2) 因为

$$\lim_{n\to\infty} \frac{u_{n+1}}{u_n} = \lim_{n\to\infty} \frac{\dfrac{3^{n+1}(n+1)!}{(n+1)^{n+1}}}{\dfrac{3^n n!}{n^n}} = \lim_{n\to\infty} 3\left(\frac{n}{n+1}\right)^n = \lim_{n\to\infty} \frac{3}{\left(1+\dfrac{1}{n}\right)^n} = \frac{3}{e} > 1,$$

所以由比值判别法知 $\sum\limits_{n=1}^{\infty} \dfrac{3^n n!}{n^n}$ 发散.

定理 12.5（根值判别法/柯西判别法） 设 $\sum\limits_{n=1}^{\infty} u_n$ 为正项级数，若

$$\lim_{n\to\infty} \sqrt[n]{u_n} = \rho,$$

则

(1) 当 $0 \leqslant \rho < 1$ 时，$\sum\limits_{n=1}^{\infty} u_n$ 收敛；

(2) 当 $1 < \rho \leqslant +\infty$ 时，$\sum\limits_{n=1}^{\infty} u_n$ 发散；

(3) 当 $\rho = 1$ 时，此方法失效，需进一步判定.

证 (1) 当 $0 \leqslant \rho < 1$ 时，取正数 $\varepsilon = \dfrac{1-\rho}{2}$，根据极限定义，总存在正整数 N，当 $n > N$ 时，有不等式 $\left|\sqrt[n]{u_n} - \rho\right| < \varepsilon$ 成立，即

$$\rho - \varepsilon < \sqrt[n]{u_n} < \rho + \varepsilon = \frac{1+\rho}{2} < 1.$$

记 $\dfrac{1+\rho}{2}=q$,因此

$$u_n < q^n\ (q<1),$$

而等比级数 $\sum\limits_{n=1}^{\infty} q^n\ (q<1)$ 收敛,故由比较判别法知 $\sum\limits_{n=1}^{\infty} u_n$ 也收敛.

(2) 当 $1<\rho\leqslant +\infty$ 时,仍可根据极限定义,仿照(1)的证明知,总存在正整数 N,当 $n>N$ 时,成立不等式

$$u_n > q^n\ (q>1).$$

而等比级数 $\sum\limits_{n=1}^{\infty} q^n\ (q>1)$ 发散,故由比较判别法知 $\sum\limits_{n=1}^{\infty} u_n$ 也发散.

(3) 当 $\rho=1$ 时,$\sum\limits_{n=1}^{\infty} u_n$ 可能收敛,也可能发散.

仍以 $\sum\limits_{n=1}^{\infty} \dfrac{1}{n^p}$ 为例,不论 p 为何值,均有

$$\lim_{n\to\infty} \sqrt[n]{u_n} = \lim_{n\to\infty} \left(\dfrac{1}{\sqrt[n]{n}}\right)^p = 1,$$

但 $p>1$ 时,$\sum\limits_{n=1}^{\infty} \dfrac{1}{n^p}$ 收敛;$p\leqslant 1$ 时,$\sum\limits_{n=1}^{\infty} \dfrac{1}{n^p}$ 却发散.

例 12.8 判定下列级数的敛散性.

(1) $\sum\limits_{n=1}^{\infty} \dfrac{1}{2n^n}$;   (2) $\sum\limits_{n=1}^{\infty} \dfrac{3^n+(-1)^n}{2^n}$.

解 (1) 因为

$$\lim_{n\to\infty} \sqrt[n]{u_n} = \lim_{n\to\infty} \dfrac{1}{\sqrt[n]{2n^n}} = \lim_{n\to\infty} \dfrac{1}{\sqrt[n]{2}\,n} = 0 < 1,$$

所以由根值判别法知 $\sum\limits_{n=1}^{\infty} \dfrac{1}{2n^n}$ 收敛.

(2) 因为

$$\lim_{n\to\infty} \sqrt[n]{u_n} = \lim_{n\to\infty} \dfrac{3}{2}\sqrt[n]{1+\left(\dfrac{-1}{3}\right)^n} = \dfrac{3}{2} > 1,$$

所以由根值判别法知 $\sum\limits_{n=1}^{\infty} \dfrac{3^n+(-1)^n}{2^n}$ 发散.

比值判别法及根值判别法的优点是,只需根据级数本身特征即可判别级数敛散性.事实上,由证明过程可知这两个判别法均是以几何级数为比较对象而得到的判别方法,二者判别效率几乎相当,只是侧重点不同而已.因此,在实际使用过程中,这两个方法只能判别比几何级数收敛或发散快的一类级数的敛散性.

当然,我们还可以选择比几何级数收敛(或发散)更慢的级数作为比较标准得到更为精细的敛散性判别法.这一寻找更为精细判别法的过程是没有穷尽的,也是没有必要的.

12.2.2 交错级数及其审敛法

定义 12.4 各项符号正负相间的级数

$$\sum_{n=1}^{\infty} (-1)^{n-1} u_n = u_1 - u_2 + \cdots + (-1)^{n-1} u_n + \cdots \quad (u_n > 0)$$

称为**交错级数**.

关于交错级数,有如下审敛法.

定理 12.6(莱布尼茨判别法) 若交错级数 $\sum_{n=1}^{\infty} (-1)^{n-1} u_n$ 满足下述两个条件:

(1) 数列 $\{u_n\}$ 单调递减;

(2) $\lim\limits_{n \to \infty} u_n = 0$,

则交错级数 $\sum_{n=1}^{\infty} (-1)^{n-1} u_n$ 收敛,且和 $S \leqslant u_1$,余项绝对值 $|r_n| \leqslant u_{n+1}$.

证 设 S_n 为交错级数 $\sum_{n=1}^{\infty} (-1)^{n-1} u_n$ 的前 n 项和,则依据条件(1)及

$$S_{2m} = (u_1 - u_2) + (u_3 - u_4) + \cdots + (u_{2m-1} - u_{2m})$$

与

$$S_{2m} = u_1 - (u_2 - u_3) - (u_4 - u_5) - \cdots - (u_{2m-2} - u_{2m-1}) - u_{2m} < u_1$$

知 $\{S_{2m}\}$ 为单调递增且有上界的数列,故根据单调有界准则知数列 $\{S_{2m}\}$ 必存在极限 S,且 $S \leqslant u_1$,即

$$\lim_{m \to \infty} S_{2m} = S.$$

由

$$0 < S_{2m-1} - S_{2m} = u_{2m} \to 0 \ (m \to \infty)$$

知

$$\lim_{m \to \infty} S_{2m-1} = \lim_{m \to \infty} S_{2m} = S.$$

因此,依据母列与其奇子列、偶子列的关系知

$$\lim_{n \to \infty} S_n = S, \text{ 且 } S \leqslant u_1.$$

余项绝对值 $|r_n| = u_{n+1} - u_{n+2} + \cdots$ 仍为一个满足条件(1)、(2)的交错级数,所以级数 $u_{n+1} - u_{n+2} + \cdots$ 收敛,且

$$|r_n| \leqslant u_{n+1}.$$

例 12.9 判别级数 $\sum_{n=1}^{\infty} (-1)^{n-1} \dfrac{1}{n}$ 的敛散性.

解 级数 $\sum_{n=1}^{\infty} (-1)^{n-1} \dfrac{1}{n}$ 为交错级数,$u_n = \dfrac{1}{n}$ 单调减少,且 $\lim\limits_{n \to \infty} u_n = \lim\limits_{n \to \infty} \dfrac{1}{n} = 0$,由莱布尼茨判别法知 $\sum_{n=1}^{\infty} (-1)^{n-1} \dfrac{1}{n}$ 收敛.

12.2.3 绝对收敛与条件收敛

对于一般项级数,理论上完全可以根据级数的部分和数列的极限判断其敛散性,但计算一般项级数的部分和并非易事!若能化一般项级数为正项级数,将使级数敛散性理论

研究更加轻松. 为此, 给出如下概念.

定义 12.5 若级数 $\sum_{n=1}^{\infty} |u_n|$ 收敛, 则称 $\sum_{n=1}^{\infty} u_n$ **绝对收敛**; 若 $\sum_{n=1}^{\infty} |u_n|$ 发散, 而原级数 $\sum_{n=1}^{\infty} u_n$ 收敛, 则称 $\sum_{n=1}^{\infty} u_n$ **条件收敛**.

例如, $\sum_{n=1}^{\infty} (-1)^{n-1} \frac{1}{n^p} (p>1)$ 绝对收敛, 而 $\sum_{n=1}^{\infty} (-1)^{n-1} \frac{1}{n}$ 则是条件收敛的.

由定义 12.5 知, 当级数 $\sum_{n=1}^{\infty} u_n$ 收敛时, 绝对值级数 $\sum_{n=1}^{\infty} |u_n|$ 未必收敛; 反之, 当级数 $\sum_{n=1}^{\infty} |u_n|$ 收敛时, 原级数 $\sum_{n=1}^{\infty} u_n$ 是否收敛?

定理 12.7 绝对收敛的级数必定收敛, 即 $\sum_{n=1}^{\infty} |u_n|$ 收敛 $\Rightarrow \sum_{n=1}^{\infty} u_n$ 收敛.

证 设 $u_n^+ = \frac{|u_n| + u_n}{2}$, 则 $0 \leq u_n^+ \leq |u_n|$, 并称级数 $\sum_{n=1}^{\infty} u_n^+$ 为 $\sum_{n=1}^{\infty} u_n$ 的正部, 由 $\sum_{n=1}^{\infty} |u_n|$ 收敛及比较判别法知, 级数 $\sum_{n=1}^{\infty} u_n^+$ 收敛, 而

$$u_n = 2u_n^+ - |u_n|,$$

故由收敛级数的性质知, 级数 $\sum_{n=1}^{+\infty} u_n = \sum_{n=1}^{+\infty} (2u_n^+ - |u_n|)$ 收敛.

注* :1) 类似于定理 12.7 证明中的 $u_n^+ = \frac{|u_n| + u_n}{2}$, 可定义 $u_n^- = \frac{|u_n| - u_n}{2}$, 则 $0 \leq u_n^- \leq |u_n|$, 并称级数 $\sum_{n=1}^{\infty} u_n^-$ 为 $\sum_{n=1}^{\infty} u_n$ 的负部. 显然, $\sum_{n=1}^{\infty} u_n$ 绝对收敛时, 其正部、负部均收敛; $\sum_{n=1}^{\infty} u_n$ 条件收敛时, 其正部、负部均发散.

2) 由定理 12.7 逆否命题 "$\sum_{n=1}^{\infty} u_n$ 发散 $\Rightarrow \sum_{n=1}^{\infty} |u_n|$ 发散" 知, **对级数通项加绝对值 "增强了级数的发散程度"**.

3) 收敛级数可分为两大类: 绝对收敛与条件收敛.

定理 12.7 的重大意义就在于将一般项级数的审敛问题转化为正项级数的审敛问题, 这样所有正项级数的审敛法就可以用来判定一般项级数的敛散性. 遗憾的是, 此方法只能判断绝对收敛这一类级数. 当绝对值级数发散时, 原级数却未必发散, 此时只能判断该级数非绝对收敛. 令人欣慰的是, 若使用比值 (或根值判别法) 判定绝对值级数发散时, 原级数也一定发散! 其原因是: 由比值判别公式

$$\lim_{n \to \infty} \frac{|u_{n+1}|}{|u_n|} = \rho \left(或根值判别公式 \lim_{n \to \infty} \sqrt[n]{|u_n|} = \rho \right)$$

知, 当 $\rho > 1$ 或为 $+\infty$ 时, 级数 $\sum_{n=1}^{\infty} |u_n|$ 发散的根源在于 $\lim_{n \to \infty} |u_n| \neq 0$, 从而可知 $\lim_{n \to \infty} u_n \neq 0$, 因

此 $\sum\limits_{n=1}^{\infty} u_n$ 一定发散.

综上所述,在判别一般项级数敛散性时可按照如下步骤操作:

$$\boxed{\sum_{n=1}^{\infty} u_n} \xrightarrow[\text{化为正项级数}]{\text{第一步}:} \boxed{\sum_{n=1}^{\infty} |u_n|} \xrightarrow[\text{或比值法计算}\rho]{\text{第二步}:\text{根值法}}$$

$$\boxed{\begin{array}{l}\lim\limits_{n\to\infty}\sqrt[n]{|u_n|}=\rho;\\ \lim\limits_{n\to\infty}\dfrac{|u_{n+1}|}{|u_n|}=\rho;\end{array}} \xrightarrow[\text{分类判定}]{\text{第三步}:} \boxed{\begin{array}{l}(1)\text{当}\rho<1\text{时},\text{绝对收敛};\\ (2)\text{当}\rho>1(\text{或}+\infty)\text{时},\text{发散};\\ (3)\text{当}\rho=1\text{时},\text{此方法失效}.\end{array}}$$

以上第三步的(3)中,当 $\rho=1$ 时,级数可能绝对收敛、条件收敛,也可能发散.例如,以下三个级数

$$\sum_{n=1}^{\infty}(-1)^{n-1}\frac{1}{n^p}(p>1),\ \sum_{n=1}^{\infty}(-1)^{n-1}\frac{1}{n^p}(p\leqslant 1),\ \sum_{n=1}^{\infty}(-1)^{n-1}$$

均满足 $\lim\limits_{n\to\infty}\dfrac{|u_{n+1}|}{|u_n|}=1$,但它们却分别绝对收敛、条件收敛和发散.

例 12.10 判定下列级数的敛散性.

(1) $\sum\limits_{n=1}^{\infty} \dfrac{\sin n}{n^p}(p>1)$;

(2) $\sum\limits_{n=1}^{\infty} \dfrac{\alpha^n}{n!}(\forall \alpha \in \mathbf{R})$;

(3) $\sum\limits_{n=1}^{\infty}(-1)^{n-1}\dfrac{2^n}{n+1}$;

(4) $\sum\limits_{n=1}^{\infty}(-1)^{n-1}\ln\left(1+\dfrac{1}{n}\right)$.

解 (1) 因为 $\left|\dfrac{\sin n}{n^p}\right| \leqslant \dfrac{1}{n^p}$,而 $p>1$ 时,$\sum\limits_{n=1}^{\infty}\dfrac{1}{n^p}$ 收敛,所以由比较判别法知 $\sum\limits_{n=1}^{\infty}\left|\dfrac{\sin n}{n^p}\right|$ 也收敛,从而得级数 $\sum\limits_{n=1}^{\infty}\dfrac{\sin n}{n^p}(p>1)$ 绝对收敛.

(2) 对 $\forall \alpha \in \mathbf{R}$,由

$$\lim_{n\to\infty}\left|\frac{u_{n+1}}{u_n}\right|=\lim_{n\to\infty}\frac{|\alpha|^{n+1}}{(n+1)!}\Big/\frac{|\alpha|^n}{n!}=\lim_{n\to\infty}\frac{|\alpha|}{n+1}=0<1$$

知级数 $\sum\limits_{n=1}^{\infty}\dfrac{\alpha^n}{n!}(\forall \alpha \in \mathbf{R})$ 绝对收敛.

(3) 方法一 由 $\lim\limits_{n\to\infty}\left|\dfrac{u_{n+1}}{u_n}\right|=\lim\limits_{n\to\infty}\left|\dfrac{(-1)^n\dfrac{2^{n+1}}{n+2}}{(-1)^{n-1}\dfrac{2^n}{n+1}}\right|=\lim\limits_{n\to\infty}\dfrac{2(n+1)}{n+2}=2>1$ 知级数 $(-1)^{n-1}\dfrac{2^n}{n+1}$

发散.

方法二 由 $\lim\limits_{n\to\infty}u_n=\lim\limits_{n\to\infty}(-1)^{n-1}\dfrac{2^n}{n+1}=\infty$ 知级数 $(-1)^{n-1}\dfrac{2^n}{n+1}$ 发散.

(4) 由 $|u_n|=\left|(-1)^{n-1}\ln\left(1+\dfrac{1}{n}\right)\right|\sim\dfrac{1}{n}$ 知绝对值级数 $\sum\limits_{n=1}^{\infty}\left|(-1)^{n-1}\ln\left(1+\dfrac{1}{n}\right)\right|$ 发散,而

级数 $\sum\limits_{n=1}^{\infty}(-1)^{n-1}\ln\left(1+\dfrac{1}{n}\right)$ 为交错级数. 显然, $u_n=\ln\left(1+\dfrac{1}{n}\right)$ 单调减少且 $\lim\limits_{n\to\infty}u_n=0$, 根据莱布尼茨判别法知 $\sum\limits_{n=1}^{\infty}(-1)^{n-1}\ln\left(1+\dfrac{1}{n}\right)$ 收敛, 因此 $\sum\limits_{n=1}^{\infty}(-1)^{n-1}\ln\left(1+\dfrac{1}{n}\right)$ 条件收敛.

12.2.4* 绝对收敛级数的性质

我们知道, 收敛级数任意加括号后仍然收敛于同一个数, 这一结论表明: 收敛级数满足普通加法的结合律. 那么, 何类级数满足普通加法的交换律与分配律呢? 事实上, 可证绝对收敛的级数具备这样的性质. 鉴于本课程的教学要求, 在此仅给出结论, 不予证明, 需进一步了解的可参考文献[1].

定理 12.8(交换律) 若级数 $\sum\limits_{n=1}^{\infty}u_n$ 绝对收敛, 则将级数 $\sum\limits_{n=1}^{\infty}u_n$ 的各项任意交换位置后所成新级数 $\sum\limits_{n=1}^{\infty}v_n$ 也绝对收敛, 且和不变.

定理 12.9(黎曼定理) 条件收敛的级数适当重排后可得到收敛于事先给定任何数的级数或者发散级数.

例如, 设
$$\sum_{n=1}^{\infty}(-1)^{n-1}\frac{1}{n}=1-\frac{1}{2}+\frac{1}{3}-\frac{1}{4}+\frac{1}{5}-\frac{1}{6}+\frac{1}{7}-\frac{1}{8}+\cdots=S,$$
则
$$\frac{1}{2}\sum_{n=1}^{\infty}(-1)^{n-1}\frac{1}{n}=\frac{1}{2}-\frac{1}{4}+\frac{1}{6}-\frac{1}{8}+\cdots=\frac{S}{2},$$
而
$$\sum_{n=1}^{\infty}(-1)^{n-1}\frac{1}{n}+\frac{1}{2}\sum_{n=1}^{\infty}(-1)^{n-1}\frac{1}{n}=1+\frac{1}{3}-\frac{1}{2}+\frac{1}{5}+\frac{1}{7}-\frac{1}{4}+\cdots=\frac{3S}{2},$$
这正是第一个级数的重排.

定理 12.10(柯西定理/分配律) 设 $\sum\limits_{n=1}^{\infty}u_n$, $\sum\limits_{n=1}^{\infty}v_n$ 均绝对收敛, 且分别收敛于 S_1, S_2, 则它们按多项式乘法规则, 形式地作乘法并以任何方式排列各项的乘积所得的级数也绝对收敛, 且其和为 S_1S_2.

注: 1) 若两个级数不绝对收敛, 则该结论不一定成立.

2) 记 $\left(\sum\limits_{n=1}^{\infty}u_n\right)\left(\sum\limits_{n=1}^{\infty}v_n\right)=\sum\limits_{n=1}^{\infty}w_n(w_n=u_1v_n+u_2v_{n-1}+\cdots+u_nv_1)$, 称为级数 $\sum\limits_{n=1}^{\infty}u_n$ 与 $\sum\limits_{n=1}^{\infty}v_n$ 的**对角线乘积**, 即按表 12.1 中对角线方向和先后顺序的方式将各项相加所得的级数; 记 $\left(\sum\limits_{n=1}^{\infty}u_n\right)\left(\sum\limits_{n=1}^{\infty}v_n\right)=\sum\limits_{n=1}^{\infty}w_n(w_n=u_1v_n+u_2v_n+\cdots+u_nv_n+u_nv_n+\cdots+u_nv_2+u_nv_1)$, 称为级数 $\sum\limits_{n=1}^{\infty}u_n$ 与 $\sum\limits_{n=1}^{\infty}v_n$ 的**正方形乘积**, 即按表 12.2 中正方形方向和先后顺序的方式将各项相加所得的级数. 该形式的优点在于此时

$$\left(\sum_{n=1}^{\infty} u_n\right)\left(\sum_{n=1}^{\infty} v_n\right) = \lim_{n\to\infty}\sum_{k=1}^{n} w_k = \lim_{n\to\infty}\left(\sum_{k=1}^{n} u_k\right)\left(\sum_{k=1}^{n} v_k\right)$$
$$= \lim_{n\to\infty}(u_1+u_2+\cdots+u_n)(v_1+v_2+\cdots+v_n).$$

其在形式上更接近于普通多项式乘积.

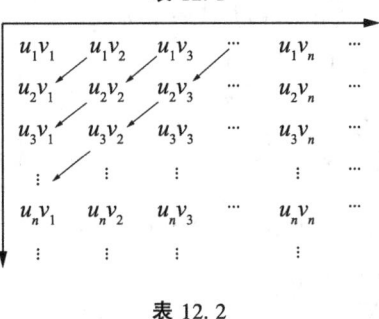

12.2.5* 柯西收敛准则

柯西收敛准则是判定一个级数收敛或发散的基本准则,不仅对判定具体级数敛散性适用,对判定一般级数敛散性也十分有效.

定理 12.11(柯西收敛准则[1]) 级数 $\sum\limits_{n=1}^{\infty} u_n$ 收敛 $\Leftrightarrow \forall \varepsilon>0, \exists N \in \mathbf{N}^+$,当 $n>N$ 时,对 $\forall p \in \mathbf{N}^+$,都有
$$|u_{n+1}+u_{n+2}+\cdots+u_{n+p}|<\varepsilon$$
成立.

注:1) 由定理 12.11 得其逆否命题:

级数 $\sum\limits_{n=1}^{\infty} u_n$ 发散 $\Leftrightarrow \exists \varepsilon_0>0$,对 $\forall N \in \mathbf{N}^+, \exists n_0>N$ 及 $p_0 \in \mathbf{N}^+$,使得
$$|u_{n_0+1}+u_{n_0+2}+\cdots+u_{n_0+p_0}| \geq \varepsilon_0$$
成立. 这是判断级数发散的基本方法之一.

2) 函数也有与定理 12.11 对应的柯西收敛准则.

例 12.11 判定级数 $\sum\limits_{n=1}^{\infty} \dfrac{1}{n^2}$ 收敛.

解 对 $\forall p \in \mathbf{N}^+$,

$$|u_{n+1}+u_{n+2}+\cdots+u_{n+p}| = \frac{1}{(n+1)^2}+\frac{1}{(n+2)^2}+\cdots+\frac{1}{(n+p)^2}$$

$$<\frac{1}{n(n+1)}+\frac{1}{(n+1)(n+2)}+\cdots+\frac{1}{(n+p-1)(n+p)}$$

$$=\left(\frac{1}{n}-\frac{1}{n+1}\right)+\left(\frac{1}{n+1}-\frac{1}{n+2}\right)+\cdots+\left(\frac{1}{n+p-1}-\frac{1}{n+p}\right)$$

$$=\frac{1}{n}-\frac{1}{n+p}<\frac{1}{n},$$

由 $\frac{1}{n}<\varepsilon$ 解得 $n>\frac{1}{\varepsilon}$. 所以,对于 $\forall \varepsilon>0$,$\exists N=\left[\frac{1}{\varepsilon}+1\right]\in \mathbf{N}^+$,当 $n>N$ 时,对 $\forall p\in \mathbf{N}^+$,都有

$$|u_{n+1}+u_{n+2}+\cdots+u_{n+p}|<\varepsilon$$

成立. 依定理 12.11 知级数 $\sum_{n=1}^{\infty}\frac{1}{n^2}$ 收敛.

思考:如何证明调和级数 $\sum_{n=1}^{\infty}\frac{1}{n}$ 发散?

习题 12.2(A)

1. 下列命题中正确的是 ( )

(A) 若 $u_n<v_n(n=1,2,3,\cdots)$,则 $\sum_{n=1}^{\infty}u_n \le \sum_{n=1}^{\infty}v_n$

(B) 若 $u_n<v_n(n=1,2,3,\cdots)$,且 $\sum_{n=1}^{\infty}v_n$ 收敛,则 $\sum_{n=1}^{\infty}u_n$ 收敛

(C) 若 $\lim_{n\to\infty}\frac{u_n}{v_n}=1$,且 $\sum_{n=1}^{\infty}v_n$ 收敛,则 $\sum_{n=1}^{\infty}u_n$ 收敛

(D) 若 $w_n<u_n<v_n(n=1,2,3,\cdots)$,且 $\sum_{n=1}^{\infty}w_n$ 与 $\sum_{n=1}^{\infty}v_n$ 收敛,则 $\sum_{n=1}^{\infty}u_n$ 收敛

2. 下列级数中不收敛的是 ( )

(A) $\sum_{n=1}^{\infty}\ln\left(1+\frac{1}{n}\right)$ (B) $\sum_{n=1}^{\infty}\frac{1}{3^n}$

(C) $\sum_{n=1}^{\infty}\frac{1}{n(n+2)}$ (D) $\sum_{n=1}^{\infty}\frac{3^n+(-1)^n}{4^n}$

3. 设常数 $\lambda>0$,且级数 $\sum_{n=1}^{\infty}a_n^2$ 收敛,则级数 $\sum_{n=1}^{\infty}(-1)^n\frac{|a_n|}{\sqrt{n^2+\lambda}}$ ( )

(A) 发散 (B) 条件收敛

(C) 绝对收敛 (D) 敛散性与 λ 的取值有关

4. 下列级数中,条件收敛的是 ( )

(A) $\sum_{n=1}^{\infty} (-1)^{n-1} \dfrac{n}{\sqrt{2n^3+4}}$ (B) $\sum_{n=1}^{\infty} (-1)^{n-1} \left(\dfrac{2}{3}\right)^n$

(C) $\sum_{n=1}^{\infty} (-1)^{n-1} \dfrac{1}{n^2}$ (D) $\sum_{n=1}^{\infty} (-1)^{n-1} \dfrac{n}{2^n}$

习 题 12.2(B)

1. 用比较判别法及其极限形式判别下列级数的敛散性.

(1) $\sum_{n=1}^{\infty} \dfrac{1}{n^2+n}$; (2) $\sum_{n=1}^{\infty} \dfrac{n-1}{\sqrt{n(n^2+1)}}$;

(3) $\sum_{n=1}^{\infty} \dfrac{1}{\ln n}$; (4) $\sum_{n=1}^{\infty} \dfrac{1+(-1)^n}{2^n+1}$.

2. 用比值或根值判别法判别下列级数的敛散性.

(1) $\sum_{n=1}^{\infty} \dfrac{3^{n+1}}{n2^n}$; (2) $\sum_{n=1}^{\infty} \dfrac{n^2}{n!}$;

(3) $\sum_{n=1}^{\infty} n^2 \tan \dfrac{1}{2^{n-1}}$; (4) $\sum_{n=1}^{\infty} n^2 \left(\dfrac{n-1}{n}\right)^n$;

(5) $\sum_{n=1}^{\infty} \dfrac{1}{na+b^2} (a>0, b>0)$; (6) $\sum_{n=1}^{\infty} \dfrac{n+1}{n^2+2}$;

(7) $\sum_{n=1}^{\infty} \left(\dfrac{n}{2n+1}\right)^n$; (8) $\sum_{n=1}^{\infty} \dfrac{n}{[4+(-1)^n]^n}$;

(9) $\sum_{n=1}^{\infty} \dfrac{n \cos^2 \dfrac{n\pi}{3}}{4^n}$.

3. 判定下列级数的敛散性及其收敛类型.

(1) $\sum_{n=1}^{\infty} \dfrac{\sin^2 n}{n^2}$; (2) $\sum_{n=1}^{\infty} (-1)^{n+1} \left(\dfrac{2}{3}\right)^n$;

(3) $\sum_{n=1}^{\infty} \sin \dfrac{(-1)^{n+1}}{\sqrt{2n-1}}$; (4) $\sum_{n=1}^{\infty} (-1)^{\frac{n(n-1)}{2}} \cdot \dfrac{n^{10}}{2^n}$;

(5) $\sum_{n=1}^{\infty} (-1)^{n+1} \dfrac{2^{n-1}}{n}$; (6) $\sum_{n=1}^{\infty} \sin\left(n\pi + \dfrac{1}{n}\right)$;

(7) $\sum_{n=1}^{\infty} \sqrt{n+1}\left(1-\cos \dfrac{\pi}{n}\right)$; (8) $\sum_{n=1}^{\infty} (-1)^n \dfrac{1}{2^n}\left(1+\dfrac{1}{n}\right)^{n^2}$.

12.3 幂级数

知识衔接

设 $\sum\limits_{n=1}^{\infty} u_n$ 和 $\sum\limits_{n=1}^{\infty} v_n$ 都是正项级数，且 $u_n \leqslant v_n (n=1,2,\cdots,n)$，若 $\sum\limits_{n=1}^{\infty} v_n$ 收敛，则 $\sum\limits_{n=1}^{\infty} u_n$ _____；反之，若 $\sum\limits_{n=1}^{\infty} u_n$ 发散，则 $\sum\limits_{n=1}^{\infty} v_n$ _____.

设 $\sum\limits_{n=1}^{\infty} u_n$ 为正项级数，若 $\lim\limits_{n\to\infty} \dfrac{u_{n+1}}{u_n} = \rho$，则当 _____ 时，$\sum\limits_{n=1}^{\infty} u_n$ 收敛；当 _____ 时，$\sum\limits_{n=1}^{\infty} u_n$ 发散；当 _____ 时，$\sum\limits_{n=1}^{\infty} u_n$ 可能收敛，也可能发散.

设 $\sum\limits_{n=1}^{\infty} u_n$ 为正项级数，若 $\lim\limits_{n\to\infty} \sqrt[n]{u_n} = \rho$，则当 $\rho<1$ 时，$\sum\limits_{n=1}^{\infty} u_n$ _____；当 $\rho>1$ 时，$\sum\limits_{n=1}^{\infty} u_n$ _____；当 $\rho=1$ 时，$\sum\limits_{n=1}^{\infty} u_n$ _____.

将数项级数的各项替换为定义在数集 I 上的函数后，便成为函数项级数. 本节所讨论的幂级数是其中十分简单、重要的一类函数项级数. 幂级数的优点在于它的很多性质与普通多项式类似，这也是幂级数广泛应用的重要原因之一.

12.3.1 函数项级数的概念

定义 12.6 设 $\{u_n(x)\}$ 是定义在数集 I 上的函数列，将其各项相加得表达式

$$u_1(x) + u_2(x) + \cdots + u_n(x) + \cdots, \quad \forall x \in I \tag{12.5}$$

称为定义在数集 I 上的**函数项无穷级数**，简称为**函数项级数**或**级数**，记为 $\sum\limits_{n=1}^{\infty} u_n(x)$.

显然，对于数集 I 中不同的数，依照函数项级数 (12.5)，对应不同的数项级数.

定义 12.7 若对于数集 I 中的数 x_0，数项级数 $\sum\limits_{n=1}^{\infty} u_n(x_0)$ 收敛，则称 x_0 是函数项级数 $\sum\limits_{n=1}^{\infty} u_n(x)$ 的**收敛点**；若数项级数 $\sum\limits_{n=1}^{\infty} u_n(x_0)$ 发散，则称 x_0 是 $\sum\limits_{n=1}^{\infty} u_n(x)$ 的**发散点**. $\sum\limits_{n=1}^{\infty} u_n(x)$ 所有收敛点的全体（集合）D 称为它的**收敛域**，所有发散点的全体称为它的**发散域**.

函数项级数 $\sum\limits_{n=1}^{\infty} u_n(x)$ 在收敛域 D 上收敛于一个以 x 为变量的函数 $S(x)$，该函数称为 $\sum\limits_{n=1}^{\infty} u_n(x)$ 的**和函数**，于是 $\sum\limits_{n=1}^{\infty} u_n(x) = S(x), \forall x \in D$. 若记 $S_n(x) = \sum\limits_{k=1}^{n} u_k(x), r_n(x) =$

$S(x)-S_n(x)$,类似于数项级数,函数项级数 $\sum_{n=1}^{\infty} u_n(x)$ 的敛散性等价于其部分和函数列 $\{S_n(x)\}$ 的敛散性,则 $\lim_{n\to\infty} S_n(x) = S(x)$,$\forall x \in D$,$\lim_{n\to\infty} r_n(x) = 0$,$\forall x \in D$.

例如,对函数项级数

$$\sum_{n=0}^{\infty} x^n = 1 + x + x^2 + \cdots + x^n + \cdots, \forall x \in (-\infty, +\infty), \tag{12.6}$$

由

$$\lim_{n\to\infty} S_n = \lim_{n\to\infty} \frac{1-x^n}{1-x} = \frac{1}{1-x}, \forall x \in (-1,1)$$

知级数 $\sum_{n=0}^{\infty} x^n$ 的收敛域为 $(-1,1)$,和函数 $S(x) = \frac{1}{1-x}$,$\forall x \in (-1,1)$,即

$$1 + x + x^2 + \cdots + x^n + \cdots = \frac{1}{1-x}, \forall x \in (-1,1).$$

$\sum_{n=0}^{\infty} x^n$ 的余项和函数

$$r_n(x) = x^n + x^{n+1} + x^{n+2} + \cdots = \frac{x^n}{1-x}, \forall x \in (-1,1),$$

且

$$\lim_{n\to\infty} r_n(x) = 0, \forall x \in (-1,1).$$

12.3.2 幂级数及其收敛域

函数项级数 (12.6) 除被称为等比级数、几何级数外,根据其各项都是 x 的幂函数这一重要特征,也可称为"幂级数",更为一般的幂级数如下.

定义 12.8 函数项级数

$$\sum_{n=0}^{\infty} a_n (x-x_0)^n = a_0 + a_1(x-x_0) + a_2(x-x_0)^2 + \cdots + a_n(x-x_0)^n + \cdots$$

称为**关于 $x-x_0$ 的幂级数**,简称**幂级数**,其中常数 x_0 称为幂级数 $\sum_{n=0}^{\infty} a_n(x-x_0)^n$ 的**收敛中心**,常数 $a_1, a_2, \cdots, a_n, \cdots$ 称为幂级数 $\sum_{n=0}^{\infty} a_n(x-x_0)^n$ 的**收敛系数**. 收敛中心与收敛系数简称为幂级数的"两要素",下面我们将看到收敛中心决定了 $\sum_{n=0}^{\infty} a_n(x-x_0)^n$ 的收敛位置,收敛系数则决定了 $\sum_{n=0}^{\infty} a_n(x-x_0)^n$ 的收敛范围.

为了研究问题的方便起见,通常将 $\sum_{n=0}^{\infty} a_n(x-x_0)^n$ 称为幂级数的**一般形式**,将 $\sum_{n=0}^{\infty} a_n x^n$ 称为幂级数的**标准形式**. 显然,只需对幂级数 $\sum_{n=0}^{\infty} a_n(x-x_0)^n$ 作变量代换 $y = x - x_0$,即可转化为标准形式 $\sum_{n=0}^{\infty} a_n y^n$,在图像上仅相当于对 $\sum_{n=0}^{\infty} a_n(x-x_0)^n$ 作了一次平移变换,

将收敛中心 x_0 平移到 0 而已! 因此,讨论幂级数的收敛性只需研究其标准形式即可. 关于幂级数的敛散性有如下结论.

定理 12.12(阿贝尔[①]定理) 若幂级数 $\sum_{n=0}^{\infty} a_n x^n$ 在点 $x = x_0 (x_0 \neq 0)$ 处收敛,则满足不等式 $|x| < |x_0|$ 的一切 x,使幂级数 $\sum_{n=0}^{\infty} a_n x^n$ 绝对收敛;反之,若幂级数 $\sum_{n=0}^{\infty} a_n x^n$ 在点 $x = x_1$ 处发散,则满足不等式 $|x| > |x_1|$ 的一切 x,使幂级数 $\sum_{n=0}^{\infty} a_n x^n$ 发散(图 12-1).

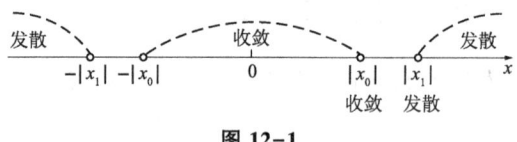

图 12-1

证 (1) 由 $\sum_{n=0}^{\infty} a_n x_0^n$ 收敛的必要条件知,$\{a_n x_0^n\}$ 有界,即存在 $M > 0$ 使得 $|a_n x_0^n| \leq M$,而

$$|a_n x^n| = |a_n x_0^n| \cdot \left|\frac{x}{x_0}\right|^n \leq M r^n,\ 其中\ r = \left|\frac{x}{x_0}\right| < 1.$$

因为当 $r < 1$ 时,等比级数 $\sum_{n=0}^{\infty} M r^n$ 收敛,所以由比较判别法知 $\sum_{n=0}^{\infty} |a_n x^n|$ 收敛,即级数 $\sum_{n=0}^{\infty} a_n x^n$ 绝对收敛.

(2) 反证法 若幂级数 $\sum_{n=0}^{\infty} a_n x_2^n (|x_1| < |x_2|)$ 收敛,则根据本定理的结论(1)知 $\sum_{n=0}^{\infty} a_n x_1^n$ 收敛,这与 $\sum_{n=0}^{\infty} a_n x^n$ 在 $x = x_1$ 处发散矛盾.

由阿贝尔定理进一步分析可知,若幂级数 $\sum_{n=0}^{\infty} a_n x^n$ 在实轴上既有收敛点又有发散点,则收敛点集与发散点集之间必有分界点,且左右两侧分界点到坐标原点的距离相等,这一距离称为幂级数 $\sum_{n=0}^{\infty} a_n x^n$ 的**收敛半径** R(图 12-2). 显然,收敛半径 R 决定了 $\sum_{n=0}^{\infty} a_n x^n$ 的收敛范围,那么如何求收敛半径 R 呢? 下面我们来探讨一下这个问题.

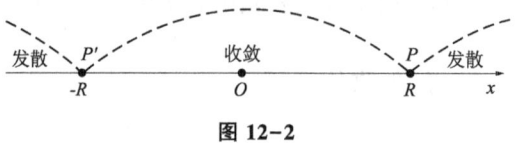

图 12-2

[①] 阿贝尔(Abel,1802—1829)挪威数学家,椭圆函数论的创始人,分析学严格化的推动者. 在短暂的一生中,阿贝尔取得了辉煌的数学成就:严格证明了用根式求解五次方程的不可能性问题,开辟了研究近世代数方程论(包括群论和方程的超越函数解法)的道路;发现了椭圆函数的加法定理、双周期性,并引进了椭圆积分的反演. 另外,他在交换群、二项级数的严格理论、级数求和等方面也有巨大的贡献. 为了纪念天才数学家阿贝尔,2002 年设立的奖金高达 80 万美元的阿贝尔奖是世界上奖金最高的数学奖.

对幂级数 $\sum\limits_{n=0}^{\infty} a_n x^n$ 各项取绝对值构成正项级数

$$\sum_{n=0}^{\infty} |a_n x^n| = |a_0| + |a_1 x| + |a_2 x^2| + \cdots + |a_n x^n| + \cdots$$

若极限 $\lim\limits_{n\to\infty} \sqrt[n]{|a_n|} = \rho$ 或 $\lim\limits_{n\to\infty} \left|\dfrac{a_{n+1}}{a_n}\right| = \rho (0 \leq \rho \leq +\infty)$ 存在,则

$$\lim_{n\to\infty} \sqrt[n]{|a_n x^n|} = |x| \lim_{n\to\infty} \sqrt[n]{|a_n|} = \rho |x|$$

或

$$\lim_{n\to\infty} \left|\dfrac{a_{n+1} x^{n+1}}{a_n x^n}\right| = |x| \lim_{n\to\infty} \left|\dfrac{a_{n+1}}{a_n}\right| = \rho |x| \quad (0 \leq \rho \leq +\infty).$$

(1) 当 $0 < \rho < +\infty$ 时,解不等式 $\rho |x| < 1$ 与 $\rho |x| > 1$ 得

$$|x| < \dfrac{1}{\rho} \text{与} |x| > \dfrac{1}{\rho},$$

由根值判别法及阿贝尔定理知,级数 $\sum\limits_{n=0}^{\infty} a_n x^n$ 的收敛半径 $R = \dfrac{1}{\rho}$.

(2) 当 $\rho = 0$ 时,对任意 x 均有 $\rho |x| = 0 < 1$,由根值判别法知 $\sum\limits_{n=0}^{\infty} |a_n x^n|$ 收敛,对任意 x, $\sum\limits_{n=0}^{\infty} a_n x^n$ 都收敛,因此收敛半径 $R = +\infty$.

(3) 当 $\rho = +\infty$ 时,对一切 $x \neq 0$ 都有 $\rho |x| > 1$,只有 $x = 0$ 时,级数 $\sum\limits_{n=0}^{\infty} a_n x^n$ 收敛,即 $\sum\limits_{n=0}^{\infty} a_n x^n$ 仅在 $x = 0$ 处收敛,因此收敛半径 $R = 0$.

综上所述,研究幂级数收敛区间的关键在于确定其收敛半径,而收敛半径与幂级数的收敛系数有关,具体结论如下.

定理 12.13 若对于幂级数 $\sum a_n x^n$ 有 $\lim\limits_{n\to\infty} \sqrt[n]{|a_n|} = \rho$ 或 $\lim\limits_{n\to\infty} \left|\dfrac{a_{n+1}}{a_n}\right| = \rho (0 \leq \rho \leq +\infty)$,则收敛半径

$$R = \begin{cases} \dfrac{1}{\rho}, & 0 < \rho < +\infty, \\ +\infty, & \rho = 0, \\ 0, & \rho = +\infty. \end{cases}$$

注:1) 以上讨论内容就是本定理的证明过程,也是计算任何幂级数收敛区间的一般方法,希望读者灵活掌握. 这里的正数 R 是 $\sum\limits_{n=0}^{\infty} a_n x^n$ 的收敛半径, $(-R, R)$ 为 $\sum\limits_{n=0}^{\infty} a_n x^n$ 的收敛区间,结合 $\sum\limits_{n=0}^{\infty} a_n x^n$ 在 $x = R$ 及 $x = -R$ 处的敛散性就可以确定它的收敛域必为区间 $(-R, R), (-R, R], [-R, R), [-R, R]$ 之一.

2) 在用比值法计算幂级数收敛半径时,也可采用公式 $R = \lim\limits_{n \to \infty} \left| \dfrac{a_n}{a_{n+1}} \right|$.

例 12.12 求下列幂级数的收敛半径、收敛区间与收敛域.

(1) $\sum\limits_{n=1}^{\infty} (-1)^{n-1} \dfrac{2^n}{n} x^n$; (2) $\sum\limits_{n=1}^{\infty} n^n x^n$.

解 (1) 因为 $\rho = \lim\limits_{n \to \infty} \left| \dfrac{a_{n+1}}{a_n} \right| = \lim\limits_{n \to \infty} \dfrac{\frac{2^{n+1}}{n+1}}{\frac{2^n}{n}} = 2$, 所以收敛半径 $R = \dfrac{1}{\rho} = \dfrac{1}{2}$.

当 $x = \dfrac{1}{2}$ 时, 幂级数为 $\sum\limits_{n=1}^{\infty} (-1)^{n-1} \dfrac{1}{n}$, 收敛; 当 $x = -\dfrac{1}{2}$ 时, 幂级数为 $-\sum\limits_{n=1}^{\infty} \dfrac{1}{n}$, 发散. 因此, $\sum\limits_{n=1}^{\infty} (-1)^{n-1} \dfrac{2^n}{n} x^n$ 的收敛区间为 $\left(-\dfrac{1}{2}, \dfrac{1}{2}\right)$, 收敛域为 $\left(-\dfrac{1}{2}, \dfrac{1}{2}\right]$.

(2) 因为 $\rho = \lim\limits_{n \to \infty} \sqrt[n]{|a_n|} = \lim\limits_{n \to \infty} \sqrt[n]{n^n} = +\infty$, 所以收敛半径 $R = 0$. 此时幂级数 $\sum\limits_{n=1}^{\infty} n^n x^n$ 仅在 $x = 0$ 处收敛, 因此 $\sum\limits_{n=1}^{\infty} n^n x^n$ 的收敛域为单点集 $\{0\}$, 不存在收敛区间.

例 12.13 求下列幂级数的收敛半径和收敛区间.

(1) $\sum\limits_{n=1}^{\infty} (-1)^{n-1} \dfrac{(2n)!}{(n!)^2} x^{2n}$; (2) $\sum\limits_{n=1}^{\infty} \dfrac{2^n}{n^2} (x-2)^n$.

解 (1) 该幂级数为缺项幂级数, 可使用下面两种方法求解.

方法一 令 $y = x^2$, 则所给幂级数变为 $\sum\limits_{n=1}^{\infty} (-1)^{n-1} \dfrac{(2n)!}{(n!)^2} y^n$, 收敛半径

$$R = \lim_{n \to \infty} \left| \dfrac{a_n}{a_{n+1}} \right| = \lim_{n \to \infty} \left| \dfrac{(n+1)^2}{(2n+1)(2n+2)} \right| = \dfrac{1}{4},$$

故当 $|y| < \dfrac{1}{4}$, 即 $x^2 < \dfrac{1}{4}$ 时, 原级数收敛. 因此, 原级数收敛半径为 $\dfrac{1}{2}$, 收敛区间为 $-\dfrac{1}{2} < x < \dfrac{1}{2}$.

方法二 对原级数加绝对值后用比值判别法. 因为

$$\lim_{n \to \infty} \left| \dfrac{\frac{[2(n+1)]!}{[(n+1)!]^2} x^{2(n+1)}}{\frac{[2n]!}{[n!]^2} x^{2n}} \right| = 4|x|^2,$$

所以, 当 $4|x|^2 < 1$ 即 $|x| < \dfrac{1}{2}$ 时, 原级数收敛. 故 $\sum\limits_{n=1}^{\infty} (-1)^{n-1} \dfrac{(2n)!}{(n!)^2} x^{2n}$ 的收敛半径为 $\dfrac{1}{2}$, 收敛区间为 $-\dfrac{1}{2} < x < \dfrac{1}{2}$.

(2) 令 $y = x - 2$, 将原幂级数转化为标准形式 $\sum\limits_{n=1}^{\infty} \dfrac{2^n}{n^2} y^n$, 级数 $\sum\limits_{n=1}^{\infty} \dfrac{2^n}{n^2} y^n$ 的收敛半径

$$R = \lim_{n \to \infty} \left| \frac{a_n}{a_{n+1}} \right| = \lim_{n \to \infty} \left| \frac{(n+1)^2}{2n^2} \right| = \frac{1}{2},$$

故当 $|y| < \frac{1}{2}$ 时,级数 $\sum_{n=1}^{\infty} \frac{2^n}{n^2} y^n$ 收敛;当 $|y| > \frac{1}{2}$ 时,发散;当 $y = \frac{1}{2}$ 或 $-\frac{1}{2}$ 时,级数分别为 $\sum_{n=1}^{\infty} \frac{1}{n^2}$ 和 $\sum_{n=1}^{\infty} (-1)^n \frac{1}{n^2}$,二者均收敛. 所以 $\sum_{n=1}^{\infty} \frac{2^n}{n^2} y^n$ 的收敛域为 $-\frac{1}{2} \leq y \leq \frac{1}{2}$. 又因为 $y = x-2$,所以级数 $\sum_{n=1}^{\infty} \frac{2^n}{n^2} (x-2)^n$ 的收敛域为 $\frac{3}{2} \leq x \leq \frac{5}{2}$.

注*:在求复合型幂级数 $\sum_{n=1}^{\infty} a_n [\varphi(x)]^n$ 的收敛半径、收敛域时常采用变量代换法,其过程为

$$\sum_{n=1}^{\infty} a_n [\varphi(x)]^n \xrightarrow[\text{化复合型为标准型}]{\text{第一步:令 } y = \varphi(x)} \sum_{n=1}^{\infty} a_n y^n \xrightarrow[\text{计算标准的 } \rho \text{ 及 } R]{\text{第二步:根值法或比值法}}$$

$$\begin{cases} \lim_{n \to \infty} \sqrt[n]{|a_n|} = \rho; \\ \lim_{n \to \infty} \frac{|a_{n+1}|}{a_n} = \rho; \end{cases} \xrightarrow[\text{还原复合型变量}]{\text{第三步:由标准型变量}} \begin{cases} (1) \text{解不等式 } -R < \varphi(x) < R \text{ 得 } \sum_{n=1}^{\infty} a_n [\varphi(x)]^n \text{ 的} \\ \quad \text{收敛区间及收敛半径;} \\ (2) \text{判断端点敛散性得收敛域.} \end{cases}$$

复合型幂级数 $\sum_{n=1}^{\infty} a_n x^{kn} (\varphi(x) = x^k, k$ 为正整数$)$ 或 $\sum_{n=1}^{\infty} a_n x^{kn+p} = x^p \sum_{n=1}^{\infty} a_n x^{kn} (1 \leq p < k)$ 为**缺项幂级数**. 此时须注意的是,收敛系数 a_n 为幂级数 $\sum_{n=1}^{\infty} a_n x^{kn}$ 的第 kn 项系数,可根据计算复合型幂级数的过程得 $\sum_{n=1}^{\infty} a_n x^{kn}$ 的收敛半径计算公式 $R = \sqrt[k]{\lim_{n \to \infty} \left| \frac{a_n}{a_{n+1}} \right|}$.

12.3.3 幂级数的四则运算性质

幂级数在收敛区间内绝对收敛这一结论,保证了幂级数满足普通加法的交换律、结合律及多项式乘法的分配律,因此幂级数具有如下代数运算性质.

设 $\sum_{n=0}^{\infty} a_n x^n$ 与 $\sum_{n=0}^{\infty} b_n x^n$ 的收敛半径分别为 R_a 与 R_b,取 $R = \min(R_a, R_b)$,则在区间 $(-R, R)$ 内可进行下列运算:

加法运算

$$\sum_{n=0}^{\infty} a_n x^n + \sum_{n=0}^{\infty} b_n x^n = \sum_{n=0}^{\infty} (a_n + b_n) x^n;$$

减法运算

$$\sum_{n=0}^{\infty} a_n x^n - \sum_{n=0}^{\infty} b_n x^n = \sum_{n=0}^{\infty} (a_n - b_n) x^n;$$

乘法运算*

$$\left(\sum_{n=0}^{\infty} a_n x^n \right) \cdot \left(\sum_{n=0}^{\infty} b_n x^n \right) = a_0 b_0 + (a_0 b_1 + a_1 b_0) x + (a_0 b_2 + a_1 b_1 + a_2 b_0) x^2 + \cdots$$

注:1) 由减法运算知 $\sum\limits_{n=0}^{\infty} a_n x^n = \sum\limits_{n=0}^{\infty} b_n x^n \Leftrightarrow a_n = b_n (1 \leq n < +\infty)$.

2) 根据幂级数的乘法可定义幂级数的除法,即

若 $(\sum\limits_{n=0}^{\infty} a_n x^n) \cdot (\sum\limits_{n=0}^{\infty} b_n x^n) = \sum\limits_{n=0}^{\infty} c_n x^n$,则 $\dfrac{\sum\limits_{n=0}^{\infty} c_n x^n}{\sum\limits_{n=0}^{\infty} b_n x^n} = \sum\limits_{n=0}^{\infty} a_n x^n (b_0 \neq 0)$. 计算 $a_n (n=1,2,\cdots)$ 时,只需解方程组

$$\begin{cases} a_0 b_0 = c_0, \\ a_0 b_1 + a_1 b_0 = c_1, \\ a_0 b_2 + a_1 b_1 + a_2 b_0 = c_2, \\ \cdots\cdots \end{cases}$$

即可. 需要说明的是,作除法后所得幂级数 $\sum\limits_{n=0}^{\infty} a_n x^n$ 的收敛范围要比 $\sum\limits_{n=0}^{\infty} c_n x^n$ 及 $\sum\limits_{n=0}^{\infty} b_n x^n$ 的收敛范围小.

例如,$\tan x, x \in \left(-\dfrac{\pi}{2}, \dfrac{\pi}{2}\right)$.

令 $\tan x = \dfrac{\sin x}{\cos x} = \sum\limits_{n=0}^{\infty} c_n x^n$,即

$$x - \dfrac{x^3}{3!} + \dfrac{x^5}{5!} + \cdots = \left(1 - \dfrac{x^2}{2!} + \dfrac{x^4}{4!} + \cdots\right)(c_0 + c_1 x + c_2 x^2 + c_3 x^3 + c_4 x^4 + c_5 x^5 + \cdots),$$

整理得方程组

$$\begin{cases} c_0 = 0, \\ c_1 = 1, \\ c_2 - \dfrac{c_0}{2!} = 0, \\ c_3 - \dfrac{c_1}{2!} = -\dfrac{1}{3!}, \\ c_4 - \dfrac{c_2}{2!} + \dfrac{c_0}{4!} = 0, \\ c_5 - \dfrac{c_3}{2!} + \dfrac{c_1}{4!} = \dfrac{1}{5!}, \\ \cdots\cdots \end{cases}$$

解之得

$$c_0 = 0, c_1 = 1, c_2 = 0, c_3 = \dfrac{1}{3}, c_4 = 0, c_5 = \dfrac{2}{15}, \cdots$$

故

$$\tan x = \sum_{n=0}^{\infty} c_n x^n = x + \frac{1}{3}x^3 + \frac{2}{15}x^5 + \cdots, \forall x \in \left(-\frac{\pi}{2}, \frac{\pi}{2}\right).$$

注：这种求解幂级数的方法也称为待定系数法.

12.3.4 幂级数和函数的分析性质

幂级数不仅具备类似于多项式的代数运算性质，而且完全有类似于多项式的"逐项求极限、逐项微分、逐项积分"等这样的分析性质(证明涉及一致收敛理论，见参考文献[1]，在此省略).

性质 12.3 幂级数 $\sum_{n=0}^{\infty} a_n x^n$ 的和函数 $S(x)$ 必在其收敛区间 $(-R, R)$ 内连续.

注：$\sum_{n=0}^{\infty} a_n x^n$ 在区间端点处收敛时，$S(x)$ 单侧连续.

性质 12.4 幂级数 $\sum_{n=0}^{\infty} a_n x^n$ 的和函数 $S(x)$ 必在其收敛区间 $(-R, R)$ 内可积，且

$$\int_0^x S(t)\,dt = \int_0^x \left(\sum_{n=0}^{\infty} a_n t^n\right) dt = \sum_{n=0}^{\infty} \int_0^x a_n t^n\,dt = \sum_{n=0}^{\infty} \frac{a_n}{n+1} x^{n+1}.$$

上式通常称为**逐项积分公式**，逐项积分后所得幂级数收敛半径不变，仍是 R.

例如，对 $\frac{1}{1-x} = \sum_{n=0}^{\infty} x^n = 1 + x + x^2 + \cdots + x^n + \cdots, x \in (-1, 1)$ 逐项积分得

$$\ln \frac{1}{1-x} = \sum_{n=0}^{\infty} \frac{x^{n+1}}{n+1} = x + \frac{1}{2}x^2 + \cdots + \frac{1}{n}x^n + \cdots, x \in [-1, 1).$$

性质 12.5 幂级数 $\sum_{n=0}^{\infty} a_n x^n$ 的和函数 $S(x)$ 必在其收敛区间 $(-R, R)$ 内可导，且

$$S'(x) = \left(\sum_{n=0}^{\infty} a_n x^n\right)' = \sum_{n=0}^{\infty} (a_n x^n)' = \sum_{n=1}^{\infty} n a_n x^{n-1}.$$

上式通常称为**逐项求导公式**，易知逐项求导后所得幂级数收敛半径不变，也是 R.

例如，对 $\frac{1}{1-x} = \sum_{n=0}^{\infty} x^n = 1 + x + x^2 + \cdots + x^n + \cdots, x \in (-1, 1)$ 逐项求导得公式

$$\frac{1}{(1-x)^2} = \sum_{n=1}^{\infty} n x^{n-1} = 1 + 2x + 3x^2 + \cdots + n x^{n-1} + \cdots, x \in (-1, 1).$$

再应用性质 12.5 可知，幂级数 $\sum_{n=0}^{\infty} a_n x^n$ 的和函数 $S(x)$ 在收敛区间 $(-R, R)$ 内具有任意阶导数.

注*：端点处的导数为单侧导数，须单独讨论. 因为对幂级数逐项积分、逐项求导后，所得幂级数的收敛半径虽然不变，但收敛区间端点 $x = \pm R$ 处的敛散性却可能会发生改变. 一般地，逐项积分后收敛域有扩大趋势，逐项求导后收敛域有变小趋势.

在幂级数理论中有两个十分重要又互逆的基本问题，即求幂级数的和函数与将一个函数表示成幂级数，而计算幂级数和函数的理论依据往往是幂级数四则运算性质和分析运算性质等.

例 12.14 求幂级数 $\sum_{n=1}^{\infty} nx^{n-1}$ 的和函数,并求级数 $\sum_{n=1}^{\infty} \frac{n}{2^n}$ 的和.

解 幂级数 $\sum_{n=1}^{\infty} nx^{n-1}$ 的收敛半径

$$R = \lim_{n\to\infty} \left|\frac{a_n}{a_{n+1}}\right| = \lim_{n\to\infty} \left|\frac{n}{n+1}\right| = 1.$$

当 $x=1$ 时,幂级数 $\sum_{n=1}^{\infty} nx^{n-1}$ 为 $\sum_{n=1}^{\infty} n$ 发散;当 $x=-1$ 时,幂级数 $\sum_{n=1}^{\infty} nx^{n-1} = \sum_{n=0}^{\infty}(-1)^{n-1}n$ 发散. 所以, $\sum_{n=1}^{\infty} nx^{n-1}$ 的收敛域为 $(-1,1)$.

方法一 设 $\sum_{n=1}^{\infty} nx^{n-1}$ 在收敛域 $(-1,1)$ 上的和函数为 $S(x)$,即

$$S(x) = 1 + 2x + 3x^2 + \cdots + nx^{n-1} + \cdots, \forall x \in (-1,1),$$

对上式逐项积分得

$$\int_0^x S(t)\,dt = \int_0^x (1 + 2t + 3t^2 + \cdots + nt^{n-1} + \cdots)\,dt$$
$$= x + x^2 + x^3 + \cdots + x^n + \cdots$$
$$= \frac{x}{1-x},$$

对上式关于 x 求导得

$$S(x) = \left(\frac{x}{1-x}\right)' = \frac{1}{(1-x)^2}, \forall x \in (-1,1),$$

所以

$$\sum_{n=1}^{\infty} nx^{n-1} = \frac{1}{(1-x)^2}, \forall x \in (-1,1).$$

方法二 由 $(x^n)' = nx^{n-1}$ 知

$$\sum_{n=1}^{+\infty} nx^{n-1} = \sum_{n=1}^{+\infty} (x^n)' = \left(\sum_{n=1}^{+\infty} x^n\right)' = \left(\frac{x}{1-x}\right)' = \frac{1}{(1-x)^2},$$

即

$$\sum_{n=1}^{+\infty} nx^{n-1} = \frac{1}{(1-x)^2}, \forall x \in (-1,1).$$

将 $x = \frac{1}{2}$ 代入上式得

$$\sum_{n=1}^{\infty} n\left(\frac{1}{2}\right)^{n-1} = \frac{1}{\left(1-\frac{1}{2}\right)^2} = 4,$$

故

$$\sum_{n=1}^{\infty} \frac{n}{2^n} = \frac{1}{2} \sum_{n=1}^{\infty} n\left(\frac{1}{2}\right)^{n-1} = 2.$$

思考：本题中方法一与方法二的区别在哪里？

例 12.15 求幂级数 $\sum\limits_{n=0}^{\infty} \dfrac{1}{n+1}x^n$ 的和函数，并计算 $\sum\limits_{n=0}^{\infty} \dfrac{(-1)^n}{n+1}$ 的和.

解 幂级数 $\sum\limits_{n=0}^{\infty} \dfrac{1}{n+1}x^n$ 的收敛半径

$$R = \lim_{n\to\infty}\left|\dfrac{a_n}{a_{n+1}}\right| = \lim_{n\to\infty}\left|\dfrac{n+2}{n+1}\right| = 1.$$

当 $x=1$ 时，幂级数 $\sum\limits_{n=0}^{\infty} \dfrac{1}{n+1}x^n$ 为 $\sum\limits_{n=0}^{\infty} \dfrac{1}{n+1}$，发散；当 $x=-1$ 时，幂级数 $\sum\limits_{n=0}^{\infty} \dfrac{1}{n+1}x^n$ 为 $\sum\limits_{n=0}^{\infty} (-1)^n \dfrac{1}{n+1}$，收敛. 所以，$\sum\limits_{n=0}^{\infty} \dfrac{1}{n+1}x^n$ 的收敛域为 $[-1,1)$.

设 $\sum\limits_{n=0}^{\infty} \dfrac{1}{n+1}x^n$ 在收敛域 $[-1,1)$ 上的和函数为 $S(x)$，即

$$S(x) = \sum_{n=0}^{\infty} \dfrac{1}{n+1}x^n = 1 + \dfrac{1}{2}x + \dfrac{1}{3}x^2 + \cdots \dfrac{1}{n+1}x^n + \cdots, x \in [-1,1).$$

显然，当 $x=0$ 时，$S(0)=1$；当 $x\neq 0$，即 $x \in [-1,0) \cup (0,1)$ 时，有

$$xS(x) = \sum_{n=0}^{+\infty} \dfrac{1}{n+1}x^{n+1},$$

由逐项求导公式得

$$(xS(x))' = \left(\sum_{n=0}^{+\infty} \dfrac{1}{n+1}x^{n+1}\right)' = \sum_{n=0}^{+\infty} \left(\dfrac{1}{n+1}x^{n+1}\right)' = \sum_{n=0}^{+\infty} x^n = \dfrac{1}{1-x},$$

对上式两边同时积分得

$$xS(x) = \int_0^x \dfrac{1}{1-t}dt = \ln\dfrac{1}{1-x},$$

所以

$$S(x) = \dfrac{1}{x}\ln\dfrac{1}{1-x},$$

从而得

$$S(x) = \begin{cases} \dfrac{1}{x}\ln\dfrac{1}{1-x}, & x \in [-1,0) \cup (0,1), \\ 1, & x=0, \end{cases}$$

所以

$$S(-1) = \ln 2,$$

即

$$\sum_{n=0}^{\infty} \dfrac{(-1)^n}{n+1} = \ln 2.$$

习题 12.3(A)

1. 若级数 $\sum\limits_{n=1}^{\infty} a_n x^n$ 在 $x=3$ 处收敛,则在 $x=-2$ 处必定 ( )

(A)绝对收敛　　　(B)条件收敛　　　(C)发散　　　(D)收敛性不定

2. 级数 $\ln x + \ln^2 x + \cdots + \ln^n x + \cdots$ 的收敛域是 ( )

(A) $(-\infty, e)$　　　(B) $(e, +\infty)$　　　(C) $\left(\dfrac{1}{e}, e\right)$　　　(D) $\left[\dfrac{1}{e}, e\right]$

3. 若幂级数 $\sum\limits_{n=1}^{\infty} a_n x^n$ 在 $x=2$ 处收敛,在 $x=-3$ 处发散,则该级数 ( )

(A)在 $x=3$ 处发散　　　　　　(B)在 $x=-2$ 处收敛

(C)收敛区间为 $(-3,2]$　　　　(D)当 $|x|>3$ 时发散

4. 若 $\lim\limits_{n \to \infty}\left|\dfrac{a_n}{a_{n+1}}\right|=2$,则幂级数 $\sum\limits_{n=0}^{\infty} a_n(x-1)^n$ 的收敛区间为 ( )

(A) $(-1,3)$　　　(B) $[-1,3]$　　　(C) $[-1,3)$　　　(D) $(-1,3]$

5. 幂级数 $\sum\limits_{n=0}^{\infty} a_n(x-1)^{2n}$ 在 $x=2$ 处条件收敛,则其收敛域为 ( )

(A) $[0,4]$　　　(B) $[0,2]$　　　(C) $(0,4)$　　　(D) $(0,2)$

习题 12.3(B)

1. 求下列幂级数的收敛半径与收敛域.

(1) $\sum\limits_{n=1}^{\infty} (-1)^n \dfrac{x^n}{n^2}$;　　　(2) $\sum\limits_{n=1}^{\infty} \dfrac{2^n}{n^2+1} x^n$;　　　(3) $\sum\limits_{n=1}^{\infty} \dfrac{x^n}{2^n \cdot n!}$;

(4) $\sum\limits_{n=1}^{\infty} \dfrac{2n-1}{2^n} x^{2n-2}$;　　　(5) $\sum\limits_{n=1}^{\infty} \dfrac{(x-5)^n}{\sqrt{n}}$;　　　(6) $\sum\limits_{n=1}^{\infty} (-1)^{n-1} \dfrac{(x-1)^n}{n}$.

2. 求下列幂级数在收敛区间内的和函数.

(1) $\sum\limits_{n=1}^{\infty} (-1)^{n-1} n x^{n-1}$;　　　(2) $\sum\limits_{n=0}^{\infty} \dfrac{x^{2n+1}}{2n+1}$,并求 $\sum\limits_{n=1}^{\infty} \dfrac{1}{(2n-1)2^n}$ 的和.

3. 设 $I_n = \int_0^{\frac{\pi}{4}} \sin^n x \cos x \, dx \, (n=0,1,2,\cdots)$,求 $\sum\limits_{n=0}^{\infty} I_n$.

12.4 函数的幂级数展开式

> **知识衔接**
>
> 对幂级数 $\sum\limits_{n=1}^{\infty} a_n x^n$,若 $\lim\limits_{n\to\infty}\left|\dfrac{a_{n+1}}{a_n}\right|=\rho$,则当 $\rho=0$ 时,收敛半径 $R=$ _____ ;当 $\rho=+\infty$ 时,收敛半径 $R=$ _____ ;当 $0<\rho<+\infty$ 时,收敛半径 $R=$ _____ .
>
> $\sum\limits_{n=0}^{\infty} x^n = 1+x+x^2+\cdots+x^n+\cdots =$ _____ ,$x\in(-1,1)$.
>
> $\sum\limits_{n=1}^{\infty} nx^{n-1} = 1+2x+3x^2+\cdots+nx^{n-1}+\cdots =$ _____ ,$x\in(-1,1)$.
>
> $\sum\limits_{n=1}^{\infty} \dfrac{x^n}{n} = x+\dfrac{x^2}{2}+\cdots+\dfrac{x^n}{n}+\cdots =$ _____ ,$x\in[-1,1)$.

我们已经知道,幂级数必在收敛域内收敛于它的和函数.本节要讨论与之相反的问题,即满足什么条件的函数可展开成幂级数形式,这是幂级数理论中的重要问题.

12.4.1 泰勒公式

所谓一个函数 $f(x)$ 可在某区间内"展开成幂级数",是指能找到这样一个幂级数,它在该区间内收敛,且和函数恰好就是给定的函数 $f(x)$. 简单地说,函数 $f(x)$ 在某区间内能展开成幂级数就是说在该区间内 $f(x)$ 等价于某个幂级数.

那么,如何探讨这一问题呢?一般情况下,首先从问题的必要条件谈起.于是,假设函数 $f(x)$ 能在点 x_0 的某邻域 $U(x_0)$ 内展开成关于 $x-x_0$ 的幂级数,即

$$f(x) = \sum_{n=0}^{\infty} a_n(x-x_0)^n = a_0+a_1(x-x_0)+a_2(x-x_0)^2+\cdots+a_n(x-x_0)^n+\cdots, \forall x\in U(x_0). \quad (12.7)$$

下面讨论幂级数 $\sum\limits_{n=0}^{\infty} a_n(x-x_0)^n$ 的系数 $a_0,a_1,a_2,\cdots,a_n,\cdots$ 与函数 $f(x)$ 的关系. 由逐项求导公式得

$$f^{(n)}(x) = n!\, a_n+(n+1)n(n-1)\cdots 2a_{n+1}(x-x_0)$$
$$+(n+2)(n+1)n(n-1)\cdots 3a_{n+2}(x-x_0)^2+\cdots, \forall x\in U(x_0). \quad (12.8)$$

将 $x=x_0$ 分别代入 (12.7) 和 (12.8) 得

$$f(x_0)=a_0,\ f^{(n)}(x_0)=n!\,a_n,$$

即

$$a_n = \dfrac{f^{(n)}(x_0)}{n!}(n=0,1,2,\cdots). \quad (12.9)$$

由此可知,函数 $f(x)$ 展开成关于 $x-x_0$ 的幂级数的必要条件如下:$f(x)$ 在邻域 $U(x_0)$ 内具有无穷阶导数,且该幂级数的系数由公式(12.9)确定,即该幂级数必为

$$f(x_0)+f'(x_0)(x-x_0)+\frac{f''(x_0)}{2!}(x-x_0)^2+\cdots+\frac{f^{(n)}(x_0)}{n!}(x-x_0)^n+\cdots \quad (12.10)$$

幂级数(12.10)称为 $f(x)$ 在点 x_0 处的**泰勒①级数**.

那么,当函数 $f(x)$ 满足展开成幂级数的必要条件时,是否一定可以展开成幂(泰勒)级数呢?答案是否定的.

例如,函数 $f(x)=\begin{cases} e^{-\frac{1}{x^2}}, & x\neq 0, \\ 0, & x=0. \end{cases}$ 由导数定义知

$$f'(0)=\lim_{x\to 0}\frac{f(x)-f(0)}{x-0}=\lim_{x\to 0}\frac{e^{-\frac{1}{x^2}}-0}{x-0}=0,$$

$$f''(0)=\lim_{x\to 0}\frac{f'(x)-f'(0)}{x-0}=\lim_{x\to 0}\frac{\frac{2}{x^3}e^{-\frac{1}{x^2}}-0}{x-0}=\lim_{x\to 0}\frac{2e^{-\frac{1}{x^2}}}{x^4}=0.$$

类似地可知,$f(x)$ 在 $x=0$ 处具有任意阶导数,且 $f^{(n)}(0)=0, n=1,2,\cdots$

按公式(12.8)构造泰勒级数

$$0+0x+\frac{0}{2!}x^2+\cdots+\frac{0}{n!}x^n+\cdots$$

显然,该级数在 $(-\infty,\infty)$ 上收敛,和函数为 0,不等于 $f(x)$!

不难看出,当函数 $f(x)$ 仅满足展开成幂级数的必要条件时,$f(x)$ 却不一定能展开成幂级数的原因在于按照公式(12.10)构造的幂级数未必收敛,即使收敛也未必收敛到 $f(x)$ 本身.那么,当满足什么条件时按照公式(12.10)构造的幂级数一定收敛于 $f(x)$?下面在给出函数展开成幂级数的充要条件之前,首先证明如下定理.

定理 12.14(泰勒定理) 设函数 $f(x)$ 在点 x_0 的某邻域 $U(x_0)$ 内具有 $n+1$ 阶导数,则对 $\forall x \in U(x_0)$ 有

$$f(x)=f(x_0)+f'(x_0)(x-x_0)+\frac{f''(x_0)}{2!}(x-x_0)^2+\cdots+\frac{f^{(n)}(x_0)}{n!}(x-x_0)^n+R_n(x), \quad (12.11)$$

其中

$$R_n(x)=\frac{f^{(n+1)}(\xi)}{(n+1)!}(x-x_0)^{n+1}, \quad (12.12)$$

这里 ξ 介于 x 与 x_0 之间.

分析:在形式上可将(12.12)认为拉格朗日中值公式的推广,因此可考虑使用已知微分中值理论证明.

---

① 泰勒(Taylor,1685—1731)英国数学家,牛顿学派最优秀代表人物之一,有限差分理论的奠基者.其主要成就有计算方程的数值解、常微分方程的奇异解、曲率问题,开创了研究弦振问题之先河;另外,对摄影测量制图学及哲学发展也有一定影响.其主要著作有《正的和反的增量方法》《线性透视原理》.

证 依条件可构造多项式

$$f(x_0)+f'(x_0)(x-x_0)+\frac{f''(x_0)}{2!}(x-x_0)^2+\cdots+\frac{f^{(n)}(x_0)}{n!}(x-x_0)^n,$$

易知函数

$$R_n(x)=f(x)-\left[f(x_0)+f'(x_0)(x-x_0)+\frac{f''(x_0)}{2!}(x-x_0)^2+\cdots+\frac{f^{(n)}(x_0)}{n!}(x-x_0)^n\right]$$

在 $U(x_0)$ 内具有 $n+1$ 阶导数,且 $R_n(x_0)=R'_n(x_0)=\cdots=R_n^{(n)}(x_0)=0$,函数 $R_n(x)$ 与 $(x-x_0)^{n+1}$ 在以 x 和 x_0 为端点的区间上满足柯西中值定理的条件,因此

$$\frac{R_n(x)}{(x-x_0)^{n+1}}=\frac{R_n(x)-R_n(x_0)}{(x-x_0)^{n+1}-(x_0-x_0)^{n+1}}=\frac{R'_n(\xi_1)}{(n+1)(\xi_1-x_0)^n}\quad(\xi_1\text{ 介于 }x\text{ 和 }x_0\text{ 之间}).$$

而函数 $R'_n(x)$ 与 $(n+1)(x-x_0)^n$ 在以 ξ_1 和 x_0 为端点的区间上仍然满足柯西中值定理,故

$$\frac{R'_n(\xi_1)}{(n+1)(\xi_1-x_0)^n}=\frac{R'_n(\xi_1)-R'_n(x_0)}{(n+1)(\xi_1-x_0)^n-(n+1)(x_0-x_0)^n}=\frac{R''_n(\xi_2)}{n(n+1)(\xi_2-x_0)^{n-1}}\quad(\xi_2\text{ 介于 }\xi_1$$

和 x_0 之间).

重复以上过程 $n+1$ 次后,得 $\dfrac{R_n(x)}{(x-x_0)^{n+1}}=\dfrac{R_n^{(n+1)}(\xi)}{(n+1)!}$,即 $R_n(x)=\dfrac{R_n^{(n+1)}(\xi)}{(n+1)!}(x-x_0)^{n+1}$($\xi$ 介于 x_0 和 ξ_n 之间,必在 x 和 x_0 之间). 又

$$R_n^{(n+1)}(x)=f^{(n+1)}(x),$$

所以

$$R_n(x)=\frac{f^{(n+1)}(\xi)}{(n+1)!}(x-x_0)^{n+1}.$$

命题得证.

注:1)(12.11)称为**带有拉格朗日型余项的 n 阶泰勒公式**,是中值公式中的一类,其中 $a_n=\dfrac{f^{(n)}(x_0)}{n!}(n=0,1,2,\cdots)$ 为**泰勒系数**,$T_n(x)=f(x_0)+f'(x_0)(x-x_0)+\dfrac{f''(x_0)}{2!}(x-x_0)^2+\cdots+\dfrac{f^{(n)}(x_0)}{n!}(x-x_0)^n$ 为 $f(x)$ 在 x_0 处的**泰勒多项式**,$R_n(x)=\dfrac{f^{(n+1)}(\xi)}{(n+1)!}(x-x_0)^{n+1}$ 为 $f(x)$ 在点 x_0 处泰勒公式的**拉格朗日型余项**.

2)对于固定的 n,$\forall x\in U(x_0)$,有 $\lim\limits_{x\to x_0}\dfrac{R_n(x)}{(x-x_0)^n}=0$. 因此,当 $x\to x_0$ 时,误差 $R_n(x)$ 是 $(x-x_0)^n$ 的高阶无穷小,即

$$R_n(x)=o((x-x_0)^n) \tag{12.13}$$

称为 $f(x)$ 在点 x_0 处泰勒公式的**皮亚诺①型余项**. 此时

$$f(x)=f(x_0)+f'(x_0)(x-x_0)+\cdots+\frac{f^{(n)}(x_0)}{n!}(x-x_0)^n+o((x-x_0)^n) \tag{12.14}$$

---

① 皮亚诺(Peano,1858—1932)意大利数学家、国际语的创立者,引入并推广了"测度"的概念,成果集中于逻辑系统与分析学.

称为 $f(x)$ 按 $(x-x_0)$ 的幂展开成**带有皮亚诺型余项的 n 阶泰勒公式**.

3) 若令式(12.11)中 $x_0=0, \xi=\theta x(0<\theta<1)$,则

$$f(x)=f(0)+f'(0)x+\frac{f''(0)}{2!}x^2+\cdots+\frac{f^{(n)}(0)}{n!}x^n+\frac{f^{(n+1)}(\theta x)}{(n+1)!}x^{n+1} \qquad (12.15)$$

称为带有拉格朗日型余项的**麦克劳林公式**.

类似地,带有皮亚诺型余项的麦克劳林公式为

$$f(x)=f(0)+f'(0)x+\cdots+\frac{f^{(n)}(0)}{n!}x^n+o(x^n). \qquad (12.16)$$

定理 12.15 若函数 $f(x)$ 在点 x_0 的邻域 $U(x_0)$ 内具有任意阶导数,且 $\lim_{n\to\infty}R_n(x)=0$, $\forall x\in U(x_0)$,则

$$f(x)=\sum_{n=0}^{\infty}\frac{f^{(n)}(x_0)}{n!}(x-x_0)^n, \qquad (12.17)$$

其中 $R_n(x)$ 为 $f(x)$ 在点 x_0 处泰勒公式的余项.

证 因为函数 $f(x)$ 在点 x_0 的邻域 $U(x_0)$ 内具有任意阶导数,所以由泰勒定理知

$$f(x)=\sum_{k=0}^{n}\frac{f^{(k)}(x_0)}{k!}(x-x_0)^k+R_n(x), \forall x\in U(x_0),$$

其中 $R_n(x)$ 为 $f(x)$ 在点 x_0 处泰勒公式的余项. 因此,由 $\lim_{n\to\infty}R_n(x)=0, \forall x\in U(x_0)$ 知

$$\lim_{n\to\infty}\left[f(x)-\sum_{k=0}^{n}\frac{f^{(k)}(x_0)}{k!}(x-x_0)^k\right]=0, \forall x\in U(x_0),$$

即

$$\lim_{n\to\infty}\sum_{k=0}^{n}\frac{f^{(k)}(x_0)}{k!}(x-x_0)^k=f(x), \forall x\in U(x_0),$$

所以

$$f(x)=\sum_{n=0}^{\infty}\frac{f^{(n)}(x_0)}{n!}(x-x_0)^n, \forall x\in U(x_0).$$

注:1) 通常将等式 $f(x)=f(x_0)+f'(x_0)(x-x_0)+\frac{f''(x_0)}{2!}(x-x_0)^2+\cdots+\frac{f^{(n)}(x_0)}{n!}(x-x_0)^n+\cdots$, $\forall x\in U(x_0)$ 称为 $f(x)$ 在邻域 $U(x_0)$ 内(或点 x_0 处)的泰勒展开式,这种展式是唯一的.

当 $x_0=0$ 时,得等式

$$f(x)=f(0)+f'(0)x+\frac{f''(0)}{2!}x^2+\cdots+\frac{f^{(n)}(0)}{n!}x^n+\cdots, \forall x\in U(0)$$

称为 $f(x)$ 的**麦克劳林**①**展式**,展式右边的级数称为 $f(x)$ 的**麦克劳林级数**.

2)* 等式(12.17)表明,函数 $f(x)$ 在定理 12.15 条件下可以展开成幂(泰勒)级数. 但

---

①麦克劳林(Maclaurin,1698—1746),英国著名数学家. 其主要成就有:把级数作为求积分的方法,给出级数收敛的积分判别法,创立了用行列式解线性方程组的方法;另外,他的研究还涉及天文学、地图测绘学以及保险统计等学科.

在实际操作时，计算 $\lim\limits_{n\to\infty} R_n(x) = 0, \forall x \in U(x_0)$ 并不简单. 若导函数 $f^{(n)}(x)$ 在邻域 $U(x_0)$ 内有界，即存在常数 M，使

$$|f^{(n)}(x)| \le M(n=1,2,\cdots,n,\cdots), \tag{12.18}$$

则对 $\forall x \in U(x_0)$，当 $n \to \infty$ 时

$$|R_n(x)| = \left|\frac{f^{(n+1)}(\xi)}{(n+1)!}(x-x_0)^{n+1}\right| \le \frac{M}{(n+1)!}|x-x_0|^{n+1} \to 0. \tag{12.19}$$

因此，式(12.19)也常作为判别函数能够展开成泰勒级数的一个充分条件使用.

12.4.2 函数展开成幂级数的方法

将函数展开成幂级数的常用方法有直接展开法与间接展开法两类.

1. 直接展开法

所谓直接展开法通常是指判断泰勒定理条件，构造泰勒级数，并写出泰勒展开式的方法.

利用直接展开法将函数 $f(x)$ 在 x_0 处展开成幂级数的一般步骤如下.

(1) 计算函数 $f(x)$ 在 $x = x_0$ 处的各阶导数：

$$f(x_0), f'(x_0), f''(x_0), \cdots, f^{(n)}(x_0), \cdots$$

(2) 构造 $f(x)$ 的泰勒级数

$$f(x_0) + f'(x_0)(x-x_0) + \frac{f''(x_0)}{2!}(x-x_0)^2 + \cdots + \frac{f^{(n)}(x_0)}{n!}(x-x_0)^n + \cdots$$

并求其收敛半径 R；

(3) 证明 $\lim\limits_{n\to\infty} R_n(x) = 0$，或 $\exists M > 0$，使 $|f^{(n)}(x)| \le M, \forall x \in (x_0-R, x_0+R)$；

(4) 写出 $f(x)$ 在点 x_0 处的泰勒展开式

$$f(x) = f(x_0) + f'(x_0)(x-x_0) + \frac{f''(x_0)}{2!}(x-x_0)^2 + \cdots + \frac{f^{(n)}(x_0)}{n!}(x-x_0)^n + \cdots, \forall x \in (x_0-R, x_0+R).$$

注：在步骤(3)中证明 $\lim\limits_{n\to\infty} R_n(x) = 0, \forall x \in (x_0-R, x_0+R)$ 时要灵活使用不同的泰勒余项形式及极限计算技巧.

例 12.16 将 $f(x) = e^x$ 在 $x = 0$ 展开成 x 的幂级数.

解 由 $f^{(n)}(x) = e^x (n=0,1,2,\cdots)$ 得

$$f^{(n)}(0) = 1 \ (n=0,1,2,\cdots),$$

构造 $f(x)$ 的麦克劳林级数

$$\sum_{n=0}^{\infty} \frac{f^{(n)}(0)}{n!} x^n = 1 + x + \frac{x^2}{2!} + \cdots + \frac{x^n}{n!} + \cdots$$

其收敛半径 $R = +\infty$，收敛域为 $(-\infty, +\infty)$. 对于任何有限数 $x \in (-\infty, \infty)$，存在 ξ 介于 0 与 x 之间，使

$$|R_n(x)| = \left|\frac{e^\xi}{(n+1)!} x^{n+1}\right| \le \frac{e^{|x|}}{(n+1)!} |x|^{n+1} \to 0 (n \to \infty),$$

故 $f(x) = e^x$ 在 $(-\infty, +\infty)$ 内可展成麦克劳林级数 $\sum\limits_{n=0}^{\infty} \frac{f^{(n)}(0)}{n!} x^n$，即

$$e^x = \sum_{n=0}^{\infty} \frac{x^n}{n!} = 1 + x + \frac{x^2}{2!} + \cdots + \frac{x^n}{n!} + \cdots \quad (-\infty < x < +\infty).$$

若在 $x=0$ 附近，用麦克劳林级数的部分和近似代替 e^x，则随着项数的增加，二者的误差越来越小，逼近的程度越来越好（图 12-3）.

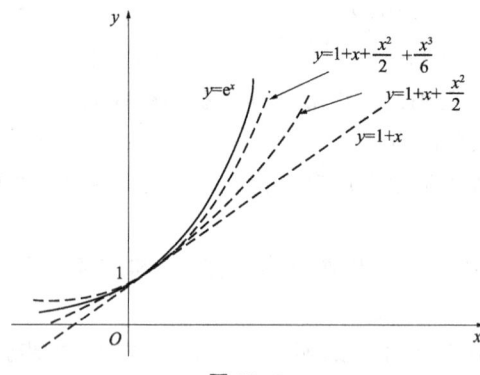

图 12-3

例 12.17 将函数 $f(x) = \sin x$ 在 $x=0$ 展开成麦克劳林级数.

解 由 $f^{(n)}(x) = \sin\left(x + n \cdot \frac{\pi}{2}\right)(n=0,1,2,\cdots)$ 得

$$f(0) = 0, f'(0) = 1, f''(0) = 0, f'''(0) = -1, \cdots$$

即

$$f^{(2k)}(0) = 0, f^{(2k+1)}(0) = (-1)^k (k=0,1,2,\cdots),$$

构造 $f(x)$ 的麦克劳林级数

$$\sum_{n=0}^{\infty} \frac{f^{(n)}(0)}{n!} x^n = x - \frac{x^3}{3!} + \frac{x^5}{5!} + \cdots + (-1)^n \frac{x^{2n+1}}{(2n+1)!} + \cdots$$

其收敛半径 $R = +\infty$，收敛域为 $(-\infty, +\infty)$. 显然存在 $M>0$，使 $|f^{(n)}(x)| \leq M, \forall x \in (-\infty, +\infty)$，故 $f(x) = \sin x$ 在 $(-\infty, +\infty)$ 内可展成麦克劳林级数，即

$$\sin x = x - \frac{x^3}{3!} + \frac{x^5}{5!} + \cdots + (-1)^n \frac{x^{2n+1}}{(2n+1)!} + \cdots \quad (-\infty < x < +\infty).$$

类似地，有

$$\cos x = 1 - \frac{x^2}{2!} + \frac{x^4}{4!} - \cdots + (-1)^n \frac{x^{2n}}{(2n)!} + \cdots, \forall x \in (-\infty, \infty),$$

其中 $\sin x$ 的麦克劳林展式的部分和逼近过程如图 12-4 所示.

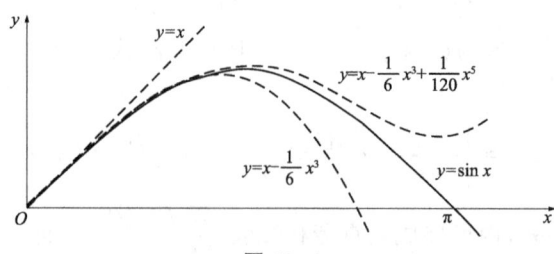

图 12-4

注：函数的奇偶性决定了奇(偶)函数的麦克劳林展开式中不会出现偶(奇)次幂.

同样使用直接展开法可证：幂函数 $f(x)=(1+x)^\alpha$（其中 α 为实数）的麦克劳林展开式

$$(1+x)^\alpha = 1+\alpha x + \frac{\alpha(\alpha-1)}{2!}x^2 + \cdots + \frac{\alpha(\alpha-1)\cdots(\alpha-n+1)}{n!}x^n + \cdots \quad (-1<x<1), \quad (12.20)$$

公式(12.20)在收敛区间端点 $x=\pm 1$ 处是否成立与 α 有关,具体情况如下：

当 $\alpha \leqslant -1$ 时,收敛域为 $(-1,1)$；当 $-1<\alpha<0$ 时,收敛域为 $(-1,1]$；当 $\alpha>0$ 时,收敛域为 $[-1,1]$.

公式(12.20)常被称为**牛顿二项展开式**,当 α 为正整数时,即为中学数学中的二项式定理.

当 $\alpha=-1$ 时,二项展开式为

$$\frac{1}{1+x} = 1-x+x^2-x^3+\cdots+(-1)^n x^n+\cdots, \forall x \in (-1,1), \quad (12.21)$$

对式(12.21)用 $-x$ 代换 x 得

$$\frac{1}{1-x} = 1+x+x^2+\cdots+x^n+\cdots, \forall x \in (-1,1),$$

对式(12.21)两边同时从 0 到 x 积分得

$$\ln(1+x) = x - \frac{x^2}{2} + \frac{x^3}{3} - \frac{x^4}{4} + \cdots + (-1)^{n-1}\frac{x^n}{n} + \cdots, \forall x \in (-1,1].$$

对应于 $\alpha = -\frac{1}{2}$ 的二项展开式为

$$\frac{1}{\sqrt{1+x}} = 1 - \frac{1}{2}x + \frac{1\cdot 3}{2\cdot 4}x^2 - \frac{1\cdot 3\cdot 5}{2\cdot 4\cdot 6}x^3 + \frac{1\cdot 3\cdot 5\cdot 7}{2\cdot 4\cdot 6\cdot 8}x^4 - \cdots$$

$$= 1 + \sum_{n=1}^{\infty} (-1)^n \frac{(2n-1)!!}{(2n)!!} x^n, \forall x \in (-1,1].$$

对上式用 $-x^2$ 代换 x 得

$$\frac{1}{\sqrt{1-x^2}} = 1 + \frac{1}{2}x^2 + \frac{1\cdot 3}{2\cdot 4}x^4 + \frac{1\cdot 3\cdot 5}{2\cdot 4\cdot 6}x^6 + \cdots = 1 + \sum_{n=1}^{\infty} \frac{(2n-1)!!}{(2n)!!} x^{2n}, \forall x \in (-1,1).$$

对上式从 0 到 $x \in (-1,1)$ 积分得

$$\arcsin x = x + \frac{1}{2\cdot 3}x^3 + \frac{1\cdot 3}{2\cdot 4\cdot 5}x^5 + \frac{1\cdot 3\cdot 5}{2\cdot 4\cdot 6\cdot 7}x^7 + \cdots$$

$$= x + \sum_{n=1}^{\infty} \frac{(2n-1)!!}{(2n)!!\,(2n+1)} x^{2n+1}, \forall x \in [-1,1].$$

类似地,可得

$$\arctan x = x - \frac{x^3}{3} + \frac{x^5}{5} - \frac{x^7}{7} + \cdots = \sum_{n=0}^{\infty} (-1)^n \frac{x^{2n+1}}{2n+1}, \forall x \in [-1,1],$$

等等.

事实上,当 $f(x)$ 是具有任意阶导数的初等函数时,在点 x_0 的某邻域 $U(x_0)$ 内,必有

$$f(x) = \sum_{n=0}^{\infty} \frac{f^{(n)}(x_0)}{n!}(x-x_0)^n$$

成立. 该结论通常称为**初等函数展开定理**.

2. 间接展开法

尽管使用直接展开法可将函数展开成幂级数,但在实际操作中的困难在于计算"被展函数的任意阶导数"及"求泰勒余项的极限"这两点. 因此,下面给出"利用已知函数幂级数展开式,采用四则运算、恒等变形、变量代换、复合运算、逐项微分、逐项积分等技巧将函数展开成幂级数的间接展开法".

掌握如下常用幂级数展开式在研究函数性质和计算极限等问题中十分有益.

(1) $e^x = 1 + x + \frac{x^2}{2!} + \cdots + \frac{x^n}{n!} + \cdots = \sum_{n=0}^{\infty} \frac{x^n}{n!}, \forall x \in (-\infty, +\infty)$.

(2) $\sin x = x - \frac{x^3}{3!} + \frac{x^5}{5!} + \cdots + (-1)^n \frac{x^{2n+1}}{(2n+1)!} + \cdots = \sum_{n=0}^{\infty} (-1)^n \frac{x^{2n+1}}{(2n+1)!}, \forall x \in (-\infty, +\infty)$.

(3) $\cos x = 1 - \frac{x^2}{2!} + \frac{x^4}{4!} + \cdots + (-1)^n \frac{x^{2n}}{(2n)!} + \cdots = \sum_{n=0}^{\infty} (-1)^n \frac{x^{2n}}{(2n)!}, \forall x \in (-\infty, +\infty)$.

(4) $(1+x)^\alpha = 1 + \alpha x + \frac{\alpha(\alpha-1)}{2!}x^2 + \cdots + \frac{\alpha(\alpha-1)\cdots(\alpha-n+1)}{n!}x^n + \cdots, \forall x \in (-1,1), \alpha$ 为实数.

(5) $\frac{1}{1-x} = 1 + x + x^2 + \cdots + x^n + \cdots = \sum_{n=0}^{\infty} x^n, \forall x \in (-1,1)$.

(6) $\ln(1+x) = x - \frac{x^2}{2} + \frac{x^3}{3} + \cdots + (-1)^n \frac{x^{n+1}}{n+1} + \cdots = \sum_{n=1}^{\infty} (-1)^{n-1} \frac{x^n}{n}, \forall x \in (-1,1]$.

(7) $\arcsin x = x + \frac{1}{2 \cdot 3}x^3 + \frac{1 \cdot 3}{2 \cdot 4 \cdot 5}x^5 + \frac{1 \cdot 3 \cdot 5}{2 \cdot 4 \cdot 6 \cdot 7}x^7 + \cdots$

$= x + \sum_{n=1}^{\infty} \frac{(2n-1)!!}{(2n)!!(2n+1)}x^{2n+1}, \forall x \in [-1,1]$.

(8) $\arctan x = x - \frac{x^3}{3} + \frac{x^5}{5} - \frac{x^7}{7} + \cdots = \sum_{n=0}^{\infty} (-1)^n \frac{x^{2n+1}}{2n+1}, \forall x \in [-1,1]$.

例 12.18 将下列函数展开成 x 的幂级数.

(1) $\frac{1}{1+x^2}$;   (2) a^{2x+1} ($a > 0$ 且 $a \neq 1$).

解 (1) $\frac{1}{1+x^2} = \frac{1}{1-(-x^2)} = 1 - x^2 + x^4 - \cdots + (-1)^n x^{2n} + \cdots, \forall x \in (-1,1)$.

(2) $a^{2x+1} = a e^{2x\ln a} = a \sum_{n=0}^{\infty} \frac{(2x\ln a)^n}{n!} = \sum_{n=0}^{\infty} \frac{a(2\ln a)^n}{n!}x^n, \forall x \in (-\infty, +\infty)$.

例 12.19 将函数 $f(x) = \sin x$ 展开成 $\left(x - \frac{\pi}{4}\right)$ 的幂级数.

解 $\sin x = \sin\left[\frac{\pi}{4} + \left(x - \frac{\pi}{4}\right)\right] = \frac{\sqrt{2}}{2}\left[\cos\left(x - \frac{\pi}{4}\right) + \sin\left(x - \frac{\pi}{4}\right)\right]$

$$=\frac{\sqrt{2}}{2}\left\{\left[1-\frac{1}{2!}\left(x-\frac{\pi}{4}\right)^2+\frac{1}{4!}\left(x-\frac{\pi}{4}\right)^4-\cdots\right]+\left[\left(x-\frac{\pi}{4}\right)-\frac{1}{3!}\left(x-\frac{\pi}{4}\right)^3+\frac{1}{5!}\left(x-\frac{\pi}{4}\right)^5-\cdots\right]\right\}$$

$$=\frac{\sqrt{2}}{2}\left[1+\left(x-\frac{\pi}{4}\right)-\frac{1}{2!}\left(x-\frac{\pi}{4}\right)^2-\frac{1}{3!}\left(x-\frac{\pi}{4}\right)^3+\cdots\right](-\infty<x<+\infty).$$

例 12.20 将 $\ln x$ 展开成 $x-1$ 的幂级数.

解 $\ln x = \ln[1+(x-1)]$

$$= (x-1) - \frac{(x-1)^2}{2} + \frac{(x-1)^3}{3} - \frac{(x-1)^4}{4} + \cdots + (-1)^{n-1}\frac{(x-1)^n}{n} + \cdots, \quad \forall x \in (0,2].$$

例 12.21 将函数 $f(x)=\dfrac{1}{x^2+4x+3}$ 在 $x=1$ 处展开成幂级数.

解 $$f(x)=\frac{1}{x^2+4x+3}=\frac{1}{(x+1)(x+3)}=\frac{1}{2}\left(\frac{1}{1+x}-\frac{1}{3+x}\right)$$

$$=\frac{1}{4}\cdot\frac{1}{1+\frac{x-1}{2}}-\frac{1}{8}\cdot\frac{1}{1+\frac{x-1}{4}}$$

$$=\frac{1}{4}\sum_{n=0}^{\infty}(-1)^n\frac{(x-1)^n}{2^n}-\frac{1}{8}\sum_{n=0}^{\infty}(-1)^n\frac{(x-1)^n}{4^n}$$

$$=\sum_{n=0}^{\infty}(-1)^n\left(\frac{1}{2^{n+2}}-\frac{1}{2^{2n+3}}\right)(x-1)^n, \quad \forall \in (-1,3).$$

注：可由 $R=\min\{|-3-1|,|-1-1|\}=2$ 得收敛区间 $(-1,3)$.

例 12.22 将函数 $f(x)=\dfrac{1}{x^2}$ 在 $x=1$ 处展开成幂级数.

解 $$\frac{1}{x^2}=\left(-\frac{1}{x}\right)'=\left(\frac{-1}{1+(x-1)}\right)'$$

$$=\left(\sum_{n=0}^{\infty}(-1)^{n+1}(x-1)^n\right)'$$

$$=\sum_{n=1}^{\infty}(-1)^{n+1}n(x-1)^{n-1}, \quad \forall x\in(0,2).$$

12.4.3 泰勒公式及幂级数展开式的简单应用

1. 计算极限

利用泰勒中值定理可得以下常见函数的麦克劳林公式：

(1) $e^x = 1 + x + \dfrac{x^2}{2!} + \dfrac{x^3}{3!} + \cdots + \dfrac{x^n}{n!} + o(x^n)$；

(2) $\sin x = x - \dfrac{x^3}{3!} + \dfrac{x^5}{5!} + \cdots + \dfrac{(-1)^{n-1}x^{2n-1}}{(2n-1)!} + o(x^{2n-1})$；

(3) $\cos x = 1 - \dfrac{x^2}{2!} + \dfrac{x^4}{4!} + \cdots + \dfrac{(-1)^n x^{2n}}{(2n)!} + o(x^{2n})$；

(4) $\ln(1+x) = x - \dfrac{x^2}{2} + \dfrac{x^3}{3} + \cdots + \dfrac{(-1)^{n-1}x^n}{n} + o(x^n)$；

(5) $\dfrac{1}{1-x} = 1+x+x^2+\cdots+x^n+o(x^n)$;

(6) $(1+x)^\alpha = 1+\alpha x+\dfrac{\alpha(\alpha-1)x^2}{2!}+\cdots+\dfrac{\alpha(\alpha-1)\cdots(\alpha-n+1)x^n}{n!}+o(x^n), \alpha \neq 0$;

(7) $\arctan x = x-\dfrac{x^3}{3}+\dfrac{x^5}{5}-\dfrac{x^7}{7}+\cdots+\dfrac{(-1)^{n-1}x^{2n-1}}{2n-1}+o(x^{2n-1})$.

利用以上麦克劳林公式,可以间接得到其他一些函数的麦克劳林公式,并简化极限计算.

例 12.23 求 $\lim\limits_{x\to 0}\dfrac{e^{x^2}+2\cos x-3}{x^4}$.

分析:根据分母中表达式 x^4,可考虑将 e^{x^2} 及 $\cos x$ 展开成四阶麦克劳林公式统一形式.

解 由 $e^{x^2} = 1+x^2+\dfrac{x^4}{2!}+o(x^4)$, $\cos x = 1-\dfrac{x^2}{2!}+\dfrac{x^4}{4!}+o(x^4)$ 得

$$\lim_{x\to 0}\dfrac{e^{x^2}+2\cos x-3}{x^4} = \lim_{x\to 0}\dfrac{\left(\dfrac{1}{2}+2\times\dfrac{1}{4!}\right)x^4+o(x^4)}{x^4} = \dfrac{7}{12}.$$

例 12.24* 求 $\lim\limits_{x\to 0}\dfrac{x-\sin\sin x}{x^3}$.

解
$$\lim_{x\to 0}\dfrac{x-\sin\sin x}{x^3} = \lim_{x\to 0}\dfrac{x-\left[\sin x-\dfrac{\sin^3 x}{3!}+o(\sin^3 x)\right]}{x^3}$$

$$= \lim_{x\to 0}\dfrac{x-\left\{x-\dfrac{x^3}{3!}+o(x^3)-\dfrac{1}{3!}\left[x-\dfrac{x^3}{3!}+o(x^3)\right]^3+o(x^3)\right\}}{x^3}$$

$$= \lim_{x\to 0}\dfrac{\dfrac{x^3}{3}+o(x^3)}{x^3} = \dfrac{1}{3}.$$

例 12.25 求 $\lim\limits_{x\to\infty}\left[x-x^2\ln\left(1+\dfrac{1}{x}\right)\right]$.

解 $\lim\limits_{x\to\infty}\left[x-x^2\ln\left(1+\dfrac{1}{x}\right)\right] = \lim\limits_{x\to\infty}\left\{x-x^2\left[\dfrac{1}{x}-\dfrac{1}{2}\left(\dfrac{1}{x}\right)^2+o\left(\dfrac{1}{x^2}\right)\right]\right\} = \dfrac{1}{2}$.

2*. 微分不(恒)等式证明

例 12.26 设 $f(x)$ 在包含原点的某个区间 (a,b) 内二阶可导,且 $\lim\limits_{x\to 0}\dfrac{f(x)}{x}=1$, $f''(x)>0$ $(a<x<b)$,证明 $f(x)\geqslant x$ $(a<x<b)$.

证 由 $f(x)$ 在包含原点的区间 (a,b) 内二阶可导知

$$f(x) = f(0)+f'(0)x+\dfrac{1}{2!}f''(\xi)x^2 \text{(其中 }\xi\text{ 介于 0 与 }x\text{)}.$$

由 $\lim\limits_{x\to 0}\dfrac{f(x)}{x}=1$ 知 $\lim\limits_{x\to 0}f(x)=f(0)=0$ 及 $f'(0)=1$,于是

$$f(x)=x+\dfrac{1}{2!}f''(\xi)x^2,$$

结合条件 $f''(x)>0(a<x<b)$ 即证不等式

$$f(x)\geqslant x(a<x<b).$$

3. 求数项级数的和

例 12.27 求级数 $\sum\limits_{n=1}^{\infty}\dfrac{(-1)^n}{(2n-1)3^n}$ 的和.

解 所给级数可看作幂级数 $\sum\limits_{n=1}^{\infty}\dfrac{(-1)^n}{(2n-1)\sqrt{3}}x^{2n-1},\forall x\in(-1,1)$(收敛半径 $R=\lim\limits_{n\to\infty}\dfrac{2n+2}{2n-1}=1$)在 $x=\dfrac{1}{\sqrt{3}}$ 处对应的数项级数. 设 $S(x)=\sum\limits_{n=1}^{\infty}\dfrac{(-1)^n}{(2n-1)\sqrt{3}}x^{2n-1},\forall x\in(-1,1)$,则

$$S(x)=\int_0^x S'(t)\mathrm{d}t=\int_0^x\left(\sum_{n=1}^{\infty}\dfrac{(-1)^n}{\sqrt{3}}t^{2n-2}\right)\mathrm{d}t=\dfrac{1}{\sqrt{3}}\int_0^x\dfrac{-1}{t^2+1}\mathrm{d}t=-\dfrac{1}{\sqrt{3}}\arctan x,$$

即

$$\sum_{n=1}^{\infty}\dfrac{(-1)^n}{(2n-1)\sqrt{3}}x^{2n-1}=-\dfrac{1}{\sqrt{3}}\arctan x,\forall x\in(-1,1),$$

将 $x=\dfrac{1}{\sqrt{3}}$ 代入上式得

$$\sum_{n=1}^{\infty}\dfrac{(-1)^n}{(2n-1)3^n}=-\dfrac{1}{\sqrt{3}}\arctan\left(\dfrac{1}{\sqrt{3}}\right)=-\dfrac{\pi}{6\sqrt{3}}.$$

4. 近似计算

函数逼近及近似计算是泰勒公式与级数理论十分重要的应用内容之一.

由泰勒定理知,若在邻域 $U(x_0)$ 内用泰勒多项式

$$T_n(x)=f(x_0)+f'(x_0)(x-x_0)+\dfrac{f''(x_0)}{2!}(x-x_0)^2+\cdots+\dfrac{f^{(n)}(x_0)}{n!}(x-x_0)^n$$

近似代替 $f(x)$ 时,误差

$$|R_n(x)|=\left|\dfrac{f^{(n+1)}(\xi)}{(n+1)!}(x-x_0)^{n+1}\right|\leqslant\dfrac{M}{(n+1)!}|x-x_0|^{n+1}(若\exists M>0,使得|f^{(n+1)}(x)|\leqslant M).$$

因此,在函数值近似计算时,可利用以上公式在函数展开式所在的区间上根据精度要求,选取展式的前若干项的和作近似代替.

例 12.28 用泰勒多项式近似函数 $f(x)=\sin x$,并分别讨论当 $n=1$ 和 $n=3$ 时误差不超过 10^{-3} 的 x 取值范围.

解 因为 $\sin x=x-\dfrac{x^3}{3!}+\dfrac{x^5}{5!}+\cdots+\dfrac{(-1)^{n-1}x^{2n-1}}{(2n-1)!}+R_{2n}(x)$,而 $|R_{2n}(x)|\leqslant\dfrac{|x|^{2n+1}}{(2n+1)!}$,所以,当 $n=1$ 时,用 x 代替 $\sin x$ 的误差 $|R_2(x)|\leqslant\dfrac{|x|^3}{3!}$,解不等式

$$\frac{|x|^3}{3!} \leq 10^{-3}$$

得

$$|x| < 0.1817.$$

这表明,当 x 在区间 $(-0.1817, 0.1817)$ 时,以 x 近似 $\sin x$,其误差不超过 10^{-3}.

类似地,可计算 $n=3$ 时,$\sin x \approx x - \dfrac{x^3}{3!} + \dfrac{x^5}{5!}$,此时误差不超过 10^{-3} 的自变量满足

$$|x| < 1.2599.$$

此例题说明:通常情况下用高次泰勒多项式来逼近函数时,不仅能够提高精确度,而且易于计算误差.

例 12.29 计算 $\ln 2$ 的近似值,误差不超过 10^{-4}.

分析:由公式 $\ln(1+x) = x - \dfrac{x^2}{2} + \dfrac{x^3}{3} - \dfrac{x^4}{4} + \cdots + (-1)^{n-1} \dfrac{x^n}{n} + \cdots, \forall x \in (-1, 1]$ 得

$$\ln 2 = 1 - \frac{1}{2} + \frac{1}{3} - \cdots + (-1)^{n-1} \frac{1}{n} + \cdots$$

此时,由莱布尼茨级数的性质知余项 $|r_n| \leq \dfrac{1}{n+1} < \dfrac{1}{n}$. 由 $\dfrac{1}{n} < 10^{-4}$ 得 $n > 10^4$,即用该级数前 n 项的和作为 $\ln 2$ 的近似值且误差不超过 10^{-4} 时,需要取级数的前 10^4 项进行近似计算. 显然,此时计算量太大了!因此,有必要对以上方法进行改造,用收敛较快的级数作近似计算以提高计算效率,这对计算机编程十分重要.

解 由公式 $\ln(1+x) = x - \dfrac{x^2}{2} + \dfrac{x^3}{3} - \dfrac{x^4}{4} + \cdots + (-1)^n \dfrac{x^{n+1}}{n+1} + \cdots, \forall x \in (-1, 1]$ 得

$$\ln(1-x) = -x - \frac{x^2}{2} - \frac{x^3}{3} - \frac{x^4}{4} - \cdots, \forall x \in [-1, 1),$$

故

$$\ln \frac{1+x}{1-x} = \ln(1+x) - \ln(1-x) = 2\left(x + \frac{1}{3}x^3 + \frac{1}{5}x^5 + \cdots\right) \quad (-1 < x < 1).$$

令 $\dfrac{1+x}{1-x} = 2$,得 $x = \dfrac{1}{3}$,将 $x = \dfrac{1}{3}$ 代入上式得

$$\ln 2 = 2\left(\frac{1}{3} + \frac{1}{3} \cdot \frac{1}{3^3} + \frac{1}{5} \cdot \frac{1}{3^5} + \cdots + \frac{1}{2n+1} \cdot \frac{1}{3^{2n+1}} + \cdots\right).$$

余项

$$|R_n| = 2\left(\frac{1}{2n+1} \cdot \frac{1}{3^{2n+1}} + \frac{1}{2n+3} \cdot \frac{1}{3^{2n+3}} + \cdots\right) < \frac{2}{(2n+1) \cdot 3^{2n+1}}\left(1 + \frac{1}{3^2} + \frac{1}{3^4} + \cdots\right)$$

$$= \frac{2}{(2n+1) \cdot 3^{2n+1}} \cdot \frac{1}{1 - \frac{1}{3^2}} = \frac{1}{4(2n+1) \cdot 3^{2n-1}} < \frac{1}{3^{2n+2}} \quad (n \geq 3).$$

由 $\dfrac{1}{3^{2n+2}} = \dfrac{1}{9^{n+1}} \leq 10^{-4}$ 解得 $n \geq 4$,即用该级数前 4 项的和作为 $\ln 2$ 的近似值,其误差不超过

10^{-4},因此

$$\ln 2 \approx 2\left(\frac{1}{3}+\frac{1}{3}\cdot\frac{1}{3^3}+\frac{1}{5}\cdot\frac{1}{3^5}+\frac{1}{7}\cdot\frac{1}{3^7}\right)\approx 0.6931.$$

注：幂级数的应用远不止以上提到的几个方面，还可将这一理论推广到复数范围内证明如下结论：复数项级数 $\sum_{n=0}^{\infty}(u_n+\mathrm{i}v_n)$（$u_n,v_n$ 为实数）的各项实部、虚部所成的级数为 $\sum_{n=1}^{\infty}u_n$，$\sum_{n=1}^{\infty}v_n$，若 $\sum_{n=1}^{\infty}u_n=a$，$\sum_{n=1}^{\infty}v_n=b$，则复数级 $\sum_{n=1}^{\infty}(u_n+\mathrm{i}v_n)=a+\mathrm{i}b$ 及重要的欧拉公式：对 $\forall\theta\in R$，等式 $\mathrm{e}^{\mathrm{i}\theta}=\cos\theta+\mathrm{i}\sin\theta$ 恒成立，等等.

习 题 12.4(A)

1. 函数 $f(x)=\mathrm{e}^{-x^2}$ 展开成 x 的幂级数是 （　　）

(A) $1+x^2+\dfrac{x^4}{2!}+\dfrac{x^6}{3!}+\cdots$ 　　　　(B) $1-x^2+\dfrac{x^4}{2!}-\dfrac{x^6}{3!}+\cdots$

(C) $1+x+\dfrac{x^2}{2!}+\dfrac{x^3}{3!}+\cdots$ 　　　　(D) $1-x+\dfrac{x^2}{2!}-\dfrac{x^3}{3!}+\cdots$

2. 若 $f(x)$ 在点 x_0 的某个邻域内有任意阶导数，则 $\sum_{n=0}^{\infty}\dfrac{f^{(n)}(x_0)}{n!}(x-x_0)^n$ 的和函数 （　　）

(A) 必是 $f(x)$ 　　　　(B) 不一定是 $f(x)$

(C) 不是 $f(x)$ 　　　　(D) 可能处处不存在

3. 将函数 $f(x)=\dfrac{1}{3-x}$ 在 $x=1$ 处展开成的幂级数为 （　　）

(A) $\sum_{n=0}^{\infty}\dfrac{(x-1)^n}{2^n}$ 　　　　(B) $\sum_{n=0}^{\infty}\dfrac{(x-1)^n}{2^{n+1}}$

(C) $\sum_{n=0}^{\infty}\dfrac{(x-1)^{n+1}}{2^n}$ 　　　　(D) $\sum_{n=1}^{\infty}\dfrac{(x-1)^n}{2^{n+1}}$

习 题 12.4(B)

1. 将下列函数展开成 x 的幂级数，并写出展开式成立的区间.

(1) $\ln(a+x)\ (a>0)$；　　(2) $\dfrac{1}{x^2+3x+2}$；　　(3) $\dfrac{x}{\mathrm{e}^{2x}}$；

(4) $\cos^2 x$；　　(5) $\dfrac{1}{2}\left(\arctan x+\ln\sqrt{\dfrac{1+x}{1-x}}\right)$.

2. 将 $f(x)=\lg x$ 展开成关于 $x-1$ 的幂级数.

3. 利用泰勒公式求下列极限.

(1) $\lim\limits_{x\to 0}\left(\dfrac{1}{x}-\dfrac{1}{\sin x}\right)$;

(2) $\lim\limits_{x\to 0}\dfrac{e^x\sin x-x(1+x)}{x^3}$;

(3) $\lim\limits_{x\to +\infty}\left((x^6+x^5)^{\frac{1}{6}}-(x^6-x^5)^{\frac{1}{6}}\right)$;

(4) $\lim\limits_{x\to 0}\dfrac{\ln(1+\sin^2 x)-6(\sqrt[3]{2-\cos x}-1)}{x^4}$.

4. 设函数 $f(x)$ 在 $x=0$ 的某邻域具有一阶连续导数,且 $f(0)\neq 0, f'(0)\neq 0$,若 $af(h)+bf(2h)-f(0)$ 在 $h\to 0$ 时是比 h 高阶的无穷小,试确定 a,b 的值.

5. 求下列各数的近似值,精确到 10^{-4}.

(1) e;

(2) $\int_0^{0.5}\dfrac{1}{1+x^4}dx$;

(3) $\sqrt[5]{240}$.

6*. 设 $f(x)$ 有三阶导数,且 $\lim\limits_{x\to 0}\dfrac{f(x)}{x^2}=0, f(1)=0$,证明在 $(0,1)$ 内存在一点 ξ,使 $f'''(\xi)=0$.

7*. 设 $f(x)$ 在 $[-1,1]$ 上三阶可导,且 $f(-1)=0, f(1)=1, f'(0)=0$,则存在 $\xi\in(-1,1)$,使得 $f'''(\xi)\geq 3$.

12.5 傅里叶①级数

知识衔接

设函数 $f(x)$ 的定义域为 D,若存在正数 T,使得对于任意 $x\in D, x\pm T\in D$,总有_____,则称 $f(x)$ 为周期函数,$f(x)$ 所有周期中最小的正周期,称为_____.

函数 $f(x)$ 在点 x_0 的某邻域内可展开成泰勒级数的必要条件是_____.

函数 $f(x)$ 在点 x_0 的某邻域内可展开成泰勒级数的充分条件是_____.

函数 $f(x)$ 带有皮亚诺型余项的麦克劳林公式为_____.

函数 $f(x)$ 带有拉格朗日型余项的麦克劳林公式为_____.

工程技术、科学实验等具体实践环节中研究"周期性运动"的需要和"幂级数只能研究连续函数的分析性质"这一理论上的缺陷,直接催生了傅里叶级数这一重要的函数项级数.

12.5.1 三角函数系

众所周知,日月轮回、四季更替、潮起潮落、光电传播、电磁感应、树梢摆动等自然现象

---

①傅里叶(Fourier,1768—1830)法国数学家、物理学家,在科学方面的主要贡献是在研究热的传播时创立了一套数学理论,对19世纪数学和理论物理学的发展产生深远影响.著名的热传导方程就出自他的论文,并提出任一函数都可以展成三角函数项的无穷级数,傅里叶级数、傅里叶分析等理论均由此创始.

均与周期性运动、变化有关. 一般地,复杂的周期性运动、变化是由一系列最简单的周期运动——简谐振动叠加形成的,而简谐振动可用正弦函数 $y = A\sin(\omega t + \varphi)$ 来描述,其中 A 为振幅,φ 为初相角,ω 为振动频率,y 的周期为 $\dfrac{2\pi}{|\omega|}$. 因此,周期函数 $f(t)$ 可用系列正弦函数构成的级数表示,即

$$f(t) = A_0 + \sum_{n=1}^{\infty} A_n \sin(n\omega t + \varphi_n), \qquad (12.22)$$

其中 $A_0, A_n, \varphi_n (n = 1, 2, \cdots)$ 及 ω 均为常数,$f(t)$ 的周期为 $\dfrac{2\pi}{\omega}$. 通常称式(12.22)中的 A_0 为 $f(x)$ 的直流分量,$A_1 \sin(\omega t + \varphi_1)$ 为一次谐波,$A_2 \sin(2\omega t + \varphi_2)$ 为二次谐波,……

为了研究问题方便起见,对式(12.22)整理得

$$A_0 + \sum_{n=1}^{\infty} A_n \sin(n\omega t + \varphi_n) = A_0 + \sum_{n=1}^{\infty} (A_n \sin n\omega t \cos \varphi_n + A_n \cos n\omega t \sin \varphi_n)$$

$$\xrightarrow[b_n = A_n \cos \varphi_n, x = \omega t]{\text{记} \frac{a_0}{2} = A_0, a_n = A_n \sin \varphi_n} \frac{a_0}{2} + \sum_{n=1}^{\infty} (a_n \cos nx + b_n \sin nx).$$

通常称级数 $\dfrac{a_0}{2} + \sum\limits_{n=1}^{\infty} (a_n \cos nx + b_n \sin nx)$ 为**一般形式的三角级数**,其中常数 $a_0, a_n, b_n (n = 1, 2, \cdots)$ 称为该三角级数的**系数**. 显然,三角级数是由**三角函数列(系)**

$$1, \cos x, \sin x, \cos 2x, \sin 2x, \cdots, \cos nx, \sin nx, \cdots$$

"线性组合"而成的级数.

类似于幂级数,我们更关心"三角级数的收敛性及如何将函数展开成三角级数"这个核心问题,为此引进了正交的概念.

定义 12.9 若函数 $f(x), g(x)$ 在 $[a, b]$ 上可积,且

$$\int_a^b f(x) g(x) \mathrm{d}x = 0,$$

则称函数 $f(x)$ 与 $g(x)$ 在 $[a, b]$ 上是**正交**的.

注[*]:通常记 $\langle f, g \rangle = \int_a^b f(x) g(x) \mathrm{d}x$,称为函数 $f(x)$ 与 $g(x)$ 在 $[a, b]$ 上的内积. 因此

$f(x)$ 与 $g(x)$ 在 $[a, b]$ 上正交 $\Leftrightarrow f(x)$ 与 $g(x)$ 在 $[a, b]$ 上的内积为零.

易知三角函数系 $1, \cos x, \sin x, \cos 2x, \sin 2x, \cdots, \cos nx, \sin nx, \cdots$ 具有共同的周期 2π,并满足特性:

$$\int_{-\pi}^{\pi} 1 \cdot \cos nx \mathrm{d}x = 0 \, (n = 1, 2, \cdots),$$

$$\int_{-\pi}^{\pi} 1 \cdot \sin nx \mathrm{d}x = 0 \, (n = 1, 2, \cdots),$$

$$\int_{-\pi}^{\pi} \sin kx \sin nx \mathrm{d}x = 0 \, (n, k = 1, 2, \cdots, n \neq k),$$

$$\int_{-\pi}^{\pi} \sin kx \cos nx \mathrm{d}x = 0 \, (n, k = 1, 2, \cdots),$$

$$\int_{-\pi}^{\pi} \cos kx \cos nx \, dx = 0 \, (n, k = 1, 2, \cdots, n \neq k),$$

即三角函数系中任何两个不同函数的乘积在区间 $[-\pi, \pi]$ 上的积分等于零，因此称三角函数系为 $[-\pi, \pi]$ 上的正交系.

另外，有

$$\int_{-\pi}^{\pi} 1^2 \, dx = 2\pi,$$

$$\int_{-\pi}^{\pi} \cos^2 nx \, dx = \int_{-\pi}^{\pi} \sin^2 nx \, dx = \pi \, (n = 1, 2, \cdots).$$

思考：以 $2l$ 为周期的三角函数系 $1, \cos\frac{\pi}{l}x, \sin\frac{\pi}{l}x, \cos\frac{2\pi}{l}x, \sin\frac{2\pi}{l}x, \cdots, \cos\frac{n\pi}{l}x,$ $\sin\frac{n\pi}{l}x, \cdots$ 是否也满足正交性？

12.5.2 以 2π 为周期的函数展开成傅里叶级数

首先，研究函数可展开成三角级数的必要条件.

定理 12.16 若周期为 2π 的函数 $f(x)$ 能展开成三角级数，即

$$f(x) = \frac{a_0}{2} + \sum_{n=1}^{\infty} (a_n \cos nx + b_n \sin nx),$$

且等号右侧级数可逐项积分，则

$$a_0 = \frac{1}{\pi} \int_{-\pi}^{\pi} f(x) \, dx, \tag{12.23}$$

$$a_n = \frac{1}{\pi} \int_{-\pi}^{\pi} f(x) \cos nx \, dx \, (n = 1, 2, \cdots), \tag{12.24}$$

$$b_n = \frac{1}{\pi} \int_{-\pi}^{\pi} f(x) \sin nx \, dx \, (n = 1, 2, \cdots). \tag{12.25}$$

证 $\int_{-\pi}^{\pi} f(x) \cos nx \, dx = \int_{-\pi}^{\pi} \frac{a_0}{2} \cos nx \, dx + \sum_{m=1}^{\infty} \left[a_m \int_{-\pi}^{\pi} \cos mx \cos nx \, dx + b_m \int_{-\pi}^{\pi} \sin mx \cos nx \, dx \right],$

利用三角函数系的正交性得

$$\int_{-\pi}^{\pi} f(x) \cos nx \, dx = a_n \pi,$$

即

$$a_n = \frac{1}{\pi} \int_{-\pi}^{\pi} f(x) \cos nx \, dx \, (n = 0, 1, 2, \cdots).$$

类似地，可证其余两式成立.

注：由周期函数的积分性质可知三角系数公式 (12.23)~(12.25) 中的积分区间 $[-\pi, \pi]$ 可以改为长度为 2π 的任何区间，即

$$a_n = \frac{1}{\pi} \int_c^{c+2\pi} f(x) \cos nx \, dx, n = 0, 1, 2, \cdots$$

$$b_n = \frac{1}{\pi}\int_c^{c+2\pi} f(x)\sin nx \, dx, n=1,2,\cdots$$

其中 c 为任意常数.

一般地,称由以上公式计算的系数 $a_0, a_n, b_n (n=1,2,\cdots)$ 为函数 $f(x)$ 的**傅里叶系数**,称以傅里叶系数为系数的三角级数

$$\frac{a_0}{2} + \sum_{n=1}^{\infty}(a_n\cos nx + b_n\sin nx) \tag{12.26}$$

为函数 $f(x)$ 的**傅里叶级数**.

定理 12.16 表明:一个周期为 2π 的函数 $f(x)$ 可展开成三角级数的必要条件是"该三角级数必是傅里叶级数".于是,寻找"将周期为 2π 的函数 $f(x)$ 展开成三角级数"的充分条件的关键就在于探讨 $f(x)$ 满足何类条件时,构造的傅里叶级数(12.26)既收敛,又收敛于函数 $f(x)$ 本身.

定理 12.17(收敛定理) 若以 2π 为周期的函数 $f(x)$ 在 $[-\pi,\pi]$ 上按段光滑,则 $f(x)$ 的傅里叶级数必收敛,且

$$\frac{a_0}{2} + \sum_{n=1}^{\infty}(a_n\cos nx + b_n\sin nx) = \begin{cases} f(x), & \text{当 } x \text{ 是 } f(x) \text{ 的连续点时,} \\ \frac{1}{2}[f(x+0)+f(x-0)], & \text{当 } x \text{ 是 } f(x) \text{ 的第一类间断点时.} \end{cases}$$

定理 12.17 表明:只要函数 $f(x)$ 在一个周期上至多有有限个第一类间断点,$f'(x)$ 在这个周期上除至多只有有限个第一类间断点外都连续,则 $f(x)$ 的傅里叶级数必在连续点处收敛于该点处的函数值,在间断点处收敛于该点左、右极限的算术平均值.显然,函数展开成傅里叶级数的充分条件要比展开成幂级数的充分条件弱得多.

在具体讨论将函数 $f(x)$ 展开成傅里叶级数时,常采用以下步骤:

(1)作周期延拓,即若 $f(x)$ 仅在 $(-\pi,\pi]$ 或 $[-\pi,\pi)$ 上有定义,为满足傅里叶收敛定理中"周期函数"这一条件,在 $[-\pi,\pi)$ 或 $(-\pi,\pi]$ 外补充函数 $f(x)$ 的定义,使它延拓成周期为 2π 的周期函数

$$\tilde{f}(x) = \begin{cases} f(x), & x \in (-\pi,\pi], \\ f(x-2k\pi), & x \in ((2k-1)\pi,(2k+1)\pi], k=\pm1,\pm2,\cdots; \end{cases}$$

(若 $f(x)$ 已是周期函数时,此步骤可省略.)
(2)判断函数 $f(x)$ 在一个周期上是否满足收敛定理条件;
(3)计算 $f(x)$ 的傅里叶系数 $a_0, a_n, b_n (n=1,2,\cdots)$;
(4)依收敛定理写出函数 $f(x)$ 的傅里叶展开式.

例 12.30 将周期为 2π 的函数 $f(x)=\begin{cases}\dfrac{\pi}{2}, & -\pi \leqslant x < 0, \\ x, & 0 \leqslant x < \pi\end{cases}$ 展开成傅里叶级数.

解 函数 $f(x)$ 满足傅里叶级数收敛定理的条件,所以 $f(x)$ 可展开成傅里叶级数.傅里叶系数

$$a_0 = \frac{1}{\pi}\int_{-\pi}^{\pi} f(x)\,dx = \frac{1}{\pi}\int_{-\pi}^{0}\frac{\pi}{2}dx + \frac{1}{\pi}\int_{0}^{\pi} x\,dx = \pi,$$

$$a_n = \frac{1}{\pi}\int_{-\pi}^{\pi} f(x)\cos nx\,dx = \frac{1}{\pi}\int_{-\pi}^{0} \frac{\pi}{2}\cos nx\,dx + \frac{1}{\pi}\int_{0}^{\pi} x\cos nx\,dx$$

$$= 0 + \frac{x}{\pi}\cdot\frac{\sin nx}{n}\bigg|_0^\pi - \frac{1}{\pi}\int_0^\pi \frac{\sin nx}{n}dx$$

$$= \frac{\cos nx}{n^2\pi}\bigg|_0^\pi = \frac{1}{n^2\pi}[(-1)^n - 1]$$

$$= \begin{cases} -\dfrac{2}{n^2\pi}, & n=1,3,5,\cdots \\ 0, & n=2,4,6,\cdots \end{cases}$$

$$b_n = \frac{1}{\pi}\int_{-\pi}^{\pi} f(x)\sin nx\,dx = \frac{1}{\pi}\int_{-\pi}^{0}\frac{\pi}{2}\sin nx\,dx + \frac{1}{\pi}\int_0^\pi x\sin nx\,dx$$

$$= -\frac{\cos nx}{2n}\bigg|_{-\pi}^0 - \frac{x}{\pi}\cdot\frac{\cos nx}{n}\bigg|_0^\pi + \frac{1}{\pi}\int_0^\pi \frac{\cos nx}{n}dx$$

$$= -\frac{1+(-1)^n}{2n} = \begin{cases} 0, & n=1,3,5,\cdots \\ -\dfrac{1}{n}, & n=2,4,6,\cdots \end{cases}$$

于是,函数$f(x)$的傅里叶级数展开式为

$$f(x) = \frac{\pi}{2} - \frac{2}{\pi}\sum_{n=1}^{\infty}\frac{\cos(2n-1)x}{(2n-1)^2} - \sum_{n=1}^{\infty}\frac{\sin 2nx}{2n}, n=1,2,3,\cdots;x\neq k\pi(k=0,\pm 1,\pm 2,\cdots).$$

函数$f(x)$的傅里叶级数在间断点$x = k\pi(k=0,\pm 1,\pm 2,\cdots)$处收敛于

$$\frac{1}{2}[f(0-0)+f(0+0)] = \frac{\pi}{4}, x=2k\pi(k=0,\pm 1,\pm 2,\cdots)$$

和

$$\frac{1}{2}[f(\pi-0)+f(-\pi+0)] = \frac{1}{2}\left(\pi+\frac{\pi}{2}\right) = \frac{3\pi}{4}, x=(2k+1)\pi(k=0,\pm 1,\pm 2,\cdots).$$

例 12.31 将函数$f(x)=x^2, \forall x\in(-\pi,\pi]$展开成傅里叶级数.

解 将函数$f(x)=x^2, \forall x\in(-\pi,\pi]$周期延拓为以$2\pi$为周期的函数,显然$f(x)$满足傅里叶级数收敛定理的条件,因此由收敛定理知$f(x)$可展开成傅里叶级数.$f(x)$的傅里叶系数

$$a_0 = \frac{1}{\pi}\int_{-\pi}^\pi f(x)dx = \frac{1}{\pi}\int_{-\pi}^\pi x^2 dx = \frac{2\pi^2}{3},$$

$$a_n = \frac{1}{\pi}\int_{-\pi}^\pi f(x)\cos nx\,dx = \frac{2}{\pi}\int_0^\pi x^2\cos nx\,dx$$

$$= \frac{2}{\pi}\left[\left(\frac{x^2}{n}-\frac{2}{n^3}\right)\sin nx + \frac{2x}{n^2}\cos nx\right]\bigg|_0^\pi$$

$$= \frac{4(-1)^n}{n^2}, n=1,2,\cdots$$

$$b_n = \frac{1}{\pi}\int_{-\pi}^\pi f(x)\sin nx\,dx = \frac{1}{\pi}\int_{-\pi}^\pi x^2\sin nx\,dx = 0, n=1,2,\cdots$$

于是,函数 $f(x)$ 的傅里叶级数展开式为

$$f(x) = \frac{\pi^2}{3} + 4\sum_{n=1}^{\infty} \frac{(-1)^n}{n^2}\cos nx, x \in (-\pi, \pi].$$

12.5.3 正弦级数和余弦级数

定义 12.10 若 $f(x)$ 为以 2π 为周期的奇函数,且能展开成傅里叶级数,则 $f(x)$ 的傅里叶系数

$$a_n = \frac{1}{\pi}\int_{-\pi}^{\pi}\underbrace{f(x)\cos nx}_{\text{奇函数}}\mathrm{d}x = 0\,(n = 0,1,2,\cdots),$$

$$b_n = \frac{1}{\pi}\int_{-\pi}^{\pi}\underbrace{f(x)\sin nx}_{\text{偶函数}}\mathrm{d}x = \frac{2}{\pi}\int_0^{\pi}f(x)\sin nx\mathrm{d}x\,(n = 1,2,\cdots), \qquad (12.27)$$

于是,函数 $f(x)$ 的傅里叶级数为 $\sum_{n=1}^{\infty} b_n \sin nx$,通常称为**正弦级数**.

类似地,若函数 $f(x)$ 为以 2π 为周期的偶函数,则 $f(x)$ 的傅里叶系数

$$a_n = \frac{1}{\pi}\int_{-\pi}^{\pi}\underbrace{f(x)\cos nx}_{\text{偶函数}}\mathrm{d}x = \frac{2}{\pi}\int_0^{\pi}f(x)\cos nx\mathrm{d}x\,(n = 0,1,2,\cdots), \qquad (12.28)$$

$$b_n = \frac{1}{\pi}\int_{-\pi}^{\pi}\underbrace{f(x)\sin nx}_{\text{奇函数}}\mathrm{d}x = 0\,(n = 1,2,\cdots),$$

于是,函数 $f(x)$ 的傅里叶级数为 $\frac{a_0}{2} + \sum_{n=1}^{\infty} a_n\cos nx$,通常称为**余弦级数**.

综上所述,周期为 2π 的奇、偶函数的傅里叶级数"退化"为简单的正、余弦级数.

注:若把定义在 $[0,\pi]$ 上的函数展开成正弦级数或余弦级数,在理论上需作奇式延拓或偶式延拓到 $[-\pi,\pi]$ 上(图 12-5),然后再作周期延拓,进而按傅里叶级数收敛定理求延拓后函数的傅里叶级数. 但在实际计算中,对于定义在 $[0,\pi]$ 上的函数,依据式(12.27)、(12.28)可以不必作延拓而直接计算傅里叶系数即可.

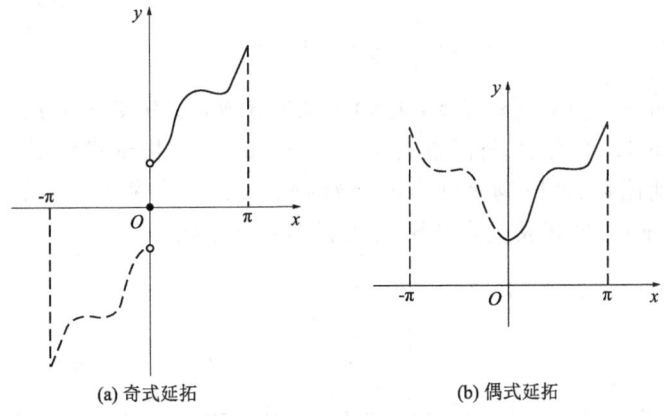

(a) 奇式延拓　　(b) 偶式延拓

图 12-5

例 12.32 将周期为 2π 的函数 $f(x)=\begin{cases}-\dfrac{\pi}{4},&-\pi\leqslant x<0,\\0,&x=0,\\\dfrac{\pi}{4},&0<x<\pi\end{cases}$ 展开成傅里叶级数,并求级数 $1-\dfrac{1}{3}+\dfrac{1}{5}-\dfrac{1}{7}+\cdots$ 的和.

解 显然,函数 $f(x),x\in(-\pi,\pi)$ 是满足傅里叶级数收敛定理条件的奇函数,从而知 $f(x)$ 可展开成正弦级数. 于是,傅里叶系数
$$a_n=0(n=0,1,2,\cdots),$$
$$b_n=\frac{1}{\pi}\int_{-\pi}^{\pi}f(x)\sin nx\mathrm{d}x=\frac{2}{\pi}\int_{0}^{\pi}\frac{\pi}{4}\cdot\sin nx\mathrm{d}x$$
$$=-\frac{\cos nx}{2n}\bigg|_{0}^{\pi}=\frac{1}{2n}[1-\cos n\pi]$$
$$=\frac{1}{2n}[1-(-1)^n]=\begin{cases}\dfrac{1}{n},&n=1,3,5,\cdots\\0,&n=2,4,6,\cdots\end{cases}$$

因此,函数 $f(x)$ 的傅里叶展开式为
$$f(x)=\sin x+\frac{1}{3}\sin 3x+\cdots+\frac{1}{2n-1}\sin(2n-1)x+\cdots(x\neq0,\pm\pi,\pm2\pi,\cdots). \quad(12.29)$$
该级数在 $f(x)$ 的间断点 $x=k\pi(k=0,\pm1,\pm2,\cdots)$ 处收敛于
$$\frac{1}{2}\left(-\frac{\pi}{4}+\frac{\pi}{4}\right)=0.$$
在式 (12.29) 中,令 $x=\dfrac{\pi}{2}$ 得
$$1-\frac{1}{3}+\frac{1}{5}-\frac{1}{7}+\cdots=\frac{\pi}{4}.$$

例 12.33 将函数 $f(x)=x,\forall\in[0,\pi)$ 分别展开成正弦级数和余弦级数.

解 (1) 如图 12-6 所示,将函数 $f(x)=x,x\in[0,\pi)$ 先作奇式延拓,再周期延拓为以 2π 为周期的周期函数,此时满足傅里叶级数收敛定理的条件,从而由收敛定理知函数 $f(x)=x,\forall\in[0,\pi)$ 可展开成正弦级数. $f(x)$ 的傅里叶系数

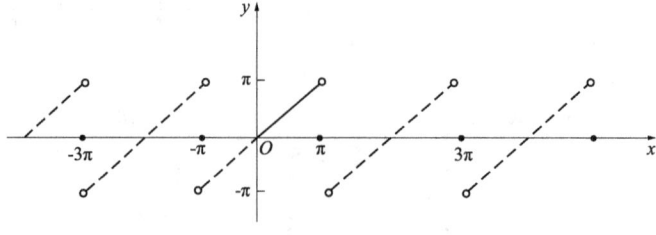

图 12-6

$$a_n = 0, n = 0, 1, 2, \cdots$$
$$b_n = \frac{2}{\pi}\int_0^\pi f(x)\sin nx\,\mathrm{d}x = \frac{2}{\pi}\int_0^\pi x\sin nx\,\mathrm{d}x$$
$$= \left(-\frac{2}{n\pi}x\cos nx + \frac{2}{n^2\pi}\sin nx\right)\bigg|_0^\pi$$
$$= -\frac{2}{n}\cos n\pi + \frac{2}{n^2\pi}\sin n\pi = (-1)^{n+1}\frac{2}{n},$$

于是,函数 $f(x)$ 的正弦级数展开式为

$$f(x) = 2\sin x - \sin 2x + \frac{2}{3}\sin 3x + \cdots + (-1)^{n+1}\frac{2}{n}\sin nx + \cdots, \forall x \in [0,\pi).$$

(2) 如图 12-7 所示,将函数 $f(x) = x, \forall \in [0,\pi)$ 先作偶式延拓,再周期延拓为以 2π 为周期的周期函数. 此时满足傅里叶级数收敛定理的条件,从而由收敛定理知函数 $f(x) = x, \forall \in [0,\pi)$ 可展开成余弦级数. 函数 $f(x)$ 的傅里叶系数

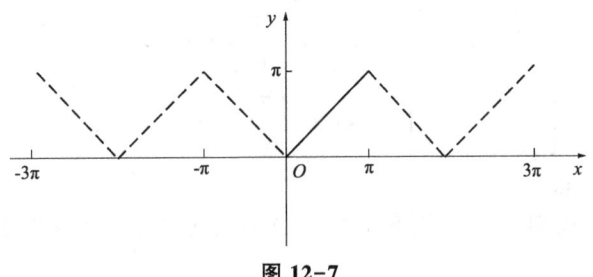

图 12-7

$$a_0 = \frac{2}{\pi}\int_0^\pi f(x)\,\mathrm{d}x = \frac{2}{\pi}\int_0^\pi x\,\mathrm{d}x = \pi,$$
$$a_n = \frac{2}{\pi}\int_0^\pi f(x)\cos nx\,\mathrm{d}x = \frac{2}{\pi}\int_0^\pi x\cos nx\,\mathrm{d}x$$
$$= \left(\frac{2}{n\pi}x\sin nx + \frac{2}{n^2\pi}\cos nx\right)\bigg|_0^\pi$$
$$= \frac{2}{n^2\pi}(\cos n\pi - 1) = \frac{2}{n^2\pi}[(-1)^n - 1]$$
$$= \begin{cases} -\dfrac{4}{n^2\pi}, n = 1, 3, 5, \cdots \\ 0, n = 2, 4, 6, \cdots \end{cases}$$
$$b_n = 0\,(n = 1, 2, \cdots),$$

于是,函数 $f(x)$ 的余弦级数展开式为

$$f(x) = \frac{\pi}{2} - \frac{4}{\pi}\left(\cos x + \frac{1}{3^2}\cos 3x + \frac{1}{5^2}\cos 5x + \cdots\right), \forall x \in [0,\pi).$$

12.5.4 以 $2l$ 为周期的周期函数的傅里叶展开式

在实际问题中,我们所遇到的周期函数的周期未必都是 2π,因此,有必要将周期为 2π 的周期函数展开成傅里叶级数的相关理论推广到一般情况.

事实上,若函数 $f(x)$ 的周期为 $2l(l>0)$,满足傅里叶收敛定理的条件,则可按如下路线图将其展开成傅里叶级数.

$$\boxed{\text{周期为 } 2l \text{ 的函数 } f(x)} \xrightarrow[\text{转化成周期为 } 2\pi \text{ 的函数}]{\text{第一步:令 } \frac{\pi x}{l}=t \text{ 或 } x=\frac{lt}{\pi}} \boxed{\text{记 } F(t)=f\left(\frac{lt}{\pi}\right)} \xrightarrow{\text{第二步:将 } F(t) \text{ 展开成傅里叶级数}}$$

$$\rightarrow \boxed{\begin{aligned} & f\left(\frac{lt}{\pi}\right)=F(t)=\frac{a_0}{2}+\sum_{n=1}^{\infty}(a_n\cos nt+b_n\sin nt) \\ & \text{其中 } a_n=\frac{1}{\pi}\int_{-\pi}^{\pi}F(t)\cos nt\,dt,n=0,1,2,\cdots \\ & b_n=\frac{1}{\pi}\int_{-\pi}^{\pi}F(t)\sin nt\,dt,n=0,1,2,\cdots \end{aligned}} \xrightarrow{\text{第三步:将 } t=\frac{\pi x}{l} \text{ 代入上式} \atop \text{还原成函数 } f(x) \text{ 的傅里叶级数}}$$

$$\boxed{\begin{aligned} & f(x)=\frac{a_0}{2}+\sum_{n=1}^{\infty}\left(a_n\cos\frac{n\pi}{l}x+b_n\sin\frac{n\pi}{l}\right) \\ & \text{其中 } a_n=\frac{1}{l}\int_{-l}^{l}f(t)\cos\frac{n\pi}{l}x\,dx,n=0,1,2,\cdots \\ & b_n=\frac{1}{l}\int_{-l}^{l}f(t)\sin\frac{n\pi}{l}x\,dx,n=0,1,2,\cdots \end{aligned}}$$

于是,有如下定理.

定理 12.18 若周期为 $2l$ 的周期函数 $f(x)$ 满足傅里叶级数收敛定理的条件,则 $f(x)$ 可展开成傅里叶级数

$$f(x)=\frac{a_0}{2}+\sum_{n=1}^{\infty}\left(a_n\cos\frac{n\pi}{l}x+b_n\sin\frac{n\pi}{l}x\right),$$

其中

$$a_n=\frac{1}{l}\int_{-l}^{l}f(x)\cos\frac{n\pi}{l}x\,dx\,(n=0,1,2,\cdots),$$

$$b_n=\frac{1}{l}\int_{-l}^{l}f(x)\sin\frac{n\pi}{l}x\,dx\,(n=0,1,2,\cdots).$$

注:1) 傅里叶级数在 $f(x)$ 的第一类间断点 x 处收敛于 $\frac{1}{2}[f(x-0)+f(x+0)]$.

2) 奇函数 $f(x)$ 的傅里叶展开式为正弦级数,即

$$f(x)=\sum_{n=1}^{\infty}b_n\sin\frac{n\pi}{l}x,$$

其中 $b_n=\frac{2}{l}\int_{0}^{l}f(x)\sin\frac{n\pi}{l}x\,dx,n=1,2,\cdots$

3) 偶函数 $f(x)$ 的傅里叶展开式为余弦级数,即

$$f(x)=\frac{a_0}{2}+\sum_{n=1}^{\infty}a_n\cos\frac{n\pi}{l}x,$$

其中 $a_n=\frac{2}{l}\int_{0}^{l}f(x)\cos\frac{n\pi}{l}x\,dx,n=0,1,2,\cdots$

例 12.34 将 $f(x) = 2 + |x|$, $\forall x \in [-1,1)$ 展开成以 2 为周期的傅里叶级数,并求 $\sum_{n=1}^{\infty} \frac{1}{n^2}$ 的和.

解 $f(x) = 2 + |x|$ 满足傅里叶级数收敛定理的条件,从而由收敛定理知 $f(x) = 2 + |x|$ 可展开成余弦级数. 这里 $l = 1$,故傅里叶系数

$$a_0 = \frac{2}{l}\int_0^l f(x)\,dx = 2\int_0^1 (2+x)\,dx = 5,$$

$$a_n = \frac{2}{l}\int_0^l f(x)\cos\frac{n\pi}{l}x\,dx = 2\int_0^1 (2+x)\cos n\pi x\,dx$$

$$= \left(\frac{4\sin n\pi x}{n\pi}\right)\Big|_0^1 + 2\left(x\frac{\sin n\pi x}{n\pi} + \frac{\cos n\pi x}{(n\pi)^2}\right)\Big|_0^1 = 0 + \frac{2(\cos n\pi - 1)}{(n\pi)^2}$$

$$= \frac{2[(-1)^n - 1]}{(n\pi)^2} = \begin{cases} -\dfrac{4}{n^2\pi^2}, & n = 1,3,5,\cdots \\ 0, & n = 2,4,6,\cdots \end{cases}$$

$$b_n = 0, n = 1,2,3,\cdots$$

则 $f(x)$ 的傅里叶级数展开式为

$$f(x) = 2 + |x| = \frac{5}{2} - \frac{4}{\pi^2}\left(\cos\pi x + \frac{1}{3^2}\cos 3\pi x + \frac{1}{5^2}\cos 5\pi x + \cdots + \frac{1}{(2n-1)^2}\cos(2n-1)\pi x + \cdots\right).$$

将 $x = 0$ 代入上式,并整理得

$$1 + \frac{1}{3^2} + \frac{1}{5^2} + \cdots + \frac{1}{(2m-1)^2} + \cdots = \sum_{m=1}^{\infty} \frac{1}{(2m-1)^2} = \frac{\pi^2}{8},$$

于是

$$\sum_{n=1}^{\infty} \frac{1}{n^2} = \sum_{k=1}^{\infty} \frac{1}{(2k)^2} + \sum_{m=1}^{\infty} \frac{1}{(2m-1)^2} = \frac{1}{4}\sum_{k=1}^{\infty} \frac{1}{k^2} + \frac{\pi^2}{8},$$

即

$$\sum_{n=1}^{\infty} \frac{1}{n^2} = \frac{1}{4}\sum_{n=1}^{\infty} \frac{1}{n^2} + \frac{\pi^2}{8},$$

整理得

$$\sum_{n=1}^{\infty} \frac{1}{n^2} = \frac{\pi^2}{6}.$$

例 12.35 将函数 $f(x) = x^2, x \in [0,1)$ 展开成正弦级数.

解 将函数 $f(x) = x^2, x \in [0,1)$ 先作奇式延拓,再周期延拓为以 2 为周期的周期函数,此时满足傅里叶级数收敛定理的条件,从而 $f(x) = x^2, x \in [0,1)$ 可展开成正弦级数. 这里 $l = 1$,傅里叶系数

$$a_n = 0, n = 0,1,2,\cdots$$

$$b_n = \frac{2}{l}\int_0^l f(x)\sin\frac{n\pi}{l}x\,dx = 2\int_0^1 x^2 \sin n\pi x\,dx$$

$$= 2\left[\frac{-x^2}{n\pi}\cos n\pi x + \frac{2x}{n^2\pi^2}\sin n\pi x + \frac{2}{n^3\pi^3}\cos n\pi x\right]\Big|_0^1$$

$$= 2\left[\frac{(-1)^{n+1}}{n\pi} + \frac{2(-1)^n}{n^3\pi^3} - \frac{2}{n^3\pi^3}\right] = \begin{cases} \dfrac{2}{n\pi} - \dfrac{8}{n^3\pi^3}, & n = 1,3,5,\cdots \\ -\dfrac{2}{n\pi}, & n = 2,4,6,\cdots \end{cases}$$

于是,函数 $f(x)$ 的正弦展开式为

$$f(x) = \frac{2}{\pi}\left(\sin \pi x - \frac{1}{2}\sin 2\pi x + \frac{1}{3}\sin 3\pi x - \frac{1}{4}\sin 4\pi x + \cdots\right)$$
$$-\frac{8}{\pi^3}\left(\sin \pi x + \frac{1}{3^3}\sin 3\pi x + \frac{1}{5^3}\sin 5\pi x + \cdots\right), \forall x \in [0,1).$$

思考:例 12.31 与例 12.35 的区别在哪里?

以上各例表明:傅里叶级数理论不仅适用于满足收敛定理条件的周期函数,而且可以应用于部分非周期的函数,这就是傅里叶级数理论的重要价值所在. 另外,傅里叶级数理论也可推广到复数范围内,这在电子技术中经常使用.

习 题 12.5(A)

1. 下列结论不正确的是 ( )

(A) $\int_{-l}^{l} \cos\dfrac{n\pi x}{l}\cos\dfrac{m\pi x}{l}dx = 0 (n \neq m)$ (B) $\int_{-l}^{l} \sin\dfrac{n\pi x}{l}\sin\dfrac{m\pi x}{l}dx = 0 (n \neq m)$

(C) $\int_{-l}^{l} \cos\dfrac{n\pi x}{l}\sin\dfrac{m\pi x}{l}dx = 0$ (D) $\int_{-l}^{l} \sin\dfrac{n\pi x}{l}\sin\dfrac{n\pi x}{l}dx = 0$

2. $f(x)$ 是以 $2l$ 为周期的函数,则 $f(x)$ 的傅里叶级数为 ( )

(A) $a_0 + \sum\limits_{n=1}^{\infty}\left(a_n\cos\dfrac{n\pi x}{l} + b_n\sin\dfrac{n\pi x}{l}\right)$ (B) $\dfrac{a_0}{2} + \sum\limits_{n=1}^{\infty}\left(a_n\cos\dfrac{n\pi x}{l} + b_n\sin\dfrac{n\pi x}{l}\right)$

(C) $\sum\limits_{n=1}^{\infty} b_n\sin\dfrac{n\pi x}{l}$ (D) $\dfrac{a_0}{2} + \sum\limits_{n=1}^{\infty} a_n\cos\dfrac{n\pi x}{l}$

3. $f(x)$ 是以 $2l$ 为周期的函数,当 $f(x)$ 是奇函数时,其傅里叶级数为 ( )

(A) $\dfrac{b_0}{2} + \sum\limits_{n=1}^{\infty} b_n\sin\dfrac{n\pi x}{l}$ (B) $\dfrac{b_0}{2} + \sum\limits_{n=1}^{\infty} b_n\cos\dfrac{n\pi x}{l}$

(C) $\sum\limits_{n=1}^{\infty} b_n\sin\dfrac{n\pi x}{l}$ (D) $\sum\limits_{n=1}^{\infty} b_n\cos\dfrac{n\pi x}{l}$

4. 设 $f(x) = \begin{cases} 0, & -\pi < x \leqslant -\dfrac{\pi}{2}, \\ x - \dfrac{\pi}{2}, & -\dfrac{\pi}{2} < x < 0, \end{cases}$ 已知 $S(x)$ 是以 2π 为周期的函数 $f(x)$ 的正弦级数展开式的和函数,则 $S\left(\dfrac{9\pi}{4}\right) =$ ( )

(A) $-\pi$ (B) $-\dfrac{\pi}{2}$ (C) $\dfrac{3\pi}{4}$ (D) $\dfrac{\pi}{2}$

习 题 12.5(B)

1. 设 $f(x)$ 是周期为 2π 的周期函数,它在 $[-\pi,\pi)$ 上的表达式为
$$f(x)=\begin{cases}-1,&-\pi\leqslant x<0,\\ 1,&0\leqslant x<\pi,\end{cases}$$
将 $f(x)$ 展开成傅里叶级数.

2. 将函数 $f(x)=x+1,x\in[0,\pi]$ 分别展开成正弦级数和余弦级数.

3. 设 $f(x)$ 是周期为 4 的周期函数,它在 $[-2,2)$ 上的表达式为 $f(x)=\begin{cases}0,&-2\leqslant x<0,\\ k,&0\leqslant x<2,\end{cases}$ 常数 $k\neq 0$,将 $f(x)$ 展开成傅里叶级数.

自测题（十二）

一、判断题.

1. 级数 $\sum\limits_{n=10}^{\infty}\dfrac{1}{n}$ 发散. （　　）

2. 若级数 $\sum\limits_{n=1}^{\infty}u_n$ 发散,则 $\lim\limits_{n\to\infty}u_n\neq 0$. （　　）

3. 对级数 $\sum\limits_{n=0}^{\infty}2q^n$,当 $|q|<1$ 时,收敛于 $\dfrac{2}{1-q}$;当 $|q|\geqslant 1$ 时,发散. （　　）

4. 若级数 $\sum\limits_{n=1}^{\infty}(u_n+v_n)$ 收敛,则级数 $\sum\limits_{n=1}^{\infty}u_n$ 和 $\sum\limits_{n=1}^{\infty}v_n$ 均收敛. （　　）

二、填空题.

5. 级数 $\dfrac{1}{2\cdot 5}+\dfrac{1}{5\cdot 8}+\dfrac{1}{8\cdot 11}+\cdots$ 的和 $S=$ _____ .

6. 当 $|x|<1$ 时, $\sum\limits_{n=1}^{\infty}\dfrac{x^n}{3}$ 的和 $S=$ _____ .

7. 设有幂级数 $\sum\limits_{n=1}^{\infty}a_n(x-2)^{2n}$,且 $\lim\limits_{n\to\infty}\left|\dfrac{a_{n+1}}{a_n}\right|=\dfrac{1}{4}$,则该幂级数的收敛区间是 _____ .

8. 把 $\dfrac{2x}{a+bx}(ab\neq 0)$ 展开成 x 的幂级数,其收敛半径 $R=$ _____ .

9. 幂级数 $\sum_{n=0}^{\infty} \dfrac{(2n)!}{(n!)^2} x^{2n}$ 的收敛半径 $R =$ _____.

10. $\lim\limits_{n \to \infty} \dfrac{1}{n} \sum\limits_{k=1}^{n} \dfrac{1}{2^{\frac{3}{2}k}} \left(1 + \dfrac{1}{k}\right)^{k^2} =$ _____.

11. $\lim\limits_{n \to \infty} \prod\limits_{k=1}^{n} (2^k)^{\frac{1}{3^k}} =$ _____.

12. $\lim\limits_{n \to \infty} \dfrac{2^n n!}{n^2} =$ _____.

三、选择题.

13. 下列说法正确的是 ( )

(A) 若 $\sum\limits_{n=1}^{\infty} u_n$ 收敛, 则 $\sum\limits_{n=1}^{\infty} \dfrac{1}{u_n}$ 必发散

(B) 若 $\sum\limits_{n=1}^{\infty} u_n$ 发散, 则 $\sum\limits_{n=1}^{\infty} \dfrac{1}{u_n}$ 必收敛

(C) 若 $\sum\limits_{n=1}^{\infty} u_n$, $\sum\limits_{n=1}^{\infty} v_n$ 都发散, 则 $\sum\limits_{n=1}^{\infty} (v_n + u_n)$ 发散

(D) 若 $\sum\limits_{n=1}^{\infty} u_n$, $\sum\limits_{n=1}^{\infty} v_n$ 都发散, 则 $\sum\limits_{n=1}^{\infty} (u_n v_n)$ 发散

14. 设有两个数列 $\{a_n\}, \{b_n\}$, 若 $\lim\limits_{n \to \infty} a_n = 0$, 则 ( )

(A) 当 $\sum\limits_{n=1}^{\infty} b_n$ 收敛时, $\sum\limits_{n=1}^{\infty} a_n b_n$ 收敛

(B) 当 $\sum\limits_{n=1}^{\infty} b_n$ 发散时, $\sum\limits_{n=1}^{\infty} a_n b_n$ 发散

(C) 当 $\sum\limits_{n=1}^{\infty} |b_n|$ 收敛时, $\sum\limits_{n=1}^{\infty} a_n^2 b_n^2$ 收敛

(D) 当 $\sum\limits_{n=1}^{\infty} |b_n|$ 发散时, $\sum\limits_{n=1}^{\infty} a_n^2 b_n^2$ 发散

15. 设 a 为常数, 则级数 $\sum\limits_{n=1}^{\infty} \left[\dfrac{\sin(na)}{n^2} - \dfrac{1}{\sqrt{n}} \right]$ ( )

(A) 条件收敛   (B) 绝对收敛
(C) 发散   (D) 敛散性与 a 的取值有关

16. 下列级数中, 条件收敛的是 ( )

(A) $\sum\limits_{n=1}^{\infty} (-1)^{n-1} \left(\dfrac{1}{2}\right)^n$ (B) $\sum\limits_{n=1}^{\infty} (-1)^n \dfrac{1}{n^2}$

(C) $\sum\limits_{n=1}^{\infty} \dfrac{(-1)^n}{\sqrt[n]{5}}$ (D) $\sum\limits_{n=1}^{\infty} (-1)^{n-1} \dfrac{1}{\sqrt{n}}$

17. 设级数 $\sum\limits_{n=1}^{\infty} u_n$ 收敛, 则必收敛的级数为 ( )

(A) $\sum\limits_{n=1}^{\infty} u_n^2$ (B) $\sum\limits_{n=1}^{\infty} (-1)^n \dfrac{u_n}{n}$

(C) $\sum\limits_{n=1}^{\infty} (u_{2n-1} - u_{2n})$ (D) $\sum\limits_{n=1}^{\infty} (u_n + u_{n+1})$

18. 下列级数中,绝对收敛的是 ( )

(A) $\sum_{n=1}^{\infty} (-1)^{n+1} \dfrac{1}{n}$ (B) $\sum_{n=1}^{\infty} \dfrac{(-1)^n}{\ln n}$

(C) $\sum_{n=1}^{\infty} \dfrac{(-1)^n}{\sqrt[n]{n}}$ (D) $\sum_{n=1}^{\infty} \dfrac{(-1)^{n+1}}{n\sqrt{n}}$

19. 设 $u_n \neq 0$,且 $\lim\limits_{n\to\infty} \dfrac{n}{u_n}=1$,则级数 $\sum_{n=1}^{\infty} (-1)^{n+1}\left(\dfrac{1}{u_n}+\dfrac{1}{u_{n+1}}\right)$ ( )

(A) 发散 (B) 绝对收敛

(C) 条件收敛 (D) 收敛性不能判定

20. 幂级数 $\sum_{n=0}^{\infty} (-1)^n \dfrac{x^{2n+2}}{(2n+1)!}$ 在区间 $(-\infty,+\infty)$ 内收敛于 ( )

(A) $\sin x$ (B) $\cos x$

(C) $x\sin x$ (D) $x\cos x$

21*. 设 $f(x) = \begin{cases} x, & 0 \leqslant x \leqslant \dfrac{1}{2}, \\ 2-2x, & \dfrac{1}{2}<x<1, \end{cases}$ $S(x) = \dfrac{a_0}{2} + \sum_{n=0}^{\infty} a_n \cos n\pi x, -\infty<x<+\infty$,其中 $a_n = 2\int_0^1 f(x)\cos n\pi x\, \mathrm{d}x\,(n=0,1,2,\cdots)$,则 $S\left(-\dfrac{5}{2}\right) =$ ( )

(A) $\dfrac{1}{2}$ (B) $-\dfrac{1}{2}$ (C) $\dfrac{3}{4}$ (D) $-\dfrac{3}{4}$

四、判别下列级数的敛散性.

22. $\sum_{n=1}^{\infty} \dfrac{1}{\sqrt{n^2+n}}$;

23. $\sum_{n=1}^{\infty} (-1)^n \dfrac{1}{2^n}\left(1+\dfrac{1}{n}\right)^{n^2}$;

24. $\sum_{n=1}^{\infty} \dfrac{3^n n!}{n^n}$;

25. $\sum_{n=1}^{\infty} \dfrac{a^n}{2n-1}\,(a>0)$;

26. $\sum_{n=1}^{\infty} n\sin\dfrac{\pi}{2^{n+1}}$;

27. $1+\dfrac{2}{3}+\dfrac{3}{5}+\dfrac{4}{7}+\dfrac{5}{9}+\cdots$

五、判别下列级数是否收敛?如果收敛,是绝对收敛还是条件收敛?

28. $\sum_{n=1}^{\infty} (-1)^{n-1}\left(\dfrac{1}{n}-\dfrac{1}{n+1}\right)$;

29. $\sum_{n=1}^{\infty} \dfrac{\sin\left(n\pi+\dfrac{\pi}{2}\right)}{\ln(n+1)}$;

30. $\sum_{n=1}^{\infty} \dfrac{\sin n\alpha}{\sqrt{n^3}}$ (α 为常数).

六、求下列幂级数的收敛区间,并在收敛区间内求其和函数.

31. $\sum_{n=2}^{\infty} \dfrac{n}{n-1}x^{n-1}$;

32. $\sum_{n=0}^{\infty} \dfrac{4n^2+4n+3}{2n+1}x^{2n}$.

七、将下列函数展开成 x 的幂级数.

33. $\dfrac{1}{(2-x)^2}$;

34. $f(x) = \begin{cases} \dfrac{1+x^2}{x}\arctan x, & x\neq 0, \\ 1, & x=0, \end{cases}$ 并求 $\sum_{n=1}^{\infty} \dfrac{(-1)^n}{1-4n^2}$ 的和.

八、综合题.

35. 设 $a_n = \int_0^{\frac{\pi}{4}} \tan^n x \, dx$，(1) 求 $\sum_{n=1}^{\infty} \frac{1}{n}(a_n + a_{n+2})$ 的值；(2) 对任意的常数 $\lambda > 0$，证级数 $\sum_{n=1}^{\infty} \frac{a_n}{n^\lambda}$ 收敛.

36. 设正项级数 $\{a_n\}$ 单调减少，且 $\sum_{n=1}^{\infty} (-1)^n a_n$ 发散，试问级数 $\sum_{n=1}^{\infty} \left(\frac{1}{a_n+1}\right)^n$ 是否收敛？并说明理由.

37. 证明方程 $x^n + nx - 1 = 0$ 存在唯一正实根 x_n，并在 $\alpha > 1$ 时，级数 $\sum_{n=1}^{\infty} x_n^\alpha$ 收敛，其中 n 为正整数.

38. 设 a_n 为曲线 $y = x^n$ 与 $y = x^{n+1}$ ($n = 1, 2, \cdots$) 所围区域的面积，记 $S_1 = \sum_{n=1}^{\infty} a_n$，$S_2 = \sum_{n=1}^{\infty} a_{2n-1}$，求 S_1 与 S_2 的值.

39. 设有幂级数 $\sum_{n=1}^{\infty} a_n x^n$ 与 $\sum_{n=1}^{\infty} b_n x^n$，若 $\lim_{n\to\infty} \frac{a_{n+1}}{a_n} = \frac{3}{\sqrt{5}}$，$\lim_{n\to\infty} \frac{b_{n+1}}{b_n} = 3$，试求级数 $\sum_{n=1}^{\infty} \frac{a_n^2}{b_n^2} x^n$ 的收敛半径.

40. 求幂级数 $\sum_{n=1}^{\infty} \frac{1}{3^n + (-2)^n} \cdot \frac{x^n}{n}$ 的收敛区域.

41. 若 $f(x) = x^2 \ln(1+x)$，求 $f^{(n)}(0)$ ($n \geq 3$).

42. 求幂级数 $1 + \sum_{n=1}^{\infty} (-1)^n \frac{x^{2n}}{2n}$ ($|x| < 1$) 的和函数 $f(x)$ 及其极值.

43*. 设 $f(x)$ 在 $[0,1]$ 上具有二阶导数，且满足条件 $|f(x)| \leq a$，$|f''(x)| \leq b$，其中 a, b 都是非负常数，c 是 $(0,1)$ 内任意一点，证明 $|f'(c)| \leq 2a + \frac{b}{2}$.

44. 设篮球架上的篮筐到地面的距离为 3.05 m，一学生投篮未进，篮球落到地面后反弹到原高度的 40% 处，落地后又反弹，后一次反弹的高度总是前一次高度的 40%．这样一直反弹下去，试求篮球反弹的高度之和.

第13章 场论与向量函数初步

扫码查看
☐ 衔接拓展 ☐ 学习秘诀
☐ 干货精讲 ☐ 精品课程

数学与物理密不可分,数学为物理研究提供模型与算法,物理为数学提供原型与实践.物理中场的概念最初由法拉第提出,是一类以时空为变数的物理量.

13.1 场论初步

知识衔接

写出牛顿-莱布尼兹公式＿＿＿＿＿＿＿＿＿＿＿＿＿＿＿＿＿＿＿＿＿＿.
写出格林公式＿＿＿＿＿＿＿＿＿＿＿＿＿＿＿＿＿＿＿＿＿＿＿＿＿＿＿.
写出高斯公式＿＿＿＿＿＿＿＿＿＿＿＿＿＿＿＿＿＿＿＿＿＿＿＿＿＿＿.
写出斯托克斯公式＿＿＿＿＿＿＿＿＿＿＿＿＿＿＿＿＿＿＿＿＿＿＿＿.
写出第一型曲面积分中值公式＿＿＿＿＿＿＿＿＿＿＿＿＿＿＿＿＿＿.

13.1.1 场的概念

在空间或部分空间上分布物理量后就构成了**场**.尽管不同场的物理特征相异,但在数学结构上却有共同的形式.通常根据场的数量特征将场分为**数量场**和**向量场**.温度场、湿度场和密度场等都是数量场,重力场、速度场、电场和磁场等都是向量场.

在引入直角坐标系后,点 M 的位置可由坐标确定.此时,给定的数量场就与某数量函数 $u(x,y,z)$ 相对应.例如,三维空间的温度场可表示为 $T(x,y,z)$,密度场可表示为 $\rho(x,y,z)$,等等.

类似地,在三维空间中引进直角坐标系后,给定的向量场就与某向量函数
$$A(x,y,z)=P(x,y,z)\boldsymbol{i}+Q(x,y,z)\boldsymbol{j}+R(x,y,z)\boldsymbol{k}$$
($P(x,y,z),Q(x,y,z),R(x,y,z)$ 为向量函数 $A(x,y,z)$ 在三个坐标轴上的投影)
或
$$(P(x,y,z),Q(x,y,z),R(x,y,z))$$
相对应.例如,变力场

$$F(x,y,z) = P(x,y,z)i + Q(x,y,z)j + R(x,y,z)k$$

及不均匀流体对应的速度场

$$A(x,y,z) = P(x,y,z)i + Q(x,y,z)j + R(x,y,z)k,$$

等等.

若向量场 A 中某曲线 L 上每一点处的切线方向都与向量 A 在该点的方向一致,即

$$\frac{\mathrm{d}x}{P} = \frac{\mathrm{d}y}{Q} = \frac{\mathrm{d}z}{R},$$

则称曲线 L 为向量场 A 的**向量场线**(图 13-1). 平常所说的磁力线、电力线就是磁场与电场中的向量场线. 向量线组成的曲面叫**向量面**,管形的向量面叫**向量管**.

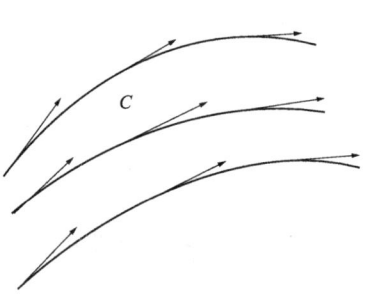

图 13-1

需要注意的是,场的性质是它本身的属性,通常只与位置和时间有关,而和坐标系的选取无关;当场的性质只与位置有关时称为**稳定场**,否则称为**不稳定场**. 引入某种坐标系只是为了方便使用数学方法进行有关场的计算和研究.

13.1.2 梯度场

定义 13.1 由数量场 $u(x,y,z)$ 生成的向量场 $\frac{\partial u}{\partial x}i + \frac{\partial u}{\partial y}j + \frac{\partial u}{\partial z}k = \left(\frac{\partial u}{\partial x}, \frac{\partial u}{\partial y}, \frac{\partial u}{\partial z}\right)$ 叫作 $u(x,y,z)$ 的梯度场,记作 $\mathrm{grad}\, u$,即

$$\mathrm{grad}\, u = \frac{\partial u}{\partial x}i + \frac{\partial u}{\partial y}j + \frac{\partial u}{\partial z}k = \left(\frac{\partial u}{\partial x}, \frac{\partial u}{\partial y}, \frac{\partial u}{\partial z}\right).$$

不难看出,梯度实现了"数量场"向"向量场"的一种转化.

基于梯度的概念,方向导数

$$\frac{\partial f}{\partial l} = \frac{\partial f}{\partial x}\cos\alpha + \frac{\partial f}{\partial y}\cos\beta + \frac{\partial f}{\partial z}\cos\gamma = \mathrm{grad}\, f \cdot l_0$$

($l_0 = (\cos\alpha, \cos\beta, \cos\gamma)$ 为 l 的单位方向向量,如图 13-2 所示)

$$= |\mathrm{grad}\, f| \cdot |l_0|\cos\theta \quad (\theta \text{ 为线 } l \text{ 与梯度的夹角})$$
$$= |\mathrm{grad}\, f|\cos\theta.$$

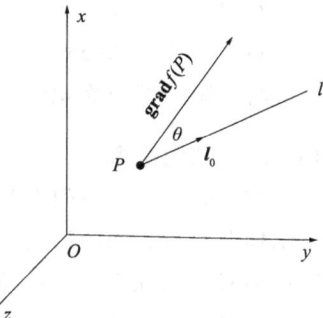

图 13-2

上式表明:梯度 $\mathrm{grad}\, f$ 的方向就是使方向导数 $\frac{\partial f}{\partial l}$ 达到最大值的方向,即函数 f 沿其梯度方向变化最快.

记 $\nabla = \left(\frac{\partial}{\partial x}, \frac{\partial}{\partial y}, \frac{\partial}{\partial z}\right)$,作为运算符号,称为**梯度算子**或**哈密顿(Hamilton)算子**[①],则

$$\mathrm{grad}\, u = \nabla u.$$

易证梯度具有如下性质.

(1) 若 u, v 是数量函数,则

---

① 哈密顿算子是含有微分运算的向量算子.

$$\nabla C = 0\,(C\text{ 是常量}),$$
$$\nabla(\lambda u + \mu v) = \lambda \nabla u + \mu \nabla v,$$
$$\nabla(uv) = u(\nabla v) + (\nabla u)v,$$
$$\nabla\left(\frac{u}{v}\right) = \frac{1}{v^2}(v\nabla u - u\nabla v).$$

特别地,
$$\nabla(u^2) = 2u(\nabla u).$$

(2) 若 $f=f(u), u=u(x,y,z)$,则
$$\nabla f = f'(u)\nabla u.$$

一般地,若 $f=f(u_1, u_2, \cdots, u_m), u_i = u_i(x,y,z)$,则
$$\nabla f = \sum_{i=1}^{m} \frac{\partial f}{\partial u_i} \nabla u_i.$$

注:由梯度性质(1)知梯度算子满足线性性质.

在三维空间的数量场 $f(x,y,z)$ 中,等式
$$f(x,y,z) = C\,(C\text{ 为常数})$$
表示数量场中的等值面①(如温度场 $T(x,y,z)$ 中的等温面 $T(x,y,z)=C$). 根据等值面的定义知,过数量场中的每一点只有一个等值面,且等值面彼此不相交(图 13-3). 若点 $P_0(x_0, y_0, z_0)$ 为等值面 $f(x,y,z)=C$ 上一点,则等值面在点 P_0 的法线方程为
$$\frac{x-x_0}{\dfrac{\partial f(P_0)}{\partial x}} = \frac{y-y_0}{\dfrac{\partial f(P_0)}{\partial y}} = \frac{z-z_0}{\dfrac{\partial f(P_0)}{\partial z}},$$

等值面的法线方向向量就是梯度
$$\mathbf{grad}\, f(P_0) = \left(\frac{\partial f(P_0)}{\partial x}, \frac{\partial f(P_0)}{\partial y}, \frac{\partial f(P_0)}{\partial z}\right),$$

因此,数量场的梯度方向就是等值面的法线方向,且由数值小的等值面指向数值大的等值面.

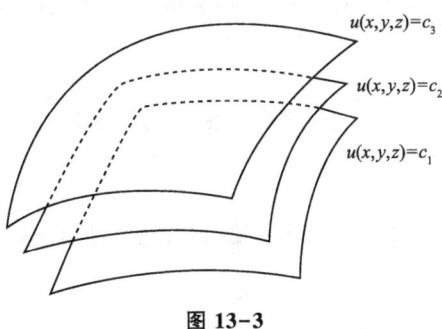

图 13-3

思考:在温度场中热的流动沿哪个方向最快?

13.1.3 散度场

定义 13.2 由向量场 $\mathbf{A}(x,y,z) = P(x,y,z)\mathbf{i} + Q(x,y,z)\mathbf{j} + R(x,y,z)\mathbf{k}$(其中 P, Q, R 具

有一阶连续偏导数)生成的数量场 $H(x,y,z) = \dfrac{\partial P}{\partial x} + \dfrac{\partial Q}{\partial y} + \dfrac{\partial R}{\partial z}$ 叫作向量场 $\boldsymbol{A}$ 的**散度**①,记作 $\mathrm{div}\,\boldsymbol{A}$,即

$$\mathrm{div}\,\boldsymbol{A} = \frac{\partial P}{\partial x} + \frac{\partial Q}{\partial y} + \frac{\partial R}{\partial z}.$$

不难看出,散度实现了"向量场"向"数量场"的一种转化,并且 $\boldsymbol{A}$ 的散度可表示梯度算子 ∇ 与 $\boldsymbol{A}$ 的"数性积",即

$$\mathrm{div}\,\boldsymbol{A} = \nabla \cdot \boldsymbol{A}.$$

定义 13.3 设 S 是向量场 $\boldsymbol{A}(x,y,z) = P(x,y,z)\boldsymbol{i} + Q(x,y,z)\boldsymbol{j} + R(x,y,z)\boldsymbol{k}$(其中 P,Q,R 具有一阶连续偏导数)内的一片有向曲面,$\boldsymbol{n}$ 是 S 上点 (x,y,z) 处的单位法向量,则曲面积分 $\iint\limits_{S} \boldsymbol{A} \cdot \boldsymbol{n}\,\mathrm{d}S$ 叫作向量场 $\boldsymbol{A}$ 通过曲面 S 向着 $\boldsymbol{n}$ 指定侧的**通量**(或**流量**).

注:通常记 $\boldsymbol{n}\mathrm{d}S = \mathrm{d}\boldsymbol{S}$ 表示通过曲面面积微元的通量,如图 13-4 所示.

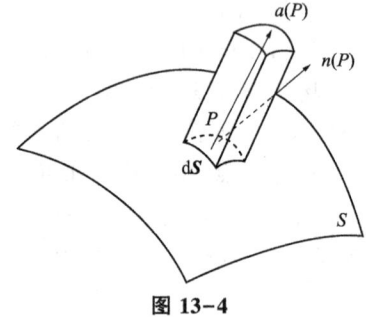

图 13-4

引进散度和通量后,高斯公式

$$\iiint\limits_{V}\left(\frac{\partial P}{\partial x} + \frac{\partial Q}{\partial y} + \frac{\partial R}{\partial z}\right)\mathrm{d}x\mathrm{d}y\mathrm{d}z = \oiint\limits_{S} P\mathrm{d}y\mathrm{d}z + Q\mathrm{d}z\mathrm{d}x + R\mathrm{d}x\mathrm{d}y$$

和

$$\iiint\limits_{V}\left(\frac{\partial P}{\partial x} + \frac{\partial Q}{\partial y} + \frac{\partial R}{\partial z}\right)\mathrm{d}x\mathrm{d}y\mathrm{d}z = \oiint\limits_{S} (P\cos\alpha + Q\cos\beta + R\cos\gamma)\mathrm{d}S$$

可改写为

$$\iiint\limits_{V} \mathrm{div}\,\boldsymbol{A}\,\mathrm{d}x\mathrm{d}y\mathrm{d}z = \oiint\limits_{S} \boldsymbol{A} \cdot \mathrm{d}\boldsymbol{S} \tag{13.1}$$

和

$$\iiint\limits_{V} \mathrm{div}\,\boldsymbol{A}\,\mathrm{d}x\mathrm{d}y\mathrm{d}z = \oiint\limits_{S} \boldsymbol{A} \cdot \boldsymbol{n}\,\mathrm{d}S = \oiint\limits_{S} A_{n}\mathrm{d}S, \tag{13.2}$$

或

$$\iiint\limits_{V} \nabla \cdot \boldsymbol{A}\,\mathrm{d}x\mathrm{d}y\mathrm{d}z = \oiint\limits_{S} \boldsymbol{A} \cdot \mathrm{d}\boldsymbol{S} \tag{13.3}$$

和

---

① 在平面数量场中 $f(x,y) = C$ 表示等值线或等位线.

$$\iiint_V \nabla \cdot A \, dxdydz = \oiint_S A \cdot n \, dS = \oiint_S A_n \, dS \quad (13.4)$$

的形式,其中 $dS = (dydz, dzdx, dxdy)$,$n = \{\cos\alpha, \cos\beta, \cos\gamma\}$ 是 S 在点 (x,y,z) 处正侧的单位法向量,$A_n = A \cdot n = P\cos\alpha + Q\cos\beta + R\cos\gamma$ 是向量 A 在曲面 S 的外侧法向量上的投影.

事实上,某点处的散度是体上该点处的瞬时流量.因为,若设空间体 V 的体积为 $\overline{V}$,则由高斯公式

$$\iiint_V \left(\frac{\partial P}{\partial x} + \frac{\partial Q}{\partial y} + \frac{\partial R}{\partial z}\right) dxdydz = \oiint_S Pdydz + Qdzdx + Rdxdy$$

知

$$\frac{1}{\overline{V}}\iiint_V \left(\frac{\partial P}{\partial x} + \frac{\partial Q}{\partial y} + \frac{\partial R}{\partial z}\right) dxdydz = \frac{1}{\overline{V}}\oiint_S Pdydz + Qdzdx + Rdxdy, \quad (13.5)$$

(式(13.5)右端表示 V 内源头在单位时间单位体积内产生的流体流量的平均值)
对上式使用积分中值定理得

$$\left(\frac{\partial P}{\partial x} + \frac{\partial Q}{\partial y} + \frac{\partial R}{\partial z}\right)\bigg|_{(\xi,\eta,\zeta)} = \frac{1}{\overline{V}}\oiint_S Pdydz + Qdzdx + Rdxdy.$$

使体 V 缩向一点 $M(x,y,z)$,对上式求极限得

$$\frac{\partial P}{\partial x} + \frac{\partial Q}{\partial y} + \frac{\partial R}{\partial z} = \lim_{V \to M} \frac{1}{\overline{V}}\oiint_S Pdydz + Qdzdx + Rdxdy.$$

于是

$$\text{div } A = \frac{\partial P}{\partial x} + \frac{\partial Q}{\partial y} + \frac{\partial R}{\partial z} = \lim_{V \to M} \frac{1}{\overline{V}}\oiint_S Pdydz + Qdzdx + Rdxdy.$$

上式右端表示点 M 处的散度是通量对体积 $\overline{V}$ 的变化率,因此,散度也称为单位体积上穿出的通量、通量密度或源的强度.当 $\text{div } A|_M > 0$,表明单位时间内,点 M 处有流体流出,于是称该点为源;相反,当 $\text{div } A|_M < 0$ 时,表明单位时间内,点 M 处有流体流入,于是称该点为汇.因此,**高斯公式的物理意义**为:分布在 V 内的源头在单位时间内所产生的流体总流量等于单位时间内离开闭区域 V 的表面 S 的流体总流量.

易证散度具有如下性质.

若 A, B 是向量函数,$\varphi = \varphi(x,y,z)$ 是数量函数,则

(1) $\nabla \cdot (\lambda A + \mu B) = \lambda \nabla \cdot A + \mu \nabla \cdot B$;

(2) $\nabla \cdot (\varphi A) = \nabla \varphi \cdot A + \varphi \nabla \cdot A$;

(3) $\nabla \cdot \nabla \varphi = \frac{\partial^2 \varphi}{\partial x^2} + \frac{\partial^2 \varphi}{\partial y^2} + \frac{\partial^2 \varphi}{\partial z^2}$.

梯度算子 ∇ 的内积 $\nabla \cdot \nabla = \frac{\partial^2}{\partial x^2} + \frac{\partial^2}{\partial y^2} + \frac{\partial^2}{\partial z^2}$ 称为拉普拉斯(Laplace)算子,记作 Δ,于是

$$\nabla \cdot \nabla \varphi = \Delta \varphi.$$

注:1)符号 $\nabla \cdot$ 相当于 div,表示对某向量函数进行散度运算.

2)散度性质(1)表明散度算子仍满足线性性质.

13.1.4 旋度场

定义 13.4 由向量场
$$A = (P(x,y,z), Q(x,y,z), R(x,y,z))$$
确定的向量场
$$\left(\frac{\partial R}{\partial y} - \frac{\partial Q}{\partial z}\right)\boldsymbol{i} + \left(\frac{\partial P}{\partial z} - \frac{\partial R}{\partial x}\right)\boldsymbol{j} + \left(\frac{\partial Q}{\partial x} - \frac{\partial P}{\partial y}\right)\boldsymbol{k}$$
称为向量场 A 的**旋度**,记为 rot A,即
$$\text{rot } A = \left(\frac{\partial R}{\partial y} - \frac{\partial Q}{\partial z}\right)\boldsymbol{i} + \left(\frac{\partial P}{\partial z} - \frac{\partial R}{\partial x}\right)\boldsymbol{j} + \left(\frac{\partial Q}{\partial x} - \frac{\partial P}{\partial y}\right)\boldsymbol{k}.$$

为了记忆的方便,常将旋度记作
$$\text{rot } A = \begin{vmatrix} \boldsymbol{i} & \boldsymbol{j} & \boldsymbol{k} \\ \dfrac{\partial}{\partial x} & \dfrac{\partial}{\partial y} & \dfrac{\partial}{\partial z} \\ P & Q & R \end{vmatrix}.$$

不难看出,旋度实现了一种"向量场"向另一种"向量场"的转化.旋度的算子形式为
$$\text{rot } A = \nabla \times A.$$

在旋度场中,斯托克斯公式的向量形式为
$$\iint_S \text{rot } A \cdot d\boldsymbol{S} = \oint_\Gamma A \cdot d\boldsymbol{S},$$
$$\iint_S \text{rot } A \cdot \boldsymbol{n} dS = \oint_\Gamma A \cdot \boldsymbol{\tau} dS,$$
$$\iint_S (\text{rot } A)_n dS = \oint_\Gamma A_\tau dS,$$
$$\iint_S \nabla \times A \cdot d\boldsymbol{S} = \oint_\Gamma A \cdot d\boldsymbol{S},$$
$$\iint_S \nabla \times A \cdot \boldsymbol{n} dS = \oint_\Gamma A \cdot \boldsymbol{\tau} dS,$$
$$\iint_S (\nabla \times A)_n dS = \oint_\Gamma A_\tau dS.$$

其中 $\boldsymbol{n}$ 是曲面 S 上点 (x,y,z) 处正侧的单位法向量,$\boldsymbol{\tau}$ 是 S 的边界闭曲线 Γ 上点 (x,y,z) 处沿正向的单位切向量,A_τ 为向量 A 在 $\boldsymbol{\tau}$ 上的投影.

在物理学中,将沿有向闭曲线 Γ 的曲线积分
$$\oint_\Gamma P dx + Q dy + R dz = \oint_\Gamma A_\tau dS$$
称为向量场 A 沿有向闭曲线 Γ 的**环流量**.

于是,斯托克斯公式的物理意义为:向量场 A 沿有向闭曲线 Γ 的环流量等于向量场 A 的旋度通过 Γ 所张成的任意曲面 S 的通量.

类似于对散度即通量密度的探讨,利用斯托克斯公式及积分中值定理可知
$$(\text{rot } A \cdot \boldsymbol{n}_0)_{M_0} = \lim_{S \to M_0} \frac{1}{S} \oint_L A \cdot \boldsymbol{\tau}_0 dS, \tag{13.6}$$

其中 n_0 为曲面 S 在 M_0 处正侧的单位法向量,τ_0 为沿曲线 L 正方向的单位切向量,$\bar{S}$ 为曲面 S 的面积.

等式(13.6)表明,旋度$(\text{rot } A)_{M_0}$ 在 n_0 上的投影等于流速场 A 在点 M_0 处绕方向 n_0 的环流密度. 旋度的方向是 A 在点 M_0 处最大环量密度的方向,旋度的模是最大环量密度.

利用梯度、散度、旋度等定义可证旋度具有如下基本性质.

若 A,B 是向量函数,φ 是数量函数,则

(1) $\quad \nabla \times (\lambda A + \mu B) = \lambda \nabla \times A + \mu \nabla \times B,$
$$\nabla \times (\varphi A) = \nabla \varphi \times A + \varphi (\nabla \times A),$$
$$\nabla \times (A \times B) = (B \cdot \nabla)A - (A \cdot \nabla)B + (\nabla \cdot B)A - (\nabla \cdot A)B,$$
$$\nabla \times \nabla \varphi = 0,$$
$$\nabla \times (\nabla \times A) = \nabla(\nabla \cdot A) - \nabla^2 A = \nabla(\nabla \cdot A) - \Delta A;$$

(2) $\quad \nabla(A \cdot B) = A \times (\nabla \times B) + B \times (\nabla \times A) + (A \cdot \nabla)B + (B \cdot \nabla)A;$

(3) $\quad \nabla \cdot (\nabla \times A) = 0,$
$$\nabla \cdot (A \times B) = B \cdot \nabla \times A - A \cdot \nabla \times B.$$

注:1)符号 $\nabla \times$ 相当于 rot,表示对某向量函数进行旋度运算;

2)旋度性质(1)表明旋度算子也满足线性性质;

3)这里的性质(2)、(3)事实上是对梯度、散度性质的补充.

13.1.5 几种特殊的向量场

1. 管量场

定义 13.5 1)若一个向量场 A 的散度恒为零,即 $\text{div } A \equiv 0$,则称向量场 A 为无源场;

2)若在向量场 A 中作一向量管,流体通过向量管的任意断面的流量都是相同的,则称向量场 A 为**管量场**.通过断面的相同的流量称为向量管的**强度**.

当向量场 A 为无源场时,由高斯公式知,此时沿场内任何封闭曲面的曲面积分

$$\oiint_S A \cdot dS = \oiint_S A \cdot n \, dS \equiv 0.$$

用平面 S_1, S_2 去截场 A 中的向量管,以 S_3 表示截出的管的表面,则 S_1, S_2 与 S_3 围成一封闭曲面(图 13-5),于是

$$\oiint_S A \cdot n \, dS = \iint_{S_1 外侧} A \cdot n \, dS + \iint_{S_2 外侧} A \cdot n \, dS + \iint_{S_3 外侧} A \cdot n \, dS = 0,$$

由向量线与曲面的法线正交知

$$\iint_{S_3 外侧} A \cdot n \, dS = 0,$$

因此

$$\iint_{S_1 外侧} A \cdot n \, dS + \iint_{S_2 外侧} A \cdot n \, dS = 0,$$

即

$$\iint\limits_{S_1\text{外侧}} \boldsymbol{A} \cdot \boldsymbol{n} \mathrm{d}S = \iint\limits_{S_2\text{外侧}} \boldsymbol{A} \cdot \boldsymbol{n} \mathrm{d}S. \tag{13.7}$$

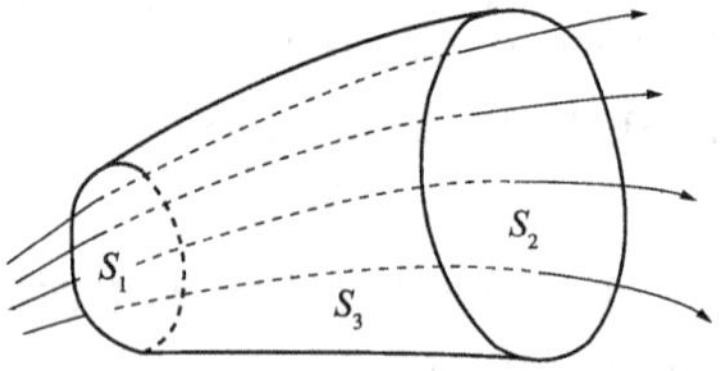

图 13-5

式(13.7)表明:流体通过向量管的任意断面的流量都是相同的.因此,有结论:无源场等价于管量场.

2. 位场与势场

定义 13.6 1)若一个向量场 $\boldsymbol{A}$ 的旋度恒为零,即 rot $\boldsymbol{A} \equiv 0$,则称向量场 $\boldsymbol{A}$ 为无旋场①.

2)若存在函数 $u(x,y,z)$,使得 $\mathrm{d}u = P\mathrm{d}x + Q\mathrm{d}y + R\mathrm{d}z$ 或 **grad** $u = \boldsymbol{A} = (P,Q,R)$,则称向量场 $\boldsymbol{A} = (P,Q,R)$ 为有势场,函数 u 称为 $\boldsymbol{A}$ 的**势函数**.

3)若 $L_{(M_0M)}$ 为向量场 $\boldsymbol{A} = (P,Q,R)$ 内以点 $M_0(x_0,y_0,z_0)$ 为始点、$M(x,y,z)$ 为终点的任意曲线,积分 $\int_{L_{(M_0M)}} P\mathrm{d}x + Q\mathrm{d}y + R\mathrm{d}z$ 只与始点、终点有关,则称向量场 $\boldsymbol{A}$ 为**位场**或**保守场**.

显然,当向量场 $\boldsymbol{A}$ 为无旋场时,由斯托克斯公式知

$$\text{rot } \boldsymbol{A} \equiv 0$$

等价于向量场内任何封闭曲线的曲线积分

$$\oint_L \boldsymbol{A} \cdot \mathrm{d}\boldsymbol{S} = \oint_L P\mathrm{d}x + Q\mathrm{d}y + R\mathrm{d}z = 0. \tag{13.8}$$

式(13.8)等价于

$$\int_{L_{(M_0M)}} P\mathrm{d}x + Q\mathrm{d}y + R\mathrm{d}z = \int_{L_{(M_0M)}} \mathbf{grad}\, u \cdot \mathrm{d}\boldsymbol{S} = u(x,y,z)\Big|_{M_0}^{M} = u(x,y,z) - u(x_0,y_0,z_0).$$
$$\tag{13.9}$$

式(13.9)表明:无旋场 $\boldsymbol{A}$ 中任何曲线积分只与势函数和初始点及终点的位置有关,而与连接始点、终点的曲线无关.因此,有如下结论:

$$\boldsymbol{A} \text{ 为位场} \Leftrightarrow \boldsymbol{A} \text{ 为势场} \Leftrightarrow \boldsymbol{A} \text{ 无旋场} \Leftrightarrow \boldsymbol{A} \text{ 沿任何闭曲线的环量为零}. \tag{13.10}$$

当然,无旋场也是某向量场是某数量场的梯度场的充要条件.

3. 调和场

定义 13.7 若函数 u 满足等式 $\dfrac{\partial^2 u}{\partial x^2} + \dfrac{\partial^2 u}{\partial y^2} + \dfrac{\partial^2 u}{\partial z^2} = 0$,则称 u 为**调和函数**,调和函数 u 分布的数量场称为**调和场**.

当一个向量场 $\boldsymbol{A}$ 既是管量场,又是有势场时,必存在势函数 u,使得

---

① rot $\boldsymbol{A}|_P \neq 0$ 表明点 P 有漩涡,旋度越大表示旋转越快.

且
$$\nabla u = A,$$
$$\nabla \cdot A = 0,$$
因此
$$\nabla \cdot A = \nabla \cdot \nabla u = \nabla^2 u = \Delta u = 0,$$
即
$$\frac{\partial^2 u}{\partial x^2} + \frac{\partial^2 u}{\partial y^2} + \frac{\partial^2 u}{\partial z^2} = 0.$$

因此,既是管量场,又是有势场的向量场等价于调和场.

习 题 13.1

1. 求下列向量 A 穿过曲面 Σ 流向指定侧的流量.
(1) $A = 3yzi + 3yzj + 3yzk$,Σ 为圆柱 $x^2 + y^2 \leqslant a^2 (0 \leqslant z \leqslant h)$ 的全表面,流向外侧;
(2) $A = x^2 i + y^2 k$,Σ 为曲面 $z = x^2 + y^2$ 与平面 $z = 1$ 所围成立体的全表面,流向外侧.
2. 求向量场 $A = (x^2 y + y^3) i + (x^3 - xy^2) j + (x^3 - xy^2) k$ 的散度.
3. 求向量场 $A = -yi + xj + ck$ (c 为常数) 沿闭曲线 $\Gamma: x^2 + y^2 = 1, z = 0$ (从 z 轴正向看去,Γ 依逆时针方向) 的环流量.
4. 证明本节中梯度的基本性质公式.
5. 证明本节中散度的基本性质公式.
6. 证明本节中旋度的基本性质公式.

13.2 向量函数初步

知识衔接

写出一元函数极限 $\lim\limits_{x \to x_0} f(x) = A$ 的 $\varepsilon\text{-}\delta$ 定义式_____.

写出一元函数导数 $f'(x_0) = A$ 的定义式_____.

写出定积分 $\int_a^b f(x) \mathrm{d}x$ 的定义_____.

13.2.1 一元向量函数的微分

定义 13.8 设 I 为实轴上的一个区间,若对于每个 $t \in I$,都有唯一的一个向量 $x(t)$ 与

之对应，则称 $x(t)$ 是 t 的**向量函数**，记为

$$x = x(t) = x_1(t)e_1 + x_2(t)e_2 + \cdots + x_n(t)e_n, \forall t \in I$$

或

$$x = (x_1(t), x_2(t), \cdots, x_n(t)), \forall t \in I,$$

其中 I 为定义域，定义在 I 上的实值函数 $x_1(t), x_2(t), \cdots, x_n(t)$ 为向量函数 $x(t)$ 的**分量函数**，简称**分量**.

起点为原点的向量函数叫作**径向量函数**，简称**向径**，记作 $r(t)$. 此时，$r(t)$ 在几何上表现为一条空间曲线.

定义 13.9 设向量函数 $x(t)$ 在 t_0 的去心邻域 $\overset{\circ}{U}(t_0, \delta)$ 内有定义，a 为给定常向量，若对于任给的数 $\varepsilon > 0$，总存在正数 δ，使得当 $0 < |t - t_0| < \delta$ 时，总有

$$|x(t) - a| < \varepsilon,$$

则称当 t 趋近于 t_0 时，向量函数 $x(t)$ 的极限为 a，记作

$$\lim_{t \to t_0} x(t) = a \text{ 或 } x(t) \to a (t \to t_0).$$

事实上，有关数量函数的极限性质均可推广到向量函数上，并有类似的结论.

定理 13.1 设 $x(t), y(t)$ 是向量函数，$\varphi(t)$ 是数量函数，且 $\lim_{t \to t_0} x(t) = a$，$\lim_{t \to t_0} y(t) = b$，$\lim_{t \to t_0} \varphi(t) = k$，则

$$\lim_{t \to t_0}(lx(t) \pm my(t)) = la \pm mb \quad (m, l \text{ 为常数}), \tag{13.11}$$

$$\lim_{t \to t_0}(\varphi(t)x(t)) = ka \quad (\varphi(t) \text{ 为数量函数}), \tag{13.12}$$

$$\lim_{t \to t_0}(x(t) \cdot y(t)) = a \cdot b. \tag{13.13}$$

$$\lim_{t \to t_0}(x(t) \times y(t)) = a \times b. \tag{13.14}$$

分析：定理 13.1 的证明与一元函数对应的命题从根本上讲是一致的，因此仅给出公式 (13.13) 的推导过程.

证 由极限 $\lim_{t \to t_0} x(t) = a$，$\lim_{t \to t_0} y(t) = b$ 知，对 $\forall \varepsilon > 0$，总存在正数 δ, M，使得当 $0 < |t - t_0| < \delta$ 时，有

$$|x(t) - a| < \varepsilon, \quad |y(t) - b| < \varepsilon, \quad |y(t)| < M,$$

而

$$|x(t) \cdot y(t) - ab| = |[x(t) - a] \cdot y(t) + a[y(t) - b]|$$
$$\leq |x(t) - a| \cdot |y(t)| + |a| \cdot |y(t) - b|$$
$$< (M + |a|)\varepsilon,$$

即

$$\lim_{t \to t_0}(x(t) \cdot y(t)) = a \cdot b.$$

类似于实值函数的连续、可导可给出如下定义.

定义 13.10 若 $\lim_{t \to t_0} x(t) = x(t_0)$，则称向量函数 $x(t)$ 在 t_0 处**连续**.

定义 13.11 设向量函数 $x = x(t)$ 在点 t_0 的某个邻域内有定义，当自变量 t 在 t_0 处取

得增量 Δt 时,函数对应的增量 $\Delta x = x(t_0 + \Delta t) - x(t_0)$. 若极限

$$\lim_{\Delta t \to 0} \frac{\Delta x}{\Delta t} = \lim_{\Delta t \to 0} \frac{x(t_0 + \Delta t) - x(t_0)}{\Delta t}$$

存在,则称向量函数 $x = x(t)$ 在点 t_0 处**可导**,并把这个极限称为函数 $x = x(t)$ 在点 t_0 处的**导向量**,记作 $x'(t_0)$,即

$$x'(t_0) = \lim_{\Delta t \to 0} \frac{\Delta x}{\Delta t} = \lim_{\Delta t \to 0} \frac{x(t_0 + \Delta t) - x(t_0)}{\Delta t}, \tag{13.15}$$

也可记作 $x'\big|_{t=t_0}, \dfrac{\mathrm{d}x}{\mathrm{d}t}\bigg|_{t=t_0}, \dfrac{\mathrm{d}x(t)}{\mathrm{d}t}\bigg|_{t=t_0}$.

同时,称 $x'(t_0)\mathrm{d}t$ 为向量函数 $x = x(t)$ 在点 t_0 处的**微分**,记作 $\mathrm{d}x(t)\big|_{t=t_0}$,即

$$\mathrm{d}x(t)\big|_{t=t_0} = x'(t_0)\mathrm{d}t.$$

若向量函数 $x = x(t)$ 在其定义区间 I 内每一点都连续、可导,则称函数 $x = x(t)$ 在区间 I 内**连续**、**可导**. 定义在区间 I 上的导向量称为**导向量函数**,记作 $x'(t), \forall t \in I$.

定理 13.2 向量函数 $x = x(t)$ 在其定义区间 I 内一点处有极限(连续、可导)的充要条件是它的各个分量在对应点处有极限(连续、可导).

证 首先证明有关极限的命题.

$\Rightarrow$) 设 $x(t) = x_1(t)e_1 + x_2(t)e_2 + \cdots + x_n(t)e_n, \forall t \in I$,且

$$\lim_{t \to t_0} x(t) = a \ (a = a_1 e_1 + a_2 e_2 + \cdots + a_n e_n),$$

由极限定义知,对 $\forall \varepsilon > 0$,总存在正数 δ,使得当 $0 < |t - t_0| < \delta$ 时,有

$$|x(t) - a| < \varepsilon,$$

即

$$|[x_1(t) - a_1]e_1 + [x_2(t) - a_2]e_2 + \cdots + [x_n(t) - a_n]e_n| < \varepsilon,$$

因此

$$|x_i(t) - a_i| = |[x_i(t) - a_i]e_i| = \sqrt{[x_i(t) - a_i]^2}$$
$$\leq \sqrt{[x_1(t) - a_1]^2 + [x_2(t) - a_2]^2 + \cdots + [x_n(t) - a_n]^2}$$
$$= |[x_1(t) - a_1]e_1 + [x_2(t) - a_2]e_2 + \cdots + [x_n(t) - a_n]e_n|$$
$$< \varepsilon \ (i = 1, 2, \cdots, n),$$

即

$$\lim_{t \to t_0} x_i(t) = a_i \ (i = 1, 2, \cdots, n).$$

$\Leftarrow$) 若 $\lim\limits_{t \to t_0} x_i(t) = a_i \ (i = 1, 2, \cdots, n)$,即

$\forall \varepsilon > 0$,总存在正数 δ,使得当 $0 < |t - t_0| < \delta$ 时,有

$$|x_i(t) - a_i| < \varepsilon \ (i = 1, 2, \cdots, n),$$

于是

$$|x(t) - a| = |[x_1(t) - a_1]e_1 + [x_2(t) - a_2]e_2 + \cdots + [x_n(t) - a_n]e_n|$$
$$\leq |[x_1(t) - a_1]e_1| + |[x_2(t) - a_2]e_2| + \cdots + |[x_n(t) - a_n]e_n|$$
$$< n\varepsilon \ (n \text{ 为向量空间的维数}),$$

即
$$\lim_{t \to t_0} \boldsymbol{x}(t) = \boldsymbol{a} \quad (\boldsymbol{a} = a_1 \boldsymbol{e}_1 + a_2 \boldsymbol{e}_2 + \cdots + a_n \boldsymbol{e}_n).$$

类似地,有
$$\lim_{t \to t_0} \boldsymbol{x}(t) = \boldsymbol{x}(t_0) \Leftrightarrow \lim_{t \to t_0} x_i(t) = x_i(t_0) \quad (i = 1, 2, \cdots, n),$$
$$\boldsymbol{x}' = (x_1(t), x_2(t), \cdots, x_n(t))' = (x_1'(t), x_2'(t), \cdots, x_n'(t)), \forall t \in I,$$

或
$$\boldsymbol{x}'(t) = x_1'(t) \boldsymbol{e}_1 + x_2'(t) \boldsymbol{e}_2 + \cdots + x_n'(t) \boldsymbol{e}_n, \forall t \in I.$$

由切线定义不难知道,向径 $\boldsymbol{r}(t)$ 的导向量 $\boldsymbol{r}'(t) = (x_1'(t), x_2'(t), \cdots, x_n'(t))$ 就是空间曲线 $L: r = r(t)$ 的切向量.

利用导向量定义可证向量函数的求导公式如表 13.1 所示.

表 13.1

$\boldsymbol{C}' = \boldsymbol{0}$ ($\boldsymbol{C}$ 为常向量);
$(\alpha \boldsymbol{x}(t) \pm \beta \boldsymbol{y}(t))' = \alpha \boldsymbol{x}'(t) \pm \beta \boldsymbol{y}'(t)$;
$(\varphi(t) \boldsymbol{x}(t))' = \varphi'(t) \boldsymbol{x}(t) + \varphi(t) \boldsymbol{x}'(t)$ ($\varphi(t)$ 为数量函数);
$(\boldsymbol{x}(t) \cdot \boldsymbol{y}(t))' = \boldsymbol{x}'(t) \cdot \boldsymbol{y}(t) + \boldsymbol{x}(t) \cdot \boldsymbol{y}'(t)$;
$(\boldsymbol{x}(t) \times \boldsymbol{y}(t))' = \boldsymbol{x}'(t) \times \boldsymbol{y}(t) + \boldsymbol{x}(t) \times \boldsymbol{y}'(t)$;
$(\boldsymbol{x}(t), \boldsymbol{y}(t), \boldsymbol{z}(t))' = (\boldsymbol{x}'(t), \boldsymbol{y}(t), \boldsymbol{z}(t)) + (\boldsymbol{x}(t), \boldsymbol{y}'(t), \boldsymbol{z}(t)) + (\boldsymbol{x}(t), \boldsymbol{y}(t), \boldsymbol{z}'(t))$;
若 $\boldsymbol{x} = \boldsymbol{x}(u), u = \varphi(t)$,则
$[\boldsymbol{x}(\varphi(t))]' = \varphi'(t) \boldsymbol{x}'(u)$ ($\varphi(t)$ 为数量函数).

定义 13.12 向量函数 $\boldsymbol{x} = \boldsymbol{x}(t)$ 的导向量 $\boldsymbol{x}'(t), \forall t \in I$ 的导向量叫作向量函数 $\boldsymbol{x} = \boldsymbol{x}(t)$ 的**二阶导向量**,记作 $\boldsymbol{x}''(t), \dfrac{\mathrm{d}^2 \boldsymbol{x}}{\mathrm{d} t^2}$ 或 $(\boldsymbol{x}')', \dfrac{\mathrm{d}}{\mathrm{d} t}\left(\dfrac{\mathrm{d} \boldsymbol{x}}{\mathrm{d} t}\right)$.

类似地,可定义 n 阶导向量 $\dfrac{\mathrm{d}^n \boldsymbol{x}}{\mathrm{d} t^n}$. 把二阶和二阶以上的导向量统称为**高阶导向量**.

高阶导向量有类似于数量函数的高阶导数公式.

依据向量函数的求导公式及数量函数的泰勒公式可写出向量函数的**泰勒公式**,即

定理 13.3 设向量函数 $\boldsymbol{r}(t)$ 在点 t_0 的某邻域 $U(t_0)$ 内具有 $n+1$ 阶导数,则对 $\forall t_0 + \Delta t \in U(t_0)$,有

$$\boldsymbol{r}(t_0 + \Delta t) = \boldsymbol{r}(t_0) + \boldsymbol{r}'(t_0) \Delta t + \frac{\boldsymbol{r}''(t_0)}{2!} (\Delta t)^2 + \cdots + \frac{\boldsymbol{r}^{(n)}(t_0)}{n!} (\Delta t)^n + \frac{[\boldsymbol{r}^{(n+1)}(t_0) + \boldsymbol{\varepsilon}(t_0, \Delta t)]}{(n+1)!} (\Delta t)^{n+1},$$
(13.16)

其中 $\lim\limits_{\Delta t \to 0} \boldsymbol{\varepsilon}(t_0, \Delta t) = 0$.

13.2.2 一元向量函数的积分

定义 13.13 若向量函数 $\boldsymbol{x} = \boldsymbol{x}(t)$ 在 $[\alpha, \beta]$ 上连续,记
$$T = \{[t_0, t_1], [t_1, t_2], \cdots, [t_{n-1}, t_n], \text{其中 } t_0 = a, t_n = b\}$$
为对 $[\alpha, \beta]$ 作的任意分割,$\Delta x_i = x_i - x_{i-1} (i = 1, 2, \cdots, n)$,$\|T\| = \max\{\Delta x_1, \Delta x_2, \cdots, \Delta x_n\}$ 称

为分割 T 的**细度**或**模**. 若当 $\|T\| \to 0$ 时, 和式 $\sum_{i=1}^{n} \boldsymbol{x}(\xi_i) \Delta t_i, \forall \xi_i \in [t_{i-1}, t_i]$ 总趋于一个确定的常向量 $\boldsymbol{I}$, 则称向量函数 $\boldsymbol{x} = \boldsymbol{x}(t)$ 在 $[\alpha, \beta]$ 上**可积**, 极限 $\boldsymbol{I}$ 就称为向量函数 $\boldsymbol{x} = \boldsymbol{x}(t)$ 在 $[\alpha, \beta]$ 上的**积分**, 记作 $\int_\alpha^\beta \boldsymbol{x}(t) \mathrm{d}t$, 即

$$\int_\alpha^\beta \boldsymbol{x}(t)\mathrm{d}t = \lim_{\|T\| \to 0} \sum_{i=1}^n \boldsymbol{x}(\xi_i) \Delta t_i = \boldsymbol{I}.$$

定理 13.4 (1) 若向量函数 $\boldsymbol{x} = \boldsymbol{x}(t) = \boldsymbol{x}_1(t) \boldsymbol{e}_1 + \boldsymbol{x}_2(t) \boldsymbol{e}_2 + \cdots + \boldsymbol{x}_n(t) \boldsymbol{e}_n$ 在区间 $[\alpha, \beta]$ 上连续, 则

$$\int_\alpha^\beta \boldsymbol{x}(t) \mathrm{d}t = \left(\int_\alpha^\beta \boldsymbol{x}_1(t) \mathrm{d}t \right) \boldsymbol{e}_1 + \left(\int_\alpha^\beta \boldsymbol{x}_2(t) \mathrm{d}t \right) \boldsymbol{e}_2 + \cdots + \left(\int_\alpha^\beta \boldsymbol{x}_n(t) \mathrm{d}t \right) \boldsymbol{e}_n;$$

(2) $\int_a^a \boldsymbol{r}(t) \mathrm{d}t = 0;$

(3) $\int_a^b k\boldsymbol{r}(t) \mathrm{d}t = k \int_a^b \boldsymbol{r}(t) \mathrm{d}t$ (k 为常数);

(4) $\int_a^b \boldsymbol{k} \cdot \boldsymbol{r}(t) \mathrm{d}t = \boldsymbol{k} \cdot \int_a^b \boldsymbol{r}(t) \mathrm{d}t$ ($\boldsymbol{k}$ 为常向量);

(5) $\int_a^b \boldsymbol{k} \times \boldsymbol{r}(t) \mathrm{d}t = \boldsymbol{k} \times \int_a^b \boldsymbol{r}(t) \mathrm{d}t$ ($\boldsymbol{k}$ 为常向量);

(6) $\int_a^b \boldsymbol{r}(t) \mathrm{d}t = \int_a^c \boldsymbol{r}(t) \mathrm{d}t + \int_c^b \boldsymbol{r}(t) \mathrm{d}t$ ($a < c < b$);

(7) $\left(\int_a^x \boldsymbol{r}(t) \mathrm{d}t \right)' = \boldsymbol{r}(x)$ ($a < c < b$);

(8) 若向量函数 $\boldsymbol{f}'(t) = \boldsymbol{r}(x), \boldsymbol{g}'(t) = \boldsymbol{r}(x)$, 则 $\boldsymbol{f}(t) = \boldsymbol{g}(t) + \boldsymbol{c}$ ($\boldsymbol{c}$ 为常向量).

以下仅证明(7), 其他性质读者可根据向量函数积分的定义及数量函数积分的性质具体写出.

证 令 $\boldsymbol{r}(t) = \boldsymbol{r}_1(t) \boldsymbol{e}_1 + \boldsymbol{r}_2(t) \boldsymbol{e}_2 + \cdots + \boldsymbol{r}_n(t) \boldsymbol{e}_n, \forall t \in [a, b]$, 则

$$\int_a^x \boldsymbol{r}(t) \mathrm{d}t = \int_a^x (\boldsymbol{r}_1(t) \boldsymbol{e}_1 + \boldsymbol{r}_2(t) \boldsymbol{e}_2 + \cdots + \boldsymbol{r}_n(t) \boldsymbol{e}_n) \mathrm{d}t$$

$$= \left(\int_a^x \boldsymbol{r}_1(t) \mathrm{d}t \right) \boldsymbol{e}_1 + \left(\int_a^x \boldsymbol{r}_2(t) \mathrm{d}t \right) \boldsymbol{e}_2 + \cdots + \left(\int_a^x \boldsymbol{r}_n(t) \mathrm{d}t \right) \boldsymbol{e}_n, (x \leq b),$$

于是

$$\left(\int_a^x \boldsymbol{r}(t) \mathrm{d}t \right)' = \left[\left(\int_a^x \boldsymbol{r}_1(t) \mathrm{d}t \right) \boldsymbol{e}_1 + \left(\int_a^x \boldsymbol{r}_2(t) \mathrm{d}t \right) \boldsymbol{e}_2 + \cdots + \left(\int_a^x \boldsymbol{r}_n(t) \mathrm{d}t \right) \boldsymbol{e}_n \right]'$$

$$= \left(\int_a^x \boldsymbol{r}_1(t) \mathrm{d}t \right)' \boldsymbol{e}_1 + \left(\int_a^x \boldsymbol{r}_2(t) \mathrm{d}t \right)' \boldsymbol{e}_2 + \cdots + \left(\int_a^x \boldsymbol{r}_n(t) \mathrm{d}t \right)' \boldsymbol{e}_n$$

$$= \boldsymbol{r}_1(x) \boldsymbol{e}_1 + \boldsymbol{r}_2(x) \boldsymbol{e}_2 + \cdots + \boldsymbol{r}_n(x) \boldsymbol{e}_n$$

$$= \boldsymbol{r}(x).$$

定理 13.5 (牛顿-莱布尼兹公式) 若向量函数 $\boldsymbol{y}'(t) = \boldsymbol{x}(t)$, 则

$$\int_\alpha^\beta \boldsymbol{x}(t) \mathrm{d}t = \left[\boldsymbol{y}(t) \right]_\alpha^\beta = \boldsymbol{y}(\beta) - \boldsymbol{y}(\alpha).$$

证 由定理 13.4 性质(2)、(7)、(8)知

$$y(t) = \int_\alpha^t x(u)\,du + c,$$

于是

$$y(\alpha) = \int_\alpha^\alpha x(u)\,du + c = c,$$

$$y(\beta) = \int_\alpha^\beta x(u)\,du + c = \int_\alpha^\beta x(u)\,du + y(\alpha),$$

即

$$\int_\alpha^\beta x(t)\,dt = [y(t)]_\alpha^\beta = y(\beta) - y(\alpha).$$

至此,基本介绍了一元向量函数的微积分,至于多元向量函数的微积分可仿照一元函数的讨论,将其化为各个分量(多元数量函数)的微积分,然后再按照一定的规则组合起来,只是形式上复杂些罢了,在此不作介绍.

习 题 13.2

1. 证明定理 13.1 中的剩余结论.
2. 证明表 13.1 中向量函数的求导公式.
3. 证明定理 13.4 中的剩余结论.

自测题(十三)

1. 若数量场 u 具有二阶连续偏导数,证明 $\mathrm{rot}(\mathbf{grad}\ u) = 0$.
2. 证明 $\Delta(uv) = u\Delta v + v\Delta u + 2\nabla u \cdot \nabla v$.
3. 利用泰勒公式证明若 $\mathbf{r}'(t) \equiv \mathbf{0}, \forall t \in [a,b]$,则 $\mathbf{r}(t) \equiv \mathbf{c}$ ($\mathbf{c}$ 为常向量).
4. 向量函数 $\mathbf{r}(t)$ 有固定长度的充要条件是 $\mathbf{r}(t) \cdot \mathbf{r}'(t) = 0$.
5. 向量函数 $\mathbf{r}(t)$ 有固定方向的充要条件是 $\mathbf{r}(t) \times \mathbf{r}'(t) = \mathbf{0}$.
6. 单位向量函数 $\mathbf{r}(t)$ 关于 t 的旋转速度等于其微商的模 $|\mathbf{r}'(t)|$.
7. 设有一刚体绕定轴 l 转动,以定轴 l 上一点 O 为原点建立笛卡儿直角坐标系,刚体角速度为 $\boldsymbol{\omega}$,其方向沿定轴且与转动速度 $\mathbf{v}$ 的方向满足右手准则(图 13-6),证明 $\mathrm{rot}\ \mathbf{v} = 2\boldsymbol{\omega}$.
8. 求向量场 $\mathbf{A} = x^2\mathbf{i} - 2xy\mathbf{j} + z^2\mathbf{k}$ 在点 $M_0(1,1,2)$ 处的散度及旋度.

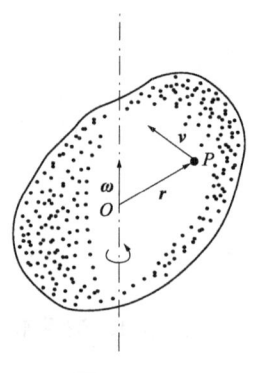

图 13-6

9. 求向量 $H = -\dfrac{y}{x^2+y^2}i - \dfrac{x}{x^2+y^2}j$ 沿闭曲线 C 的环流量,其中 C 不围绕 Oz 轴.

10. 计算速度为 $A = (2x+5z)i - (3xz+y)j + (7y^2+2z)k$ 的流体通过球面
$$\sum (x-2)^2 + (y+1)^2 + (z-3)^2 \leq 4$$
流向外侧的流量.

参考文献

1. 华东师范大学数学系.数学分析[M].5版.北京:高等教育出版社,2019.
2. 同济大学数学系.高等数学[M].7版.北京:高等教育出版社,2014.
3. 李继成,朱晓平.高等数学:下册[M].北京:高等教育出版社,2021.
4. 杨国增,李青阳,孟红玲.高等数学:下册[M].北京:机械工业出版社,2013.
5. 陈文灯,黄先开.数学复习指南[M].北京:世界图书出版公司.2001.
6. 陈文灯,陈启浩.数学过关基本题型数学一、二[M].北京:北京理工大学出版社,2008.
7. 陈启浩等.考研数学基础篇常青知识点解析:数学二[M].北京:机械工业出版社,2012.
8. 蒋国强,蔡蕃.高等数学:下册[M].北京:机械工业出版社,2010.
9. 毛京中.高等数学学习指导[M].北京:北京理工大学出版社,2001.
10. 车秀敏,姚光同.高等数学:下册[M].北京:中国林业出版社,1998.
11. 葛云飞.高等数学[M].沈阳:沈阳出版社,2005.
12. 叶其孝,沈永欢.实用数学手册[M].2版.北京:科学出版社,2005.
13. 陈纪修,於崇华,金路.数学分析:下册[M].2版.北京:高等教育出版社,2004.
14. 蔡高厅,邱忠文.高等数学[M].天津:天津大学出版社,2004.
15. 张景中.直来直去的微积分[M].北京:科学出版社,2010.
16. 阿黑波夫,萨多夫尼奇,丘巴里阔夫.数学分析讲义[M].王昆扬,译.北京:高等教育出版社,2006.
17. 刘玉琏等.数学分析讲义:下册[M].北京:高等教育出版社,2009.
18. 陈守信.数学分析选讲[M].北京:机械工业出版社,2009.
19. 胡适耕,张显文.数学分析原理与方法[M].北京:科学出版社,2008.
20. 刘广云.变量数学思维引论[M].北京:科学出版社,2007.
21. 北京大学数学科学学院.高等数学辅导[M].北京:科学技术文献出版社,2000.
22. 普通高等学校专升本招生考试命题研究中心.高等数学[M].北京:光明日报出版社,2010.